GO로 구현하는 클라우드 네이티브 애플리케이션

GO로 구현하는 클라우드 네이티브 애플리케이션

클라우드와 MSA 기반의 고성능 웹앱 개발하기

미나 안드라오스 외 지음
박병주 옮김

에이콘

에이콘출판의 기틀을 마련하신 故 정완재 선생님 (1935-2004)

| 지은이 소개 |

미나 안드라오스^{Mina Andrawos}

Go 언어를 개인적, 전문적으로 사용해 깊은 경험을 쌓은 숙련된 엔지니어다. Go 언어에 대한 글과 교재를 정기적으로 저술하고 Go의 오픈소스 프로젝트를 공유하며 다양한 복잡도를 가진 수많은 Go 애플리케이션을 작성했다.

이외에는 자바, C#, 파이썬, C++를 다룰 줄 알고 다양한 데이터베이스와 소프트웨어 아키텍처로 작업하고 있다. 또한 소프트웨어 개발을 위한 애자일 방법론에도 능숙하다. 소프트웨어 개발 외에는 스크럼 마스터링, 기술 영업, 소프트웨어 제품 관리에 대한 실무 경험이 있다.

나비^{Nabil}, 머뱃^{Mervat}, 케서린^{Catherine}과 패디^{Fady}를 위해...

내 가족 모두에게 헌신적인 지원과 끊임없는 격려에 감사를 전한다.

마틴 헬미크 Martin Helmich

오스나브뤼크 응용과학 대학교에서 컴퓨터 과학을 전공했으며 독일의 라덴^{Rahden}에 살고 있다. 웹 기술과 마이크로서비스 아키텍처를 사용하는 분산 애플리케이션 구축을 전문으로 하는 소프트웨어 아키텍트다. 또한 Go, PHP, 파이썬, Node.js 프로그래밍 외에도 SaltStack과 같은 구성 관리 도구와 도커, 쿠버네티스 등 컨테이너 기술을 사용해 인프라를 구축하고 있다.

오픈소스의 열렬한 지지자로 리눅스를 사용하지 않는 사람들을 놀려주려 노력한다. 여가에는 음악을 듣거나 공상 과학물을 읽으며 아끼는 오픈소스 프로젝트들 중 하나에 코딩하고 있는 그를 어디선가 볼지도 모른다.

| 기술 감수자 소개 |

젤머 스누크 Jelmer Snoeck

성능, 신뢰성, 확장성에 집중하는 소프트웨어 엔지니어다. 오픈소스에 관해 아주 열성적이며 몇 가지 오픈소스 프로젝트를 이끌고 있다. 루비를 기반 언어로 사용하며 2014년부터 Go 언어로 작업하고 있고 컨테이너와 쿠버네티스에 특별한 관심이 있다. 현재 이 도구들의 배포 흐름을 돕는 몇 가지 프로젝트에 공을 들이고 있다. 분산 시스템들을 어떻게 운영, 확장하는지 잘 알고 있으며 자신의 경험을 세상과 공유하는 것에 큰 즐거움을 느낀다.

| 옮긴이 소개 |

박병주(brandon2n1.park@gmail.com)

수능 시험 하루 전날 밤 늦게까지 전자오락실에서 격투 게임을 즐겼으며, 대학 시절 군 제대 후 C 언어와 어셈블리어를 독학해 286 PC의 MS-DOS 환경에서 돌아가는 격투 게임을 만들어 S/W 개발 공모전에 입상했다. IMF 이후 2000년 IT 버블 때 대기업 SI업체에 입사해 그룹사 대상으로 ERP 자체 개발, 오라클 DBA, SAP BC(Admin) 업무, 고성능 컴퓨팅HPC, High Performance Computing과 VDI를 구축했다. 2011년 클라우드 대항해 시대를 맞이해 오픈스택 기반의 자체 프라이빗 클라우드 서비스로 AWS를 이겨야 하는 궁극의 미션을 수행하는 조직에 끌려가 전사했다. 늦은 나이에 뉴질랜드로 어학연수를 다녀온 후 현재는 기업들이 클라우드의 장점을 온전히 누리도록 클라우드 네이티브 기반의 앱 도입/구축을 기반으로 하는 하이브리드, 멀티클라우드 활용을 돕고 있다.

| 옮긴이의 말 |

처음 클라우드 컴퓨팅이란 단어를 접한 건 2008년 말 국내 신문기사에서 이 단어가 최초로 언급되기 시작할 때다. 당시에는 AWS만이 공용 클라우드^{Public Cloud} 서비스를 제공하던 시기로, 클라우드의 개념 자체가 미리 준비된 공유형의 IT 자원을 필요시 신속히 제공받고 사용한 만큼의 비용만 내는 구독 형태로 기존에는 없던 서비스형 인프라를 말했다.

즉, 인프라가 중심인 클라우드 개념으로 앱은 손대지 않고 기존 구성 그대로 클라우드에 이전만 하면 자원을 탄력적으로 사용할 수 있어 IT 비용이 절감된다고 인식됐다. 하지만 클라우드로 기존 앱을 그대로 이전만 하면 IT 비용이 확 줄어들까?

안타깝게도 기업 내부의 IT 자원 제약하에서 실행되던 전통적인 모놀리식^{Monolithic} 앱이 무제한의 클라우드 환경에서 할당된 자원을 점유하며 추가 자원을 사용하는 구조로 인해 실제 예상한 만큼의 비용 절감 효과를 얻기는 힘들다.

결국 기존 앱은 이 책의 제목과 같이 그 자체를 현대화해 오픈소스 기술 기반으로 클라우드 네이티브(최대한 활용)하게 탄력적으로 바뀌어야 한다.

현대적인 앱은 컨테이너 기반의 자원 격리 기술을 사용해 기존 VM 방식에 비해 훨씬 탄력적으로 사용한다. 전통적인 모놀리식 앱과는 다르게 마이크로서비스 아키텍처를 적용해 기능별 서비스 단위로 컨테이너화해 운영함으로써 특정 비즈니스 로직을 담고 있는 코드의 수정이 필요할 때 신속한 반영과 배포^{CI/CD}가 가능하다. 또한 사용자 트래픽 증가에 따라 처리에 필요한 서비스만 빠른 자동 확장이 되는 구조다. 애자일 서비스 측면과 비용 측면 모두 만족시키는 온라인 비즈니스 플랫폼을 구축할 때의 피할 수 없는 선택지로 이 책이 그 기반을 다지는 데 많은 도움이 될 것이다.

끝으로 책이 출간될 수 있도록 오랜 시간 기다려준 에이콘 출판사 조유나 님께 감사드리며 아직도 철없는 남편을 이해해주는 아내 송윤희에게 특별히 고마운 마음을 전한다.

| 차례 |

| 들어가며 |

클라우드 컴퓨팅과 마이크로서비스는 현대 소프트웨어 아키텍처에서 아주 중요한 두 가지 개념이다. 이들은 소프트웨어 엔지니어들이 필요한 규모에 따라 확장 가능한 소프트웨어 애플리케이션 설계와 개발을 위해 습득해야 하는 핵심 기술이 됐다. Go는 현대적인 복수 플랫폼 지원 프로그래밍 언어로, 아주 강력하고 간결해서 마이크로서비스와 클라우드 애플리케이션 개발에 있어 최고의 선택지다. Go는 점점 더 인기를 얻고 있으며 Go로 애플리케이션을 개발하는 능력은 매력적인 개인 역량이 되고 있다.

이 책은 Go의 도움으로 마이크로서비스와 클라우드 컴퓨팅의 세계로 가는 여정에 여러분을 데려갈 것이다. 클라우드 애플리케이션의 소프트웨어 아키텍처 패턴을 다루는 것으로 하며 이런 애플리케이션들을 어떻게 확장, 분산, 배포하는지에 관련된 실용적 개념들을 살펴본다. 그리고 실제 운영 환경 수준의 마이크로서비스 작성과 일반적인 클라우드 환경에 배포하는 데 필요한 기법과 설계 접근 방식들로 깊이 있게 들어간다.

이 책을 마치면 클라우드에 배포할 수 있는 효과적인 실 운영 환경 수준의 마이크로서비스 작성 방법을 알고 아마존 웹 서비스의 세계를 실제로 이해하며 중요한 Go 애플리케이션을 어떻게 만드는지 알게 될 것이다.

⁘ 이 책의 구성

1장, 현대적인 마이크로서비스 아키텍처에서는 클라우드 기반 애플리케이션의 일반적인 기능과 마이크로서비스 아키텍처를 설명한다. 또한 이 책의 다음 장들에 걸쳐 지속적인 예제로 제공될 가공^{fictional}의 애플리케이션에 대해 요구 사항과 높은 수준의 아키텍처를 수립한다.

2장, REST API를 사용한 마이크로서비스 구축에서는 Go 언어로 현대적인 마이크로서비스를 만드는 방법을 설명하는데, 중요하고 고려해야 하는 주제를 다룬다. 2장이 끝날 무렵에는 RESTful API들을 노출시키며, 지속성을 지원하고, 효과적으로 다른 마이크로서비스들과 통신할 수 있는 마이크로서비스 구축 방법을 이해할 수 있다.

3장, 마이크로서비스 보안에서는 마이크로서비스를 보안상 안전하게 하는 방법을 보여준다. Go 언어로 어떻게 인증서와 HTTPS를 다루는지 알아본다.

4장, 메시지 큐를 사용한 비동기 마이크로서비스 아키텍처에서는 메시지 큐를 사용해 비동기 마이크로서비스 아키텍처를 구현하는 방법을 보여준다. 이를 위해 RabbitMQ, 아파치 카프카^{Apache Kafka}와 같이 확실히 자리매김한 메시지 큐 소프트웨어에 대한 개요를 제공하고, 자신의 소프트웨어로 이 구성 요소들을 통합하는 Go 라이브러리를 소개한다. 또한 비동기 아키텍처와 함께 잘 동작하는 이벤트 콜라보레이션과 이벤트 소싱 같은 아키텍처 패턴들을 다룬다.

5장, 리액트로 프론트엔드 구축에서는 자바스크립트 세계로 잠시 떠나 마이크로서비스 기반 프로젝트의 웹 프론트엔드^{front-end}를 리액트^{React} 프레임워크로 어떻게 구축하는지 보여준다. 이를 위해 리액트의 기본 아키텍처 원칙들에 대한 짧은 개요와 기존 REST API 대상으로 리액트 기반 프론트엔드를 구축하는 방법을 제공한다.

6장, 컨테이너로 애플리케이션 배포에서는 애플리케이션 컨테이너를 사용해 이식과 재현이 가능한 방식으로 Go 애플리케이션을 배포하는 방법을 보여준다. 도커^{Docker}를 설치해서 사용하고 자신의 Go 애플리케이션을 위한 맞춤형 도커 이미지들을 어떻게 구축하는지 알아본다. 뿐만 아니라 대규모 클라우드 환경에 컨테이너화된 애플리케이션 배포를 위해 쿠버네티스 오케스트레이션 엔진을 사용하는 방법을 설명한다.

7장, AWS I: 기초, Go를 위한 AWS SDK와 EC2는 AWS 생태계를 다루는 두 개의

장 중 첫 번째로, AWS의 실용적인 세부 사항을 다룬다. AWS 서버 인스턴스를 어떻게 구성하고 AWS API 기능을 어떻게 활용하며 AWS와 상호연동할 수 있는 Go 애플리케이션을 어떻게 작성하는지와 같은 다수의 중요 개념을 접하게 될 것이다.

8장, AWS II: S3, SQS, API 게이트웨이, 다이나모DB에서는 AWS 생태계를 좀 더 상세하게 다룬다. AWS 세계에서 인기 있는 서비스들로 더 깊이 들어갈 것이다. 8장의 끝 무렵에는 아마존 웹 서비스의 동력을 사용하는 쓸 만한 Go 클라우드 애플리케이션 구축에 충분한 지식을 얻게 될 것이다.

9장, 지속적인 배포에서는 Go 애플리케이션을 위한 기본적인 지속적인 배포 파이프라인 구현 방법을 설명한다. 이를 위해 지속적인 배포[CD, Continuous Delivery]의 기본 원칙을 기술하고 Travis CI와 깃랩[Gitlab] 같은 도구를 사용해 간단한 파이프라인 구현 방법을 설명한다. 배포 결과물[artifacts]로 도커 이미지를 사용하고 이 이미지들을 쿠버네티스 클러스터로 배포해 4장에서 다룬 주제와 기법을 실현한다.

10장, 애플리케이션 모니터링에서는 프로메테우스[Prometheus]와 그라파나[Grafana]를 사용해 마이크로서비스 아키텍처를 어떻게 모니터링하는지 보여준다. 프로메테우스의 기본 아키텍처를 다루고 도커를 사용해 프로메테우스 인스턴스를 어떻게 설정하는지 기술한다. 또한 프로메테우스에 의해 가져올 수 있는 지표들을 노출시키고자 Go 애플리케이션을 어떻게 조정하는지 알아본다. 또한 그라파나를 사용해 프로메테우스의 그래픽 사용자 인터페이스[GUI]를 어떻게 설정하는지 설명한다.

11장, 마이그레이션에서는 예전부터 사용한 모놀리식[monolithic] 애플리케이션을 클라우드에 준비된 현대적인 마이크로서비스 애플리케이션으로 마이그레이션[Migration]할 때 고려해야 하는 실용적인 요소와 접근 방식을 다룬다.

12장, Go가 나아갈 방향에서는 전통적인 방식의 대안적 통신 프로토콜, AWS 외 기타 클라우드 제공자 및 차세대 빅 트렌드로 자리 잡을 새로운 아키텍처 패러다임과 같은 탐구할 가치가 있는 현대적인 클라우드 관련 기술을 다룬다.

⁝⁝⊩ 이 책의 사전 준비

Go 프로그래밍 언어의 기초적인 지식이 있어야 한다(Go 입문편을 원한다면 팩트출판사에서 출간된 블라디미르 비비안Vladimir Vivien의 『Go 프로그래밍 배우기Learning Go Programming』를 추천한다). 이 책에서 제 공되는 예제 코드들을 실행하려면 로컬 머신에서 동작하는 Go SDK(Go 1.7 버전 이상)이 필요하다. 다운로드와 설치 가이드는 https://golang.org/ dl/을 참고한다.

이 책의 많은 실용적인 예제는 도커로 작업했던 경험이 필요하지는 않지만 도커 설치 는 필요하다. 다운로드와 설치 가이드는 https://www.docker.com/community-edition을 참고한다.

5장에서 리액트로 작업하려면 자바스크립트 프로그래밍의 기초 지식과 로컬 머신에 실제로 Node.JS를 설치해야 한다. Node.JS 최신 버전은 https://nodejs.org/en/#download에서 다운로드할 수 있다.

⁝⁝⊩ 이 책의 대상 독자

보안성, 회복력(탄력성), 견고성, 확장성을 갖춘 클라우드 네이티브 애플리케이션 구축 을 원하는 Go 개발자들을 대상으로 한다. 웹 서비스와 웹 프로그래밍 관련된 약간 의 지식은 이 책을 마치는 데 큰 도움이 될 것이다.

⠶ 편집 규약

이 책에서 여러 종류의 정보를 구별하는 많은 텍스트 스타일을 보게 될 것이다. 여기에서 이 스타일들의 몇 가지 예와 의미를 설명한다.

데이터베이스 테이블 이름, 사용자 입력, 트위터^{Twitter} 핸들^{handles}의 코드 문자들은 다음과 같이 표기한다.

"이 react-router-dom 패키지는 몇 가지 새로운 구성 요소를 해당 애플리케이션에 추가한다."

코드 블록은 다음과 같이 나타낸다.

```
import * as React from "react";
import {Link} from "react-router-dom";
export interface NavigationProps {
  brandName: string;
}
export class Navigation extends React.Component<NavigationProps, { }> {
}
```

커맨드라인 입출력은 다음과 같이 나타낸다.

```
$ npm install --save react-router-dom
$ npm install --save-dev @types/react-router-dom
```

새로운 용어와 중요한 단어는 굵게 표기한다. 화면의 메뉴나 대화상자는 다음과 같이 표기한다.

"이를 위해 로그인해서 이미지의 새로운 이름을 선택한 후에 Create Repository를 클릭한다."

⫸ 독자 의견

독자로부터의 피드백은 항상 환영이다. 이 책의 무엇이 좋았는지 또는 좋지 않았는지 소감을 알려주기 바란다. 독자 피드백은 독자에게 필요한 주제를 개발하는 데 매우 중요하다.

일반적인 피드백을 우리에게 보낼 때는 간단하게 feedback@packtpub.com으로 이메일을 보내면 되고, 메시지의 제목에 책 이름을 적으면 된다. 여러분이 전문 지식을 가진 주제가 있고, 책을 내거나 책을 만드는 데 기여하고 싶으면 www.packtpub.com/authors에서 저자 가이드를 참조하기 바란다.

⫸ 고객 지원

팩트출판사의 구매자가 된 독자에게 몇 가지 도움을 주고자 한다.

예제 코드 다운로드

이 책에서 사용된 예제 코드는 http://www.packtpub.com/support를 방문해 이메일을 등록하면 파일을 직접 받을 수 있으며, 이 링크를 통해 원서의 Errata도 확인할 수 있다.

또한 깃허브 https://github.com/PacktPublishing/Cloud-Native-Programming-with-Golang에서 다운로드할 수 있으며, 에이콘출판사의 도서정보 페이지인 http://www.acornpub.co.kr/book/cloud-native-golang에서도 동일한 예제 코드를 다운로드할 수 있다.

컬러 이미지 다운로드

이 책에서 사용된 스크린샷/다이어그램의 컬러 이미지를 포함하고 있는 PDF 파일을 제공한다. 컬러 이미지를 보면 내용을 이해하는 데 도움이 될 것이다. https://www.packtpub.com/sites/default/files/downloads/CloudNativeprogrammingwithGolang_ColorImages.pdf에서 해당 파일을 다운로드할 수 있다. 또한 에이콘출판사의 도서정보 페이지인 http://www.acornpub.co.kr/book/cloud-native-golang에서도 다운로드할 수 있다.

오탈자

내용을 정확하게 전달하려고 최선을 다했지만 실수가 있을 수 있다. 팩트출판사의 도서에서 코드나 텍스트상의 문제를 발견해서 알려준다면 매우 감사하게 생각할 것이다. 그런 참여를 통해 다른 독자에게 도움을 주고 다음 버전의 도서를 더 완성도 높게 만들 수 있다. 오자를 발견한다면 http://www.packtpub.com/submit-errata를 방문해 책을 선택하고 errata submission form 링크를 클릭해서 구체적인 내용을 입력해주기 바란다. 보내준 오류 내용이 확인되면 웹 사이트에 그 내용이 올라가거나 해당 서적의 정오표 부분에 추가될 것이다. 한국어판은 에이콘출판사의 도서정보 페이지인 http://www.acornpub.co.kr/book/cloud-native-golang에서 찾아볼 수 있다.

저작권 침해

인터넷의 모든 매체에서 저작권 침해가 심각하게 벌어진다. 팩트출판사에서는 저작권과 사용권 문제를 아주 심각하게 인식한다. 어떤 형태로든 팩트출판사 서적의 불법 복제물을 인터넷에서 발견한다면 적절한 조치를 취할 수 있도록 해당 주소나 사이트명을 알려주길 부탁한다. 의심되는 불법 복제물의 링크를 copyright@packpub.com으로 보내주기 바란다. 저자와 더 좋은 책을 위한 팩트출판사의 노력을 배려하는 마음에 깊은 감사의 마음을 전한다.

질문

이 책과 관련해 질문이 있다면 questions@packtpub.com으로 문의하기 바란다. 최선을 다해 질문에 답하겠다. 한국어판에 관한 질문은 옮긴이나 에이콘출판사 편집팀(editor@acornpub.co.kr)으로 문의해주길 바란다.

01

현대적인 마이크로서비스 아키텍처

컴퓨터와 소프트웨어의 시대에 살면서 거의 매주 수많은 멋진 새로운 기술과 프레임워크[1]에 관해 듣는다. 그중 일부는 관심을 받고 지속되지만 나머지는 시간이 지남에 따라 실패해 사라지게 된다. 클라우드 컴퓨팅은 두말할 필요 없이 첫 번째 범주에 안착한 경우다. 냉장고의 온도를 확인하는 사물인터넷IoT, Internet of Things 장치에서부터 여러 명이 함께 접속해 플레이하며 동료들과 실시간 비교로 나의 점수를 보여주는 온라인 게임까지 필요로 하는 많은 양의 컴퓨팅 파워를 구름의 뒤편에서 보이지 않게 담당해주는 클라우드 컴퓨팅의 시대에 살고 있다.

전 세계에 사무실을 갖고 있는 거대 기업들뿐만 아니라 커피숍에서 2명이 코딩을 하는 최소규모의 스타트업들도 클라우드 컴퓨팅의 혜택을 누린다. 현대의 IT 환경에 있어 클라우드 컴퓨팅이 왜 그렇게 중요한지를 설명할 수 있는 수많은 이유가 있다. 문장 앞에 강조하는 표식이나 그래프, 장황한 문단들을 끼워 넣는 식의 군더더기 없이 이 질문에 간단명료한 답을 내놓겠다. 이는 비즈니스에 있어 수익을 얻고 비용을 절감하는 데 전부 관련돼 있다. 대부분의 조직들에 있어 클라우드 컴퓨팅은

---

1. 기술들의 기본 틀 - 옮긴이

특별한 의미가 있을 정도로 큰 비용 절감을 이끌어낸다. 그것은 바로 자체 데이터센터 구축에 드는 비용을 쓰지 않아도 되기 때문이다. 값비싼 하드웨어를 구매할 필요도, 좋은 에어컨이 설치된 고가의 빌딩을 찾을 필요도 없다. 게다가 거의 모든 클라우드 컴퓨팅 제공 서비스로부터 추가 비용 없이 사용한 것에 대한 비용만을 지불하면 된다. 또한 클라우드 컴퓨팅은 소프트웨어 엔지니어와 IT 관리자들에게 업무를 빠르고 효율적으로 할 수 있는 강력한 유연성을 제공한다. 이렇게 해서 개발자의 행복과 더 높은 생산성을 뒷받침한다.

1장에서 다루는 내용은 다음과 같다.

- 클라우드 네이티브 애플리케이션을 위한 설계 목표, 특히 확장성

- 각기 다른 클라우드 서비스 모델

- 12 요소 애플리케이션

- 마이크로서비스 아키텍처

- 통신 패턴, 특히 동기 대 비동기 통신

⫶ 왜 Go 언어인가?

Go 언어는 비교적 새로운 프로그래밍 언어로 소프트웨어 개발 세계를 순식간에 휘어잡고 있다. 구글의 백엔드[Backend] 소프트웨어 서비스 구축을 원활히 하고자 자체 개발돼 현재 수많은 기업과 스타트업들이 강력한 애플리케이션을 작성하고자 사용하고 있다. Go 언어가 돋보이는 점은 동적 언어인 자바스크립트처럼 상대적으로 단순한 문법을 지원하며, C/C++처럼 아주 강력한 언어와 경쟁할 수 있도록 처음부터 성능을 받쳐 줄 수 있게 만들어졌다는 사실이다. Go의 런타임[runtime][2]은 가비지

---

2. 앱(App)을 실행시키기 위한 기본 제공 코드 모음 – 옮긴이

컬렉션^{garbage collection3}을 제공하며 이것을 수행하고자 가상머신^{JVM}에 의존하지 않는다.[4] Go로 작성된 프로그램은 기계어 코드로 컴파일[5]된다. Go 컴파일러를 호출할 때 여러분은 빌드[6]할 때 만들고자 하는 바이너리[7]가 실행될 수 있는 플랫폼(윈도우, 맥 기타 등등)의 타입을 간단히 선택한다. 그러면 해당 컴파일러가 선택한 플랫폼에서 동작하는 단일 바이너리를 생성할 것이다. 이것이 Go 언어가 크로스컴파일^{Cross-compiling8}을 지원하고 해당 플랫폼의 바이너리를 생성할 수 있는 이유다.

Go가 마이크로서비스 아키텍처에 완벽히 부응한다는 것을 장차 많은 부분에서 보게 될 것이다. 마이크로서비스 아키텍처는 특정한 업무들에 집중하는 작은 서비스들 간에 여러분의 애플리케이션 책임을 분리시키는 아키텍처다. 이후에 이 서비스들은 결과를 산출하는 데 필요한 정보를 수집하고자 이들 상호 간에 통신을 할 수 있다.

Go는 현대적인 소프트웨어 기술들을 염두에 두고 클라우드 컴퓨팅 시대에 개발돼 새롭게 나온 프로그래밍 언어다. Go는 Go로 작성된 프로그램들 대부분이 실제 운영 환경에서의 의존성과 가상머신(예를 들어 자바 가상머신^{JVM})에 대한 필요성이 거의 없는 단일 바이너리로 컴파일되기 때문에 이동이 용이한 마이크로서비스 아키텍처에 최적화돼 있다. Go는 또한 컨테이너 기술에 있어서 선구자다. 소프트웨어 컨테이너 중에 가장 잘 알려진 도커^{Docker9}는 다름 아닌 Go로 작성돼 있다. Go의 인기로 인해 서로 다른 클라우드 플랫폼들[10]에 대한 필요 API 지원을 Go가 받을 수 있게 보장하고자 주요 클라우드 제공자들과 서드파티[11] 기여자들이 작업하고 있다.

---

3. 앱에 의해 사용 종료된 메모리를 자동 수거 – 옮긴이

4. 자바(Java) 언어와의 차이점 – 옮긴이

5. 필요한 모든 코드를 관련된 모듈에서 전부 가져와 하나로 엮는다. – 옮긴이

6. 컴파일 후 최종 실행 파일을 생성하는 것 – 옮긴이

7. 최종 실행 파일 – 옮긴이

8. 플랫폼 경계를 넘나드는 컴파일 처리 – 옮긴이

9. 리눅스 컨테이너(Linux Container) 기술 기반으로 앱 실행 시 필요한 OS상의 라이브러리/실행 파일/환경설정 등이 해당 앱과 함께 OS상에서 완전히 격리된 하나의 공간으로 동작되는 가벼운 가상화 플랫폼 – 옮긴이

10. 아마존(Amazon) AWS, 마이크로소프트 애저(Azure), 구글 GCP 등 – 옮긴이

11. 제3자로서 특정 서비스에 대한 솔루션과 기술 제공/지원 등의 역할을 수행 – 옮긴이

이 책의 목표는 Go 프로그래밍 언어와 현대적인 클라우드 컴퓨팅 기술 간에 지식의 가교 역할을 하는 것이다. 이 책에서 Go 마이크로서비스 아키텍처, 메시지 큐, 컨테이너, 클라우드 플랫폼 Go APIs, SaaS[12] 애플리케이션 디자인, 클라우드 애플리케이션 모니터링 등에 대한 실용적인 지식을 얻게 될 것이다.

⫸ 기본 설계 목표

현대적인 클라우드 플랫폼들의 이점을 최대한 누리려면 이 플랫폼들에서 실행되는 애플리케이션을 개발할 때 다음과 같은 특성들을 고려할 필요가 있다.

클라우드 애플리케이션의 핵심 설계 목표 중 하나는 **확장성**^{Scalability}이다. 확장성은 사용자들에게 효율적으로 서비스하고자 필요시 애플리케이션의 자원을 늘려 나가야 하는 것을 의미한다. 다른 한편으로는 더 이상 사용자가 없을 때 적절한 수준으로 자원을 다시 줄이는 것을 의미하기도 한다. 이는 항상 최대 부하 시를 대비한 과다한 자원 할당을 하지 않고 비용 효율적인 방식으로 애플리케이션을 운영할 수 있게 해준다.

이것을 실현하려면 일반적인 클라우드 배포는 주로 하나의 애플리케이션을 관리하는 작은 가상머신 인스턴스^{instance}[13]들을 사용하고 이런 인스턴스들을 더 추가해(또는 제거해) 규모를 조정한다. 이 방식의 규모 조정을 **수평적 확장**$^{horizontal\ scaling}$이나 **스케일아웃**$^{scale\ out}$이라고 부른다. 반대되는 개념은 **수직적 확장**$^{vertical\ scaling}$이나 **스케일업**$^{scale\ up}$으로, 인스턴스들의 수를 증가시키지 않고 기존 인스턴스들에 자원을 더 할당하는 식이다. 수평적 확장이 주로 수직적 확장에 비해 선호되는 몇 가지 이유가 있다.[14] 먼저 수평적 확장은 무제한의 선형적 확장성을 약속한다. 다른 한편으로

---

12. 서비스형 소프트웨어(Software as a Service) - 옮긴이
13. 실제 물리적 메모리를 점유해 실행되는 원본의 실체. 예: 가상머신 인스턴스 → 설정된 가상머신이 해당 하드웨어 서버에 물리적 메모리를 점유해 실제 실행되는 것 - 옮긴이
14. 국내에서는 스케일아웃, 스케일업의 용어로 클라우드 업계에서 많이 사용된다. 수평적 확장과 수직적 확장은 해당 용어들의 해설에 가깝다. - 옮긴이

수직적 확장은 기존 서버에 추가할 수 있는 자원의 수가 무한대로 커질 수 없어서 자체로 한계를 가진다. 두 번째로 수평적 확장은 저렴한 상용 하드웨어(또는 클라우드 환경에서 더 작은 인스턴스 타입들)를 사용할 수 있어서 좀 더 비용 효율적이다. 반면 큰 서버들은 흔히 비용이 더 기하급수적으로 늘어나게 된다.

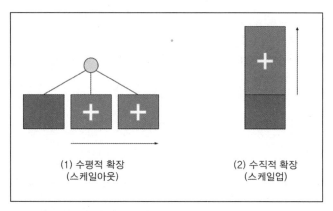

수평적 확장 대 수직적 확장. (1) 수평적 확장은 인스턴스들을 추가하고 업무 부하를 전체에 걸쳐 분산하게 확장된다. 반면 (2) 수직적 확장은 기존의 인스턴스에 자원을 추가해 확장되는 구조다.

모든 주요 클라우드 제공자들은 애플리케이션의 현재 자원 사용률 기준으로 자동으로 수평적 확장을 수행하는 능력을 제공한다. 이 기능은 오토스케일링auto-scaling이라 한다.

불행히도 수평적 확장은 그냥 제공되는 것이 아니다. 스케일아웃을 할 수 있으려면 다음과 같이 애플리케이션 작성을 처음 시작하는 단계부터 고려해야 할 몇 가지 매우 중요한 설계 목표가 있다.

- **비상태 기반**Statelessness : 클라우드 애플리케이션의 각 인스턴스는 어떤 종류의 내부적인 상태 값도 가져서는 안 된다(추후 사용할 목적으로 어떠한 종류의 데이터가 메모리나 파일 시스템에 저장되는 것을 의미). 스케일아웃을 한다는 가정에서 그다음의 요청들은 해당 애플리케이션의 다른 인스턴스에 의해 서비스될 수도 있다. 이러한 이유로 이전의 요청들로부터 제공되는 어떠한 종류의 상태 값에도 의존해서는 안 된다.

이를 해결하려면 데이터베이스와 파일 시스템들과 같은 지속적인 저장을 지원하는 영역을 추가로 둘 필요가 있다. 데이터베이스 서비스와 파일 스토리지 모두 클라우드 제공자에 의해 보통 관리형 서비스로 제공되며 애플리케이션을 작성할 때 선택할 수 있다.

NOTE

> 물론 이것이 상태를 저장하는 상태 기반(Stateful) 애플리케이션들을 클라우드에 배포할 수 없다는 것을 의미하는 것은 아니다. 단지 스케일아웃이 상당히 더 어려워질 것이며, 클라우드 컴퓨팅 환경의 완전한 잠재력을 이끌어내는 데 저해 요소가 될 수 있다.

- **쉬운 배포:** 스케일아웃을 할 때 해당 애플리케이션의 새로운 인스턴스들을 빠르게 배포할 필요가 있을 것이다. 새로운 인스턴스를 만드는 작업은 어떤 종류의 수작업도 요구돼서는 안 되며 가능한 한 완전히 자동화돼야 한다.

- **회복성:** 클라우드 환경에서, 특히 오토스케일 기능을 사용할 때 인스턴스들은 예고 없이 종료될 수 있다.[15] 또한 대부분의 클라우드 제공자들도 개별 인스턴스들에 대해 극한의 가용성을 보장하지 않는다(대신 스케일아웃 방식을 제공하며 사용할 수 있는 여러 존Zone을 선택할 수 있다).[16] 이러한 이유로 의도적인 오토스케일링이나 의도치 않은 장애로 인해 예기치 않은 중단과 갑작스러운 종료가 클라우드 환경에서는 항상 일어날 수 있음을 예상하고 애플리케이션에서 해당 상황에 맞는 대처를 할 수 있게 해야 한다.

이런 목표들을 달성하는 것이 항상 쉬운 것은 아니다. 클라우드 제공자들은 흔히 이런 상황에 따른 대처를 지원하고자 자체 관리형 서비스를 제공한다(예를 들어 분산 파일 스토리지 기반의 고 확장성 데이터베이스 서비스). 이런 서비스를 고려하지 않으면 상당히 고민이 될 것이다. 실제 애플리케이션에 관련해서 확장성과 회복성을 갖춘 애플리케이션 구축

---

15. 규모의 확장이 아닌 축소 시 발생한다. - 옮긴이

16. 아마존 AWS와 같이 클라우드 제공자들은 사용자가 최초로 해당 서비스를 선택할 때 리전(Region)과 존(Zone)의 개념을 제공한다. 리전은 클라우드 서비스 거점으로 재해 대비를 위해 일정거리가 떨어진 3개 이상의 데이터센터로 함께 구성되며, 존은 리전에 있는 데이터센터 내의 특정 공간을 지칭한다. - 옮긴이

을 위한 규칙들을 서술한 12 요소 앱 방법론이 있다(이것은 조금 뒤에 자세히 다룰 예정이다).

⁂ 클라우드 서비스 모델

클라우드 컴퓨팅 제공에 관련해서 여러분의 프로젝트에 고려할 수 있는 3가지 주요 모델이 있다.

- **IaaS**^{Infrastructure as a Service}: 이 모델은 클라우드 서비스 제공자가 서버(가상화와 물리적 단독 방식), 네트워크, 방화벽, 스토리지 장치들과 같은 클라우드상의 인프라에 접근할 수 있게 한다. IaaS를 사용할 때 필요로 하는 것은 클라우드 제공자가 고객(사용자)를 대신해서 인프라 관리를 제공해 유지 보수할 때 발생하는 번거로움과 비용에서 벗어나게 해주는 것이다. IaaS는 애플리케이션 계층을 받치고 있는 영역의 모든 제어가 필요한 조직과 스타트업에 의해 사용된다. 대부분의 IaaS 제공은 자원 사용량에 기반을 두고 인프라 규모를 동적 또는 탄력적으로 조정하는 옵션을 동반하며, 이는 실제로 사용한 만큼만 지불하게 돼 조직의 비용을 절감해준다.

- **PaaS**^{Platform as a Service}: 이것은 IaaS의 바로 상위 계층이다. PaaS는 애플리케이션을 실행하는 데 필요한 컴퓨팅 플랫폼을 제공한다. 일반적으로 애플리케이션 개발에 필요한 OS와 데이터베이스, 웹 계층(필요시), 프로그래밍 언어 실행 환경을 포함한다. PaaS를 사용하면 애플리케이션 환경에 대한 업데이트와 패치를 클라우드 제공자가 담당해 관련된 걱정을 할 필요가 없다. 자, 클라우드 환경에서 실행되는 강력한 닷넷 애플리케이션을 작성한다고 가정하자. PaaS 솔루션은 애플리케이션이 실행할 때 필요한 윈도우 서버 OS와 IIS 웹 서버가 결합된 닷넷 환경을 제공할 것이다. 또한 좀 더 큰 애플리케이션들을 위해 부하 분산과 확장에 대한 처리를 할 것이다. 이런 기능들을 자체적으로 구현하기 위한 노력 대비 PaaS 플랫폼을 도입해 절감할 수 있는 비용과 노력의 분량을 상상해보라.

- SaaS^{Software as a Service}: 이것은 클라우드 솔루션으로서 제공될 수 있는 최상위의 계층이다. SaaS 솔루션은 웹을 통해 필요한 모든 소프트웨어 기능을 완전히 제공한다. 일반적으로 웹 브라우저를 통해 접속되며 프로그래머와 소프트웨어 전문가들이 아닌 해당 소프트웨어의 일반적인 사용자들에 의해 사용된다. 아주 유명한 SaaS 플랫폼의 사례로는 넷플릭스가 있다(웹을 통해 이용할 수 있으며 클라우드에서 관리되는 하나의 복잡한 소프트웨어). 많이 알려진 다른 예로는 세일즈포스가 있으며, 빠르고 효율적으로 웹 브라우저를 통해 고객들에게 서비스가 제공된다.

⁞⁝ 클라우드 애플리케이션 아키텍처 패턴

일반적으로 클라우드 환경에서 실행되는 애플리케이션 개발은 일반 애플리케이션 개발과 크게 차이 나지 않는다. 하지만 클라우드 환경을 목표로 할 때 특히 공통적인 몇 가지 아키텍처 패턴이 있으며, 바로 다음 절에서 알아본다.

12 요소 앱

12 요소 앱 방법론은 확장성과 회복성이 있는 클라우드 애플리케이션을 만들어나가는 것에 대한 규칙들의 집합이다. 강력한 PaaS 제공자들 중 하나인 헤로쿠^{Heroku}[17]에 의해 공표됐으며, 고정된 인프라나 플랫폼 제공자들로부터 독립적으로 모든 종류의 클라우드 애플리케이션에 적용될 수 있다. 또한 프로그래밍 언어와 지속적인 서비스들(클라우드)에 독립적으로, 예를 들면 Go 프로그래밍과 Node.js 프로그래밍에 동일하게 적용될 수 있다. 당연하게도 12 요소 앱 방법론은 여러분의 애플리케이션이 쉽게 확장되고 회복성이 있으며 플랫폼 독립적이 되고자 고려해야 할 12가지 요소들을 갖고 있다. 각 요소에 대한 완전한 설명은 https://12factor.net에서 자세히 볼 수

---

17. 2007년 6월 개발이 시작된 웹 애플리케이션 플랫폼 서비스로 당시에는 루비(Ruby) 언어만 지원했으나 현재 Go, 자바, 파이썬, Node.js 등을 지원한다. 2010년 세일즈포스에 인수됐다. - 옮긴이

있다. 이 책의 목적에 맞게 특별히 중요하다고 여겨지는 몇 가지 요소를 강조해본다.

- **요소 II: 의존성**^{Dependencies} **– 명시적으로 선언하고 의존성들을 서로 분리시켜라.** 특별히 이 요소를 언급하는 이유는 Go 프로그래밍에서는 다른 언어들만큼 실제로 그렇게 중요하지 않기 때문이다. 일반적으로 클라우드 애플리케이션은 기존 시스템상에 이미 존재하는 어떠한 필수 라이브러리[18]나 외부 도구에도 결코 의존해서는 안 된다. 의존성은 명시적으로 선언돼야 하며(예를 들어 Node.js 애플리케이션에 대해 npm의 package.json 파일 사용), 그 결과 패키지 관리자가 새로운 애플리케이션 인스턴스를 배포할 때 관련된 모든 의존성을 가져올 수 있게 된다. Go에서는 일반적으로 필요한 모든 라이브러리가 사전에 포함되도록 정적 컴파일된 바이너리로 배포된다. 하지만 심지어 Go 애플리케이션도 외부 시스템 도구들(예를 들어 ImageMagick[19] 같은 도구에 돈을 지불할 수 있다)이나 기존 C 라이브러리들에 필요한 기능을 의존할 수 있다. 애플리케이션이 완전해지려면 이와 같은 도구들과 함께 배포돼야 한다. 바로 여기에 도커와 같은 컨테이너 엔진이 빛을 발하게 된다.

- **요소 III: 구성**^{Config} **– 환경에 구성 정보를 저장하라.** 구성 정보는 배포가 달라짐에 따라 다양해질 수도 있는 어떤 종류의 데이터다. 예를 들어 외부 서비스들과 데이터베이스를 위한 연결 데이터와 자격 증명^{credentials}이 있다. 이런 종류의 데이터는 환경 변수들을 통해 해당 애플리케이션으로 전달돼야 한다. Go 애플리케이션에서는 이런 데이터 조회가 `os.Getenv("VARIABLE_NAME")`을 호출하는 것만큼이나 쉽다. 더 복잡한 경우(예를 들어 많은 구성 변수가 있을 때)에는 github.com/tomazk/envcfg나 github.com/caarlos0/env 같은 라이브러리에 기댈 수도 있고 처리하기 힘겨운 것들에 대해서는 gihub.com/spf13/viper 라이브러리를 사용할 수 있다.

---

18. 프로그래밍에 필요한 특정 기능들을 모듈화한 것 – 옮긴이
19. 오픈소스 소프트웨어로 그래픽 이미지를 처리하는 다양한 기능의 라이브러리들을 제공한다. – 옮긴이

- **요소 IV: 의존^{Backing} 서비스 – 의존 서비스를 추가되는 자원으로 다뤄라.** 앱이 의존하는(데이터베이스, 메시징 시스템 또는 외부 APIs 같은) 서비스들이 구성 정보에 의해 쉽게 교체될 수 있게 한다. 예를 들면 해당 앱이 로컬 개발 배포의 경우에는 mysql://root:root@localhost/test, 운영 환경 설정에는 mysql://root:XXX@prod.XXXX.eu-central-1.rds.amazonasw.com 값을 **DATABASE_URL**과 같은 환경 변수에 담아 받을 수 있다.

- **요소 VI: 프로세스^{Processes} – App을 하나 또는 그 이상의 비상태 기반^{stateless} 프로세스들로 실행하라.** 실행 중인 애플리케이션 인스턴스들은 상태를 저장하지 않아야 한다. 단일 요청/트랜잭션[20] 처리를 넘어 계속 유지돼야 하는 어떠한 종류의 데이터도 외부의 지속성^{persistence}을 지원하는 서비스에 저장될 필요가 있다.

  웹 애플리케이션에서 명심해야 할 한 가지 중요한 사항으로 사용자 세션[21]이 있다. 보통 사용자 세션 데이터는 동일 사용자의 그다음 요청들이 해당 애플리케이션의 동일한 인스턴스에 의해 처리될 것이라는 기대로 해당 프로세스의 메모리에 보관된다(또는 로컬 파일 시스템에 저장돼 지속된다). 대신에 사용자 세션들을 비상태 기반이 되도록 유지하거나 해당 세션의 상태 정보를 Redis나 Memcached와 같은 외부 데이터 저장소로 옮긴다.

- **요소 IX: 폐기성^{Disposability} – 빠른 시작과 정상적인 종료 과정을 갖춰 견고함^{robustness}을 극대화하라.** 클라우드 환경에서는 갑작스러운 종료(예를 들어 의도적인 규모 축소와 의도치 않은 장애의 경우)를 염두에 둬야 한다. 12 요소 앱은 순식간에 새로운 인스턴스들을 배포할 수 있도록 빠른 시작 시간(보통 몇 초 내의 범위)을 가져야 한다. 또한 빠른 시작 시간과 마찬가지로 정상적인 종료 과정도 필수다. 서버를 종료할 때 OS는 일반적으로 애플리케이션이 인식해서 적절히 대응하도록 SIGTERM 신호를 보내 해당 애플리케이션에게 종료를 알린다(예를 들어 서비스 포트의 Listen 상태를 멈추고 현재 진행 중인

---

20. 거래 정보를 처리하는 단위로 하나의 그룹화된 데이터 처리(삽입/수정/삭제) 모음 – 옮긴이
21. 원래 의미는 특별한 활동을 하는 시간/기간을 의미하며, IT에서는 주로 단일 사용자가 시스템에 로그온(log on)한 후 로그오프(log off)할 때까지의 기간을 말한다. – 옮긴이

요청들을 끝마치고 난 이후에 Exit되게 한다).

- **요소 XI: 로그^{Logs} – 로그를 이벤트의 연속된 흐름으로 다뤄라.** 로그 데이터는 애플리케이션의 동작들을 디버깅과 모니터링하는 데 흔히 도움이 된다. 하지만, 12 요소 앱은 자신의 로그 데이터에 대한 경로 설정과 저장에 관련돼서는 안 된다. 이를 해결하기 위한 가장 쉽고 간단한 방법은 해당 로그 흐름^{stream}을 프로세스의 표준 출력 흐름에 쓰는 것이다(예를 들어 그냥 fmt.Println(...) 사용). **stdout**[22]에 이벤트들의 흐름을 출력하는 것은 개발자가 애플리케이션을 개발할 때 콘솔^{console} 화면에서 이벤트의 흐름을 볼 수 있게 해준다. 운영 환경 설정에 있어서는 해당 프로세스의 출력^{output}을 잡아내고 이 로그 흐름이 처리될 수 있는 곳으로 보내기 위한 실행 환경을 구성할 수 있다(이는 무한대의 가능성을 내포한다. 서버의 journald[23]에 해당 로그들을 저장할 수도, 이들을 syslog 서버에 보낼 수도, ELK[24]를 구성해 저장하거나, 외부 클라우드 서비스로 보낼 수도 있다).

마이크로서비스란 무엇인가?

애플리케이션이 다수의 다른 개발자에 의해 오랜 시간에 걸쳐 유지 보수가 될 때 점점 더 복잡해지는 경향이 있다. 버그^{Bug}를 고치고, 새롭거나 바뀌는 요구 사항들과 끊임없는 기술적 변화들은 소프트웨어가 지속적으로 덩치가 커지고 변경되게 한다. 확인을 하지 않고 내버려두게 되면 이러한 소프트웨어 진화는 해당 애플리케이션을 더 복잡하게 하며 유지 보수하기 어렵게 한다.

이런 종류의 소프트웨어 침식을 방지하는 것이 지난 몇 년에 걸쳐 등장한 마이크로서비스 아키텍처 패러다임[25]의 목표다. 마이크로서비스 아키텍처에서는 하나의 소프트

---

22. Standard Output의 약자로서 표준 출력, 즉 모니터에 나타냄을 의미한다. – 옮긴이
23. 리눅스 배포판에 탑재된 로그 기록/관리를 위한 시스템 서비스 모듈로, 시스템 부팅 이후 모든 메시지를 바이너리 형태로 기록한다. – 옮긴이
24. Elastic Search, Logstash, Kibana를 이용한 실시간 로그 분석 시스템 – 옮긴이
25. 어떤 한 시대 사람들의 견해나 사고를 지배하고 있는 이론적 틀이나 개념의 집합체 – 옮긴이

웨어 시스템이 (잠재적으로 수많은) 독립적이고 격리된 서비스들의 집합으로 분할된다. 이 것들은 분리된 프로세스들로 실행되며 네트워크 프로토콜로 통신한다(물론 이런 각각의 서비스들은 본질적으로 12 요소 앱의 요건들을 갖춰야 한다). 이 주제를 좀 더 심도 있게 살펴보려면 루이스Lewis와 파울러Fowler의 마이크로서비스 아키텍처 원문이 있는 https://martinfowler.com/articles/microservices.html 웹 페이지 방문을 추천한다.

꽤 오랜 기간 경험이 쌓인 전통적인 **서비스 지향 아키텍처**SOA, Service-Oriented Architectures와 다르게 마이크로서비스 아키텍처는 단순함에 집중한다. ESB[26]와 같은 복잡한 인프라 구성 요소들은 반드시 피하고 SOAP[27] 같은 복잡한 통신 프로토콜 대신 REST[28] 웹 서비스처럼 더 간단한 통신 수단(이와 관련해서는 2장에서 더 자세히 다룬다)이나 AMQP[29] 메시징(4장 참고)이 선호된다.

복잡한 소프트웨어를 분리된 구성 요소들로 쪼개는 것은 여러모로 장점이 있다. 예를 들어 서로 다른 서비스들은 각자 별도의 기술 조합으로 만들어질 수 있다. 하나의 서비스에 대해 Go를 런타임으로 몽고DBMongoDB를 지속성persistence(데이터 저장) 계층으로 선택하는 것이 최적일 수 있다. 반면 다른 구성 요소들에 대해서는 Node.js 런타임과 MySQL 지속성 계층이 더 나은 선택이 될지도 모른다. 분리된 서비스들의 기능을 캡슐화Encapsulating[30]하는 것은 개발 팀이 해당 업무에 최적인 도구를 선택할 수 있게 한다. 조직적 측면에서 마이크로서비스가 갖는 다른 장점은 조직 내에 있는 다른 팀들이 각자의 마이크로서비스를 가질 수 있다는 점이다. 각각의 팀이 독립적으로 해당 서비스를 개발, 배포, 운영할 수 있고 이들이 자신들의 소프트웨어를 아주 유연한 방식으로 보정할 수 있게 한다.

---

26. Enterprise Service Bus의 약어로 SOA를 구현할 수 있게 하는 서비스 기반 구조를 말한다. - 옮긴이
27. Simple Object Access Protocol의 약어로 웹서비스를 실제로 이용하기 위한 객체 간의 통신 규약이다. - 옮긴이
28. Representational State Transfer의 약자로 웹의 장점을 최대한 활용할 수 있는 네트워크 기반의 아키텍처 스타일이다. - 옮긴이
29. Advanced Message Queuing Protocol의 약어로 안정적인 TCP를 사용하는 애플리케이션 레벨 메시지 전송 프로토콜이다. 클라우드 관리 플랫폼과 IoT 통신 등 다방면에 걸쳐 널리 사용된다. - 옮긴이
30. 약국에서 파는 캡슐과 같이 각각의 성분을 얇은 껍질로 씌워 내부가 보이지 않게 독립적으로 만드는 것 - 옮긴이

마이크로서비스 배포

비상태 기반과 수평적 확장에 초점을 두는 마이크로서비스는 현대적인 클라우드 환경과 궁합이 잘 맞다. 그럼에도 마이크로서비스 아키텍처를 선택할 때 서로 다른 애플리케이션들을 더 많이 배포할 필요가 있어 전반적으로 애플리케이션 배포는 더 복잡하게 되는 경향이 있다(12 요소 앱 방법론을 지켜야 하는 이유).

하지만 각각의 개별 서비스는 하나의 큰 덩어리로 된 애플리케이션보다 배포하기가 더 쉬워진다. 서비스의 크기에 따라 하나의 서비스를 새로운 런타임 환경으로 업그레이드하는 것이나 새로운 수행 모듈로 완전히 교체하는 것이 더 쉬워진다. 또한 각각의 마이크로서비스를 개별적으로 확장할 수 있다. 이는 애플리케이션에서 적게 활용되는 구성 요소들을 비용 효율적으로 유지하며 많이 사용되는 부분들을 스케일 아웃scale-out하게 해준다. 이를 위해 각각의 서비스가 당연히 수평적 확장을 지원해야 한다.

마이크로서비스를 배포하는 것은 서로 다른 서비스들이 각자 다른 기술들을 사용 시 (잠재적으로) 더 복잡하게 된다. 이 문제를 해결하기 위한 가능한 해결책은 도커나 RKT[31] 같은 최신 컨테이너 런타임으로 서비스를 제공하는 것이다. 컨테이너를 사용함으로써 하나의 컨테이너 이미지에 애플리케이션과 관련된 모든 의존성 영역을 함께 묶을 수 있다. 그런 다음에 해당 이미지를 이용해서 도커(또는 RKT) 컨테이너를 실행시킬 수 있는 서버에 애플리케이션을 실행시키는 컨테이너를 빠르게 증식spawn 시킬 수 있다(12 요소 앱으로 되돌아가보자. – 컨테이너에 애플리케이션을 배포하는 것은 요소 II에 규정된 의존성 분리에 대한 가장 완벽한 해석의 실사례가 된다).

업무 부하workload를 담당하는 컨테이너에 대한 관리는 많은 주요 클라우드 제공자에 의해 제공되는 서비스다(예를 들어 AWS의 Elastic Container Service, Azure Container Service 또는 Google Container Engine). 그 외에도 도커 스웜Docker Swarm, 쿠버네티스Kubernetes나 아파치 메소스

---

31. Rocket의 약어로 리눅스 컨테이너 기술에 특화된 배포판인 CoreOS가 2014년 도커를 대체할 목표로 보안성을 더 높여 출시한 컨테이너 플랫폼을 말한다. – 옮긴이

Apache Mesos와 같이 IaaS 클라우드 플랫폼이나 자체 하드웨어 위에 적용할 수 있는 컨테이너 오케스트레이션orchestration 엔진들도 있다.[32] 이 오케스트레이션(조율) 엔진들은 전체 서버 클러스터에 걸쳐 컨테이너 업무 부하를 분산시킬 수 있는 관리 기능과 아주 높은 수준의 자동화를 제공한다. 예를 들면 클러스터 관리자는 컨테이너들을 수많은 서버에 걸쳐 배포하고 자원 요구량과 사용량에 따라 자동으로 분산 처리를 담당하게 된다. 또한 많은 오케스트레이션 엔진은 오토스케일링 기능들을 제공하고 흔히 클라우드 환경과 밀접하게 통합된다.

6장에서 도커와 쿠버네티스를 사용한 마이크로서비스 배포에 대해 좀 더 자세히 배울 것이다.

REST 웹 서비스와 비동기식 메시징

마이크로서비스 아키텍처를 만들 때 개별 서비스들은 상호 간에 통신이 필요하다. 마이크로서비스 통신에 대해 광범위하게 받아들여지는 사실상의 표준은 RESTful 웹 서비스다(이는 2장과 3장에서 더 자세히 배운다). 이것은 보통 HTTP에서 구현되고(REST 아키텍처 스타일 자체는 거의 프로토콜 독립적이지만) 요청/응답 통신 방식의 클라이언트/서버 모델을 따른다.

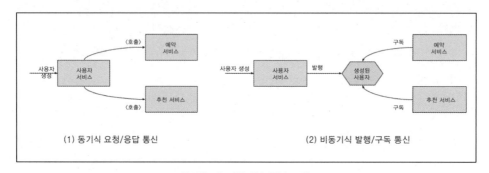

동기식 대 비동기식 통신 모델

---

32. AWS는 자체 컨테이너 관리 서비스인 ECS 외에 추가로 관리형 쿠버네티스(Kubernetes) 서비스인 EKS를 제공하고 애저(Azure)는 관리형 쿠버네티스 서비스로 개편돼 이름이 AKS가 됐다. 구글은 처음부터 관리형 쿠버네티스 서비스로 기존 이름을 GKE로 변경해 모두 이름에 쿠버네티스가 있다. - 옮긴이

이 아키텍처는 일반적으로 구현하고 유지 보수하기 쉽다. 또한 많은 활용 사례에 잘 들어맞는다. 하지만 동기식 요청/응답 패턴은 많은 서비스에 걸쳐 있는 복잡한 프로세스들로 시스템을 구현 중일 때 자체 한계에 부닥칠 수 있다. 앞에서 보여준 다이어그램의 첫 번째 부분을 자세히 보자. 이곳에 애플리케이션의 사용자 데이터 베이스를 관리하는 사용자 서비스가 있다. 새로운 사용자가 생성될 때마다 시스템에 있는 다른 서비스들이 이 새로운 사용자를 확실하게 인식하게 해야 할 것이다. RESTful HTTP를 사용할 때 사용자 서비스는 REST 호출들로 다른 서비스들에게 공지할 필요가 있다. 이는 사용자 서비스가 사용자 관리 영역domain에서 어떤 식으로든 영향을 받는 다른 모든 서비스에 대해 알고 있어야 한다는 것을 의미한다. 이는 일반적으로 피하고 싶은 구성 요소 간의 강한 결합성tight coupling을 초래한다.

이 이슈들을 해결할 수 있는 대안적인 통신 패턴은 발행/구독 패턴이다. 여기에서 서비스들은 다른 서비스들이 계속 감지할 수 있는 이벤트들을 내보낸다. 이벤트를 내보내는 서비스는 다른 서비스들이 실제로 이 이벤트들을 감지하고 있는지 알 필요가 없다. 앞에서 보여준 다이어그램의 두 번째 부분을 다시 자세히 보자. 이곳에서 사용자 서비스는 새로운 사용자가 막 생성됐음을 나타내는 이벤트를 발행한다. 이제 다른 서비스들은 이 이벤트를 구독할 수 있고 새로운 사용자가 생성될 때마다 알아차린다. 이 아키텍처들은 보통 특별한 인프라 구성 요소인 메시지 브로커message broker 사용을 요구한다. 이 구성 요소는 발행된 메시지들을 받아들이고 이들을 해당 구독자들에게 특정 경로로 전달한다(일반적으로 중간 저장소로 큐queue를 사용).

발행/구독 패턴은 서비스 서로 간의 결합을 분리하는 아주 좋은 방법이다. 서비스가 이벤트들을 발행할 때 이들이 어디로 갈지, 언제 다른 서비스가 이 이벤트들을 구독할지 고민할 필요가 없다. 심지어 이 이벤트들이 어디서 왔는지도 모른다. 더 나아가서 비동기식 아키텍처는 동기식 통신을 하는 아키텍처보다 주로 확장을 더 잘한다. 수평적 확장과 부하 분산 처리는 다수의 구독자에게 메시지들을 분산시켜 쉽게 구현된다.

불행이도 세상에 공짜 점심 같은 건 없다. 이 유연성과 확장성은 복잡성이 추가되는 대가를 지불해야 한다. 또한 다수의 서버 전체에 걸친 단일 트랜잭션들을 디버깅하기 어렵게 된다. 결국 이 트레이드오프를 받아들일 수 있을지 여부는 사례별 기준으로 평가돼야 한다.

4장에서 비동기식 통신 패턴과 메시지 브로커들에 대해 좀 더 자세히 배우게 될 것이다.

⁂ MyEvents 플랫폼

이 책 전반에 걸쳐 MyEvents라는 유용한 SaaS 애플리케이션을 만들 것이다. MyEvents는 현대적이고 확장성을 가진 클라우드 네이티브native의 애플리케이션이 되도록 앞으로 배울 기술들을 활용할 것이다. MyEvents는 사용자가 전 세계에서 열리는 각종 행사의 티켓을 예약할 수 있게 해주는 행사 관리 플랫폼으로, 자신과 동료들의 콘서트, 축제, 서커스, 기타 티켓들을 예약할 수 있다. MyEvents는 예약 기록, 사용자 기록, 행사가 열리는 여러 위치의 기록을 보관할 것이다. 이로 인해 예약을 효율적으로 관리할 수 있다.

MyEvents를 구축하고자 마이크로서비스, 메시지 큐, ReactJS[33], 몽고DالبMongoDB, AWS 등을 이용할 것이다. 해당 애플리케이션을 좀 더 잘 이해하려면 애플리케이션이 관리할 논리적인 개체entity들을 한번 살펴보자. 이들은 관련성을 명확하게 분리하고 필요로 하는 유연성과 확장성을 만족시키고자 다수의 마이크로서비스로 관리될 것이다.

---

33. 자바스크립트 라이브러리의 하나로, 사용자 인터페이스를 만들고자 사용된다. - 옮긴이

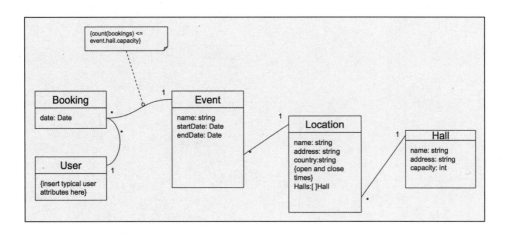

다수의 사용자를 갖게 되고 각각의 User는 행사들에 대해 다수의 예약을 할 수 있고 각 Booking^{예약}은 단일 Event에 상응할 것이다. 행사 각각에는 해당 행사가 열릴 Location^{위치}이 있게 된다. 그 Location 안에서는 해당 행사가 주최될 Hall이나 방^{room}을 식별할 필요가 있을 것이다.

자, 이제 마이크로서비스 아키텍처와 이 애플리케이션을 형성하는 구성 요소들을 한번 살펴보자.

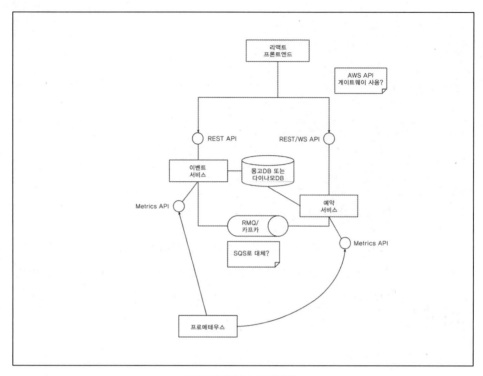

마이크로서비스 아키텍처

애플리케이션 사용자들과 연계하고자 ReactJS 프론트엔드[frontend]를 사용할 것이다. ReactJS UI는 애플리케이션의 몸통을 형성하는 서로 다른 마이크로서비스들과 통신하는 API 게이트웨이[gateway](AWS 또는 로컬[local])를 사용하게 된다. MyEvents의 논리를 표현하는 2가지 주요 마이크로서비스가 있다.

- Event Service: 해당 행사와 위치 및 여기서 발생하는 변경을 다루는 서비스

- Booking Service: 사용자들에 의해 만들어진 예약을 다루는 서비스

모든 서비스는 메시지 큐에 기반을 둔 발행/구독 아키텍처를 사용해 통합될 것이다. 여기서는 마이크로서비스와 클라우드 컴퓨팅 세계의 실용적 지식을 제공하는 것을 목표로 하므로 여러 형태의 메시지 큐인 Kafka, RabbitMQ, AWS SQS[Simple Queue Service]를 지원할 것이다.

또한 지속성 계층^{persistence layer}(데이터 저장)은 다수의 데이터베이스 기술을 지원할 것이다. 이는 다양한 실용적인 데이터베이스 엔진을 접하게 해서 여러분의 프로젝트들에 힘을 부여한다. 여기서는 몽고DB와 다이나모DB^{DynamoDB}를 지원한다.

모든 서비스는 metrics API를 지원하고 이는 프로메테우스^{Prometheus}를 통해 서비스들에 대한 통계들을 모니터링할 수 있게 해준다.

MyEvents 플랫폼은 마이크로서비스와 클라우드 컴퓨팅의 강력한 세계를 접하고 해당 지식의 탄탄한 토대를 쌓게 되는 방식으로 설계돼 있다.

⁘ 요약

1장에서는 클라우드 네이티브 애플리케이션 개발에 대한 기본 설계 원칙들을 알아봤다. 이는 (수평적) 확장성 및 회복성 지원과 같은 설계 목표, 12 요소 앱과 마이크로서비스 아키텍처 같은 아키텍처 패턴을 포함한다.

후속 장들에서 MyEvents 애플리케이션을 만드는 동안 이런 많은 원칙을 적용하는 방법을 배우게 될 것이다. 2장에서는 Go 프로그래밍 언어를 사용해 RESTful 웹 서비스를 제공하는 소규모의 마이크로서비스 구현 방법을 알아본다. 후속 장들에서 이 소규모 애플리케이션을 계속 확장하고 다양한 클라우드 환경에서 배포하고 운영하는 방법을 알아볼 것이다.

02

Rest API를 사용한 마이크로서비스 구축

2장에서는 마이크로서비스 세계에 관해 알아가는 여정을 떠난다. 마이크로서비스들이 구조화되고 상호 통신하며 데이터를 지속시키는 방법을 알아본다. 오늘날 실제 운영상의 현대적인 클라우드 애플리케이션 대부분이 회복성과 확장성을 위해 마이크로서비스 방식에 의지한다. 그렇기 때문에 마이크로서비스 개념을 핵심 개념으로 다룬다.

2장에서 다루는 내용은 다음과 같다.

- 마이크로서비스 아키텍처 심층 분석

- RESTful 웹 API

- Go 언어로 RESTful API 구축

⠿ 배경

1장에서는 마이크로서비스에 대한 실용적인 정의를 제공했다. 2장에서는 마이크로서비스 정의를 좀 더 살펴본다.

마이크로서비스의 진가를 제대로 알아보고자 알려진 스토리를 살펴보며 시작해보자. 마이크로서비스에 대한 발상이 인기를 얻기 전에는 대부분의 애플리케이션이 한 개의 덩어리로 된 모놀리식Monolithic 방식이었다. 모놀리식(한 몸통) 애플리케이션은 수많은 작업을 동시에 처리하고자 하는 단일 애플리케이션이다. 이후 새로운 기능들이 필요해지면서 애플리케이션은 더 커지고 비대해지고 사실상 장기적으로 유지 보수하기 힘든 애플리케이션을 만들어냈다. 클라우드 컴퓨팅이 출현하고 대량의 작업 부하를 가진 분산 애플리케이션들로 인해 더욱 유연한 애플리케이션 아키텍처의 필요성이 대두됐다.

1장에서는 이 책에서 구현될 MyEvents 애플리케이션을 소개했다. MyEvents 애플리케이션은 콘서트나 연극 등의 행사 예약을 관리하는 데 사용되며, 이 애플리케이션의 주요 업무는 다음과 같다.

- **예약 프로세스**Process bookings: 예를 들어 한 사용자가 다음 달의 콘서트를 예약한다. 무엇보다도 이 행사에 이용 가능한 좌석이 있는지, 동일한 이름으로 미리 예약된 것이 없는지 확인하고 해당 예약을 저장하는 작업이 필요하다.

- **이벤트 처리**Handle events: 이 애플리케이션은 콘서트, 연극 등 모든 종류의 지원돼야 하는 행사를 인지할 필요가 있다. 해당 행사 주소, 전체 좌석 수, 행사 기간 등이 있어야 한다.

- **검색 처리**Handle search: 이 애플리케이션은 예약과 이벤트 조회를 위한 효율적인 검색을 수행할 수 있어야 한다.

다음 이미지는 MyEvents에 대한 모놀리식 애플리케이션 설계가 어떤 모습일지 보여준다.

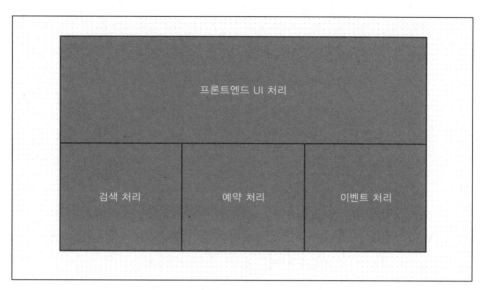

모놀리식 애플리케이션

구별되는 각 필요 업무 처리를 위해 해당 애플리케이션 안에 여러 소프트웨어 계층이 구축된다. 이 애플리케이션은 많은 코드를 기반으로 하는 프로그램이 될 것이고, 코드들은 모두 연결돼 있기에 항상 한 계층의 변화가 다른 계층들의 코드에 영향을 미치는 위험이 존재한다.

단일 프로그램이기에 다른 프로그래밍 언어들로 일부 소프트웨어 계층을 작성하기는 쉽지 않다. 이는 일반적으로 X 언어에 Y 기능을 지원하는 매우 좋은 라이브러리가 있지만 X 언어가 Z 기능에 대해 좋지 못하다는 것을 이미 알고 있을 때(사전에 인지) 가질 수 있는 아주 좋은 옵션이다.

또한 새로운 기능이나 계층을 추가할 때 해당 단일 프로그램은 좋은 확장성 옵션들 없이 계속해서 덩치가 커질 것이다. 각기 다른 서버에 서로 다른 소프트웨어 계층들을 실행시킬 수 있어 한두 대의 서버에 추가적인 하드웨어를 증설하지 않고도 해당 애플리케이션 작업 부하를 제어할 수 있는 것이 더 좋지 않은가?

소프트웨어 엔지니어들은 오랫동안 모놀리식(한 몸통) 애플리케이션의 딜레마를 풀고자 노력해왔다. 마이크로서비스는 모놀리식 애플리케이션들에서 발생하는 이슈들을 다루기 위한 하나의 접근 방식이다. 마이크로서비스가 인기를 얻기 전에는 원칙적으로 마이크로서비스와 유사한 SOA 개념이 있었다.

마이크로서비스에 더 깊이 들어가기 전에 모놀리식 애플리케이션이 항상 나쁜 것은 아니라는 점을 언급할 필요가 있다. 이는 모두 여러분이 이루려고 하는 것에 달려있다. 제한적인 업무 구성을 갖고 그렇게 많이 커지지 않을 거라 예상되는 애플리케이션을 구축하고자 한다면 잘 구현된 단일 애플리케이션이 필요로 하는 모든 것일 수 있다. 다른 한편으로 수많은 데이터 작업을 처리하면서 다수의 사람에 의해 유지보수되고 많은 수의 독립적인 업무로 수행될 복잡한 애플리케이션 구축을 생각한다면 마이크로서비스 아키텍처가 여러분의 둘도 없는 친구다.

마이크로서비스란?

간단히 말하면 마이크로서비스는 모든 코드를 하나의 바구니(모놀리식 애플리케이션)에 넣는 대신 다수의 작은 소프트웨어 서비스(또는 microservices)로 작성하는 것이다. 각각의 서비스는 하나의 업무에 집중하고 이를 잘 수행하도록 설계된다. 이런 서비스들이 모이면 하나의 애플리케이션이 만들어지는 것이다.

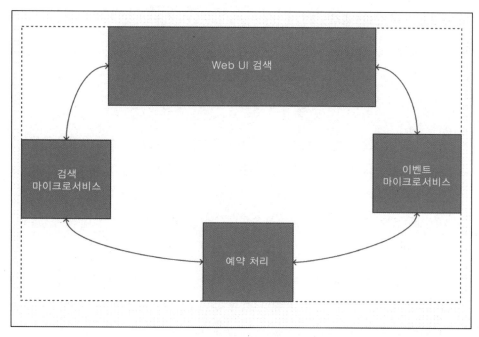

마이크로서비스 애플리케이션

MyEvents 애플리케이션을 보면 해당 모놀리식 애플리케이션의 각 소프트웨어 계층은 하나의 소프트웨어 서비스로 변환된다. 이후 애플리케이션을 구성하고자 함께 통신할 것이다. 이들 소프트웨어 서비스 각각이 사실상 하나의 마이크로서비스가된다.

이 서비스들이 하나의 복잡한 애플리케이션을 구현하고자 함께 협력하기 때문에 모두가 이해할 수 있는 프로토콜을 통해 통신할 필요가 있다. 상호 통신을 위해 웹 Restful API들을 사용하는 마이크로서비스는 HTTP 프로토콜을 광범위하게 활용한다. 2장에서 Restful API를 좀 더 깊이 있게 알아볼 것이다.

마이크로서비스의 내부

마이크로서비스를 올바르게 구현하려면 고려할 필요가 있는 몇 가지 구성 요소가 있다. 다섯 개로 이뤄진 구성 요소들을 이해하려면 마이크로서비스가 맡아서 처리하는 다음과 같은 주요 업무를 살펴보자.

- 마이크로서비스는 다른 서비스이나 외부 세계와 메시지를 주고받을 수 있어야 하고 이로 인해 업무들은 서로 조화를 이루며 수행할 수 있다. 이 마이크로서비스의 통신 측면은 서로 다른 형태다. Restful API들은 외부 세계와 상호작용할 때 아주 인기가 있고 메시지 큐들은 다른 서비스들과 통신할 때 매우 유용하다. 또한 gRPC[1] 같이 인기 있는 다른 기술들도 있다.

- 마이크로서비스는 구성 계층Configuration layer을 필요로 한다; 이는 환경 변수나 파일 또는 데이터베이스를 통해 구성할 수 있다. 이 구성 계층은 마이크로서비스에게 어떻게 동작해야 하는지 알려준다. 예를 들어 서비스가 메시지를 받을 수 있도록 어떤 TCP 주소의 포트 번호에 리슨Listen[2]해야 한다고 가정하자. 해당 TCP 주소와 포트 번호는 해당 서비스가 시작될 때 반영되는 구성 정보의 일부가 될 것이다.

- 마이크로서비스는 자체 발생되는 이벤트들을 로그로 기록해서 발생 이슈들에 대한 문제 해결과 동작들을 이해할 수 있다. 예를 들어 메시지를 또 다른 서비스로 전송하는 동안 통신 이슈가 발생한다면 해당 문제를 식별할 수 있도록 어딘가에 에러가 로그로 기록돼야 한다.

- 마이크로서비스는 데이터를 데이터베이스나 다른 형태의 데이터 저장소에 저장해 데이터 지속이 가능해야 한다. 또한 추후에 데이터 조회도 할 수 있어야 한다. 예를 들어 MyEvents 애플리케이션의 경우에 해당 마이크로서비스들은 사용자, 예약, 이벤트(행사)에 관련된 데이터의 저장 및 조회가 필요하다.

---

1. 구글에서 발표한 높은 성능의 범용 오픈소스 원격 함수 호출(Remote Procedure Call) 프레임워크다. - 옮긴이
2. 리슨(Listen)한다는 것은 외부 요청에 대해 응답할 수 있도록 OS상에 특정 프로세스로 대기 중인 것을 말한다. - 옮긴이

- 마지막으로 마이크로서비스에 있어 가장 핵심적이고 중요한 부분이 있다. 그 핵심은 해당 마이크로서비스가 수행할 업무에 대해 책임을 지는 코드 영역이다. 예를 들어 마이크로서비스가 사용자 예약 처리를 책임진다면 해당 사용자 예약 처리 업무를 수행하는 코드 작성 부분이 핵심이다.

따라서 앞의 다섯 가지 요점에 근거해 마이크로서비스 블록들을 구축하는 것은 다음과 유사해야 한다.

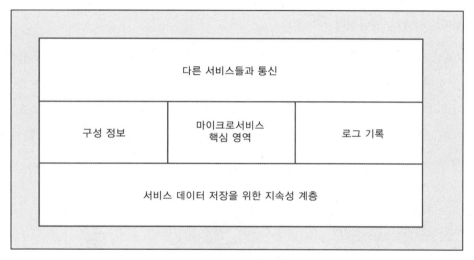

마이크로서비스 블록 구축

쌓아올려진 영역들은 효율적인 마이크로서비스를 구축할 수 있는 좋은 토대를 제공한다. 이 규칙들은 돌에 새겨지듯 확정된 것이 아니다. 여러분이 구축하고자 하는 애플리케이션에 따라 좀 더 단순하거나 복잡한 마이크로서비스를 만들 수 있다.

⁘ RESTful 웹 API

REST는 **자원**들이 나타내는 상태를 행위로 전송하는 것^{Representational State Transfer}을 말한다. REST는 단순히 다른 서비스들에 대해 통신하고 데이터를 교환할 수 있는 하나의 방법이다. 서버는 들어오는 메시지를 받고^{Listen} 해당 메시지에 응답하며 클라이언트는 연결을 시작하고 메시지들을 해당 서버에 보낸다.

현대적인 웹 프로그래밍 세계에서는 RESTful 웹 애플리케이션들이 통신을 위해 HTTP 프로토콜을 사용한다. RESTful 클라이언트는 HTTP 클라이언트가 되며 RESTful 서버는 HTTP 서버가 될 것이다. HTTP 프로토콜은 인터넷에 힘을 부여하는 핵심 애플리케이션 계층 통신 프로토콜이고 이는 RESTful 애플리케이션이 웹 애플리케이션으로 불리는 이유이기도 하다. RESTful 애플리케이션의 통신 계층은 흔히 RESTful API로 간략히 언급된다.

REST API들은 다양한 형태의 플랫폼에서 개발된 애플리케이션들이 서로 통신할 수 있게 해준다. 이는 다른 디바이스들에서 실행되는 클라이언트 애플리케이션뿐만 아니라 다른 OS에서 실행되는 애플리케이션 내부의 다른 마이크로서비스들도 포함한다. 예를 들어 스마트폰은 REST를 통해 웹 서비스들과 신뢰성 있게 통신할 수 있다.

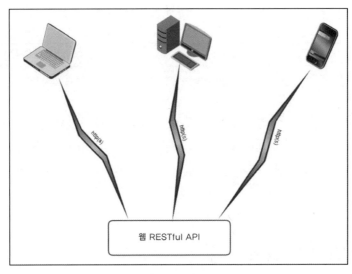

웹 RESTful API

RESTful 애플리케이션이 어떻게 작동되는지 이해하려면 먼저 HTTP 프로토콜이 어떻게 동작하는지 충분히 이해할 필요가 있다. HTTP는 웹, 클라우드, 현대적인 마이크로서비스 전체에 걸쳐 데이터 통신을 위해 사용되는 애플리케이션 레벨 프로토콜이다.

HTTP는 클라이언트-서버, 요청-응답 프로토콜이다. 이는 데이터 흐름이 다음과 같이 동작함을 의미한다.

- HTTP 클라이언트가 HTTP 서버에게 요청request을 보낸다.
- HTTP 서버는 들어오는 요청들을 대기해listen 받는다. 그리고 나서 요청이 온 곳들로 응답한다respond.

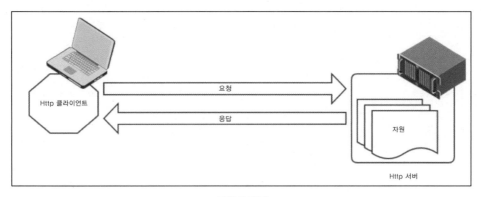

요청과 응답

HTTP 클라이언트 요청은 일반적으로 두 가지 경우 중 하나다.

- 클라이언트는 서버에게 자원resource을 요청한다.
- 클라이언트는 서버상의 자원 추가/수정을 요청한다.

자원의 유형은 애플리케이션에 달려있다. 예를 들어 클라이언트가 어떤 웹 페이지 접속을 시도하는 웹 브라우저라면 해당 클라이언트는 서버에 HTML 웹 페이지를 요구하는 요청을 보낼 것이다. 해당 HTML 페이지는 HTTP 웹 서버의 응답하에서 클라이언트에게 되돌려진 자원이 될 것이다.

마이크로서비스 통신 세계에서는 REST 애플리케이션들이 데이터 메시지들을 교환하고자 보통 JSON 데이터 포맷과 결합된 HTTP 프로토콜을 사용한다.

다음의 시나리오를 생각해보자. MyEvents 애플리케이션의 마이크로서비스 중 하나는 다른 마이크로서비스에서 이벤트 정보(기간, 시작일, 종료일과 장소)를 얻어야 할 필요가 있다. 해당 정보를 필요로 하는 마이크로서비스는 클라이언트가 될 것이고 해당 정보를 제공하는 마이크로서비스는 서버가 될 것이다. 자, 이제 클라이언트 측 마이크로서비스가 이벤트 ID를 갖고는 있지만 해당 ID에 속한 이벤트 정보를 제공할 수 있는 서버 쪽 마이크로서비스가 필요하다고 생각해보자.

클라이언트는 해당 이벤트 ID를 통해 이벤트 정보에 관한 질의 요청을 보낼 것이다. 해당 서버는 다음과 같이 JSON 포맷으로 동봉된(둘러싸인) 정보와 함께 응답할 것이다.

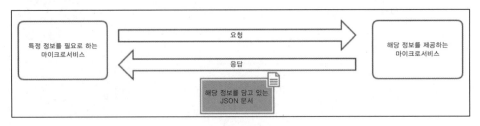

JSON 문서를 포함하는 응답

이 설명은 단순해보이지만 전체의 그림을 보여주지는 않는다. 클라이언트의 질의 부분은 REST API들이 어떻게 제대로 작동하는지 이해할 수 있도록 좀 더 자세한 설명이 필요하다.

REST API 클라이언트 요청은 해당 의도^{intent}를 선언하고자 지정해야 하는 2가지 중요 정보(요청 URL과 요청 메서드)가 있다.

요청 URL은 클라이언트가 찾아내고자 하는 서버의 자원 주소다. URL은 하나의 웹 주소로서 http://quotes.rest/qod.json을 예로 들 수 있고 이는 REST API URL로

오늘의 명언을 반환하는 API 서비스다.

우리 시나리오에서 **MyEvents** 클라이언트 마이크로서비스는 이벤트 ID 1345에 관한 질의를 위해 URL http://10.12.13.14:5500/events/id/1345에 HTTP 요청을 보낼 수 있다.

요청 방식은 기본적으로 실행시키고자 하는 동작의 형태다. 그것은 자원을 얻는 요청부터 수정, 추가, 삭제의 요청까지도 범위가 될 수 있다. HTTP 프로토콜에서는 클라이언트 요청의 일부가 될 필요가 있는 여러 형태의 메서드가 있다; 다음 몇 가지는 가장 공통적인 메서드다.

- **GET**: 웹 애플리케이션에 널리 사용되는 HTTP 메서드로, HTTP 웹 서버들에게 자원을 요청하는 방법에 대한 것이다. 이는 이벤트 ID 1345의 데이터를 요청하고자 시나리오에서 사용할 요청의 형태가 된다.

- **POST**: 자원을 업데이트하거나 신규로 생성하고자 사용하는 HTTP 메서드로, POST를 사용해서 이벤트 ID 1345에 속하는 정보의 일부를 업데이트한다고 가정할 때 요청 바디$^{request\ body}$ 부분에 새로운 이벤트 정보와 함께 상대^{relative} URL `../events/id/1345`로 POST 요청을 보내게 된다.

  다른 한편으로 ID 1346을 가진 새로운 이벤트를 생성하고 싶다면 이 새로운 이벤트 정보로 `../events/id/1346`에 POST 요청을 보내서는 안 된다. 해당 ID는 아직 존재하지 않기 때문이다. 우리가 해야 할 일은 POST 요청을 `.../events`로 보내고 요청 바디 부분에 이 새로운 이벤트 정보 전부를 추가하는^{attach} 것이다.

- **PUT**: 자원을 생성하거나 덮어쓰기^{overwrite} 위한 HTTP 메서드로, POST와 다르게 PUT 요청은 전에 존재하지 않은 자원 ID로 요청을 보내 새로운 자원을 생성하는 데 사용할 수 있다. 따라서 예를 들어 1346 ID를 가진 새로운 이벤트를 생성하고 싶다면 PUT 요청을 `../events/id/1346`으로 보내면 되고 해당 웹 서버는 요청된 자원을 생성하게 된다.

또한 PUT은 기존 자원을 완전하게 덮어쓰는 데 사용할 수 있다. 따라서 POST와 다르게 자원의 정보 한 부분만을 업데이트하고자 PUT을 사용해서는 안 된다.

- **DELETE:** 자원을 삭제하고자 사용된다. 예를 들어 웹 서버의 상대 URL ../events/id/1345로 DELETE 요청을 보내면 웹 서버는 이후 데이터베이스에서 해당 자원을 삭제할 것이다.

고릴라 웹 툴킷

웹 Restful API가 어떻게 돌아가는지 살펴봤고, 이제 Go에서 이들을 어떻게 가장 잘 구현할 수 있는지 이해할 차례다. Go 언어는 표준 라이브러리에 아주 강력한 웹 패키지를 갖고 있고, 또한 수많은 서드파티 패키지의 지원을 누릴 수도 있다. 이 책에서는 고릴라Gorilla 웹 툴킷toolkit이라는 아주 인기 있는 Go 웹 서드파티 툴킷을 사용할 것이다. 이 고릴라 웹 툴킷은 강력한 웹 애플리케이션 구축이 빠르고 효율적으로 되도록 서로 함께 도와주는 Go 패키지들의 모음collection으로 구성돼 있다.[3]

고릴라 웹 툴킷 생태계에서 핵심 패키지는 **gorilla/mux**로 불린다. 이 **mux** 패키지는 해당 패키지 문서에서 요청 라우터router와 디스패처dispatcher(분배기)로 기술된다. 이는 기본적으로 들어오는 HTTP 요청을 받아주는 소프트웨어 구성 요소로, 요청의 성격에 근거해 무엇을 할지 결정한다. 예를 들어 클라이언트가 HTTP 요청을 웹 서버에 보낸다고 생각해보자. 이후 해당 웹 서버의 HTTP 라우터와 디스패처 구성 요소는 들어오는 요청이 상대 URL ../events/id/1345의 **GET** 메서드를 포함하는지 탐지할 수 있다. 그런 다음 이벤트 ID 1345의 정보를 가져와 클라이언트에 해당 정보를 반환한다.

---

3. Go의 웹 프레임워크(Web framework)로 고릴라(Gorilla)는 모듈화에 장점이 있으며 현재도 여전히 인기가 있다. 추후에 더 쉽고 빠른 웹 프레임워크가 필요해지면 Gin(https://github.com/gin-gonic/gin)을 고려하면 된다. - 옮긴이

Restful API 구현

이 패키지를 활용하기 위한 첫 번째 단계는 개발 환경에 패키지를 추가하는 go get 명령어를 사용하는 것이다.

```
$ go get github.com/gorilla/mux
```

이것으로 mux 패키지를 사용할 준비가 됐다. 코드에서 이제 mux 패키지를 웹 서버 코드로 import할 수 있다.

```
import "github.com/gorilla/mux"
```

이제 코드 내부에서 고릴라 mux 패키지를 사용해 라우터를 생성할 필요가 있다. 이는 다음 코드를 통해 이뤄진다.

```
r := mux.NewRouter()
```

이것으로 라우터를 정의하고 이를 실행시킬 동작들과 연결시키는 데 도움을 주는 r이라는 라우터 객체를 갖게 된다.

지금부터는 서로 다른 서비스들이 다른 경로들과 동작들을 지원할 것이기 때문에 해당 코드는 논의 중인 마이크로서비스에 따라 달라질 수 있다. 이번 장의 앞부분에서는 MyEvents 애플리케이션에서 사용하기 위한 다음의 네 가지 다른 형태의 서비스인 웹 UI 서비스, 검색 마이크로서비스, 예약 마이크로서비스, 이벤트 마이크로서비스를 다뤘다. 이제 이벤트 마이크로서비스에 집중해보자.

이벤트 마이크로서비스는 다음을 할 수 있는 RESTful API 인터페이스 지원이 필요하다.

- ID 또는 이벤트 이름을 통한 이벤트 검색

- 동시에 모든 이벤트 조회

- 새로운 이벤트 생성

이제 각각의 업무를 살펴보자. 해당 마이크로서비스에 대한 웹 RESTful API를 설계하는 과정에 있기 때문에 각각의 업무는 필요하면 URL과 HTTP 바디 부분이 합체된 HTTP 메서드로 옮겨질 필요가 있다.

다음은 해당 부분이다.

- 다음 항목들로 이벤트 검색

  - **ID:** 상대 URL은 /events/id/3434, 메서드는 **GET**이고 HTTP 바디 부분에 데이터 없음

  - **Name:** 상대 URL은 /events/name/jazz_concert, 메서드는 **GET**이고 HTTP 바디 부분에 데이터 없음

- **동시에 모든 이벤트를 조회:** 상대 URL은 /events, 메서드는 GET 및 HTTP 바디 부분에 데이터 없음

- **새로운 이벤트 생성:** 상대 URL은 /events, 메서드는 **POST**이고 HTTP 바디 부분에 포함되는 데이터는 추가하고자 하는 새로운 이벤트의 JSON 표현(표기)이어야 한다. 이제 우리가 추가하고자 하는 이벤트인 미국 공연 예정의 오페라 아이다 opera aida에 대해 얘기해보자. 해당 HTTP 바디 부분은 이와 유사할 것이다.

```
name: "opera aida",
startdate: 768346784368,
enddate: 43988943,
duration: 120, //(시간)분으로
location:{
    id : 3 , //=> index로 할당
    name: "West Street Opera House",
    address: "11 west street, AZ 73646",
    country: "U.S.A",
    opentime: 7,
    clostime: 20
    Hall: {
        name : "Cesar hall",
        location : "second floor, room 2210",
        capacity: 10
    }
}
```

이제 각 업무^{task}의 해당 HTTP 변환(전체 URL 문자열)을 보면 이 상대 URL들이 모두 공통의 속성을 공유하고 있음을 알 수 있고 이는 /events로 시작된다는 점이다. 고릴라 웹 툴킷에서는 상대^{relative} URL인 /events에 대해 하위 라우터^{subrouter}를 생성할 수 있다. 하위 라우터는 기본적으로 /events로 시작되는 상대 URL 쪽으로 지정돼 들어오는 어떠한 HTTP 요청도 도맡아 처리하는(책임지는) 객체다.

/events로 시작되는 URL들의 하위 라우터를 생성하려면 다음의 코드가 필요하다.

```
eventsrouter := r.PathPrefix("/events").Subrouter()
```

앞의 코드는 이전에 생성한 라우터 객체를 활용한다. 이후에 /events로 시작하는 어떤 URL 경로도 잡을 수 있도록 사용되는 PathPrefix 메서드를 호출한다. 그런 다음 마지막으로 /events로 시작하는 URL들로 들어오는 어떠한 요청이든 처리하고자 지금부터 계속 사용할 새로운 라우터 객체를 생성하는 Subrouter() 메서드를 호출한다. 이 새로운 라우터는 eventsrouter라고 한다.

다음으로 이 eventsrouter 객체는 /events를 선두^{prefix}로 공유하는 URL들의 나머지 부분으로 무엇을 할지 정의하는 데 사용할 수 있다. 따라서 해당 업무들의 HTTP 변환 리스트를 다시 방문해서 이들이 잘 마무리되는 데 필요한 코드를 살펴보자.

1. **업무**^{Task}: 다음 항목들을 통한 이벤트 검색

   - **id**: 상대 URL은 /events/id/3434, 메서드는 **GET**이고 HTTP 바디 부분에 데이터 없음

   - **name**: 상대 URL은 /events/name/jazz_concert, 메서드는 **GET**이고 HTTP 바디 부분에 데이터 없음

   ```
   eventsrouter.Methods("GET").Path("/{SearchCriteria}/{search}").
   HandlerFunc(handler.findEventHandler)
   ```

   앞의 코드에 있는 핸들러^{handler} 객체는 기본적으로 들어오는 HTTP 요청에 매핑 ^{mapping}되는 기능을 표현하는 메서드를 구현한 객체다. 이에 대한 자세한 것은 추후에 다룬다.

2. **업무**: 동시에 모든 이벤트를 조회. 상대 URL은 /events, 메서드는 **GET**이고 HTTP 바디 부분에 데이터는 없음

   ```
   eventsrouter.Methods("GET").Path("").HandlerFunc(handler.
   allEventHandler)
   ```

3. **업무**: 새로운 이벤트 생성. 상대 URL은 /events, 메서드는 **POST**이고 HTTP 바디 부분에 포함되는 데이터는 추가하고자 하는 새로운 이벤트의 JSON 표현(표기)이 어야 한다.

   ```
   eventsrouter.Methods("POST").Path("").HandlerFunc(handler.
   newEventHandler)
   ```

업무 2와 3에 대한 코드는 추가적인 설명 없이도 이해가 될 것이다. 고릴라 **mux** 패키지는 우리가 취하고자 하는 들어오는 HTTP 요청의 속성들에 대해 아주 잘 정의한 Go 메서드들로 접근할 수 있게 한다. 또한 이 패키지는 코드가 효과적으로

구조화되도록 해당 호출들을 함께 일렬로 엮을 수 있게 해준다. Methods() 호출은 예상되는 HTTP 메서드를 정의하고, Path() 호출은 예상되는 상대 URL 경로를 정의하고(이 호출을 eventsrouter 객체에 위치시킨 점에 주목하자. 이는 Path() 호출에서 정의된 상대 경로를 /events 뒤에 추가한다), 그리고 마지막으로 HandlerFunc() 메서드가 온다.

HandlerFunc() 메서드는 잡아서[captured] 들어오는 HTTP 요청을 하나의 동작[action]과 어떻게 연결시킬지에 대한 것이다. HandlerFunc()는 func(http.ResponseWriter, *http.Request) 형태의 인수를 취한다. 이 인수는 기본적으로 2가지 중요한 인수를 갖는 함수로, 해당 인수들은 들어오는 요청에 응답을 채우는 데 필요한 HTTP 응답 객체와 들어오는 HTTP 요청에 관한 모든 정보를 담을 HTTP 요청 객체다.

앞의 코드에서 HandleFunc()로 전달되는 함수들은 handler.findEventHandler, handler.allEventHandler, handler.newEventHandler다. 이들 모두 func(http. ResponseWriter, *http.Request) 시그니처[signature][4]를 지원한다. handler는 이 함수들 전부를 관리하고자 생성된 Go 구조체 객체다. 이 handler 객체는 eventService Handler라는 맞춤형[custom] Go 구조체 타입[type]에 속한다.

eventServiceHandler 타입이 업무 1, 2, 3에 대해 HTTP 핸들러들을 지원하려면 다음과 같이 정의돼야 한다.

```
type eventServiceHandler struct {}

func (eh *eventServiceHandler) findEventHandler(w http.ResponseWriter, r
*http.Request) {

}

func (eh *eventServiceHandler) allEventHandler(w http.ResponseWriter, r
*http.Request) {

}
```

---

4. 함수나 메서드의 식별 가능한 특성을 나타내기 위한 일련의 모든 정보로 이름, 매개변수의 수, 타입, 순서를 묶어 선언하는 부분을 말한다. – 옮긴이

```
func (eh *eventServiceHandler) newEventHandler(w http.ResponseWriter, r
*http.Request) {

}
```

앞 코드에서 필드^{field}들이 없는 구조체 타입으로 eventServiceHandler를 생성했고 이후 3개의 빈 메서드를 그곳에 붙였다. 핸들러 메서드들 각각은 고릴라 mux 패키지의 HandlerFunc() 메서드에 인수가 돼야 하는 해당 함수 시그니처를 지원한다. 이 eventServiceHandler 메서드들의 각 세부적 구현은 마이크로서비스의 지속성 계층^{persistence layer}을 다룰 때 좀 더 자세히 다룰 것이다.

이제 업무 1로 돌아가보자. 해당 코드의 /{SearchCriteria}/{search} 경로는 이벤트 ID 2323을 검색하는 /id/2323 경로나 opera aida 이름을 가진 이벤트 검색을 위한 /name/opera aida 경로와 동일한 것을 나타낸다. 해당 경로에서 중괄호는 고릴라 mux 패키지에게 SearchCriteria와 search는 기본적으로 실제 들어오는 HTTP 요청 URL이 가진 다른 것들로 대체되는 변수라는 것을 알려준다.

고릴라 mux 패키지는 URL 경로 변수에 대한 강력한 지원을 제공한다. 또한 정규 표현식을 통해 패턴-매칭도 지원한다. 예를 들면 /{search:[0-9]+}와 유사한 경로를 사용한다면 숫자를 관리하는 search라는 변수를 제공할 것이다.

라우터, 경로, 핸들러 정의를 마친 후에는 웹 서버가 들어오는 HTTP 요청들을 리슨^{Listen}하는 로컬 TCP 주소를 지정해야 한다. 이렇게 하려면 Go의 net/http 패키지가 필요하다. 해당 코드가 어떤 모습인지 살펴보자.

```
http.ListenAndServe(":8181", r)
```

이 한 줄의 코드로 웹 서버를 생성했다. 이는 로컬 포트 8181로 들어오는 HTTP 요청들에 대기할 것이다. 이전에 mux 패키지를 사용해서 r 객체를 생성했다.

이제 이때까지 다룬 모든 코드를 함께 모을 시간이다. 해당 코드가 마이크로서비스의 RESTful API 로직 활성화를 담당하는 ServeAPI()라는 함수 내부에 있다고 가정한다.

```
func ServeAPI(endpoint string) error {
   handler := &eventservicehandler{}
   r := mux.NewRouter()
   eventsrouter := r.PathPrefix("/events").Subrouter()
eventsrouter.Methods("GET").Path("/{SearchCriteria}/{search}").HandlerFunc(
handler.FindEventHandler)
   eventsrouter.Methods("GET").Path("").HandlerFunc(handler.AllEventHandler)
eventsrouter.Methods("POST").Path("").HandlerFunc(handler.NewEventHandler)
   return http.ListenAndServe(endpoint, r)
}
```

eventServiceHandler 객체를 다음과 같이 정의했다.

```
type eventServiceHandler struct {}

func (eh *eventServiceHandler) findEventHandler(w http.ResponseWriter, r
*http.Request) {}

func (eh *eventServiceHandler) allEventHandler(w http.ResponseWriter, r
*http.Request) {}

func (eh *eventServiceHandler) newEventHandler(w http.ResponseWriter, r
*http.Request) {}
```

당연히 다음 단계는 eventServiceHandler 타입의 빈 메서드들을 채우는 것이 될 것이다. 여기에는 findEventHandler(), allEventHandler(), newEventHandler() 메서드가 있다. 이들 각각은 업무를 수행하고자 지속성 계층을 필요로 한다. 이는 저장된 데이터를 가져오거나 새로운 데이터를 저장소에 추가하기 때문이다.

지속성 계층은 이전에 언급된 것처럼 데이터베이스에 데이터를 저장하거나 가져오는 임무를 맡고 있는 마이크로서비스의 구성 요소다. 이제 좀 더 자세히 지속성 계층을 다뤄야 하는 시점에 도달했다.

지속성 계층

지속성 계층을 설계할 때 내려야 할 첫 번째 결정은 데이터 저장소의 타입을 결정하는 것이다. 데이터 저장소는 그중에서 마이크로소프트 SQL이나 MySQL과 같은 관계형 데이터베이스가 될 수 있고 몽고DB나 아파치 카산드라^{Apache Cassandra}와 같은 NoSQL 저장소가 될 수 있다.

효율적이고 복잡한 실제 운영 환경의 코드는 너무나 많은 리팩토링^{refactoring}이 없이 하나의 데이터 저장소에서 또 다른 것으로 교체할 수 있어야 한다. 다음의 예를 생각해보자. 데이터 저장소로 몽고DB에 의지하는 스타트업을 위해 수많은 마이크로서비스들을 구축한다. 이후 해당 조직이 변경됨에 따라 AWS 클라우드 기반의 다이나모DB가 해당 마이크로서비스들에 더 좋은 데이터 저장소라는 결정을 내리게 된다. 또는 이와 유사하게 초기에 사용된 MySQL의 확장성 문제로 몽고DB로 데이터 저장소를 이전할 수도 있다. 이 경우에 해당 코드에서 쉽게 MySQL을 뽑아내고 그 자리에 몽고DB 계층을 끼우지 못한다면 해당 마이크로서비스들은 엄청난 양의 코드 리팩토링이 필요하게 된다. Go에서는 인터페이스를 사용해 이런 유연한 설계를 할 수 있다.

마이크로서비스 아키텍처에서 서로 다른 서비스들은 다른 타입의 데이터 저장소를 요구할 수 있어 하나의 마이크로서비스가 몽고DB를 사용하고 또 다른 서비스는 MySQL을 사용하는 것이 흔하다는 점은 주목할 가치가 있다.

자, 이벤트 마이크로서비스를 위한 지속성 계층을 구축하고 있다고 가정해보자. 지금까지 다룬 것들을 기반으로 이벤트 마이크로서비스 지속성 계층은 주로 다음과 같은 3가지를 신경 쓴다.

- 데이터베이스에 새로운 이벤트 추가

- ID로 이벤트 찾기

- 이름으로 이벤트 찾기

유연한 코드 설계를 하려면 인터페이스에 정의할 수 있는 앞의 3가지 기능이 필요하게 된다. 이는 다음과 같은 모습이 될 것이다.

```
type DatabaseHandler interface {
    AddEvent(Event) ([]byte, error)
    FindEvent([]byte) (Event, error)
    FindEventByName(string) (Event, error)
    FindAllAvailableEvents() ([]Event, error)
}
```

이 Event 데이터 타입은 무엇보다 이벤트 이름, 장소, 시간 같은 이벤트의 데이터를 나타내는 구조체 타입이다. 먼저 DatabaseHandler 인터페이스에 집중해보자. 이는 이벤트 서비스 지속성 계층에서 요구되는 업무들을 표현하는 4가지 메서드를 지원한다. 이후 이 인터페이스로부터 수많은 실제적인 구현을 만들어낼 수 있다. 하나의 구현은 몽고DB를 지원할 수 있고 또 다른 것은 클라우드 네이티브 AWS 다이나모DB 데이터베이스를 지원할 수 있다.

AWS 다이나모DB는 나중에 다루고 이번 장에서는 몽고DB에 초점을 맞춘다.

몽고DB

아직 몽고DB NoSQL 데이터베이스 엔진에 익숙하지 않다면 이번 절은 아주 유용할 것이다.

몽고DB는 NoSQL로서 문서 저장형 데이터베이스 엔진이다. 몽고DB를 이해하는 2가지 키워드는 NoSQL과 문서 저장소$^{document\ store}$다.

NoSQL은 소프트웨어 산업에서 상대적으로 최근의 키워드로 데이터베이스 엔진이 관계형 데이터에 깊숙이 의존하지 않는다는 점을 암시적으로 나타내는 데 사용된다. 관계형 데이터는 데이터베이스에서 각기 다른 데이터의 조각들 간에 거미줄 같은 관계가 있고 데이터 간의 관계들을 따라가는 방식으로 해당 데이터가 나타내는 전체적인 그림이 만들어진다는 발상이다.

관계형 데이터베이스의 예로 MySQL을 살펴보자. 데이터는 수많은 테이블에 저장되고 서로 다른 테이블들 사이의 관계를 정의하는데, 기본키[primary key]와 외부 참조키[foreign key]가 사용된다. 몽고DB는 이런 방식으로 동작하지 않기에 MySQL은 SQL 데이터베이스로 간주되고 몽고DB는 NoSQL로 간주된다.

아직 몽고DB에 익숙하지 않거나 테스트를 해볼 수 있게 로컬에 설치하지 않았다면 https://docs.mongodb.com/manual/installation/에 가보자. 이곳에서 선택한 OS에 데이터베이스를 설치하고 실행시키는 과정을 안내하는 도움 링크의 목록을 볼수 있다. 일반적으로 설치되면 몽고DB는 2개의 핵심 바이너리(실행 파일)인 mongod와 mongo를 제공한다. mongod는 데이터베이스를 운영할 때 실행시켜야 하는 명령어다. 이후 작성하는 어떠한 소프트웨어든 몽고DB의 데이터에 접근할 때 mongod와 통신한다. 다른 한편으로 mongo 명령어는 기본적으로 몽고DB의 데이터를 테스트하는 데 사용할 수 있는 클라이언트 도구다. mongo 명령어는 mongod와 통신하며, 데이터베이스에 접속하고자 작성한 어떠한 애플리케이션과도 유사하다.

몽고DB에는 커뮤니티[community] 에디션과 엔터프라이즈[enterprise] 에디션이라는 2가지 선택권이 있다.[5] 당연하게도 엔터프라이즈 에디션은 좀 더 큰 기업 대상의 설치가 목표이고 커뮤니티 에디션은 테스트와 소규모의 배포를 위해 사용한다. 3가지 주요 운영체제를 지원하는 커뮤니티 에디션 가이드 링크[link]는 다음과 같다.

- **리눅스용 몽고DB 설치와 배포:**
  https://docs.mongodb.com/manual/administration/install-on-linux/

---

5. 현재는 여러 클라우드에 서비스로의 몽고DB를 제공하는 몽고DB Atlas도 있다. – 옮긴이

- **윈도우용 몽고DB 설치와 배포:**

  https://docs.mongodb.com/manual/tutorial/install-mongodb-on-windows/

- **맥OS용 몽고DB 설치와 배포:**

  https://docs.mongodb.com/manual/tutorial/install-mongodb-on-os-x/

전반적으로 몽고DB 인스턴스를 배포할 때 고려해야 할 3가지 단계가 있다.

1. 해당 OS용의 몽고DB를 설치한다. 다운로드 페이지는 다음에서 찾을 수 있다.

   https://docs.mongodb.com/manual/installation/

2. 환경 변수 경로^{path}에 몽고DB의 핵심 바이너리들이 설정돼 현재 디렉터리가 어디에 있든지 상관없이 터미널에서 실행될 수 있게 한다. 이 핵심 바이너리들은 **mongod**와 **mongo**다. 언급할 가치가 있는 다른 바이너리는 **mongos**이며, 이것은 클러스터링^{clustering}[6]을 활용할 계획이 있다면 중요하다.

3. 인수 없이 **mongod** 명령어를 실행하면 기본으로 설정된 모든 정보로 몽고DB가 가동된다. 그렇지 않으면 다른 구성으로 해당 명령어를 사용할 수 있으며 설정^{configuration} 파일이나 런타임 매개변수^{parameter}들이 여기에 사용될 수 있다. 설정 파일에 관한 정보는 https://docs.mongodb.com/manual/reference/configuration-options/#configuration-file에서 찾을 수 있다.

   맞춤형^{custom} 구성 파일로 **mongod**를 시작하려면 **--config** 옵션을 사용하면 되고 예를 들어 **mongod --config /etc/mongod.conf**처럼 사용한다. 다른 한편으로 런타임 매개변수들에 대해 **mongod**를 실행할 때 옵션을 수정하고자 **--option**을 사용할 수 있다. 예를 들어 **mongod**를 기본 포트 대신 다른 포트로 시작하고자 **mongod --port 5454**를 입력할 수 있다.

---

6. 클러스터링은 클러스터를 만드는 것으로 mongodb 인스턴스(노드, node)를 여러 개 만들어 하나의 DB 서비스로 묶는 것이다. 해당 인스턴스는 마스터 또는 슬레이브 역할을 갖고 마스터에서만 write 처리를 하고 슬레이브에서는 read 처리를 한다. - 옮긴이

NoSQL 데이터베이스는 다른 타입들이 있다. 이 타입들 중 하나는 문서 저장소 데이터베이스다. 문서 저장소의 발상은 저장하려는 것을 나타낼 수 있도록 함께 쌓아진 수많은 문서 파일에 데이터를 저장하는 것이다. 예를 들어 이벤트 마이크로서비스를 위해 필요한 데이터 저장소를 살펴보자. 마이크로서비스 지속성 계층에 있는 문서 저장소를 사용한다면 각각의 이벤트는 고유한 ID를 가진 분리된 문서에 저장될 것이다. 우선 오페라 아이다^{Aida} 이벤트, 콜드플레이^{Coldplay} 콘서트 이벤트, 발레 공연 이벤트가 있다고 치자. 몽고DB에서 events라는 문서들의 모음^{collection}을 생성하게 되고 이것은 오페라용 하나, 콜드플레이용 하나, 발레 공연용 하나, 이렇게 3개의 문서를 포함한다.

따라서 몽고DB가 이 데이터를 어떻게 나타내는지 이해를 하고자 다음과 같은 이벤트 모음의 다이어그램을 보자.

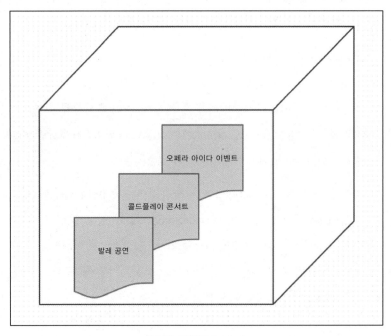

이벤트 모음(Collection)

몽고DB에서 모음^{Collection}과 문서^{Document}는 중요한 개념이다.[7] 실제 운영 몽고DB 환경은 일반적으로 다수의 모음으로 구성된다. 각각의 모음은 데이터의 다른 조각을 나타낸다. 예를 들어 MyEvents 애플리케이션은 많은 마이크로서비스로 구성돼 있고 각 마이크로서비스는 데이터의 특색이 있는 조각을 처리한다. 예약^{bookings} 마이크로서비스는 예약 모음에 데이터를 저장하고 이벤트 마이크로서비스는 이벤트 모음에 데이터를 저장할 것이다. 또한 애플리케이션 사용자들을 독립적으로 관리하고자 사용자의 데이터를 분리해서 저장할 필요가 있다. 이것이 결과적으로 어떤 모습이 되는지 살펴보자.

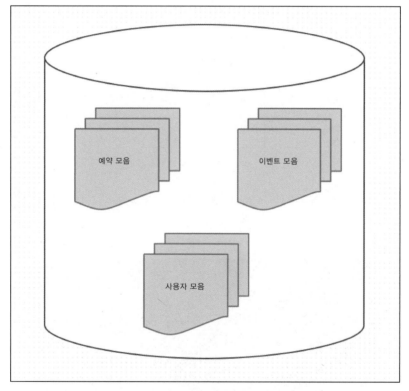

몽고DB 데이터베이스

---

7. 관계형 데이터베이스의 테이블(Table)이 몽고DB의 모음(Collection)이 되고 테이블의 레코드(Record, 행)가 모음의 문서(Document)가 된다. – 옮긴이

지금까지는 마이크로서비스를 구축하는 방법의 맛보기로 이벤트 마이크로서비스에 초점을 맞췄고, 이제 해당 이벤트 마이크로서비스에 의해 사용될 이벤트 모음을 깊이 있게 들어가 보자.

이벤트 모음

이벤트 모음에 있는 각 문서는 단일 이벤트를 나타내는 데 필요한 모든 정보를 포함해야 한다. 이벤트 문서가 어떤 모습이어야 하는지 살펴보자.

```
//이벤트
{
    name: "opera aida",
    startdate: 768346784368,
    enddate: 43988943,
    duration: 120, //분 기준
    location:{
        id : 3 , //=>인덱스로 할당
        name: "West Street Opera House",
        address: "11 west street, AZ 73646",
        country: "U.S.A",
        opentime: 7,
        clostime: 20
```

```
        Hall: {
            name : "Cesar hall",
            location : "second floor, room 2210",
            capacity: 10
        }
    }
}
```

위의 JSON 문서가 이벤트 추가(생성) API에서 HTTP **POST** 요청의 바디[body]에 대한 예로 제시한 HTTP 바디 문서와 동일한 점을 알아차렸는가?

이 데이터로 작업할 수 있는 소프트웨어를 작성하려면 모델[model]을 생성할 필요가 있다. 모델은 기본적으로 데이터베이스의 데이터와 매치되는 필드[field]들을 담는 데이터 구조다. Go의 경우에는 모델들을 생성하고자 **struct** 타입을 사용한다. 이벤트를 위한 모델이 어떤 모습이어야 하는지 살펴보자.

```go
type Event struct {
    ID bson.ObjectId `bson:"_id"`
    Name string
    Duration int
    StartDate int64
    EndDate int64
    Location Location
}
type Location struct {
    Name string
    Address string
    Country string
    OpenTime int
    CloseTime int
    Halls []Hall
}
type Hall struct {
    Name string `json:"name"`
```

```
    Location string `json:"location,omitempty"`
    Capacity int `json:"capacity"`
}
```

Event struct는 이벤트 문서에 대한 데이터 구조 또는 모델이다. 이는 ID, 이벤트 이름, 이벤트 기간, 이벤트 시작일, 이벤트 종료일, 이벤트 장소를 담고 있다. 이벤트 장소는 단일 필드보다 더 많은 정보를 담아야 해서 장소를 모델링하는 location이란 struct 타입을 생성할 것이다. Location struct 타입은 장소의 이름, 주소, 국가, 시작 시간, 종료 시간, 그 곳의 홀^{hall}들을 담는다. 홀은 기본적으로 이벤트가 주최될 장소 내부에 있는 방이다.

따라서 마운틴 뷰 번화가에 있는 마운틴 뷰 오페라 하우스는 장소가 될 것이고 동쪽에 있는 실리콘 밸리 방은 홀이 될 것이다.

결국 홀은 이름, 건물 내 장소(동남쪽, 서쪽 등등), 용량(수용 가능 인원수)을 알아야 하기 때문에 단일 필드로 나타낼 수 없다.

Event struct에서 bson.ObjectId 타입은 몽고DB 문서 ID를 나타내는 특별한 타입이다. bson 패키지는 Go가 몽고DB와 통신하기 위한 선택지 중 서드파티 프레임워크인 mgo 어댑터에서 찾을 수 있다. 또한 bson.ObjectId 타입은 해당 ID의 유효성을 검증하고자 추후 코드에서 사용할 수 있는 몇 가지 유용한 메서드를 제공한다.

mgo를 사용하기 전에 bson이 무엇을 의미하는지 알아보자. bson은 저장된 문서들에서 데이터를 나타내고자 몽고DB에 의해 사용되는 데이터 포맷이다. 이는 단순히 바이너리 JSON으로 생각될 수 있다. JSON과 유사한 문서들의 바이너리 인코딩된 직렬화^{serialization8}이기 때문이다. 이 사양^{specification}은 http://bsonspec.org/에서 찾을 수 있다.

이제 mgo에 대해 알아보자.

---

8. 객체의 내용을 바이트 단위로 변환해 파일로 저장하거나 네트워크로 송수신할 수 있게 하는 것 - 옮긴이

몽고DB와 Go 언어

mgo는 Go 언어로 작성된 인기 있는 몽고DB 드라이버다. 이 패키지 페이지는 http://labix.org/mgo에서 찾을 수 있다. 이 드라이버는 수많은 Go 패키지 중 하나 일 뿐이며 몽고DB와 연동이 가능한 Go 프로그램의 작성을 용이하게 한다.[9]

mgo를 활용하기 위한 첫 번째 단계는 해당 패키지를 가져오고자 go get 명령어를 사용하는 것이다.

```
go get gopkg.in/mgo.v2
```

위 명령의 실행으로 코드에서 mgo를 사용할 수 있게 된다. 이제 이전에 다룬 mgo 패키지와 bson 패키지를 임포트할 필요가 있다. 몽고DB 지속성 계층을 관리하는 데 사용하는 패키지 이름은 mongolayer라고 한다.

mongolayer 패키지를 한번 살펴보자.

```
package mongolayer
import (
  mgo "gopkg.in/mgo.v2"
  "gopkg.in/mgo.v2/bson"
)
```

다음으로 데이터베이스 이름과 지속성 계층에 포함되는 모음들의 이름을 나타내는 몇 가지 상수constant를 생성해보자. 몽고DB에 있는 데이터베이스 이름은 myevents 가 될 것이다. 사용할 모음들의 이름은 데이터베이스상의 사용자 모음은 users, 이벤트 모음은 events가 된다.

---

9. mgo는 현재 해당 오픈소스 커뮤니티가 활동을 하지 않아 유지 보수가 중단된 상태로, 이 책의 내용을 참고해서 기본적인 테스트/검증 목적으로 활용해보기를 권장한다. 실 운영 환경에서는 go get go.mongodb.org/mongo-driver 명령어를 사용해 몽고DB에서 공식적으로 지원하는 몽고DB Go 드라이버를 사용해야 한다. – 옮긴이

```
const (
    DB = "myevents"
    USERS = "users"
    EVENTS = "events"
)
```

mgo 패키지의 기능을 외부로 노출시키고자 mgo 패키지에 속한 데이터베이스 세션 객체를 활용할 필요가 있다. 이 세션 객체 타입은 *mgo.Session이라 한다. 내부 코드에서 *mgo.Session을 이용하고자 다음처럼 MongoDBLayer라는 struct 타입으로 감싼다.

```
type MongoDBLayer struct {
    session *mgo.Session
}
```

이제 DatabaseHandler 인터페이스를 구현해서 애플리케이션의 실질적인 지속성 계층을 구축하자. Go 언어에서 인터페이스를 구현할 때 일반적으로 포인터 타입의 사용이 선호된다. 포인터를 활용할 때 해당 객체의 전체 영역을 복사하는 것과는 달리 본 객체의 원래 메모리 주소를 참조하기 때문이다. 다르게 말하면 DatabaseHandler 인터페이스에 대한 구현자[implementer] 객체 타입은 MongoDBLayer 구조체에 대한 포인터나 단순히 *MongoDBLayer가 될 필요가 있다.

하지만 이 인터페이스 구현을 시작하기 전에 먼저 *MongoDBLayer 타입의 객체를 반환하는 생성자[constructor][10] 함수를 만들어야 한다. 이는 *MongoDBLayer 타입의 새로운 객체를 생성함과 동시에 필요한 초기화 코드도 실행시킬 수 있게 하기 위한 것으로 Go 언어에서 자연스러운 것이다. 이 경우에 초기화 코드는 기본적으로 원하는 몽고DB 데이터베이스 주소로 연결해 세션 핸들러[session handler]를 얻는 것이다. 생성자 코드의 모양은 다음과 같다.

---

10. 원판인 클래스를 기반으로 객체를 생성하는 것 – 옮긴이

```
func NewMongoDBLayer(connection string) (*MongoDBLayer, error) {
  s, err := mgo.Dial(connection)
  if err != nil {
    return nil, err
  }
  return &MongoDBLayer {
    session: s,
  }, err
}
```

이 코드에서는 문자열^{string} 타입의 단일 인수를 취하는 **NewMongoDBLayer**라는 생성자 ^{constructor} 함수를 만들었다. 이 인수는 연결 문자열로, 몽고DB 데이터베이스와 연결 을 맺는 데 필요한 정보를 나타낸다. https://godoc.org/gopkg.in/mgo.v2#Dial에 있는 **mgo** 문서에 의하면 연결 문자열의 포맷은 다음과 유사해야 한다.

```
[mongodb://][user:pass@]host1[:port1][,host2[:port2],...][/database][?options]
```

로컬 호스트^{localhost} 연결이면 연결 문자열은 **mongodb://127.0.0.1**과 같을 것이다. 포트 넘버가 연결 문자열에서 제공되지 않으면 기본 포트는 **27017**이 된다.

이제 생성자 함수 내부의 코드를 살펴보자. 첫 줄에서 하나의 인수로 연결 문자열을 가진 **mgo.Dial()**을 호출한다. **mgo.Dial()**은 **mgo** 패키지에 있는 함수이고 해당 코 드에서 추후 사용할 몽고DB 연결 세션을 반환하게 된다. 이는 ***mgo.Session** 객체 와 **error** 객체의 결과를 반환한다. 끝부분에서 **MongoDBLayer**에 포인터 타입의 갓 생성된 객체를 반환하고자 구조체 리터럴^{literals}을 사용하고 이것은 새롭게 생성된 ***mgo.Session** 객체를 주관하게 된다. 또한 **error** 객체를 반환해서 초기화 과정 동안 발생했을 수도 있는 에러들에 대해 호출자와 소통한다.

생성자는 살펴봤고 이제 **DatabaseHandler** 인터페이스의 메서드들을 구현해보 자. 지금까지 **AddEvent(Event)**, **FindEvent([]byte)**, **FindEventByName(string)**,

FindAllAvailableEvents()라는 4개의 메서드를 갖게 됐다.

AddEvent(Event) 메서드에 대한 코드는 다음과 같다.

```
func (mgoLayer *MongoDBLayer) AddEvent(e persistence.Event) ([]byte, error)
{
    s := mgoLayer.getFreshSession()
    defer s.Close()
    if !e.ID.Valid() {
        e.ID = bson.NewObjectId()
    }
    // 아래 메서드는 ID가 이벤트 장소 객체에 대해 유효한지 여부를 확인한다고 가정한다.
    if !e.Location.ID.Valid() {
        e.Location.ID = bson.NewObjectId()
    }
    return []byte(e.ID), s.DB(DB).C(EVENTS).Insert(e)
}
```

이 메서드는 persistence.Event 타입의 인수를 취하고 이전에 다룬 이벤트로부터 기대되는 정보를 모델링한다. 해당 이벤트 ID를 나타내는 바이트 슬라이스byte slice[11] 와 아무런 에러가 없으면 nil이 되는 에러 객체를 반환한다.

첫 줄에서 getFreshSession() 메서드를 호출한다. 이는 연결 풀connection pool에서 새로운 데이터베이스 세션을 가져오도록 돕고자 코드에서 구현된 헬퍼helper 메서드 다. 이 메서드 코드는 다음과 같다.

```
func (mgoLayer *MongoDBLayer) getFreshSession() *mgo.Session {
    return mgoLayer.session.Copy()
}
```

---

11. 배열과 유사한 Go의 자료 구조로 길이(크기)를 동적으로 다룰 수 있고 부분 배열을 발췌할 수 있는 장점이 있다.－ 옮긴이

session.Copy()는 mgo 패키지 연결 풀에서 새로운 세션을 요청할 때마다 호출되는 메서드다. 여기의 mgoLayer.session은 기본적으로 MongoDBLayer 구조체 내에서 관리해온 *mgo.Session 객체다. mgo 패키지를 통해 몽고DB로 질의^{queries}나 명령어들을 내보내려고 하는 어떤 메서드나 함수의 시작 부분에서 session.Copy()를 호출하는 것은 자연스러운 일이다. getFreshSession() 메서드는 session.Copy()를 호출하는 헬퍼 메서드이고 그 결과 세션을 반환해준다.

이제 AddEvent() 메서드로 되돌아 가보자. 이제 코드에서 사용하고자 데이터베이스 연결 풀에서 동작하는 *mgo.Session 객체를 갖게 됐다. 첫 번째로 해야 할 일은 AddEvent() 메서드를 빠져나간 후에 이 세션이 mgo 데이터베이스 연결 풀로 다시 반환됨을 보장하고자 defer s.Close()를 호출하는 것이다.

다음으로 Event 인수 객체에 의해 제공되는 이벤트 ID가 유효한지와 Event 객체의 ID 필드가 전에 다뤘던 bson.ObjectID 타입인지 확인한다. bson.ObjectID는 Valid() 메서드를 지원하며, 이는 ID가 유효한 몽고DB 문서 ID인지 아닌지를 탐지하는 데 사용될 수 있다. 제공된 이벤트 ID가 유효하지 않다면 bson.NewObjectID() 함수 호출을 사용해서 자신의 것 하나를 생성할 것이다. 이후 그 이벤트 내의 장소에 내장된 객체로 동일 패턴을 반복할 것이다.

마지막으로 끝부분에서 2가지 결과를 반환한다. 첫 번째 결과는 추가된 이벤트의 이벤트 ID이고 두 번째 결과는 이벤트 삽입 작업의 결과를 나타내는 에러 객체다. 몽고DB 데이터베이스에 이벤트 객체를 삽입하고자 s 변수에 있는 세션 객체를 사용할 것이다. 이후 데이터베이스에서 이벤트들의 모음을 나타내는 객체를 얻고자 s.DB(DB).C(EVENTS)를 호출한다. 이 객체는 *mgo.Collection 타입이 될 것이다. DB() 메서드는 데이터베이스 접근에 도움을 준다. 여기에 하나의 인수로 데이터베이스 이름을 갖는 상수 DB를 줄 것이다. C() 메서드는 모음 접근에 도움을 주고 여기에 이벤트들의 모음 이름을 갖는 EVENTS 상수를 준다.

상수 DB와 EVENTS는 코드에서 미리 정의됐다. 이후 마지막으로 하나의 인수로

Event 객체를 가진 모음 객체의 Insert() 메서드를 호출한다. 이는 결국 s.DB(DB). C(EVENTS).Insert(e)와 같다. 이 줄은 Go 객체들과 mgo 패키지를 활용해서 몽고 DB 데이터베이스 모음에 새로운 문서를 삽입할 때 필요하다.

이제 FindEvent()에 대한 코드를 한번 살펴보자. 이 코드는 해당 ID로 데이터베이스의 특정 이벤트 정보를 가져오고자 사용하는 것으로 다음과 같다.

```
func (mgoLayer *MongoDBLayer) FindEvent(id []byte) (persistence.Event,
error) {
    s := mgoLayer.getFreshSession()
    defer s.Close()
    e := persistence.Event{}
    err := s.DB(DB).C(EVENTS).FindId(bson.ObjectId(id)).One(&e)
    return e, err
}
```

bson.ObjectId 타입 대신 해당 ID가 어떻게 한 바이트 슬라이스로 전달되는지 주목하자. DatabaseHandler 인터페이스에 있는 FindEvent() 메서드가 가능한 한 포괄적으로 유지되는 것을 보장하고자 이렇게 한다. 예를 들면 몽고DB의 세계에서 ID는 bson.ObjectId 타입이 될 것을 알고 있다. 그러나 지금 MySQL 데이터베이스 계층을 구현하고 싶다면 FindEvent()로 전달된 ID 인수 타입이 bson.ObjectId인 것은 말이 되지 않을 것이다. 따라서 ID 인수를 나타내고자 []byte 타입을 선택한 것이다.

원칙적으로 바이트 슬라이스는 id를 나타낼 수 있는 어떤 다른 타입으로도 변환할 수 있어야 한다.

NOTE

> 또한 주목해야 할 점은 빈(empty) 인터페이스 타입(interface{})을 선택할 수도 있었으며 이는 Go에서 어떤 다른 타입으로도 변환이 될 수 있다는 것이다.

FindEvent() 메서드의 첫 줄에서 이전과 같이 mgoLayer.getFreshSession()을 사용해 연결 풀에서 새로운 세션을 얻었다. 이후 해당 세션이 작업 종료 후 연결 풀로 반납되는 것을 보장하고자 defer s.Close()를 호출한다.

다음으로 e := persistence.Event{} 코드를 사용해 빈 이벤트 객체를 생성했다. 이후 몽고DB에 있는 이벤트들의 모음에 접근하고자 s.DB(DB).C(EVENTS)를 사용한다. FindId() 메서드가 있는데, mgo의 *mgoCollection 객체에 의해 지원된다. 이 메서드는 인자로 bson.ObjectId 타입의 객체를 취하고 나서 원하는 ID로 문서를 검색한다.

FindId()는 *mgo.Query 타입의 객체를 반환한다. 이는 질의의 결과로 가져올 수 있는 mgo에서의 공통 타입이다. 이전에 생성했던 e 객체에 가져온 문서 데이터를 넣고자 *mgo.Query 타입에 속하는 One() 메서드를 호출하고 인수로 레퍼런스 reference를 e에 전달하는 것이 필요하다. 이렇게 함으로서 e는 원하는 ID로 가져온 문서의 데이터를 얻게 된다. 작업이 실패하면 One() 메서드는 에러 정보를 담고 있는 error 객체를 반환하고 그렇지 않으면 One()은 nil을 반납한다.

FindEvent() 메서드의 끝부분에서는 이벤트 객체와 error 객체를 반납한다.

이제 FindEventByName() 메서드의 구현을 살펴보자. 이 메서드는 몽고DB 데이터베이스에서 해당 이름으로 하나의 이벤트를 가져오는 것이다. 이 코드는 다음과 같다.

```
func (mgoLayer *MongoDBLayer) FindEventByName(name string)
(persistence.Event, error) {
  s  := mgoLayer.getFreshSession()
  defer s.Close()
  e  := persistence.Event{}
  err := s.DB(DB).C(EVENTS).Find(bson.M{"name": name}).One(&e)
  return e, err
}
```

이 메서드는 2가지를 제외하고 FindEvent() 메서드와 아주 유사하다. 첫 번째 차이점은 FindEvent()가 인수로 문자열을 취하는데, 이 문자열은 찾고 싶은 이벤트 이름을 나타낸다는 점이다.

두 번째 차이점은 이벤트 ID 대신 이벤트 이름으로 질의한다는 것이다. 질의를 하는 문서의 코드 줄은 FindId() 대신 Find()란 메서드를 사용하고 이는 코드를 다음과 같이 만든다.

```
err := s.DB(DB).C(EVENTS).Find(bson.M{"name":name}).One(&e)
```

Find() 메서드는 몽고DB에게 전달하고자 하는 질의를 나타내는 인수를 취한다. bson 패키지는 bson.M이라는 타입을 제공한다. 이 타입은 기본적으로 찾고 싶은 질의 매개변수들을 나타내는 데 사용할 수 있는 맵^{map}이다. 이 경우에는 FindEventByName에 인수로 전달된 이름을 찾고 있다. 데이터베이스의 이벤트 모음에 있는 이름 필드는 단순히 name으로 코드화되고 하나의 인수로 전달된 변수의 이름은 name이다. 따라서 해당 질의는 결국 bson.M{"name":name}이 된다.

마지막으로 중요한 것은 FindAllAvailableEvents() 메서드다. 이 메서드는 데이터베이스에 있는 이용할 수 있는 모든 이벤트를 반환한다. 즉, 몽고DB 데이터베이스에서 전체 이벤트 모음을 반환하는 것이다. 해당 코드는 다음과 같다.

```
func (mgoLayer *MongoDBLayer) FindAllAvailableEvents()
([]persistence.Event, error) {
  s := mgoLayer.getFreshSession()
  defer s.Close()
  events := []persistence.Event{}
  err := s.DB(DB).C(EVENTS).Find(nil).All(&events)
  return events, err
}
```

이 코드는 3가지 단순한 차이점을 제외하고는 FindEventByName()과 거의 동일하다. 첫 번째 차이점은 FindAllAvailableEvents()가 어떤 인수도 취하지 않는다는 점이다.

두 번째 차이점은 단일 이벤트 객체 대신 이벤트 객체들의 슬라이스에 넣어질 질의 결과가 필요하다는 점이다. 이는 반환 타입으로 persistence.Event 대신 []persistence.Event를 사용하는 이유다.

세 번째 차이점은 Find() 메서드가 bson.M 객체 대신 nil 인수를 취한다는 점이다. 이는 해당 코드를 다음과 같이 만든다.

```
err := s.DB(DB).C(EVENTS).Find(nil).All(&events)
```

Find() 메서드가 nil 인수를 가질 때 연관된 몽고DB 모음에서 찾아진 모든 것을 반환할 것이다. 또한 Find() 후 One() 대신 All()을 사용한 것에 주목해보자. 이는 한 개가 아닌 다수의 결과들을 기대하기 때문이다.

이것으로 지속성 계층을 마친다.

RESTful API 핸들러 함수 구현

지금까지 지속성 계층을 다뤘으니 이제 RESTful API 핸들러로 돌아가서 살펴보자. 이 장의 앞부분에서는 eventServiceHandler 구조체struct 타입을 다음과 같이 정의했다.

```
type eventServiceHandler struct {}
func (eh *eventServiceHandler) findEventHandler(w http.ResponseWriter, r
*http.Request) {}
func (eh *eventServiceHandler) allEventHandler(w http.ResponseWriter, r
```

```
*http.Request) {}
func (eh *eventServiceHandler) newEventHandler(w http.ResponseWriter, r
*http.Request) {}
```

이 eventServiceHandler 타입은 데이터베이스 작업들을 수행할 수 있도록 이 장의
앞부분에서 생성된 DatabaseHandler 인터페이스를 지원할 필요가 있다. 이는 구조
체를 다음과 같이 만든다.

```
type eventServiceHandler struct {
    dbhandler persistence.DatabaseHandler
}
```

다음으로 eventServiceHandler 객체를 초기화하고자 생성자를 작성할 필요가 있
는데, 이는 다음과 같다.

```
func newEventHandler(databasehandler persistence.DatabaseHandler)
*eventServiceHandler {
    return &eventServiceHandler{
        dbhandler: databasehandler,
    }
}
```

하지만 eventServiceHandler 구조체 타입의 3개 메서드들을 빈 것으로 남겼다.
자, 이것들을 하나씩 살펴보자.

첫 번째 메서드 findEventHandler()는 데이터베이스에 저장된 이벤트들을 질의하
는 데 사용되는 HTTP 요청에 대한 처리를 담당한다. ID나 이름을 통해 이벤트 질의
를 할 수 있다. 이 장의 앞부분에서 언급한 것처럼 ID를 검색할 때 요청 URL은
/events/id/3434와 같이 되고 GET 타입이 될 것이다. 다른 한편으로 이름으로 검색

할 때 요청은 /events/name/jazz_concert와 같이 되고 GET 타입이 된다. 상기하는 차원에서 다음 코드는 경로를 어떻게 정의하고 핸들러와 연결했는지를 보여준다.

```
eventsrouter := r.PathPrefix("/events").Subrouter()
eventsrouter.Methods("GET").Path("/{SearchCriteria}/{search}").HandlerFunc(
handler.findEventHandler)
```

{SearchCriteria}와 {Search}는 경로에서 2개의 변수다. {SearchCriteria}는 id 나 name으로 대체될 수 있다.

findEventHandler 메서드에 대한 코드는 다음과 같다.

```
func (eh *eventServiceHandler) findEventHandler(w http.ResponseWriter, r
*http.Request) {
  vars := mux.Vars(r)
  criteria, ok := vars["SearchCriteria"]
  if !ok {
    w.WriteHeader(400)
    fmt.Fprint(w, `{error: No search criteria found, you can either
search by id via /id/4 to search by name via /name/coldplayconcert}`)
    return
  }
  searchkey, ok := vars["search"]
  if !ok {
    w.WriteHeader(400)
    fmt.Fprint(w, `{error: No search keys found, you can either search
by id via /id/4 to search by name via /name/coldplayconcert}`)
    return
  }
  var event persistence.Event
  var err error
  switch strings.ToLower(criteria) {
      case "name":
```

```
        event, err = eh.dbhandler.FindEventByName(searchkey)
    case "id":
        id, err := hex.DecodeString(searchkey)
        if err == nil {
            event, err = eh.dbhandler.FindEvent(id)
        }
    }
    if err != nil {
        fmt.Fprintf(w, "{error %s}", err)
        return
    }
    w.Header().Set("Content-Type", "application/json;charset=utf8")
    json.NewEncoder(w).Encode(&event)
}
```

이 메서드는 2개의 인수를 취한다. 채울 필요가 있는 HTTP 응답을 나타내는 http.
ResponseWriter 타입의 객체와 수신한 HTTP 요청을 나타내는 *http.Request 타
입의 객체다. 첫 번째 줄에서 인수로 요청 객체를 가진 mux.Vars()를 사용한다.
이것은 키^{key}와 값^{value}의 맵을 반환하는데, 요청 URL 변수들과 그 값들을 나타낸다.
따라서 예를 들어 요청 URL이 /events/name/jazz_concert의 형태이면 결과 맵에
서 2개의 키-값 쌍^{pair}을 갖게 된다. 첫 번째 키는 "SearchCriteria"로 "name"의
값을 갖고 두 번째 키는 "search"로 jazz_concert의 값을 가진다. 이 결과 맵은
vars 변수에 저장된다.

이후 다음 줄의 맵에서 criteria를 얻는다.

```
criteria, ok := vars["SearchCriteria"]
```

따라서 이 criteria 변수는 사용자가 올바른 요청 URL을 보냈다면 name이나 id
어느 한쪽을 갖게 될 것이다. ok 변수는 불리언^{boolean} 타입이다. ok가 참이면 vars

맵에서 SearchCriteria란 키를 찾을 것이다. 거짓이면 받은 요청 URL이 유효하지 않다는 것을 알게 된다.

다음으로 검색 기준^{search criteria}을 가져왔는지 여부를 확인한다. 가져오지 못했다면 에러를 보고하고 빠져나간다. JSON 유사 포맷으로 에러를 어떻게 보고하는지 살펴 보자. 이것은 에러들을 포함해서 JSON 양식^{form}으로 모든 것을 반환하는 JSON 바디 포맷을 가진 RESTful API가 일반적으로 선호되기 때문이다. 다른 방식은 JSONError 타입을 생성하고 그것을 해당 에러 문자열에 넣는 것이다. 하지만 간결함을 위해 다음 코드에서 JSON 문자열의 철자만을 제시했다.

```
if !ok {
    fmt.Fprint(w, `{error: No search criteria found, you can either search
by id via /id/4 to search by name via /name/coldplayconcert}`)
    return
}
```

fmt.Fprint는 w 변수에 직접적으로 에러 메시지를 작성하게 해주며 HTTP 응답 작성기^{writer}를 포함하고 있다. http.responseWriter 객체 타입은 Go의 io.Writer 인터페이스를 지원하고 fmt.Fprint()에 사용할 수 있다.

이제 {search} 변수로 동일한 처리를 해야 할 필요가 있다.

```
searchkey, ok := vars["search"]
if !ok {
    fmt.Fprint(w, `{error: No search keys found, you can either search by
id via /id/4 to search by name via /name/coldplayconcert}`)
    return
}
```

이제 제공된 요청 URL 변수들에 근거해 데이터베이스에서 정보를 뽑아내는데, 그 방법은 다음과 같다.

```
var event persistence.Event
var err error
switch strings.ToLower(criteria) {
  case "name":
  event, err = eh.dbhandler.FindEventByName(searchkey)
  case "id":
  id, err := hex.DecodeString(searchkey)
  if nil == err {
    event, err = eh.dbhandler.FindEvent(id)
  }
}
```

이름 검색 기준의 경우에 이름으로 검색하고자 FindEventByName() 데이터베이스 핸들러 메서드를 사용한다. ID 검색 기준의 경우에는 hex.DecodeString()을 사용해서 검색 키를 바이트 슬라이스로 변환할 것이다. 성공적으로 바이트 슬라이스를 얻는다면 획득된 ID로 FindEvent()를 호출한다.

이후 err 객체를 확인해서 데이터베이스 작업 중에 어떤 에러들이 발생했는지 여부를 확인한다. 에러들을 발견한다면 응답에 **404** 에러 헤더^{header}를 작성하고 HTTP 응답 바디에 해당 에러를 출력한다.

```
if err != nil {
  w.WriteHeader(404)
  fmt.Fprintf(w, "Error occured %s", err)
  return
}
```

이제 해야 할 마지막은 해당 응답을 JSON 포맷으로 변환하는 것이다. 따라서 HTTP content-type 헤더를 application/json으로 바꾼다. 이후 데이터베이스 호출에서 획득된 결과들을 JSON 포맷으로 변환하고자 강력한 Go JSON 패키지를 사용한다.

```
w.Header().Set("Content-Type", "application/json;charset=utf8")
json.NewEncoder(w).Encode(&event)
```

자, `allEventHandler()` 메서드의 코드를 살펴보자. 이 메서드는 HTTP 응답에서 모든 가능한 이벤트를 반환할 것이다.

```
func (eh *eventServiceHandler) allEventHandler(w http.ResponseWriter, r
*http.Request) {
  events, err := eh.dbhandler.FindAllAvailableEvents()
  if err != nil {
    w.WriteHeader(500)
    fmt.Fprintf(w, "{error: Error occured while trying to find all
available events %s}", err)
    return
  }
  w.Header().Set("Content-Type", "application/json;charset=utf8")
  err = json.NewEncoder(w).Encode(&events)
  if err != nil {
    w.WriteHeader(500)
    fmt.Fprintf(w, "{error: Error occured while trying encode events to
JSON %s}", err)
  }
}
```

먼저 데이터베이스에서 모든 이벤트를 가져오고자 데이터베이스 핸들러에 속한 `FindAllAvailableEvents()`를 호출한다. 이후 어떤 에러들이 발생했는지 여부를 확인한다. 에러가 발견되면 에러 헤더를 작성하고 HTTP 응답에 해당 에러를 출력하고 이후 해당 함수에서 반환한다.

에러가 발생하지 않았다면 `application/json`을 HTTP 응답의 `Content-Type` 헤더

에 쓴다. 이후 이벤트들을 JSON 포맷으로 인코딩한다. 그리고 이것들을 HTTP 응답 작성기 객체로 보낸다. 다시 어떤 에러가 발생하면 로그를 작성하고 빠져나온다.

이제 newEventHandler() 핸들러 메서드를 살펴보자. 이 메서드는 들어오는 HTTP 요청들에서 가져온 데이터를 사용해 데이터베이스에 새로운 이벤트를 추가한다. 또한 들어오는 HTTP 요청에 있는 이벤트 데이터가 JSON 포맷이기를 기대한다. 이 코드는 다음과 같다.

```
func (eh *eventServiceHandler) newEventHandler(w http.ResponseWriter, r
*http.Request) {
  event := persistence.Event{}
  err := json.NewDecoder(r.Body).Decode(&event)
  if err != nil {
    w.WriteHeader(500)
    fmt.Fprintf(w, "{error: error occured while decoding event data
%s}", err)
    return
  }
  id, err := eh.dbhandler.AddEvent(event)
  if nil != err {
    w.WriteHeader(500)
    fmt.Fprintf(w, "{error: error occured while persisting event %d
%s}",id, err)
    return
  }
}
```

첫 번째 줄에서는 persistence.Event 타입의 새로운 객체를 생성한다. 이 객체는 들어오는 HTTP 요청에서 구문 분석을 하게 될 데이터를 갖고 있으려고 사용한다.

두 번째 줄에서는 들어오는 HTTP 요청의 바디를 취할 Go의 JSON 패키지를 사용한다(이는 r.Body를 호출함으로써 얻게 된다). 이후 이것에 내장된 JSON 데이터를 디코딩하고 다음과 같이 새로운 이벤트 객체에 넣는다.

```
err := json.NewDecoder(r.Body).Decode(&event)
```

이후 늘 그렇듯이 에러들을 확인한다. 아무런 에러도 관찰되지 않으면 데이터베이스 핸들러의 AddEvent() 메서드를 호출하고 해당 이벤트 객체를 인수로서 전달한다. 이는 사실상 들어오는 HTTP 요청에서 획득한 이벤트 객체를 데이터베이스에 추가하게 된다. 이후 늘 그렇듯이 다시 에러들을 확인하고 빠져나온다.

이 이벤트 마이크로서비스에 마지막 마무리를 하려면 4가지 처리를 해야 한다. 첫 번째는 이번 장의 앞부분에서 다룬 HTTP 라우트routes와 핸들러handlers를 정의하는 ServeAPI() 함수가 eventServiceHandler 생성자를 호출할 수 있게 하는 것이다. 이 코드는 결국 다음과 같다.

```
func ServeAPI(endpoint string, dbHandler persistence.DatabaseHandler) error
{
    handler := newEventHandler(dbHandler)
    r := mux.NewRouter()
    eventsrouter := r.PathPrefix("/events").Subrouter()
eventsrouter.Methods("GET").Path("/{SearchCriteria}/{search}").HandlerFunc(
handler.findEventHandler)
eventsrouter.Methods("GET").Path("").HandlerFunc(handler.allEventHandler)
eventsrouter.Methods("POST").Path("").HandlerFunc(handler.newEventHandler)
    return http.ListenAndServe(endpoint, r)
}
```

해야 할 두 번째 마무리는 마이크로서비스를 위한 구성configuration 계층을 작성하는 것이다. 이번 장의 앞부분에 언급한 대로 잘 설계된 마이크로서비스는 파일, 데이터 베이스, 환경 변수 또는 비슷한 매체에서 읽기를 하는 구성 계층이 필요하다. 해당 구성을 위해 우선적으로 지원해야 하는 3가지 주요 매개변수는 마이크로서비스에 의해 사용되는 데이터베이스 타입(몽고DB가 기본 설정), 데이터베이스 연결 문자열(로컬 연결에 대한 기본 설정은 mongodb://127.0.0.1), RESTful API 엔드포인트^{endpoint}가 있다. 이 구성 계층은 최종적으로 다음과 같다.

```go
package configuration
var (
    DBTypeDefault = dblayer.DBTYPE("mongodb")
    DBConnectionDefault = "mongodb://127.0.0.1"
    RestfulEPDefault = "localhost:8181"
)
type ServiceConfig struct {
    Databasetype dblayer.DBTYPE `json:"databasetype"`
    DBConnection string `json:"dbconnection"`
    RestfulEndpoint string `json:"restfulapi_endpoint"`
}
func ExtractConfiguration(filename string) (ServiceConfig, error) {
    conf := ServiceConfig{
        DBTypeDefault,
        DBConnectionDefault,
        RestfulEPDefault,
    }
    file, err := os.Open(filename)
    if err != nil {
        fmt.Println("Configuration file not found. Continuing with default
values.")
        return conf, err
    }
    err = json.NewDecoder(file).Decode(&conf)
    return conf, err
}
```

세 번째 마무리는 마이크로서비스에서 지속성 계층으로 가는 관문 역할을 하는 데이터베이스 계층 패키지를 구축하는 것이다. 이 패키지는 팩토리^{factory} 함수를 구현함으로써 팩토리 디자인 패턴factory design pattern[12]을 활용할 것이다. 팩토리 함수는 데이터베이스 핸들러를 제작할 것이다. 이는 연결하고자 하는 데이터베이스의 이름과 연결 문자열을 취하고 이후 이 시점부터 데이터베이스 관련 업무들에 대해 사용할 수 있는 데이터베이스 핸들러 객체를 반환해 완료된다. 현재까지는 몽고DB만 지원하며 이는 다음과 같다.

```
package dblayer
import (
    "gocloudprogramming/chapter2/myevents/src/lib/persistence"
    "gocloudprogramming/chapter2/myevents/src/lib/persistence/mongolayer"
)
type DBTYPE string
const (
    MONGODB DBTYPE = "mongodb"
    DYNAMODB DBTYPE = "dynamodb"
)
func NewPersistenceLayer(options DBTYPE, connection string)
(persistence.DatabaseHandler, error) {
    switch options {
    case MONGODB:
        return mongolayer.NewMongoDBLayer(connection)
    }
    return nil, nil
}
```

네 번째이자 최종 마무리는 main 패키지다. 사용자로부터 구성 파일의 위치를 취할 수 있는 flag 패키지를 활용해 main 함수를 작성한다. 이후 데이터베이스 연결과 HTTP 서버를 초기화하고자 구성 파일을 사용한다. 다음은 결과 코드다.

---

12. 다양한 하위 클래스들을 생성하는 팩토리(Factory) 클래스를 만들어 그 클래스에 책임을 위임하는 것 - 옮긴이

```go
package main
func main(){
    confPath := flag.String("conf", `.\configuration\config.json`, "flag to set
the path to the configuration json file")
    flag.Parse()
    //extract configuration
    config, _ := configuration.ExtractConfiguration(*confPath)
    fmt.Println("Connecting to database")
    dbhandler, _ :=
dblayer.NewPersistenceLayer(config.Databasetype,config.DBConnection)
    //RESTful API start
    log.Fatal(rest.ServeAPI(config.RestfulEndpoint, dbhandler, eventEmitter))
}
```

이 코드 조각으로 이번 장을 마무리한다. 3장에서는 마이크로서비스를 보안상 안전하게 하는 방법을 알아본다.

⠏ 요약

2장에서는 현대적인 마이크로서비스의 설계와 구축에 관련된 광범위한 주제들을 다뤘다. 이제 RESTful 웹 API, 몽고DB와 같은 NoSQL 데이터 저장소, 확장성 있는 코드를 위한 올바른 Go 디자인 패턴들에 관련된 실용적 지식을 갖게 됐다.

03

마이크로서비스 보안

현대적인 Go 클라우드 프로그래밍의 세 번째 장에 온 것을 환영한다. 3장에서는 2장에서 만든 RESTful API 서비스를 보안상 안전하게 만들 것이다.

실제로 작성해야 할 코드를 깊이 있게 들여다 보기 전에 제대로 된 지식의 토대를 제공하고자 다뤄야 하는 몇 가지 핵심 개념이 있다.

2장에서 다룬 것처럼 웹 애플리케이션은 통신을 하는 데 HTTP(이것은 애플리케이션 레벨 프로토콜이다)를 활용해야 한다. HTTP 자체가 보안상 안전하지 않은 이유는 데이터를 평문으로 전송하기 때문이다. 당연하게도 신용카드 정보나 민감한 개인 정보를 보내려고 시도한다면 결코 깨끗하게 잘 보이는 본문으로 전송하길 원하지 않을 것이다. 다행히도 TLS^Transport Layer Security로 알려진 프로토콜을 사용해 HTTP 통신은 보안상 안전해질 수 있다. HTTP와 TLS의 조합은 HTTPS로 알려져 있다.

3장에서 다루는 내용은 다음과 같다.

* HTTPS의 내부 동작

* Go에서 마이크로서비스 보안

⠿ HTTPS

HTTPS를 실제로 이해하려면 TLS 프로토콜을 먼저 살펴볼 필요가 있다. TLS는 컴퓨터 네트워크로 통신이 되는 데이터를 암호화하는 데 활용할 수 있는 프로토콜이다. TLS는 본연의 목표를 달성하고자 2가지 타입의 암호화 방식^{cryptography} 알고리듬에 의존하는데, 대칭 암호화$^{Symmetric\ cryptography}$ 방식과 공개키 암호화$^{public\text{-}key\ cryptography}$ 방식이 그것이다.

NOTE

> 공개키 암호화 방식은 비대칭 암호화 방식으로도 알려져 있다. 이 이름의 유래는 짧게 다룰 것이다. 다른 한편으로 대칭 암호화 방식은 대칭키 알고리듬이라고도 한다.

대칭 암호화 방식

데이터 암호화^{encryption}의 핵심 발상은 데이터를 부호(또는 암호문)화 하고자 복잡한 수학 방정식을 사용하는 것이고 이는 사실상 데이터를 사람들이 읽지 못하게 만드는 것이다. 안전한 소프트웨어 통신의 세계에서 암호화된 데이터는 이후 의도된 수신자^{receiver}에게 보내질 수 있고 다시 사람이 읽을 수 있는 원래의 형태^{form}로 데이터를 해독하게 된다.

거의 모든 경우에 있어 한 조각의 데이터를 암호화하려면 **암호화 키**가 필요하다. 암호화 키는 단순히 데이터를 부호화하고자 사용되는 하나의 복잡한 수학 방정식이다. 몇 가지 암호화 알고리듬에서는 해당 데이터를 다시 원래의 형태로 해독^{decryption}할 수 있는 동일한 암호화 키를 사용할 수 있다. 그 외에는 암호화 키와 다른 해독(복호화) 키가 해독을 수행하는 데 필요하게 된다.

대칭 암호화 방식 또는 대칭키 알고리듬은 데이터를 암호화하고 해독하고자 동일한 키를 활용하는 알고리듬이고 이것이 **대칭**^{symmetric}으로 불리는 이유다. 다음의 다이어그램에서 Hello 단어를 부호화된 형태로 암호화하는 데 암호화 키를 활용하고 암호화된 데이터를 다시 Hello 단어로 해독하는 데 동일한 키를 사용한다.

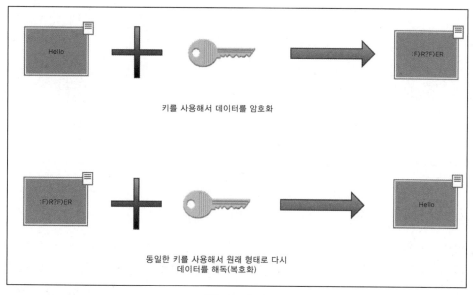

키를 사용해서 데이터를 암호화

동일한 키를 사용해서 원래 형태로 다시
데이터를 해독(복호화)

대칭 암호화 방식

HTTPS에서 대칭키 알고리듬

이제 웹 애플리케이션과 HTTP의 세계로 되돌아가 보자. 보통 웹 애플리케이션은
HTTP 프로토콜을 사용해서 통신하는 다른 형태의 소프트웨어일 뿐이다. 이번 장의
앞부분에서 언급한 것처럼 HTTP를 보안상 안전한 HTTPS로 전환시키려면 TLS라는
또 다른 프로토콜과 결합시킨다. 이 TLS 프로토콜은 클라이언트와 서버 간의 HTTP
데이터를 암호화하고자 대칭키 알고리듬을 활용한다. 다른 말로 하면 웹 클라이언
트와 웹 서버가 공유된 암호화 키에 상호 동의해서 통신을 시작하는 것이다(어떤 이는
이것을 공유된 비밀이라 부른다). 이후 이 알고리듬은 양쪽 사이에서 왔다 갔다 하는 데이터를
보호하는 데 사용된다.

송신 측 애플리케이션은 데이터를 수신 측 애플리케이션에 보내기 전에 암호화하고
자 이 키를 사용하고 그다음으로 이 데이터를 해독하고자 동일 키의 복사본을 활용

한다. 다음 다이어그램이 TLS 프로토콜의 대칭키 알고리듬 부분이다.

HTTPS의 대칭키 알고리듬

이것은 괜찮아 보인다. 그러나 웹 클라이언트와 웹 서버가 암호화된 데이터를 보내려면 동일한 암호화 키를 사용하기 전에 정확히 이 키에 대해 안전하도록 상호 동의를 어떻게 할까? 웹 클라이언트는 당연히 그냥 평문으로 해당 키를 웹 서버에 보낼수 없고 해당 키가 인가되지 않은 제3자에 의해 탈취돼 훔친 키를 통해 어떤 보안통신도 간단히 해석될 수 있는 상황을 바라지 않는다. 앞에서 언급한 것처럼 이질문에 대한 답은 TLS 프로토콜이 HTTP를 안전하게 하고자 한 개가 아닌 두 가지타입의 암호화 방식 알고리듬에 의존한다는 것이다. 지금까지 다뤘던 대칭키 알고리듬은 대부분의 통신을 안전하게 하고자 활용된다. 하지만 공개키 알고리듬은 초기의 핸드셰이크handshake[1]에 사용된다. 여기가 바로 클라이언트와 서버가 안녕(say hi)하며 서로를 식별하고 그 후에 사용할 암호화 키에 동의를 하는 지점이다.

비대칭 암호화 방식

대칭키 알고리듬과 다르게 비대칭 암호화 방식이나 공개키 알고리듬은 데이터 보호를 위해 두 개의 키를 활용한다. 데이터를 암호화하기 위한 한 개의 키는 공개키로알려져 있다. 그리고 이것은 다른 대상자들과 안전하게 공유될 수 있다. 데이터를

---

1. 네트워크 용어로 상호 통신을 위해 초기 연결에 사용되는 방식으로 사람 간의 인사와 유사하다. - 옮긴이

해독할 수 있는 또 다른 키는 개인키private key로 알려져 있고 이것은 절대로 공유돼서는 안 된다.

공개키는 데이터를 암호화하려는 어떤 사람에게도 사용될 수 있다. 하지만 공개키에 대응하는 개인키를 가진 사람만 해당 데이터를 사람이 읽을 수 있는 형태의 원래 데이터로 해독할 수 있다.

일반적인 시나리오에서 공개키와 개인키를 소유한 개인이 상호 통신하기를 원하는 다른 사람들과 공개키를 공유한다. 다른 사람은 이후 이 키의 소유자에게 보낼 데이터를 암호화하고자 공개키를 사용한다. 이 키의 소유자는 결국 원래 내용물로 데이터를 다시 해독할 수 있는 개인키를 사용할 수 있게 된다.

이 발상을 잘 드러내 보여주는 좋은 예(위키피디아 제공)를 생각해보자. 앨리스Alice가 인터넷을 통해 친구들과 안전하게 통신하기를 원한다고 하자. 이를 위해 그녀는 한 쌍의 공개-개인키를 생성하는 어떤 애플리케이션을 사용한다.

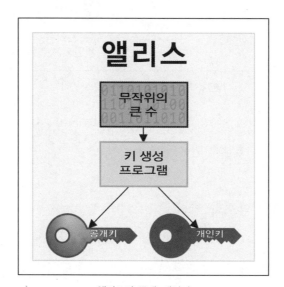

앨리스의 공개-개인키

이제 밥Bob이라는 친구가 인터넷을 통해 안전한 메시지를 그녀에게 보내고 싶어

한다. 이 메시지는 단순히 Hello Alice!다. 앨리스는 우선 그녀의 공개키 복사본을 밥에게 보낼 필요가 있다. 그 결과 밥은 앨리스에게 메시지를 보내기 이전에 암호화하고자 공개키를 사용할 수 있다. 이후 앨리스가 메시지를 받을 때 밥이 전한 hello를 어느 누구와도 공유하지 않은 그녀의 개인키로 다시 사람이 읽을 수 있는 문장으로 해독하는 데 사용해 해당 메시지를 볼 수 있다.

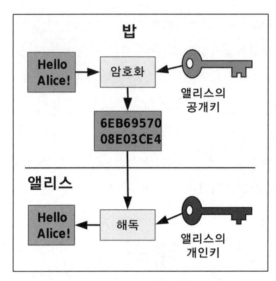

앨리스와 밥 간의 비대칭 암호화 방식

이것으로 공개키 알고리듬의 실질적 이해는 충분하리라 생각된다. 하지만 HTTP 프로토콜에서 이것이 어떻게 활용될까?

HTTP에서 비대칭 암호화 방식

이번 장 앞부분에서 언급한 것처럼 비대칭 암호화 방식은 이후 대칭 암호화 방식에 사용되는 공유된 암호화 키(공유된 비밀이나 세션키로도 알려진)에 동의하고자 웹 클라이언트와 웹 서버 간에 활용된다. 다른 말로는 이 키는 상호 HTTP 통신의 암호화를 위해 웹 클라이언트와 웹 서버 양쪽 모두에 의해 사용된다. 이미 이 상호작용의 대칭 암호화 방식을 다뤘다. 따라서 이제 비대칭 암호화 방식 부분이 어떻게 수행되는지 좀 더 깊이 들어가 살펴보자.

웹 클라이언트와 웹 서버 간에는 **핸드셰이크**가 발생한다. 여기서 클라이언트는 안전한 통신 세션을 시작하고자 서버에게 의도를 내비친다. 보통 이것은 암호화가 어떻게 발생하는지에 대해 어떤 수학적인 세부 사항들에 대한 동의를 수반한다.

서버는 이후 **디지털 인증서**^{digital certificate}와 함께 응답한다. 디지털 인증서 개념에 친숙하지 않다면 무엇인지 좀 더 자세히 살펴보자. 디지털 인증서(또는 공개키 인증서)는 공개키의 소유권을 증명하는 전자 문서다. 디지털 인증서의 중요성을 이해하려면 공개키가 무엇인지 기억해야 하므로 이전의 몇 단계 뒤로 돌아가 보자.

앞에서 다룬 것처럼 공개키는 비대칭 암호화 방식(또는 공개키 알고리듬)에서 사용되는 암호화 키다. 이 키는 암호화만 가능하고 절대로 다시 해독할 수는 없다. 그리고 통신하고 싶은 어떤 이에게도 공유될 수 있다. 공개키의 발행자는 공개키에 의해 암호화된 데이터를 해독(복호화)할 수 있는 개인키라는 대응키를 항상 갖고 있게 된다.

이것은 정말 좋을 것 같지만 어떤 클라이언트가 서버와 통신하고자 공개키를 요청하면 나쁜 대리인^{agent}이 요청을 가로채서 본인의 공개키로 응답(이것은 가로채기^{man-in-the-middle} 공격으로 알려졌다)하면 무슨 일이 발생할까? 해당 클라이언트는 이후 이 나쁜 대리인을 정당한 서버라 생각하고 계속 통신할 것이다. 이 클라이언트는 아마도 이후 신용카드 번호나 개인 데이터와 같은 민감한 정보를 나쁜 대리인에게 보낼 수 있다. 두말할 필요 없이 진정한 보호와 보안을 추구한다면 이 시나리오는 반드시 피하길 원할 것이다. 따라서 인증서에 대한 필요성이 대두됐다.

디지털 인증서는 믿을 수 있는 제3자 기관에 의해 발행된 디지털 문서다. 이 문서는 공개 암호화 키, 이 키가 속한 서버 이름, 이 정보가 올바르다는 것을 검증하는 믿을 수 있는 제3자 기관의 이름 및 이 공개키가 예상되는 키 소유자(또한 인증서 발행자로 불리는)에 속한다는 것을 포함한다. 이 인증서를 발행하는 믿을 수 있는 제3자 기관은 **인증기관**^{CA, Certificate Authority}으로 알려져 있다. 인증서를 발행하고 비즈니스와 기관에 대한 식별을 검증하는 다수의 알려진 CA가 있고 이들은 보통 해당 서비스에 수수료를

청구한다. 더 큰 기관들이나 정부 단체들은 그들 자신의 인증서를 발행하고 이 과정을 자가 서명$^{self-signing}$이라 한다. 따라서 그들의 인증서들은 자가 서명된 인증서가 된다. 인증서들은 인증서들이 갱신돼야 할 필요가 있기에 만료 일자를 가질 수 있다. 이는 과거에 해당 인증서를 소유한 기관이 바뀌었을 경우를 대비하기 위한 추가적인 보호가 목적이다.

웹 클라이언트는 일반적으로 알려진 인증기관의 리스트를 갖고 있다. 따라서 클라이언트가 웹 서버에 접속을 시도할 때 웹 서버는 디지털 인증서와 함께 응답을 한다. 이 웹 클라이언트는 해당 인증서의 발행자를 찾고 본인이 알고 있는 인증기관의 리스트와 발행자를 비교한다. 웹 클라이언트가 해당 인증서 발행자를 알고 신뢰한다면 그 서버와의 연결을 계속하고 인증서에 있는 공개키를 이용할 것이다.

서버에서 얻어진 공개키는 이후 웹 클라이언트와 웹 서버 간에 대칭 암호화 방식 통신에 사용될 수 있는 공유된 암호화 키(세션키나 공유된 비밀)를 안전하게 협상하고자 통신을 암호화하는 데 사용될 것이다. 이 세션키를 생성하고자 사용할 수 있는 수많은 알고리듬이 있지만 그것들은 이번 장의 범위를 넘어선다. 알아야 할 것은 세션키가 동의되자마자 웹 클라이언트와 웹 서버 간의 초기 핸드셰이크는 공유된 세션키의 보호하에서 실제 통신 세션이 안전하게 진행되도록 하며 끝을 맺게 된다.

이것으로 웹 통신이 보안상 어떻게 안전해지는지 충분하게 이해할 것이다. 이는 보안상 안전한 RESTful 웹 API와 웹 페이지 적재^{loads}를 위해 사용된다. 하나 더 추가해야 할 중요한 점은 안전한 웹 통신을 위해 활용되는 URL이 http:// 대신 https://로 시작한다는 것이다. 이는 보안상 안전한 웹 통신은 HTTP 대신 HTTPS를 활용하기 때문에 당연한 것이다.

⠿ Go에서의 안전한 웹 서비스

이제 Go 언어에서 안전한 웹 서비스 작성 방법을 알아보자. 다행히도 Go는 안전한 웹 애플리케이션까지 포함하는 현대적인 소프트웨어 아키텍처에 염두를 두고 바닥부터 철저하게 만들어진 언어다. Go는 HTTP 서버에서 HTTPS 서버로 부드럽게 이전할 수 있는 강력한 표준 라이브러리를 제공한다. 코드를 들여다보기 전에 웹 서버에 사용하고자 디지털 인증서를 어떻게 얻을지에 대한 단순한 질문에 답을 해보자.

인증서 얻기

해당 조직, 스타트업이나 웹 사이트를 위해 디지털 인증서를 얻는 기본적인 방법은 인증기관에서 신원을 검증하고 인증서를 발급하는 서비스를 구매하는 것이다. 앞에서 언급한 것처럼 다수의 인증기관이 있다. 가장 인기 있는 제공자의 리스트는 위키피디아 https://en.wikipedia.org/wiki/Certificate_authority#Providers에서 찾을 수 있다.

또한 이 서비스를 무료로 제공하는 인증기관들도 있다. 예를 들어 2016년에 모질라 재단the Mozilla Foundation이 전자 프런티어 재단the Electronic Frontier Foundation과 미시간대학교University of Michigan과 함께 Let's Encrypt라는 인증기관을 설립하고자 공동 연구를 했다. 이것은 https://letsencrypt.org/에서 살펴볼 수 있다. Let's Encrypt는 자동화된 방식으로 검증, 서명, 인증서 발행을 수행하는 무료 서비스다.[2]

이는 아주 좋아 보인다. 하지만 2장에서 구축한 이벤트 마이크로서비스와 같이 어떤 로컬 웹 애플리케이션만의 테스트를 원한다면 어떻게 될까? 이 경우에는 작업과 테스트 용도에 맞는 인증서 생성을 위해 더욱 간단한 방식이 필요하다. 이후에 실운영 환경에 배포할 때는 인터넷에 연결된 웹 브라우저와 클라이언트에서 인정되는

---

2. 구글 클라우드는 Let's Encrypt로 관리형 TLS 서비스를 제공한다. - 옮긴이

인증서를 발행하고자 신뢰받는 인증기관을 이용하면 된다.

테스트를 위해 인증서를 생성하는 이 쉽고 편리한 접근 방식은 자신의 인증서를 수동으로 만들고 그것에 자가(자체) 서명을 하는 것이다. 이 방법의 장점은 검증 과정을 거치지 않고 내부적 테스트에 사용할 수 있는 수만은 인증서를 생성할 수 있다는 점이다. 하지만 단점은 자가 서명된 인증서를 통해 웹 애플리케이션 접속을 시도하려는 웹 브라우저와 같은 어떠한 서드파티 웹 클라이언트들도 이 인증서들의 발행자가 식별되지 않아 최초에 사용자가 계속 진행을 허용하기 전에는 많은 경고가 발생하게 된다는 점이다.

최근에 나온 자가 서명 디지털 인증서를 생성하려면 해당 알고리듬들을 이해해서 필요 결과물을 생성할 수 있는 특별한 도구를 사용할 필요가 있다.

HTTPS 세션을 초기화하려면 다음과 같은 것들이 필요함을 기억하자.

- 다음을 포함하는 디지털 인증서

  - 다른 대상자들과 공유될 수 있는 공개키

  - 인증서를 소유하는 서버의 이름이나 도메인domain 이름

  - 인증서 발행자. 자가 서명 인증서의 경우에 이 발행자는 자신이 되고 신뢰받는 인증기관에 의해 발행된 인증서의 경우 발행자는 CA가 된다.

- 비밀로 간직하고 어느 누구 와도 공유하지 않아야 하는 개인키

OpenSSL

TLS 디지털 인증서를 생성할 수 있는 아주 인기 있는 특화된 도구 중 하나로 OpenSSL이 있다. OpenSSL은 http://www.openssl.org/에서 살펴볼 수 있다. OpenSSL은 다양한 작업들을 수행하는 데 사용될 수 있는 오픈소스 상용 등급 TLS 툴킷toolkit이다. 이 도구들로 자가 서명 디지털 인증서를 생성할 수 있다. OpenSSL

조직 자체로는 이 도구에 대한 미리 만들어진 바이너리를 제공하지 않는다. 하지만 이 도구의 바이너리를 다운로드할 수 있는 제3의 장소들을 나열하는 위키wiki 페이지 가 있다. 해당 위키 페이지는 https://wiki.openssl.org/index.php/ Binaries에서 찾을 수 있다. 이 도구를 다운로드했다면 디지털 인증서와 개인키 생성을 위해 활용하는 방법의 예는 다음과 같다.

```
openssl req -x509 -newkey rsa:2048 -keyout key.pem -out cert.pem -days 365
```

- **req**: 요청을 나타낸다. 이것은 인증서를 요청한다는 것을 알려준다.

- **-x509**: 자가 서명 인증서 출력을 원한다는 것을 알려준다. 암호화 방식의 세계에서 X.509란 개념은 공개키 인증서의 포맷을 정의하는 기준이다. 많은 인터넷 프로토콜에서 사용되는 디지털 인증서는 이 기준을 활용한다.

- **-newkey**: 새로운 인증서와 한 쌍을 이루는 개인키를 원한다는 것을 알려준다. 이전에 언급한 것처럼 인증서는 많은 식별자로 결합된 공개키일 뿐이다. 따라서 비대칭 암호화 방식을 수행하고자 이 공개키와 쌍을 이루는 개인키가 필요하다.

- **rsa:2048**: -newkey 옵션에 대한 인수다. 해당 키를 생성하는 데 사용하고자 하는 암호화 알고리듬의 타입을 알려준다.

- **-keyout**: 새롭게 생성된 개인키에 쓰일 파일 이름을 제공한다.

- **key.pem**: -keyout 옵션에 대한 인수다. key.pem이라는 파일에 개인키를 저장하고자 하는 것을 알려준다. 이 키는 이전에 언급된 대로 비공개로 유지되고 어느 누구와도 공유되지 않아야 한다.

- **-out**: 새롭게 생성된 자가 서명 인증서에 쓰일 파일 이름을 제공한다.

- **cert.pem**: -out 옵션에 대한 인수다. cert.pem이라는 파일에 인증서를 저장하고자 하는 것을 알려준다. 이 인증서는 이후 HTTPS 호출을 위해 웹 서버와

안전하게 통신을 시도하는 웹 클라이언트에 공유될 수 있다.

- **-days:** 이 인증서가 유효성을 가지는 기간의 일수다.

- **365:** 이것은 **-days** 옵션에 대한 인수다. 단순히 365일이나 1년 동안 유효한 인증서를 원한다는 것을 알려준다.

generate_cert.go

Go 언어에서는 테스트에서 활용할 자가 서명 인증서를 생성하는 OpenSSL 외에 또 다른 접근법이 있다. Go 언어가 설치된 GOROOT 폴더 아래의 /src/crypto/tls 폴더로 가면 generate_cert.go라는 파일을 발견할 수 있다. 이 파일은 테스트에 필요한 인증서를 쉽고 효율적으로 생성할 수 있는 단순한 도구다. 내(저자) 컴퓨터에서 GOROOT 폴더는 C:\Go에 있다. 다음은 내 컴퓨터의 generate_cert.go 파일의 화면이다.

Name	Date modified	Type	Size
testdata	3/10/2017 2:00 AM	File folder	
alert.go	2/16/2017 7:23 PM	GO File	3 KB
cipher_suites.go	2/16/2017 7:23 PM	GO File	14 KB
common.go	2/16/2017 7:23 PM	GO File	33 KB
conn.go	2/16/2017 7:23 PM	GO File	39 KB
conn_test.go	2/16/2017 7:23 PM	GO File	10 KB
example_test.go	2/16/2017 7:23 PM	GO File	4 KB
generate_cert.go	2/16/2017 7:23 PM	GO File	5 KB
handshake_client.go	2/16/2017 7:23 PM	GO File	24 KB
handshake_client_test.go	2/16/2017 7:23 PM	GO File	43 KB
handshake_messages.go	2/16/2017 7:23 PM	GO File	33 KB
handshake_messages_test.go	2/16/2017 7:23 PM	GO File	9 KB
handshake_server.go	2/16/2017 7:23 PM	GO File	24 KB
handshake_server_test.go	2/16/2017 7:23 PM	GO File	45 KB
handshake_test.go	2/16/2017 7:23 PM	GO File	6 KB
key_agreement.go	2/16/2017 7:23 PM	GO File	15 KB
prf.go	2/16/2017 7:23 PM	GO File	11 KB
prf_test.go	2/16/2017 7:23 PM	GO File	6 KB

This PC > Local Disk (C:) > Go > src > crypto > tls

generate_cert.go 파일

generate_cert.go는 단순히 **go run** 명령어로 실행할 수 있는 독립적인 Go 프로그램이다. 이 프로그램을 실행하면 인증서와 개인키 파일을 생성해 현재 폴더에 갖다 놓을 것이다. 이 도구는 수많은 인수를 지원한다. 그러나 일반적으로 가장 흔히 사용되는 인수는 **--host**로, 인증서와 해당 키를 생성하고자 하는 웹 서버의 이름을 나타낸다. 다음은 **go run** 명령어로 이 도구를 실행시키는 방법이다.

```
go run %GOROOT%/src/crypto/tls/generate_cert.go --host=localhost
```

앞의 명령어는 윈도우 OS에서 실행돼 **%GOROOT%**로 GOROOT 환경 변수가 표현됐다. 환경 변수가 표현되는 것이 OS 간에 어떻게 다른지 예를 들어보면 리눅스의 경우 환경 변수는 **$GOROOT**로 표현된다.

이제 **localhost**로 불리는 서버(개인 PC)의 인증서와 개인키를 만들고자 명령어를 실행할 것이다. 이 명령어는 이전에 언급한 대로 인증서와 해당 키를 생성하고 현재 폴더에 위치시킨다. 다음은 이 명령어의 성공적인 실행을 보여주는 화면이다.

generate_cert.go 명령어

generate_cert 도구는 **--host** 외에 다른 옵션들도 지원한다. 그중 몇 개는 살펴볼 가치가 있다.

- **--start-date:** 인증서 유효일의 시작일을 나타낸다. 이 옵션에 대한 인수는 예를 들어 Jan 1 15:04:05 2011과 같은 포맷이 돼야 한다.

- **--duration:** 시간 단위로 인증서의 유효한 기간을 나타낸다. 기본값은 1년이다.

- **--rsa-bits:** 키의 RSA 암호화에서 활용되는 비트 수를 나타낸다. 기본값은 2,048이다.

- --help: 설명이 포함된 지원 옵션들의 리스트를 제공한다.

인증서와 키 파일이 생성되면 HTTPS를 지원하고자 웹 서버 애플리케이션에서 이들을 사용할 수 있다. 이것을 사용하는 방법은 다음 절에서 살펴본다.

Go에서 HTTPS 서버 구축

이제 마지막으로 일부 코드를 파헤쳐보자. Go는 현대적인 웹 소프트웨어 구현에 아주 적합하기에 HTTPS 웹 서버를 작성하는 것은 쉽다. 자, 2장에서 HTTP 웹 서버를 설정하고자 작성한 코드의 일부를 다시 보며 시작하자.

```
http.ListenAndServe(endpoint, r)
```

이는 해당 표준 라이브러리의 HTTP Go 패키지에 속한 ListenAndServe() 함수 호출, 즉 한 줄의 코드였다. ListenAndServe()의 첫 번째 인수는 웹 서버가 요청 대기^{Listen} 하고자 하는 엔드포인트다. 따라서 웹 서버가 로컬 포트 8181에서 요청 대기를 하기 원한다면 엔드포인트는 :8181이나 localhost:8181이 될 것이다. 두 번째 인수는 HTTP 라우트^{routes}(출발지와 목적지 간의 경로)와 핸들러를 기술하는 객체다. 이 객체는 고릴라 mux 패키지에 의해 생성됐고 2장에서 이것을 생성하기 위한 코드는 다음과 같다.

```
r := mux.NewRouter()
```

웹 서버를 2장의 HTTP에서 HTTPS로 전환시키려면 하나의 단순한 변경을 수행할 필요가 있다. http.ListenAndServer() 함수를 호출하는 대신 또 다른 http.ListenAndServeTLS()라는 함수를 활용할 것이다. 이 코드는 다음과 같다.

```
http.ListenAndServeTLS(endpoint, "cert.pem", "key.pem", r)
```

이 코드에서 보이는 것처럼 http.ListenAndServeTLS() 함수는 원래의 http.ListenAndServe() 함수보다 더 많은 인수를 취한다. 이들은 단순히 디지털 인증서 파일 이름과 개인키 파일 이름이다. 첫 번째 인수는 여전히 엔드포인트에서 요청 대기하는 웹 서버이고, 마지막 인수는 여전히 핸들러 객체다(이 경우에 이는 고릴라의 *Router 객체다). 앞 단계에서 이미 인증서와 개인키를 생성했다. 따라서 여기서 해야 할 전부는 두 번째와 세 번째 인수들이 올바른 파일들을 가리키는 것을 보장하는 것이다.

이게 전부다. 이것이 Go에서 HTTPS 웹 서버를 생성하고자 해야 할 필요가 있는 모든 것이다. Go HTTP 표준 패키지는 이후 인증서와 개인키를 취할 것이고 TLS 프로토콜에 의해 요청된 대로 이들을 활용하게 된다.

하지만 마이크로서비스에서 HTTP와 HTTPS 양쪽 다 지원하고 싶다면 어떻게 될까? 이를 위해서는 조금 창의성을 가질 필요가 있다. 첫 번째 논리적 단계는 해당 코드에서 http.ListenAndServe()와 http.ListenAndServeTLS() 함수 둘 다 실행시키는 것이 될 것이다. 그러나 이후 명백한 난관을 만나게 된다. 어떻게 양 함수가 동일한 로컬 포트에서 요청 대기^{Listen}를 할까? HTTP의 요청 대기 포트와 다르게 HTTPS 요청 대기 포트를 선택함으로써 이를 간단히 해결했다. 2장에서 로컬 HTTP 서버 요청 대기 주소의 값을 갖고 있으려고 endpoint라는 변수를 사용했다. HTTPS에 대해 로컬 요청 대기 주소가 tlsendpoint라는 변수에 저장된다고 생각해보면 해당 코드는 다음과 같이 될 것이다.

```
http.ListenAndServeTLS(tlsendpoint, "cert.pem", "key.pem", r)
```

이건 아주 훌륭해보이지만 이제 넘어야 할 또 다른 산을 마주하게 된다. http.ListenAndServeTLS()와 http.ListenAndServe() 둘 다 함수들을 중단^{blocking}시킨

다. 이는 이들을 호출할 때마다 에러가 발생하기 전까지 현재의 고루틴^{goroutine}을 무기한으로 막는다는 것을 의미한다. 결국 양쪽 함수 모두를 동일한 고루틴에서 호출할 수 없다는 것이다.

NOTE

> Go에서 고루틴은 생명과도 같은 언어 구성 요소다. 이는 가벼운 스레드(thread)로 생각될 수 있고 Go 개발자들은 효율적인 동시 작업을 달성하고자 어디에서나 고루틴을 사용할 수 있다. 다수의 고루틴 간에 정보를 교류하려면 Go 채널(channels)이라는 또 다른 Go 언어 구성 요소를 사용한다.

따라서 이에 대한 해결책은 간단하다. 다른 고루틴에서 함수들 중 하나를 호출하고 이는 함수 이름 앞에 단어 **go**를 위치시켜 간단히 달성할 수 있다. 자, 다른 고루틴에서 http.ListenAndServe() 함수를 실행시켜보자. 해당 코드는 다음과 같다.

```
go http.ListenAndServe(endpoint, r)
http.ListenAndServeTLS(tlsendpoint, "cert.pem", "key.pem", r)
```

이것으로 웹 서버는 HTTP를 사용하고자 하는 클라이언트의 HTTP 서버나 HTTPS 사용을 선호하는 클라이언트의 HTTPS 서버로서의 역할을 할 수 있다. 이제 또 다른 질문을 살펴보자. http.ListenAndServe()와 http.ListenAndServeTLS() 함수 둘 다 장애^{failure}가 발생할 때 이슈들도 보고하고자 에러 객체를 반환한다. 따라서 두 함수가 서로 다른 고루틴에서 실행되더라도 장애 발생 시 둘 중 하나의 함수에서 생긴 에러들을 잡아낼 수 있을까? 이를 위해서는 Go 채널을 이용할 필요가 있다. Go 채널은 두 개의 고루틴 간에 상호 통신을 할 수 있는 Go의 타고난 방식이다. 해당 코드는 다음과 같다.

```
httpErrChan := make(chan error)
httptlsErrChan := make(chan error)
go func() { httptlsErrChan <- http.ListenAndServeTLS(tlsendpoint, "cert.pem",
```

```
"key.pem", r) }()
go func() { httpErrChan <- http.ListenAndServe(endpoint, r) }()
```

이의 코드에서는 두 개의 Go 채널을 생성한다. 하나는 httpErrChan이고 다른 하나
는 httptlsErrChan이다. 이 채널들은 타입 에러 객체를 담는다. 채널 중 하나는
http.ListenAndServe() 함수에서 관찰된 에러들을 보고할 것이고 다른 것은
http.ListenAndServeTLS() 함수에서 반환된 에러들을 보고할 것이다. 이후 두
ListenAndServe 함수를 실행시키고 그 결과들을 대응하는 채널들에 담고자 익명의
함수를 가진 두 고루틴을 사용한다. 여기서 익명의 함수를 사용하는 이유는 해당
코드가 http.ListenAndServe()나 http.ListenAndServeTLS() 함수를 호출하는
것뿐만 아니라 그 이상이 뒤따라오기 때문이다.

이즈음에는 고루틴에서 하나가 아닌 ListenAndServe 함수 둘 다 실행시킨다는 점
에 주목할 것이다. 이렇게 하는 이유는 둘 중 하나가 해당 코드 중단을 방지하기
위해서이고 이는 httpErrChan과 httptlsErrChan 채널 둘 다 호출하는 코드에 반환
을 해준다. 이 경우에 main 함수인 호출하는 코드는 이후 어떤 에러가 발생하면
원하는 대로 에러들을 처리할 수가 있다.

2장에서는 이 코드를 ServeAPI()라는 함수 안에 위치시켰다. 자, 이제 변경 사항들
이 반영된 ServeAPI() 함수의 완성된 코드를 살펴보자.

```
func ServeAPI(endpoint, tlsendpoint string, databasehandler
persistence.DatabaseHandler) (chan error, chan error) {
    handler := newEventHandler(databaseHandler)
    r := mux.NewRouter()
    eventsrouter := r.PathPrefix("/events").Subrouter()
eventsrouter.Methods("GET").Path("/{SearchCriteria}/{search}").HandlerFunc(
handler.FindEventHandler)
eventsrouter.Methods("GET").Path("").HandlerFunc(handler.AllEventHandler)
```

```
eventsrouter.Methods("POST").Path("").HandlerFunc(handler.NewEventHandler)
    httpErrChan := make(chan error)
    httptlsErrChan := make(chan error)
    go func() { httptlsErrChan <- http.ListenAndServeTLS(tlsendpoint,
"cert.pem", "key.pem", r) }()
    go func() { httpErrChan <- http.ListenAndServe(endpoint, r) }()
    return httpErrChan, httptlsErrChan
}
```

이 함수는 이제 **tlsendpoint**라는 새로운 문자열 인수를 취하고 이것은 HTTPS 서버
의 요청 대기 주소를 담는다. 또한 이 함수는 두 개의 에러 채널을 반환한다. 이후
이 함수 코드는 REST API를 지원하는 HTTP 라우트 정의를 진행한다. 여기서부터
에러 채널들을 생성하고 두 개의 분리된 고루틴에서 HTTP 패키지 **ListenAndServe**
함수들을 호출하고 에러 채널들을 반환한다. 다음 논리적 단계는 **ServeAPI()** 함수
호출 코드를 다루고 에러 채널들을 어떻게 처리하는지 보여준다.

이전에 설명한 대로 **main** 함수는 **ServeAPI()** 함수를 호출하는 것이다. 따라서 이는
반환된 에러 채널들의 처리 부담을 **main** 함수에게 주게 된다. **main** 함수에 있는
코드를 살펴보자.

```
//RESTful API start
httpErrChan, httptlsErrChan := rest.ServeAPI(config.RestfulEndpoint,
config.RestfulTLSEndPint, dbhandler)
select {
case err := <-httpErrChan:
    log.Fatal("HTTP Error: ", err)
case err := <-httptlsErrChan:
    log.Fatal("HTTPS Error: ", err)
}
```

이 코드는 ServeAPI() 함수를 호출한다. 이후 두 개의 반환된 에러 채널을 두 개의 변수로 잡아낸 후에 이 채널들을 처리하고자 Go select문을 사용한다. Go에서 select문은 다수의 채널을 기다리고자 현재의 고루틴을 중단시킬 수 있다. 최초 반환되는 어떤 채널도 이에 대응하는 select case를 소환하게 된다. 다른 말로 httpErrChan이 반환되면 첫 번째 case가 소환되고 이것은 발견된 에러와 함께 HTTP 에러가 발생했다는 보고 문장을 표준 출력에 프린트할 것이다. 그렇지 않으면 두 번째 case가 소환된다. main 고루틴을 중단시키는 것이 중요한 이유는 중단시키지 않으면 해당 프로그램은 그냥 빠져나갈 것이고 이는 장애가 없다면 발생되지 않아야 한다. 이전에는 http.ListenAndServe() 함수가 main 고루틴을 중단시켜 해당 프로그램이 에러가 없다면 빠져나가는 것을 방지하곤 했었다. 하지만 이제 분리된 고루틴에서 ListenAndServe 함수 둘 다를 실행시켜 원하지 않을 때 해당 프로그램이 빠져나가지 않도록 보장하고자 또 다른 메커니즘이 필요하다.

일반적으로 채널에서 값을 받으려 하거나 채널에 값을 보내려 할 때마다 고루틴은 값이 전달되기 전까지 중단된다. 이는 ListenAndServe 함수들로부터 아무런 에러가 반환되지 않는다면 어떤 값도 채널들을 통해 전달되지 않을 것이고 이는 에러가 발생하기 직전까지 main 고루틴을 중단시키는 것을 의미한다.

TIP

> Go에는 버퍼(buffered) 채널이라는 정규 채널 외의 또 다른 타입의 채널이 있고 이는 현재 고루틴을 중단시킴 없이 값을 전달할 수 있게 해준다. 하지만 여기 이 경우에는 정규 채널을 사용한다.

여기서 다뤄야 하는 마지막 코드 부분은 구성 정보configuration를 갱신하는 것이다. 2장에서 마이크로서비스에 대한 구성 정보를 처리하고자 구성 객체를 사용했다는 것을 기억하자. 이 구성 정보는 데이터베이스 주소, HTTP 엔드포인트 등이 뒤따랐다. 지금 HTTPS 엔드포인트가 필요하기에 이것을 구성 정보에 추가할 필요가 있다. 해당 구성 정보 코드는 ./lib/configuration.go 파일에 존재했다. 지금은 구성 정보 코드가 다음과 같다.

```go
package configuration
import (
    "encoding/json" "fmt"
    "gocloudprogramming/chapter3/myevents/src/lib/persistence/dblayer"
    "os"
)

var (
    DBTypeDefault        = dblayer.DBTYPE("mongodb")
    DBConnectionDefault  = "mongodb://127.0.0.1"
    RestfulEPDefault     = "localhost:8181"
    RestfulTLSEPDefault  = "localhost:9191"
)

type ServiceConfig struct {
    Databasetype      dblayer.DBTYPE `json:"databasetype"`
    DBConnection      string         `json:"dbconnection"`
    RestfulEndpoint   string         `json:"restfulapi_endpoint"`
    RestfulTLSEndPint string         `json:"restfulapi-tlsendpoint"`
}

func ExtractConfiguration(filename string) (ServiceConfig, error) {
    conf := ServiceConfig{
        DBTypeDefault,
        DBConnectionDefault,
        RestfulEPDefault,
        RestfulTLSEPDefault,
    }
    file, err := os.Open(filename)
    if err != nil {
        fmt.Println("Configuration file not found. Continuing with default
values.")
        return conf, err
    }
    err = json.NewDecoder(file).Decode(&conf)
    return conf, err
}
```

이 코드에서는 2장의 코드에 다음과 같은 세 가지 중요한 사항을 더 반영했다.

- `RestfulTLSEPDefault`라는 상수를 추가했고 이는 `localhost:9191`이라는 기본 값을 갖는다.

- `ServiceConfig` 구조체에 새로운 필드[field]를 추가했는데, `RestfulTLSEndPint` 라고 한다. 이는 `restfulapi-tlsendpoint`라는 JSON 필드에 대응한다.

- `ExtractConfiguration()` 함수에서는 초기화된 `ServiceConfig` 구조체에서 `RestfulTLSEndPint` 필드의 기본값을 `RestfulTLSEPDefault`로 설정했다.

이 세 가지 변경 사항으로 해당 구성 계층은 구성 정보 오버라이드[override]가 존재한 다면 구성 정보 JSON 파일에서 HTTP 엔드포인트 값을 읽을 수 있을 것이다. 구성 정보 파일이 존재하지 않거나 구성 정보 파일에 `restfulapi-tlsendpoint` JSON 필드가 설정돼 있지 않다면 기본값인 `localhost:9191`을 취할 것이다.

`ExtractConfiguration()` 함수를 호출하는 어떤 코드든 이 기능에 접근해 HTTPS 엔드포인트에 대한 기본값이나 설정된 값을 얻을 수 있게 된다. 해당 코드에서 `main` 함수는 `ExtractConfiguration()` 함수를 호출하고 이것으로 RESTful API를 실행하 는 `ServeAPI()` 함수 호출을 위해 필요한 정보를 얻게 될 것이다.

⁑ 요약

3장에서는 보안상 안전한 웹 소프트웨어의 세계와 이것이 내부적으로 어떻게 동작 하는지 깊이 있게 살펴봤다. 그리고 Go 언어에서 HTTPS, 대칭 및 비대칭 암호화 방식과 웹 서비스를 안전하게 하는 방법을 알아봤다.

4장에서는 분산 마이크로서비스 아키텍처 세계에서의 핵심 주제인 메시지 큐[message queues]를 다룬다.

04

메시지 큐를 사용한 비동기 마이크로서비스 아키텍처

지난 두 장에서는 Go 프로그래밍 언어로 REST 기반의 마이크로서비스를 구축하는 방법을 알아봤다. REST 아키텍처 스타일은 간단함과 유연함 둘 다를 동시에 지원하고 많은 경우 훌륭한 선택이 된다. 하지만 HTTP 위에 구현되기에 REST 아키텍처상의 모든 통신은 요청/응답 트랜잭션들을 가진 클라이언트/서버 모델을 따르게 된다. 일부 사용자의 경우 이것이 제한적일 수 있고 다른 통신 모델들이 더 잘 어울릴 수도 있다.

4장에는 발행/구독 통신 모델을 구현하는 데 필요한 기술들과 함께 모델을 소개한다. 일반적으로 발행/구독 아키텍처는 중심이 되는 인프라 구성 요소인 메시지 브로커를 요구한다. 오픈소스의 세계에서는 수많은 서로 다른 메시지 브로커 구현체가 있다. 따라서 4장에서는 가장 중요한 것이라 생각되는 두 개의 메시지 브로커인 RabbitMQ와 아파치 카프카^{Apache Kafka}를 소개한다. 둘 다 특정한 사용의 경우에 적합하기에 이 두 개의 메시지 브로커 각각을 설정하고 Go 애플리케이션에 연결하는 방법과 둘 중 하나를 언제 사용해야 하는지 알아본다.

이후 어떤 중요한 것이 발생할 때마다 이벤트를 발행하고자 3장에서 작업한 이벤트 관리 마이크로서비스가 확장되도록 이 지식의 사용 방법을 보여줄 것이다. 이는 이 이벤트들에 요청 대기하는 두 번째 마이크로서비스를 구현할 수 있게 해준다. 또한 이벤트 콜라보레이션event collaboration과 이벤트 소싱event sourcing 같이 일반적으로 비동기 통신과 함께 잘 동작하는 고급 아키텍처 패턴들과 어떻게(그리고 언제) 이들을 해당 애플리케이션에 사용할 수 있는지 알아볼 것이다.

4장에서는 다루는 내용은 다음과 같다.

- 발행/구독 아키텍처 패턴

- 이벤트 콜라보레이션Event collaboration

- 이벤트 소싱

- RabbitMQ와 AMQP

- 아파치 카프카

⁙ 발행/구독 패턴

발행/구독 패턴은 잘 알려진 요청/응답 패턴에 대한 대안적인 통신이다. 클라이언트(요청을 발행하는)와 서버(이 요청에 대한 응답을 하는) 대신 발행/구독 아키텍처는 발행자와 구독자로 구성돼 있다.

각 발행자는 메시지를 내보낼 수 있고 메시지들을 갖는 대상은 발행자와 사실상 아무 관련이 없고 구독자와 관련이 있다. 각 구독자는 어떤 타입의 메시지를 구독할 수 있고 발행자가 주어진 타입의 메시지를 발행할 때마다 알림을 받을 수 있다. 반대로 각 구독자는 메시지가 실제로 어디에서 오는지 자체적으로 신경 쓰지 않는다.

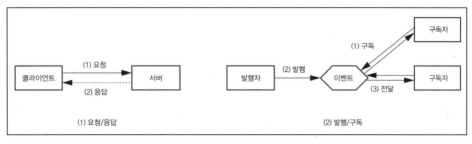

요청/응답과 발행/구독 통신 패턴

실제로는 많은 발행/구독 아키텍처가 중심이 되는 인프라 구성 요소로 메시지 브로커^{message broker}를 요구한다. 발행자들은 메시지 브로커에 메시지를 발행하고 구독자는 메시지 브로커에 있는 메시지를 구독한다. 이후 해당 브로커의 주요 업무 중 하나는 관심을 표현한 구독자들에게 발행된 메시지들을 정해진 경로로 보내는 것이다.

일반적으로 메시지들은 토픽(주제) 기반^{topic-based}의 경로를 따라 보내진다. 이는 각 발행자는 발행된 메시지에 대한 토픽(토픽은 보통 문자열 식별자일 뿐이다. 예를 들어 user.created)을 지정했다는 것을 의미한다. 또한 각 구독자는 토픽을 구독한다. 흔히 브로커는 구독자가 user.*와 같은 와일드카드 표현을 사용해 토픽 전체 집합을 구독할 수 있게 한다.

요청/응답과 대조적으로 발행/구독 패턴은 몇 가지 명백한 장점이 있다.

- 발행자와 구독자는 아주 느슨한 결합 관계다. 이는 이들이 서로에 대해 알지 못하는 정도까지 간다.

- 발행/구독 아키텍처는 아주 유연하다. 발행자를 수정할 필요 없이 새로운 구독자를 추가할 수 있다(그리고 그 결과 기존의 프로세스들을 확장한다). 또한 역으로도 적용된다. 구독자를 수정할 필요 없이 새로운 발행자를 추가할 수도 있다.

- 메시지 브로커에 의해 정해진 경로로 보내지는 메시지의 경우에는 회복력^{resiliency}을 얻게 된다. 보통 메시지 브로커는 모든 메시지를 큐^{queue}에 보관하고 이곳에서 구독자에 의해 처리되기 전까지 유지된다. 구독자가 불능 상태가 되

면(예를 들어 장애나 의도적 종료에 의해) 구독자에게 전달됐어야 할 해당 메시지는 구독자가 다시 가능 상태가 될 때까지 큐에 보관된다.

- 일반적으로 프로토콜 레벨에서 해당 메시지 브로커에 의해 보증되는 어떤 신뢰성^{reliability}도 갖게 될 것이다. 예를 들어 RabbitMQ는 각 구독자에게 메시지를 받은 사실을 알리도록 요구함으로써 신뢰성 있는 전달^{delivery}을 보장한다. 메시지가 전달됐음이 알려진 때에만 해당 브로커는 큐에서 해당 메시지를 제거한다. 메시지가 이미 전달됐을 때 해당 구독자에 장애가 발생해서(예를 들어 연결 끊김으로) 받은 상태를 아직 알려주지 못했다면 해당 메시지는 메시지 큐에 다시 넣어진다. 또 다른 구독자가 동일한 메시지 큐에 대기하면 해당 메시지는 그 구독자에게 전달될 수도 있다. 그렇지 않다면 구독자가 다시 가능 상태가 되기까지 해당 메시지는 큐에 보관될 것이다.

- 쉽게 스케일아웃을 할 수 있다. 단일 구독자에 대해 너무나 많은 메시지가 발행된 경우에 효율적인 처리를 하려면 더 많은 구독자를 추가하고 해당 메시지 브로커에게 이 구독자들로 보내지는 메시지들이 부하 분산$^{load-balance}$되게 할 수 있다.

물론 메시지 브로커와 같이 중심(핵심)이 되는 인프라 구성 요소를 도입하는 것은 자체가 가진 위험을 동반한다. 제대로 작업이 마무리되지 않을 때 해당 메시지 브로커는 단일 장애 발생 지점$^{single\ point\ of\ failure}$가 되고 이것에 장애가 발생하는 경우 전체 애플리케이션의 비정상 종료^{down}를 초래할 수도 있다. 실 운영 환경에서 메시지 브로커를 도입할 때 고가용성(보통 클러스터링과 자동 대체 작동(failover – Standby로 서비스 이전)에 의한)을 보장할 수 있는 적절한 방안을 취해야 한다.

애플리케이션이 클라우드 환경에서 실행되는 경우 클라우드 제공자들에 의해 제공되는 관리형 메시지 큐잉 및 전달$^{queuing\ and\ delivery}$ 서비스 중 하나를 사용할 수 있다. 예를 들어 AWS SQS$^{Simple\ Queue\ Service}$나 애저 서비스 버스$^{Azure\ Service\ Bus}$가 있다.[1]

---

1. 구글 클라우드는 클라우드 Pub/Sub이 있다. 또한 현재는 AWS에서 SQS를 대체할 수 있는 완전 관리형 카프카 서비스인 MSK(Managed Streaming for Kafka)를 제공한다. – 옮긴이

4장에서는 두 개의 가장 인기 있는 오픈소스 메시지 브로커인 RabbitMQ와 아파치 카프카를 사용하는 방법을 알아본다. AWS SQS는 8장에서는 다룬다.

예약 서비스 소개

이번 절에서는 RabbitMQ를 사용해서 발행/구독 아키텍처를 구현하는 것으로 시작한다. 이를 위해 아키텍처에 새로운 마이크로서비스가 필요하고 예약 서비스는 이벤트들에 대한 예약을 처리한다. 이 서비스는 행사에 대한 한도 초과 예약을 받지 않음을 확실히 하는 역할(책임)을 포함하고, 이를 위해 기존 행사와 장소들에 관해 알고 있을 필요가 있다. 이것을 달성하고자 장소나 이벤트가 생성됐을 때마다 이벤트들을 내보내는 EventService를 수정할 것이다(맞다. 이벤트란 용어가 혼란을 일으키고 있다. 어떤 것이 발생했다는 알림과 같은 이벤트와 "메탈리카[2]가 여기서 공연을 하고 있다"와 같은 행사 이벤트를 혼동하지 않도록 확실히 하자). 이 BookingService는 이후 이 이벤트들에 대해 대기하고 누군가가 이벤트 중 하나를 예매할 때마다 해당 이벤트 자체를 내보낼 수 있다.

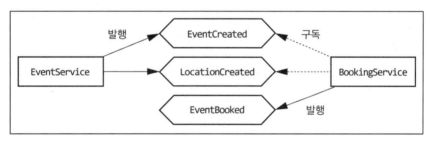

발행 및 구독이 되는 마이크로서비스 개요

---

2. 미국의 유명 헤비메탈 락 밴드 - 옮긴이

이벤트 콜라보레이션

이벤트 콜라보레이션은 이벤트 주도적인 발행/구독 아키텍처와 함께 잘 동작하는 아키텍처 원칙을 말한다.

일반적인 요청/응답 통신 패턴을 사용하는 다음의 예를 생각해보자. 사용자가 어떤 행사의 티켓을 예약하고자 예약 서비스를 요청한다. 해당 이벤트는 또 다른 마이크로서비스(바로 EventService)에 의해 관리되기 때문에 이 BookingService(예약 서비스)는 EventService(이벤트 서비스)에서 이벤트와 해당 장소 둘 다에 대한 정보를 요청할 필요가 있다. 이 이후에만 예약 서비스는 아직 가능한 좌석이 있는지 여부를 확인하고 자신의 데이터베이스에 해당 사용자의 예약 정보를 저장할 수 있다. 이 트랜잭션에 대해 요구되는 요청과 응답은 다음의 다이어그램에서 분명하게 보여준다.

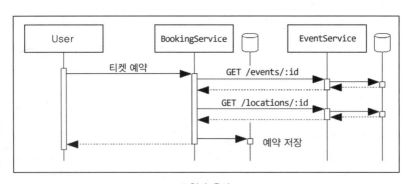

요청과 응답

이제 발행/구독 아키텍처에서 동일한 시나리오를 고려해보자. 여기에는 BookingService와 EventService가 이벤트들을 사용해 통합돼 있다. 데이터가 EventService에서 변경될 때마다 이벤트를 내보낸다(예를 들어 새로운 장소가 생성됐다, 새로운 이벤트가 생성됐다, 이벤트가 업데이트됐다 등등).

이제 BookingService는 이 이벤트들에 대기를 할 수 있고 현재 존재하는 장소들과 이벤트들 전부에 대한 자신만의 데이터베이스를 만들 수 있다. 자, 어떤 사용자가 주어진 이벤트에 대해 새로운 예약을 요청한다면 이 BookingService는 또 다른 서비스에서 이 데이터를 요청할 필요 없이 그냥 자신의 로컬 데이터베이스에서 해당 데이터를 사용할 수 있다. 이 원리의 또 다른 예시인 다음의 다이어그램을 참조하자.

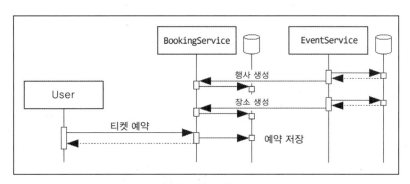

자신의 로컬 데이터베이스를 사용하는 BookingService

이것은 이벤트 콜라보레이션 아키텍처의 핵심 포인트다. 앞의 다이어그램에서 서비스는 데이터를 위해 또 다른 서비스에 질의할 필요가 전혀 없다. 해당 서비스는 다른 서비스들에 의해 내보내지는 이벤트들에 대기하며 듣고 있어서 알아야 하는 모든 것을 이미 알고 있기 때문이다.

분명히 이 아키텍처 패턴은 발행/구독과 함께 너무나도 잘 동작한다. 앞의 예에서 EventService는 발행자가 되고 BookingService(특히 잠재적으로)는 구독자다. 물론 혹자는 이 원리가 필연적으로 두 개의 서비스에 의해 저장되는 여분의(중복) 데이터로 이어진다는 사실에 움찔할지도 모르겠다. 하지만 이것이 반드시 나쁜 것만은 아니다. 모든 서비스는 끊임없이 다른 서비스들에 의해 내보내진 이벤트들을 대기하며 듣기 때문에 전체 데이터 세트는 (결국) 일관성 있게 유지될 수 있다. 또한 이는 이 시스템의 전반적인 회복력을 증가시킨다. 예를 들어 이벤트 서비스가 갑작스러운 장애를 겪는다면 BookingService는 동작 중인 이벤트 서비스에 더 이상 의존하지 않기에 서비스를 유지할 것이다.

⠿ RabbitMQ로 발행/구독 구현

다음 절에서는 기본적인 발행/구독 아키텍처를 구현하는 방법을 알아본다. 이를 위해 고급 메시지 큐잉 프로토콜^{AMQP, Advanced Message Queuing Protocol}과 가장 인기 있는 구현체 중 하나인 RabbitMQ를 살펴본다.

고급 메시지 큐잉 프로토콜

프로토콜 레벨에서 RabbitMQ는 AMQP를 구현한다. RabbitMQ를 시작하기 전에 AMQP의 기본 프로토콜의 의미를 한번 짚어보자.

AMQP 메시지 브로커는 두 개의 기본적인 자원인 익스체인지^{Exchanges}와 큐^{Queues}를 관리한다. 각 발행자는 자신의 메시지들을 익스체인지로 발행한다. 각 구독자는 큐에서 해당 메시지를 가져와 소비한다. AMQP 브로커는 익스체인지로 발행된 메시지들을 각각의 큐에 넣는 것을 책임진다. 익스체인지로 발행된 메시지들이 이후 가는 곳은 익스체인지 타입과 바인딩^{bindings}이라는 라우팅 규칙에 달려있다. AMQP는 세 가지 다른 타입의 익스체인지를 알고 있다.

- **다이렉트 익스체인지**^{Direct exchanges, 직접 교환}: 메시지들은 단순한 문자열 값인 주어진 토픽(AMQP에서는 라우팅 키)과 함께 발행된다. 다이렉트 익스체인지와 큐 간의 바인딩(묶음)은 이 토픽과 정확하게 일치시키고자 정의될 수 있다.

- **팬아웃 익스체인지**^{Fanout exchanges, 확산 전개 교환}: 메시지들은 바인딩을 통해 팬아웃 익스체인지로 연결된 모든 큐로 경로를 따라 전달된다. 메시지들은 라우팅 키를 가질 수 있지만 무시되고 바운드된 모든 큐는 팬아웃 익스체인지에서 발행된 메시지 전부를 받게 된다.

- **토픽 익스체인지**^{Topic exchanges, 주제 교환}: 다이렉트 익스체인지와 유사하게 동작하지만 큐들이 해당 메시지의 라우팅 키가 반드시 일치해야 하는 패턴을 사용하는 익스체인지에 바인딩된다. 토픽 익스체인지는 보통 라우팅 키들이 마침표 '.'로

분할된다고 생각한다. 예를 들어 해당 라우팅 키는 "<entityname>. <state-change>.<location>" 패턴을 따를 수 있다(예를 들어 "event.created.europe"). 이제 '*' 또는 '#' 글자를 사용하는 와일드카드를 포함할 수 있는 큐 바인딩을 생성할 수 있다. *는 어떠한 단일 라우팅 키 영역이든 서로 일치^match시키고 #은 영역들의 어떠한 숫자에든 일치시킨다. 따라서 앞의 예제에 대해 유효한 바인딩들은 다음과 같다.

- event.created.europe(분명하게 지정)

- event.created.*(전 세계 어디서든 이벤트가 생성되면 대기하며 듣기)

- event.#(전 세계 어디서든 이벤트에 어떠한 변화라도 생길 때면 대기하며 듣기)

- event.*.europe(유럽에서 이벤트에 어떠한 변화라도 생길 때면 대기하며 듣기)

하나의 가능한 예인 익스체인지와 큐 토폴로지^topology는 다음 다이어그램에서 보여 준다. 이 경우에는 EventService라는 메시지를 발행하는 하나의 서비스를 가진다. 메시지들이 경로를 따라 전달되는 곳에 두 개의 큐를 가진다. 첫 번째 큐인 evts_booking은 이벤트에 어떤 종류의 변경이 만들어져도 관련되는 모든 메시지를 받게 될 것이다. 두 번째 큐인 evts_search는 새로운 이벤트 생성에 관련된 메시지만 받게 될 것이다. 이 evts_booking 큐는 두 개의 구독자를 가진다는 점에 주목하자. 둘 이상의 구독자가 동일한 큐를 구독할 때 메시지 브로커는 구독자 중 한 명씩 돌아가며 메시지를 발송할 것이다.

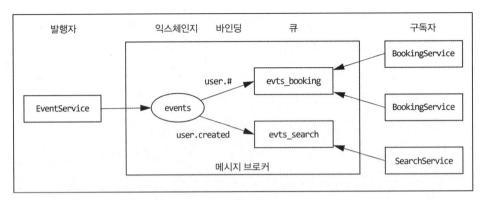

구독자 중 한 명에게 메시지를 돌아가며 발송하는 메시지 브로커

AMQP 토폴로지 전부(익스체인지 및 큐와 이들이 어떻게 서로 묶여 있는지 전체를 의미)가 브로커에 의해
정의된 것이 아니라 발행자와 소비자(구독자) 자신들에 의해 정의된 점을 주목할 필요
가 있다. AMQP는 클라이언트가 필요로 하는 익스체인지와 큐를 선언하고자 사용
할 수 있는 몇 가지 방법을 지정한다. 예를 들어 발행자는 일반적으로 발행하고자
하는 익스체인지가 실제로 존재하는지를 확실히 하고자 **exchange.declare** 메서드
를 사용할 것이다(브로커는 이후 이것이 존재하지 않았다면 생성할 것이다). 다른 한편으로는 구독자가
구독하기 원하는 큐를 선언하고 이것을 익스체인지에 바인드[bind]하고자 **queue.**
declare와 **queue.bind** 메서드들을 사용할 수도 있다.

AMQP를 구현하는 다수의 오픈소스 메시지 브로커가 있다. 가장 인기 있는 것 중
하나는(또한 이번 장에서 작업 하게 될 것은) RabbitMQ 브로커다. 이는 오픈소스 AMQP 브로커
로, 피보탈[Pivotal]에 의해 개발됐고 모질라 공용 라이선스[Mozilla Public License]하에서 사용
할 수 있다. AMQP를 구현하는 다른 메시지 브로커로는 아파치 QPID(https://qpid.
apache.org)와 아파치 ActiveMQ(http://activemq.apache.org)가 있다.

TIP

예로는 RabbitMQ를 사용할 것이지만 이번 장에서 작성된 코드는 모든 종류의 AMQP 구현체들에
잘 동작할 것이다.

도커로 하는 RabbitMQ 빠른 시작

발행/구독 아키텍처 구축 전에 먼저 개발 환경에서 실행되는 RabbitMQ 메시지 브로커를 설정할 필요가 있다. RabbitMQ를 시작하기 위한 가장 좋은 방법은 공식적인 도커^{Docker} 이미지들을 사용하는 것이다.

> **TIP**
>
> 이 예제를 위해 독자들의 로컬머신(PC)상에 도커가 설치돼 실행되고 있다고 가정한다. 도커를 해당 운영체제에 어떻게 설치하는지 알려주는 공식 설치 가이드는 https://docs.docker.com/engine/install/을 참조한다.

커맨드라인^{command line}에서 다음의 명령을 사용해 새로운 RabbitMQ 브로커를 시작할 수 있다.

```
$ docker run --detach \
    --name rabbitmq \
    -p 5672:5672 \
    -p 15672:15672 \
    rabbitmq:3-management
```

앞의 명령어는 해당 머신에 rabbitmq로 이름 붙여진 새로운 컨테이너^{container}를 생성하고 이를 위해 도커는 rabbitmq:3-management 이미지를 사용한다. 이 이미지는 RabbitMQ 3의 가장 최신 배포 버전(집필 시점에는 3.6.6)과 관리 UI를 포함한다. 플래그^{flag} -p 5672:5672는 도커에게 TCP 포트 5672(이것은 AMQP를 위해 IANA^{Internet Assigned Numbers Authority}에서 할당한 포트 번호다)를 localhost 주소에 매핑하라는 지시를 한다. -p 15672:15672 플래그는 관리용 사용자 인터페이스를 위해 동일한 지시를 한다.

컨테이너를 시작한 후에 AMQP 연결을 amqp://localhost:5672로 오픈할 수 있고 http://localhost:15672로 웹 브라우저에서 관리용 UI를 오픈할 수 있다.

TIP

윈도우에서 도커를 사용할 때는 `localhost`를 도커용 로컬 가상머신(VM)의 IP 주소로 대체할 필요가 있다. 커맨드라인에서 다음의 명령어를 사용해 이 IP 주소를 알아낼 수 있다.

```
$ docker-machine ip default
```

`docker-machine`이나 로컬에 도커 직접 설치 사용 여부와 상관없이 RabbitMQ 사용자 인터페이스는 다음의 화면과 아주 유사한 모습일 것이다.

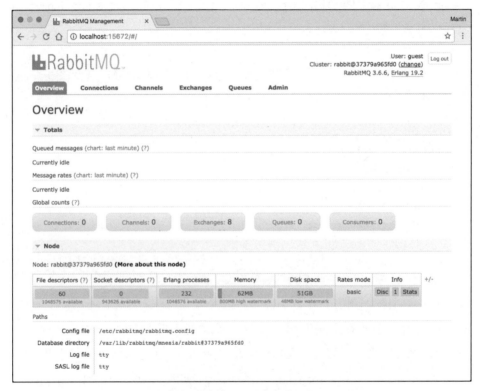

RabbitMQ의 관리용 사용자 인터페이스

이제 웹 브라우저에서 관리용 인터페이스를 열어보자(http://localhost:15672 또는 도커 머신의 IP 주소 사용). 또한 이 RabbitMQ 이미지는 패스워드가 **guest**인 기본 **guest** 사용자를 제공한다. 실 운영 환경에서 RabbitMQ를 실행할 때 이 패스워드는 당연히 가장 먼저 변경해야만 하는 것이다. 다만 개발 목적으로는 괜찮을 것이다.

고급 RabbitMQ 설정

앞 절에서 설명한 도커를 기본으로 하는 설정은 빠르게 시작할 수 있게 해주고 또한 실 운영 환경 설정에도 적합하다(몇 가지 수정을 거치면). 또한 메시지 브로커로 도커를 사용하길 원치 않으면 패키지 저장소에서 가장 일반적인 리눅스 배포판에 RabbitMQ를 설치할 수 있다. 예를 들어 우분투^{Ubuntu}와 데비안^{Debian}에서 다음과 같은 명령어들을 사용해 RabbitMQ를 설치할 수 있다.

```
$ echo 'deb http://www.rabbitmq.com/debian/ testing main' | \
  sudo tee /etc/apt/sources.list.d/rabbitmq.list
$ wget -O- https://www.rabbitmq.com/rabbitmq-release-signing-key.asc | \
  sudo apt-key add -
$ apt-get update
$ apt-get install -y rabbitmq-server
```

유사한 명령어들이 센트OS와 레드햇 리눅스^{RHEL}에서도 적용된다.

```
$ rpm --import https://www.rabbitmq.com/rabbitmq-release-signing-key.asc
$ yum install rabbitmq-server-3.6.6-1.noarch.rpm
```

실 운영 환경 설정에 대해 고가용성을 보장하도록 클러스터로 RabbitMQ 설정을 원할 수도 있다. RabbitMQ 클러스터를 구성하는 방법의 더 많은 정보는 https://www.rabbitmq.com/clustering.html에서 공식 문서를 참고한다.

Go로 RabbitMQ 연결

RabbitMQ 브로커에 연결하고자(또는 어떠한 AMQP 브로커에도 이와 같은 목적으로) github.com/streadway/amqp 라이브러리(AMQP에 대한 사실상의 표준 Go 라이브러리다) 사용을 권장한다. 자, 이 라이브러리를 설치해 시작해보자.

```
$ go get -u github.com/streadway/amqp
```

이후 코드에서 해당 라이브러리를 임포트해 시작할 수 있다. amqp.Dial 메서드를 사용해 새로운 연결을 열어보자.

```
import "github.com/streadway/amqp"

func main() {
  connection, err := amqp.Dial("amqp://guest:guest@localhost:5672")
  if err != nil {
    panic("could not establish AMQP connection: " + err.Error())
  }
  defer connection.Close()
}
```

이 경우에 "amqp://guest:guest@localhost:5672"가 AMQP 브로커의 URL이다. 사용자 자격 증명이 URL 내에 내장돼 있음에 주목하자. 이 amqp.Dial 메서드는 성공 시에 연결 객체를 반환하고 아니면 nil과 에러를 반납한다(Go에서는 늘 그렇듯이 이런 에러는 실제로 꼭 체크하자). 또한 연결이 더 이상 필요 없을 때 Close() 메서드를 사용해서 닫는 것을 잊지 말자.

물론 이와 같이(아주 작은 자격 증명으로) 연결 세부 정보를 애플리케이션 내에 하드코딩하는 것은 일반적으로 좋은 사례가 아니다. 12 요소 애플리케이션에 관해 배운 것을 기억해보자. 그리고 AMQP 브로커를 동적으로 구성하고자 사용할 수 있는 AMQP_URL

환경 변수를 도입해본다.

```
import "github.com/streadway/amqp"
import "os"

func main() {
    amqpURL := os.Getenv("AMQP_URL");
    if amqpURL == "" {
        amqpURL = "amqp://guest:guest@localhost:5672"
    }

    connection, err := amqp.Dial(amqpURL)
    // ...
}
```

AMQP에서 대부분의 작업은 연결이 아닌 채널에 직접적으로 행해진다. 채널은 실제 하나의 TCP 연결을 통해 여러 개의 가상 연결을 다중화^{multiplex}하는 데 사용된다.

NOTE

> 채널 자체는 스레드 안전(thread-safe)[3]하지 않다. Go에서는 이점을 명심해야 하고 다수의 고루틴에서 동일한 채널에 접근하지 않도록 주의해야 한다. 하지만 하나의 스레드만으로 접근되는 각각의 채널을 가진 다중 채널의 사용은 100% 안전하다. 따라서 의심스러우면 새로운 채널을 생성하는 것이 가장 좋다.

기존 연결에 새로운 채널을 생성하는 것으로 계속 진행해보자.

```
connection, err := amqp.Dial(amqpURL)
if err != nil {
    panic("could not establish AMQP connection: " + err.Error())
}
```

---

3. 멀티스레드 환경에서 동작해도 원래 의도한 형태로 동작하도록 코드의 안전성이 보장되는 것 – 옮긴이

```
channel, err := connection.Channel()
if err != nil {
  panic("could not open channel: " + err.Error())
}
```

이제 이 채널 객체를 몇 가지 실제 AMQP 작업에 사용할 수 있다. 예를 들어 메시지를 발행하고 메시지를 구독하는 데 사용한다.

AMQP 메시지 발행과 구독

MyEvent 마이크로서비스 아키텍처로 다시 들어가기 전에 사용할 수 있는 기본 AMQP 메서드들을 살펴보자. 익스체인지에 메시지를 발행할 수 있는 작은 예제 프로그램을 만드는 것부터 시작하자.

채널을 열고 난 후에 메시지 발행자는 메시지를 발행해서 넣고자 하는 해당 익스체인지를 선언해야 한다. 이를 위해 채널 객체의 ExchangeDeclare() 메서드를 사용할 수 있다.

```
err = channel.ExchangeDeclare("events", "topic", true, false, false, false, nil)
if err != nil {
  panic(err)
}
```

위 코드에서처럼 ExchangeDeclare는 꽤 많은 매개변수를 취하고 그것들은 다음과 같다.

- 익스체인지 이름

- 익스체인지 타입(AMQP는 다이렉트, 팬아웃, 토픽 익스체인지를 알고 있는 점을 기억하자)

- durable 플래그는 브로커가 재시작될 때 해당 익스체인지가 선언된 상태를 유지하게 한다.

- autodelete 플래그는 선언한 해당 채널이 닫히자마자 해당 익스체인지를 삭제한다.

- internal 플래그는 발행자들이 이 큐로 메시지를 발행하는 것을 방지한다.

- noWait 플래그는 해당 브로커로부터 성공적인 응답을 기다리지 않도록 ExchangeDeclare 메서드에 지시한다.

- args 인수는 추가적인 구성 매개변수들을 가진 맵을 포함할 수 있다.

익스체인지를 선언하고 난 후에는 메시지를 발행할 수 있다. 이를 위해 채널의 Publish() 메서드를 사용할 수 있고 내보내진 메시지는 처음에는 인스턴스화가 필요한 amqp.Publishing 구조체의 인스턴스가 될 것이다.

```
message := amqp.Publishing {
    Body: []byte("Hello World"),
}
```

이후 메시지를 발행하고자 Publish() 메서드를 사용한다.

```
err = channel.Publish("events", "some-routing-key", false, false, message)
if err != nil {
    panic("error while publishing message: " + err.Error())
}
```

이 Publish() 메서드는 다음과 같은 매개변수들을 취한다.

- 발행의 대상이 되는 익스체인지의 이름

- 메시지의 라우팅 키

- mandatory 플래그는 브로커에게 메시지가 경로를 따라 적어도 한 개의 큐로 실제로 꼭 전달되도록 지시한다.

- immediate 플래그는 브로커에게 메시지가 적어도 하나의 구독자에게 실제 꼭 전달되도록 지시한다.

- msg 인수는 발행돼야 하는 실제 메시지를 담고 있다.

발행/구독 아키텍처에서 발행자는 누가 자신이 발행한 메시지들을 구독하고 있는지 알 필요가 없기에 mandatory와 immediate 플래그는 명백히 맞지가 않아서 이 예제에서는 단순히 이들을 false로 설정했다(그리고 뒤이은 모든 것에도).

이제 이 프로그램을 실행시킬 수 있고 이는 로컬 AMQP 브로커에 연결하고 익스체인지를 선언하고 메시지를 발행하게 된다. 물론 이 메시지는 어떠한 곳으로도 경로를 따라 전달되지 않고 갑자기 사라지지도 않을 것이다. 실제로 이것을 처리하려면 구독자가 필요하다.

바로 앞 절과 같이 AMQP 브로커에 연결하고 새로운 채널을 생성을 하는 두 번째 Go 프로그램을 생성하면서 계속 해보자. 하지만 지금은 익스체인지를 선언하고 메시지를 발행하는 대신 큐를 선언하고 그 익스체인지에 바인드 해보자.

```
_, err = channel.QueueDeclare("my_queue", true, false, false, false, nil)
if err != nil {
  panic("error while declaring the queue: " + err.Error())
}

err = channel.QueueBind("my_queue", "#", "events", false, nil)
if err != nil {
  panic("error while binding the queue: " + err.Error())
}
```

큐를 선언하고 바인드한 후에 이제 이 큐의 소비(가져가서 사용)를 시작할 수 있다. 이를 위해 채널의 Consume() 함수를 사용한다.

```
msgs, err := channel.Consume("my_queue", "", false, false, false, false, nil)
if err != nil {
    panic("error while consuming the queue: " + err.Error())
}
```

이 Consume() 메서드는 다음과 같은 매개변수들을 취한다.

- 소비되는 큐의 이름

- 이 소비자를 유일하게 식별하는 문자열. 공백으로 남겨질 때(이 경우와 같이) 유일한 식별자가 자동으로 생성된다.

- autoAck 플래그가 설정되면 받은 메시지들은 자동으로 받은 사실이 알려진다. 설정되지 않으면 메시지들을 처리한 후에 받은 메시지의 Ack() 메서드를 사용해 명시적으로 메시지들을 받은 사실을 알려야 한다(다음의 코드 예제를 참조하자).

- exclusive 플래그가 설정되면 이 소비자(구독자)는 해당 큐를 소비하는 것이 허용된 단 한 명이 될 것이다. 설정이 안 될 때는 다른 소비자들이 동일한 큐에 대기하며 들을 수도 있다.

- noLocal 플래그는 이 소비자로 동일한 채널에서 발행된 메시지들이 전달돼서는 안 된다는 것을 브로커에게 암시한다.

- noWait 플래그는 해당 라이브러리에게 브로커로부터의 확정confirmation을 기다리지 말라는 지시를 한다.

- args 인수는 추가적인 구성 매개변수들을 가진 맵을 포함할 수 있다.

이 예제에서 msgs는 amqp.Delivery 구조체들의 채널(이번에는 실제 Go 채널을 의미하고 AMQP

채널은 아니다)이 될 것이다. 이 큐로부터 메시지들을 받으려면 단순히 그 채널에서 값들을 읽으면 된다. 계속해서 메시지들을 읽기 원한다면 가장 쉬운 방법은 range 루프를 사용하는 것이다.

```
for msg := range msgs {
    fmt.Println("message received: " + string(msg.Body))
    msg.Ack(false)
}
```

이 코드에서 **msg.Ack** 함수를 사용해 명시적으로 메시지 받음을 알리는 부분에 주목하자. 이런 처리가 필요한 이유는 앞서 **Consume()** 함수의 **autoAck** 매개변수를 **false**로 설정했기 때문이다.

메시지 받음을 명시적으로 알리는 것은 중요한 목적에 기여한다. 소비자가 어떤 이유로든 메시지를 받고 알림 도중에 실패를 한다면 해당 메시지는 큐에 다시 넣어지게 될 것이고 이후 또 다른 소비자에게 재전송될 것이다(또는 다른 소비자들이 없다면 해당 큐에 남아 있다). 이런 이유로 소비자는 메시지 처리가 끝났을 때에만 받았음을 알려야 한다. 메시지가 소비자에 의해 실제로 처리되기 전에 받음을 알리게 되고(이것은 autoAck 매개변수가 일으킬 수 있다) 소비자가 이후 예상치 않게 죽게 되면 해당 메시지는 영원히 사라지게 된다. 이런 이유로 메시지 받음을 명시적으로 알리는 것은 시스템을 회복력이 있고 장애 내성이 있게 만드는 중요한 발걸음이 된다.

이벤트 배출자 작성

앞의 예에서는 발행자에서 구독자로 간단한 문자열 메시지를 보내고자 AMQP 채널을 사용했다. 실제 발행/구독 아키텍처 구현을 목적으로 AMQP를 사용하려면 구조화된 데이터를 가진 좀 더 복잡한 메시지들을 전송할 필요가 있다. 보통 각각의 AMQP 메시지는 단순히 문자열의 바이트다. 구조화된 데이터를 넣고자 JSON이나

XML 같은 직렬화^{serialization}[4] 포맷들을 사용할 수 있다. 또한 AMQP는 ASCII 메시지들에 한정되지 않으므로 `MessagePack`이나 `ProtocolBuffers`와 같은 바이너리 직렬화 프로토콜들도 사용할 수 있다.

어떤 직렬화 포맷을 결정하던 발행자와 구독자 둘 다 해당 직렬화 포맷과 실제 메시지의 내부 구조 양쪽 모두를 이해하고 있음을 분명히 할 필요가 있다.

이 직렬화 포맷과 관련해서 이번 장에서는 쉬운 선택으로 JSON 직렬화 포맷을 사용하고 이 방식은 널리 채택돼 있다. 메시지들의 직렬화 및 역직렬화는 Go 표준 라이브러리를 사용해서 쉽게 하고 또한 다른 프로그래밍 언어에서도 마찬가지다(이는 중요하다. 이 책은 오직 Go에만 전념하지만 마이크로서비스 아키텍처에서는 서로 다른 많은 애플리케이션 런타임(실행 환경)들을 갖는 것은 흔한 일이다).

또한 발행자와 구독자 모두 해당 메시지들이 어떻게 구조화되는지 알고 있게 해야 한다. 예를 들어 `LocationCreated` 이벤트는 `name` 속성과 `address` 속성을 가질 수도 있다. 이 이슈를 해결하고자 JSON (역)직렬화에 대한 지시^{instructions}와 함께 가능한 모든 이벤트에 대한 구조체 정의들을 담게 될 공유 라이브러리를 소개하겠다. 이 라이브러리는 이후 해당 발행자와 모든 구독자 간에 공유될 수 있다.

독자들의 `GOPATH`에 todo.com/myevents/contracts 디렉터리를 생성하며 시작해보자. 이제 설명할 첫 번째 이벤트 타입은 `EventCreatedEvent` 이벤트다. 이 메시지는 나중에 새로운 이벤트가 생성될 때 해당 이벤트 서비스에 의해 발행된다. 새로 생성된 패키지의 event_created.go 파일에 이 이벤트를 구조체로 정의해보자.

```
package contracts

import "time"

type EventCreatedEvent struct {
```

---

4. 메모리에 있는 데이터, 객체 등을 연속된 바이트 형태로 저장해 이후 해당 내용을 다시 읽어 들이거나 네트워크로 전송해 원래의 형태로 다시 복원시킬 수 있는 변환 방식을 말한다. - 옮긴이

```
    ID          string    `json:"id"`
    Name        string    `json:"id"`
    LocationID  string    `json:"id"`
    Start       time.Time `json:"start_time"`
    End         time.Time `json:"end_time"`
}
```

또한 각 이벤트에 대해 토픽 이름을 생성할 수 있는 여지가 필요하다(또한 RabbitMQ에서 토픽 이름은 해당 메시지들에 대한 라우팅 키로 사용될 것이다). 이를 위해 새로운 메서드인 EventName()을 새롭게 정의된 구조체에 추가한다.

```
func (e *EventCreatedEvent) EventName() string {
    return "event.created"
}
```

이제 제네릭generic 이벤트 타입을 정의하고자 Go 인터페이스를 사용할 수 있다. 이 타입은 각 이벤트 타입이 실제로 EventName() 메서드를 구현하도록 강제하는 데 사용될 수 있다. 또한 이벤트 발행자와 이벤트 구독자 둘 다 나중에 다수의 서비스에 걸쳐 사용될 것이므로 이 이벤트 인터페이스 코드를 todo.com/myevents/lib/msgqueue 패키지에 넣을 것이다.

```
package msgqueue

type Event interface {
    EventName() string
}
```

> 물론 이 예제 애플리케이션은 EventCreatedEvent만이 아닌 더 많은 이벤트를 사용한다. 예를 들어 LocationCreatedEvent와 EventBookedEvent도 있다. 이들 모든 구현체를 프린트해서 보여주는 것은 상당히 반복적이 될 것이므로 이번 장의 예제 파일들을 참고하기 바란다.

자, 이제 이 메시지들을 AMQP 브로커에 실제로 발행할 수 있는 이벤트 배출자 emitter를 만들며 계속해보자. 또한 다음 절들에서 다른 메시지 브로커들을 탐구할 것이므로 어떠한 이벤트 배출자이든 충족시키는 인터페이스를 정의하며 시작한다. 이를 위해 다음의 내용을 가진 이전에 생성된 msgqueue 패키지의 emitter.go 파일을 새로 만든다.

```
package msgqueue

type EventEmitter interface {
    Emit(event Event) error
}
```

이 인터페이스는 모든 이벤트 배출자 구현체들이 충족시켜야 하는 메서드들(실제로는 단지 하나의 메서드)을 기술한다. 자, 이제 todo.com/myevents/lib/msgqueue/amqp 하위 패키지와 emitter.go 파일을 생성하며 계속 진행해보자.

다음의 예제 코드를 살펴보자.

```
package amqp

import "github.com/streadway/amqp"

type amqpEventEmitter struct {
    connection *amqp.Connection
}
```

> amqpEventEmitter 타입이 소문자 이름을 갖는 패키지 프라이빗(package–private)으로 선언되는
> 점에 주목하자. 이는 사용자가 amqpEventEmitter 타입을 직접 인스턴스화하는 것을 방지한다.
> 올바른 인스턴스화를 위해 대신 생성자 메서드를 제공할 것이다.

다음으로 발행자가 발행을 해서 넣게 될 익스체인지를 선언하는 데 사용할 수 있는
setup 메서드를 추가해보자.

```
func (a *amqpEventEmitter) setup() error {
    channel, err := a.connection.Channel()
    if err != nil {
        return err
    }

    defer channel.Close()

    return channel.ExchangeDeclare("events", "topic", true, false, false, false,
nil)
}
```

왜 익스체인지를 선언한 후에 이 메서드에서 새로운 AMQP 채널을 생성하고 즉시
닫는지 이유가 궁금할 수도 있다. 결국은 나중에 메시지 발행을 위해 동일한 채널을
재사용할 수 있기 때문이다. 잠시 후에는 이에 대해 알아볼 것이다.

이 구조체의 새로운 인스턴스를 만들어내고자 생성자 함수 NewAMQPEventEmitter
를 추가하며 계속 진행한다.

```
func NewAMQPEventEmitter(conn *amqp.Connection) (EventEmitter, error) {
    emitter := &amqpEventEmitter{
        connection: conn,
    }

    err := emitter.setup()
```

```
    if err != nil {
        return nil, err
    }

    return emitter, nil
}
```

이제 amqpEventEmitter 이벤트의 실제 중심인 Emit 메서드로 가보자. 먼저 매개변수로 메서드에 전달된 해당 이벤트를 JSON 문서로 변환해야 한다.

```
import "encoding/json"

// ...

func (a *amqpEventEmitter) Emit(event Event) error {
    jsonDoc, err := json.Marshal(event)
    if err != nil {
        return err
    }
}
```

다음으로는 새로운 AMQP 채널을 생성하고 메시지를 해당 이벤트 익스체인지로 발행할 수 있다.

```
func (a *amqpEventEmitter) Emit(event Event) error {
    // ...

    chan, err := a.connection.Channel();
    if err != nil {
        return err
    }

    defer chan.Close()

    msg := amqp.Publishing{
```

```
        Headers: amqpTable{"x-event-name": event.EventName()},
        Body: jsonDoc,
        ContentType: "application/json",
    }
    return chan.Publish(
        "events",
        event.EventName(),
        false,
        false,
        msg
    )
}
```

특별한 메시지 헤더에 이벤트 이름을 추가하고자 `amqp.Publishing`의 `Headers` 필드를 사용했다는 점을 주목하자. 이는 나중에 이벤트 리스너^{listener} 구현을 더 쉽게 해줄 것이다.

또한 이 코드 안에서 발행된 각 메시지에 대해 새로운 채널을 생성하고 있다는 점을 주목하자. 이론상 다수의 메시지를 발행하는 데 동일한 채널을 재사용하는 것이 가능은 하지만 단일 AMQP 채널은 스레드 안전하지 않다는 점을 명심해야 한다. 이는 다수의 고루틴으로부터 해당 이벤트 배출자의 `Emit()` 메서드를 호출하는 것은 낯설고 예측할 수 없는 결과들을 낳을 수도 있다. 바로 이 문제를 해결하고자 AMQP 채널들이 있는 것이다. 다중 채널을 사용하면 다중 스레드는 동일한 AMQP 연결을 사용할 수 있다.

다음으로 새로운 이벤트 배출자를 2장과 3장에서 구축된 기존 이벤트 서비스에 통합할 수 있다. `ServiceConfig` 구조체에 있는 AMQP 브로커에 구성 옵션을 추가하며 시작해보자.

```
type ServiceConfig struct {
```

```
// ...
AMQPMessageBroker string `json:"amqp_message_broker"`
}
```

이는 JSON 구성 파일을 통해 AMQP 브로커를 지정하게 해준다.

ExtractConfiguration() 함수에서는 설정된 환경 변수로부터 이 값을 선택적으로 추출하는 대비책을 추가할 수도 있다.

```
func ExtractConfiguration(filename string) ServiceConfig {
  // ...

  json.NewDecoder(file).Decode(&conf)
  if broker := os.Getenv("AMQP_URL"); broker != "" {
    conf.AMQPMessageBroker = broker
  }

  return conf
}
```

이제 이벤트 서비스의 **main** 함수에 새로운 이벤트 배출자를 구현하고자 다음 구성 옵션을 사용할 수 있다.

```
package main
// ...
import "github.com/streadway/amqp"
import msgqueue_amqp "todo.com/myevents/lib/msgqueue/amqp"

func main() {
  // ...

  config := configuration.ExtractConfiguration(*confPath)
  conn, err := amqp.Dial(config.AMQPMessageBroker)
```

```
    if err != nil {
        panic(err)
    }

    emitter, err := msgqueue_amqp.NewAMQPEventEmitter(conn)
    if err != nil {
        panic(err)
    }
    // ...
}
```

이제 이 이벤트 배출자를 rest.ServeAPI 함수로 전달할 수 있고 이는 결과적으로 newEventHandler 함수로 전달할 수 있게 된다.

```
func ServeAPI(endpoint string, dbHandler persistence.DatabaseHandler,
eventEmitter msgqueue.EventEmitter) error {
    handler := newEventHandler(dbHandler, eventEmitter)
    // ...
}
```

이 이벤트 배출자는 이후 eventServiceHandler 구조체에 필드로 저장될 수 있다.

```
type eventServiceHandler struct {
    dbhandler persistence.DatabaseHandler
    eventEmitter msgqueue.EventEmitter
}

func newEventHandler(dbhandler persistence.DatabaseHandler, eventEmitter
msgqueue.EventEmitter) *eventServiceHandler {
    return &eventServiceHandler{
        dbhandler: dbhandler,
        eventEmitter: eventEmitter,
```

```
        }
    }
```

이제 이 eventServiceHandler는 실제 REST 핸들러에 사용할 수 있는 이벤트 배출
자에 대한 참조를 갖게 된다. 이는 예를 들어 해당 API를 통해 새로운 이벤트가
생성될 때마다 EventCreatedEvent를 내보낼 수 있게 해준다. 이를 위해 다음과
같이 eventServiceHandler의 newEventHandler 메서드를 수정한다.

```
func (eh *eventServiceHandler) newEventHandler(w http.ResponseWriter, r
*http.Request) {
    id, err := eh.dbhandler.AddEvent(event)
    if err != nil {
      // ...
    }
    msg := contracts.EventCreatedEvent{
      ID: hex.EncodeToString(id),
      Name: event.Name,
      LocationID: event.Location.ID,
      Start: time.Unix(event.StartDate, 0),
      End: time.Unix(event.EndDate, 0),
    }
    eh.eventEmitter.emit(&msg)

    // ...
}
```

이벤트 구독자 작성

이제 EventEmitter를 사용해 RabbitMQ 브로커로 이벤트를 발행할 수 있기에 이
이벤트들을 대기하며 들을 수 있는 능력도 필요하다. 이것이 EventListener의 목
적이며 이번 절에서 만들게 된다.

이전과 유사하게 모든 이벤트 리스너(AMQP 이벤트 리스너는 이들 중 하나가 된다)가 충족시켜야 하는 인터페이스를 정의하며 시작해보자. 이를 위해 todo.com/myevents/lib/msgqueue 패키지에 listener.go 파일을 새로 생성한다.

```
package msgqueue

type EventListener interface {
    Listen(eventNames ...string) (<-chan Event, <-chan error, error)
}
```

이 인터페이스는 이벤트 배출자의 인터페이스와 꽤 다르다. 이는 이벤트 배출자의 Emit() 메서드로 각 호출이 단순히 하나의 메시지를 즉각 발행하기 때문이다. 하지만 이벤트 리스너는 일반적으로 오랜 기간 동안 활성화돼 있고 들어오는 메시지를 받을 때마다 반응할 필요가 있으며 이는 해당 Listen() 메서드의 설계에 반영된다. 가장 먼저 이벤트 리스너가 대기해서 들어야 하는 이벤트 이름들의 리스트를 수락할 것이다. 이후 두 개의 Go 채널들을 반환한다. 첫 번째 것은 해당 이벤트 리스너에 의해 받아진 모든 이벤트를 연속적으로 이어서 전송^{stream}하게 사용될 것이다. 두 번째 것은 이벤트들을 받는 동안 발생된 모든 에러를 담는다.

todo.com/myevents/lib/msgqueue/amqp 패키지에 새로운 listener.go 파일을 생성해 AMQP 구현체를 만드는 것으로 시작하자.

```
package amqp

import "github.com/streadway/amqp"

type amqpEventListener struct {
    connection *amqp.Connection
    queue string
}
```

이 이벤트 배출자와 유사하게 setup 메서드를 추가해서 계속 진행해보자. 이 메서드에서는 리스너가 소비할 AMQP 큐 선언이 필요하다.

```
func (a *amqpEventListener) setup() error {
  channel, err := a.connection.Channel()
  if err != nil {
    return nil
  }
  defer channel.Close()

  _, err := channel.QueueDeclare(a.queue, true, false, false, false, nil)
  return err
}
```

리스너가 소비할 큐의 이름이 amqpEventListener 구조체의 queue 필드를 사용해 설정할 수 있다는 점을 주목하자. 이는 나중에 다수의 서비스가 이벤트를 대기하며 듣고자 이벤트 리스너를 사용할 것이고 각 서비스는 이를 위해 자신만의 AMQP 큐를 요구할 것이기 때문이다.

아직 새롭게 선언된 큐를 이벤트 익스체인지에 실제로 묶지 않았다는 점을 알아차렸을 수 있다. 이는 실제로 어느 이벤트를 대기하며 들어야 하는지 아직 모르기 때문이다(Listen 메서드의 events 매개변수를 기억하는가?).

마지막으로 새로운 AMQP 이벤트 리스너들을 생성하고자 생성자 함수를 추가한다.

```
func NewAMQPEventListener(conn *amqp.Connection, queue string)
(msgqueue.EventListener, error) {
  listener := &amqpEventListener{
    connection: conn,
    queue: queue,
  }

  err := listener.setup()
```

```
   if err != nil {
      return nil, err
   }

   return listener, nil
}
```

새로운 AMQP 이벤트 리스너들을 생성할 여지를 갖고 실제 Listen() 메서드를 구현해보자. 가장 먼저 해야 할 일은 eventNames 매개변수를 사용하고 그에 맞춰 이벤트 큐를 묶는 것이다.

```
func (a *amqpEventListener) Listen(eventNames ...string) (<-chan
msgqueue.Event, <-chan error, error) {
   channel, err := a.connection.Channel()
   if err != nil {
      return nil, nil, err
   }

   defer channel.Close()

   for _, eventName := range eventNames {
      if err := channel.QueueBind(a.queue, eventName, "events", false, nil); err
!= nil {
         return nil, nil, err
      }
   }
}
```

다음으로 해당 큐에서 메시지들을 받고자 채널의 Consume() 메서드를 사용할 수 있다.

```
func (a *amqpEventListener) Listen(eventNames ...string) (<-chan
```

```
msgqueue.Event, <-chan error, error) {
  // ...

  msgs, err := channel.Consume(a.queue, "", false, false, false, false, nil)
  if err != nil {
    return nil, nil, err
  }
}
```

msgs 변수는 이제 **amqp.Delivery** 구조체들의 채널을 갖고 있다. 하지만 해당 이벤트 리스너는 **msgqueue.Event** 채널을 반환하게 돼 있다. 이는 자신의 고루틴에 있는 msgs 채널을 소비함으로써 해결될 수 있다. 각각의 이벤트 구조체들을 만들고 이후 이들을 이 함수에서 반환시키는 또 다른 채널에 발행한다.

```
func (a *amqpEventListener) Listen(eventNames ...string) (<-chan
msgqueue.Event, <-chan error, error) {
  // ...

  events := make(chan msgqueue.Event)
  errors := make(errors)

  go func() {
    for msg := range msgs {
      // todo: Map message to actual event struct
    }
  }()

  return events, errors, nil
}
```

이제 그 까다로운 부분이 내부 고루틴 안에 있다. 여기에서는 가공되지 않은 AMQP 메시지를 실제 이벤트 구조체 중 하나에 상호 매핑시킬 필요가 있다(이전에 정의된 EventCreatedEvent와 동일하게).

이벤트들을 발행할 때 이벤트 배출자가 추가적인 x-event-name 헤더를 AMQP 메시지에 어떻게 추가했는지 기억하는가? 이는 이제 이 메시지들을 원래의 각 구조체 타입들과 상호 매핑시키고자 사용할 수 있는 그 어떤 것이 된다. 자, AMQP 메시지 헤더^{headers}에서 이벤트 이름을 추출하며 시작해보자.

> **TIP**
>
> 다음의 코드 전부는 해당 Listen 메서드의 내부 range 루프(loop) 속에 들어간다.

```
rawEventName, ok := msg.Headers["x-event-name"]
if !ok {
  errors <- fmt.Errorf("msg did not contain x-event-name header")
  msg.Nack(false)
  continue
}
eventName, ok := rawEventName.(string)
if !ok {
  errors <- fmt.Errorf(
    "x-event-name header is not string, but %t",
    rawEventName
  )
  msg.Nack(false)
  continue
}
```

이 앞의 코드는 AMQP 메시지에서 x-event-name 헤더를 읽으려 시도한다. msg. Headers 속성이 기본적으로 map[string]interface{}이므로 이벤트 이름을 실제로 사용하기 전까지 몇 가지 맵 인덱스^{map index}와 타입 어써션^{type assertions}이 필요하게 된다. 요구된 헤더를 담지 않는 메시지를 받은 경우에는 에러가 해당 에러 채널에 쓰여지게 될 것이다. 또한 해당 메시지는 nack^(부정적인 알림, negative acknowledgement의 약칭) 처리될 것이고 이는 이것이 성공적으로 처리될 수 없음을 브로커에게 암시한다.

해당 이벤트 이름을 알고 난 후에는 이 이름에서 새로운 이벤트 구조체를 생성하고자 간단한 **switch/case** 구조를 사용할 수 있다.

```
var event msgqueue.Event

switch eventName {
  case "event.created":
    event = new(contracts.EventCreatedEvent)
  default:
    errors <- fmt.Errorf("event type %s is unknown", eventName)
    continue
}

err := json.Unmarshal(msg.Body, event)
if err != nil {
  errors <- err
  continue
}

events <- event
```

예약 서비스 작성

이제 이벤트 리스너를 갖게 됐기에 예약 서비스 구현을 위해 사용할 수 있다. 예약 서비스의 전반적인 아키텍처는 이벤트 서비스의 것을 따를 것이므로 이 사안에 대해서는 너무 세부적으로 깊게 들어가지 않을 것이다.

신규 패키지 todo.com/myevents/bookingservice를 생성하고 main.go 파일을 새롭게 생성하며 시작해보자.

```
package main

import "github.com/streadway/amqp"
```

```
import "todo.com/myevents/lib/configuration"
import msgqueue_amqp "todo.com/myevents/lib/msgqueue/amqp"
import "flag"

func main() {
  confPath := flag.String("config", "./configuration/config.json", "path to
config file")
  flag.Parse()
  config := configuration.ExtractConfiguration(*confPath)

  dblayer, err := dblayer.NewPersistenceLayer(config.Databasetype,
config.DBConnection)
  if err != nil {
    panic(err)
  }

  conn, err := amqp.Dial(config.AMQPMessageBroker)
  if err != nil {
    panic(err)
  }

  eventListener, err := msgqueue_amqp.NewAMQPEventListener(conn)
  if err != nil {
    panic(err)
  }
}
```

이것은 데이터베이스 연결과 사용 가능한 이벤트 리스너 둘 다 가진 예약 서비스를
설정하게 된다. 이제 해당 이벤트 서비스에 의해 내보내진 이벤트들을 대기하며 듣
기 위해 이 이벤트 리스너를 사용할 수 있다. 이를 위해 새로운 하위 패키지 **todo.
com/myevents/bookingservice/listener**를 추가하고 event_listener.go 파일을 신
규로 생성한다.

```
package listener
```

```go
import "log"
import "todo.com/myevents/lib/msgqueue"
import "todo.com/myevents/lib/persistence"
import "gopkg.in/mgo.v2/bson"

type EventProcessor struct {
    EventListener  msgqueue.EventListener
    Database       persistence.DatabaseHandler
}

func (p *EventProcessor) ProcessEvents() error {
    log.Println("Listening to events...")

    received, errors, err := p.EventListener.Listen("event.created")
    if err != nil {
        return err
    }

    for {
        select {
        case evt := <-received:
            p.handleEvent(evt)
        case err = <-errors:
            log.Printf("received error while processing msg: %s", err)
        }
    }
}
```

ProcessEvents() 함수에서 새롭게 생성된 이벤트들에 대해 대기하며 듣고자 이벤트 리스너의 **Listen** 함수를 호출하고 이 **Listen** 함수는 두 개의 채널을 반환한다. 하나는 받은(수령한) 메시지 용도로 다른 하나는 대기하며 듣는 동안 발생하는 에러 용도다. 이후 동시에 이 두 채널 모두를 읽고자 무한히 돌아가는 루프loop와 **select** 문장을 갖게 된다. 받은 이벤트들은 **handleEvent** 함수(이는 여전히 작성이 필요하다)로 전달될 것이고 받은 에러들은 단순히 표준 출력standard output에 프린트될 것이다.

handleEvent 함수로 계속해보자.

```
func (p *EventProcessor) handleEvent(event msgqueue.Event) {
  switch e := event.(type) {
    case *contracts.EventCreatedEvent:
      log.Printf("event %s created: %s", e.ID, e)
      p.Database.AddEvent(persistence.Event{ID: bson.ObjectId(e.ID)})
    case *contracts.LocationCreatedEvent:
      log.Printf("location %s created: %s", e.ID, e)
      p.Database.AddLocation(persistence.Location{ID: bson.ObjectId(e.ID)})
    default:
      log.Printf("unknown event: %t", e)
  }
}
```

이 함수는 들어오는 이벤트의 실제 타입을 결정하고자 스위치 타입을 사용한다. 현재 이 이벤트 리스너는 두 개의 이벤트 EventCreated와 LocationCreated를 이들의 로컬 데이터베이스에 저장하며 처리한다.

TIP

> 이 예제에서는 데이터베이스 접근을 관리하고자 todo.com/myevents/lib/persistence 공유 라이브러리를 사용하고 이는 오로지 편의성 목적이다. 실제 마이크로서비스 아키텍처에서는 일반적으로 각각의 마이크로서비스들이 전혀 다른 기술 조합으로 구축될 수도 있는 완전히 독립된 지속성 계층들을 사용한다.

이 main.go 파일에서는 이제 EventProcessor를 인스턴스화하고 ProcessEvents() 함수를 호출할 수 있다.

```
func main() {
  // ...
```

```
    eventListener, err := msgqueue_amqp.NewAMQPEventListener(conn)
    if err != nil {
      panic(err)
    }

    processor := &listener.EventProcessor{eventListener, dblayer}
    processor.ProcessEvents()
}
```

또한 이벤트들을 대기하며 듣는 것 외에도 예약 서비스는 특정한 이벤트의 티켓을 예약하고자 사용자들에 의해 사용될 수 있는 자체 REST API 구현이 필요하다. 이는 2장과 3장에서 이미 살펴본 동일한 원칙들을 따른다. 이런 이유로 예약 서비스의 세부적인 REST API 설명을 삼가고 강조할 부분만 서술할 것이다. 이 REST 서비스의 전체 구현은 이번 장의 예제 코드에서 찾아볼 수 있다.

해당 main.go 파일에서는 **processor.ProcessEvents()** 호출을 자신의 고루틴으로 이동시켜야 한다. 그렇지 않으면 이는 중지되고 해당 프로그램은 결코 ServeAPI 메서드 호출에 도달하지 못할 것이다.

```
func main() {
  // ...

  processor := &listener.EventProcessor{eventListener, dblayer}
  go processor.ProcessEvents()

  rest.ServeAPI(config.RestfulEndpoint, dbhandler, eventEmitter)
}
```

마지막으로 실제 요청 핸들러handler로 넘어가게 된다. POST 요청들은 /events/{event ID}/bookings에 등록돼 있다. 이는 현재 이 이벤트에 얼마나 많은 예약이 돼 있는지와 이 이벤트의 장소가 여전히 하나 더 예약을 받을 수 있는지 여부를 확인한다. 이 경우에는 새로운 예약을 생성하고 지속을 시키며 **EventBooked** 이벤트를 내보낸다. 전체 구현을 볼 수 있는 예제 파일들을 한번 살펴보기 바란다.

⁑ 이벤트 소싱

비동기식 메시지 처리를 사용해 애플리케이션을 구축하는 것은 이번 절에서 알아볼 것 중 하나인 일부 고급 아키텍처 패턴 적용을 위한 새로운 장을 여는 것이다.

메시지 처리, 발행/구독, 이벤트 콜라보레이션을 사용할 때 전체 시스템 상태의 모든 변경은 참여하는 서비스 중 하나에 의해 내보내지는 이벤트의 형태로 반영된다. 흔히 이 서비스들 각각은 자체 데이터베이스를 갖고 있으며, 시스템 상태에 대한 자체 뷰^{view}를 보유하고(적어도 요구되는 만큼까지) 다른 서비스들에 의해 발행되는 이벤트들에 계속 대기하며 듣는 것으로 최신 상태를 유지하게 된다.

하지만 시스템 상태의 각 변경이 발행된 이벤트에 의해 표현되는 사실은 흥미로운 기회를 제공한다. 누군가가 어떤 이에 의해 발행된 각각의 모든 이벤트를 이벤트 로그에 기록하고 저장했다고 상상해보자. 이론상(그리고 실제로) 어떤 다른 종류의 데이터베이스에 의존할 필요 없이 전체 시스템 상태를 복원^{reconstruct}하고자 이 이벤트 로그를 사용할 수 있다.

예를 들어 다음의 (작은)이벤트 로그를 생각해보자.

1. 8:00 am - 앨리스 이름을 가진 사용자 #1이 생성됐다.

2. 9:00 am - 밥 이름을 가진 사용자 #2가 생성됐다.

3. 1:00 pm - 사용자 #1이 삭제됐다.

4. 3:00 pm - 사용자 #2가 이름을 세드릭^{Cedric}으로 변경했다.

이 이벤트들을 재생^{replay}하면 해당 시스템 상태를 복원하는 것은 쉽다(결국 가장 중요한 것은 세드릭이란 이름의 사용자가 한 명 있는 것이다). 하지만 이 이상의 것이 있다. 각 이벤트는 타임스탬프^{timestamp}가 찍혀 있어 애플리케이션이 시간상 어떤 주어진 시점에 가졌던 상태를 복원할 수 있다(예를 들어 10:00 am에 여러분의 애플리케이션은 앨리스와 밥이라는 두 명의 사용자를 갖고 있었다).

시점$^{point-in-time}$ 복구 외에 이벤트 소싱^{sourcing}은 시스템에서 발행한 모든 것에 대한 완전한 감사 로그를 제공한다. 많은 경우 잦은 감사 로깅은 자체적인 요구 사항이지만 에러가 발생한 경우에는 해당 시스템의 오디버깅 또한 더 쉽게 해준다. 완전한 이벤트 로그를 갖는 것은 정확한 시점의 시스템 상태를 복제할 수 있다는 것이고 이후 실제로 특정한 에러를 재현하고자 단계별로 이벤트들을 재생할 수 있게 해준다.

또한 이벤트 로그를 갖는 것은 각각의 서비스들이 자신의 로컬 데이터베이스에 덜 의존적이게 만든다. 극단적으로는 데이터베이스들을 전부 다 버릴 수 있고 각 서비스가 매번 시작될 때 메모리상의 이벤트 로그에서 자신의 전체 질의 모델$^{query\ model}$을 재구성(복원)하게 할 수 있다.

⠿ 아파치 카프카로 발행/구독과 이벤트 소싱 구현

이 장의 나머지에서는 자체적인 이벤트 소싱 시스템을 구축하지 않을 것이다. 바로 앞에서 서비스들 간에 메시지 처리를 달성하고자 RabbitMQ를 사용했다. 하지만 RabbitMQ는 메시지 분배^{dispatching}만을 다룬다. 따라서 모든 이벤트를 담는 이벤트 로그가 필요하면 모든 이벤트에 대기하며 듣고 이들이 지속적으로 유지되도록 자체적으로 구현해야 된다. 또한 이벤트 재생^{replaying}도 알아서 해야 할 것이다.

아파치 카프카$^{Apache\ Kafka}$는 통합된 트랜잭션 로그도 함께 지원하는 분산 메시지 브로커다. 원래 링크드인^{LinkedIn}에서 만들어진 것으로 아파치 라이선스하에 허가된 오픈소스 제품으로 이용할 수 있다.

앞 절에서는 AMQP 연결을 사용해 이미 EventEmitter와 EventListener 인터페이스를 구현했다. 이번 절에서는 카프카를 사용해 동일한 인터페이스를 구현할 것이다.

도커로 카프카 빨리 시작

RabbitMQ에 반해 아파치 카프카는 설정하기가 좀 더 복잡하다. 카프카는 리더 선출, 클러스터 상태 관리 및 클러스터 범위의 구성(설정) 데이터 지속을 수행하고자 자신의 주키퍼^{Zookeeper} 실행 설정을 요구한다. 하지만 개발 목적으로는 **spotify/kafka** 이미지를 사용할 수 있다. 이 이미지는 빠르고 쉬운 설정이 가능하게 주키퍼 설치가 내장돼 있다.[5]

이전의 RabbitMQ와 똑같이 빠른 시작을 위해 **docker run** 명령어를 사용한다.

```
$ docker run -d --name kafka -p 9092:9092 spotify/kafka
```

이는 단일 노드의 카프카 인스턴스를 시작시키고 **localhost**의 TCP 포트 **9092**에 바인드할 것이다.

아파치 카프카의 기본 원칙

카프카는 발행/구독 메시지 브로커를 제공하지만 AMQP 기반이 아니기에 다른 용어를 사용한다.

카프카에서 첫 번째 기본 개념은 토픽^{topic}이다. 토픽은 구독자들이 작성할 수 있는 범주^{category}나 이벤트 이름과 유사한 것이다. 이는 이 토픽에 발행된 적이 있는 모든 메시지의 완전한 로그를 담는다. 각 토픽은 구성이 가능한 수의 파티션들^{partitions}로 나눠진다. 새로운 메시지가 발행되면 이는 파티션 키를 담는 것이 필요하다. 이 파티션 키는 해당 메시지가 토픽의 어느 파티션에 작성돼야 하는지 결정하는 브로커에 의해 사용된다.

---

5. 주키퍼를 외부의 메타데이터 저장소로 사용하기 때문에 중복, 비효율성, 확장성 제한의 문제가 있어 자체 메타데이터 관리 기능을 탑재해 주키퍼를 제거하는 방향으로 가고 있다. 번역 시점에는 카프카 3.0이 나와 있으며 운영 환경이 아닌 개발/테스트 환경 용도로 주키퍼 제거가 가능하다. - 옮긴이

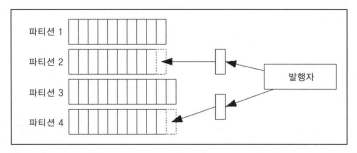

파티션 1

파티션 2

파티션 3

파티션 4

발행자

각 카프카 토픽은 구성 가능한 수의 파티션들로 이뤄진다. 발행된 각 메시지는 파티션 키를 갖고 이는 메시지가 어느 파티션에 저장될지 결정하는 데 사용된다.

이 카프카 브로커는 각 파티션 내의 메시지들 순서가 이들이 발행된 곳과 동일함을 보장한다. 각 토픽에 대해 메시지들은 구성 가능한 보유 기간 동안 보관될 것이다. 하지만 브로커의 성능은 해당 트랜잭션 로그가 더 커질 때 크게 떨어지지 않는다. 이런 이유로 카프카를 무한 보유 기간 설정으로 운영하는 것이 완전히 가능하고 이 방식으로 이것을 이벤트 로그로 사용한다. 물론 요구되는 디스크 저장소가 비례해서 증가하는 것을 분명히 고려해야 한다. 다행히도 카프카는 수평적 스케일아웃을 아주 잘 지원한다.

각 토픽에서 어떠한 수의 구독자들(카프카 전문 용어로는 컨슈머consumers라 한다)도 메시지들을 읽을 수 있고 어떠한 수의 발행자들producers도 이들(메시지들)을 작성할 수 있다. 각 소비자(구독자)는 이벤트 로그의 어느 오프셋offset에서 소비를 시작하고 싶은지 자체적으로 정의한다. 예를 들어 메모리에서만 동작하는 갓 초기화된 소비자는 자신의 전체 질의 모델을 재구성하고자 시작(offset=0)부터 해당 전체 이벤트 로그를 읽을 수 있다. 로컬 데이터베이스를 갖고 어떤 시점 이후에 발생한 새로운 이벤트들만 필요한 또 다른 소비자는 더 늦은 시점에서 해당 이벤트 로그를 읽기 시작할 수 있다.

각 소비자는 소비자 그룹의 회원이다. 주어진 토픽에 발행된 메시지는 각 그룹의 소비자 하나에 발행된다. 이는 이미 AMQP로 구축한 것과 유사한 발행/구독 통신을 구현하고자 사용될 수 있다. 다음의 다이어그램은 AMQP와 카프카를 사용하는 발행/구독 아키텍처에서 서로 다른 용어들과 실행자들actors을 그림으로 보여준다. 두 가지 경우 모두 해당 익스체인지/토픽에 발행된 메시지 전부는 모든 소비자에게 라우트(경로를 따라 전달)될 것이다.

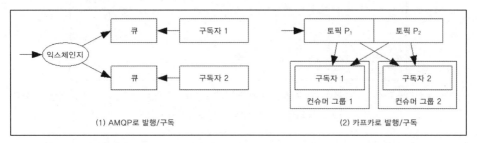

AMQP(1)와 아파치 카프카(2) 양쪽 모두 발행/구독의 경우 해당 익스체인지/토픽에 발행된 각 메시지는 모든 구독자에게 지정된 경로를 따라 전달된다.

또한 AMQP에서는 다수의 구독자에게 동일 큐에 대기하며 듣기를 시킬 수 있다. 이 경우에 들어오는 메시지들은 모두가 아닌 연결된 구독자 중 한 명에게 전달될 것이다. 이는 서로 다른 구독자 인스턴스들 간에 실제 부하 분산을 구현하는 데 사용될 수 있다.

카프카에서는 다수의 구독자 인스턴스를 같은 소비자 그룹에 넣음으로써 동일하게 구현할 수 있다. 하지만 카프카에서 각 구독자는 (아마 다수의) 파티션들의 고정된 집합에 할당된다. 이런 이유로 동시에 토픽을 소비할 수 있는 소비자의 수는 토픽 파티션의 수에 의해 제한된다. 다음의 다이어그램은 이 예를 그림으로 보여준다.

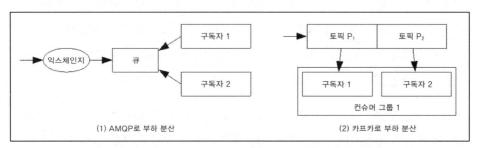

AMQP(1)와 아파치 카프카(2) 양쪽 모두 부하 분산의 경우 해당 익스체인지/토픽에 발행된 각 메시지는 연결된 구독자 중 하나에 지정된 경로를 따라 전달된다.

동일한 소비자 그룹 내에 있는 다수의 소비자에게 토픽의 동일 파티션을 구독하도록 시키는 결정을 한다면 해당 브로커는 단순히 해당 파티션에 있는 모든 메시지를 가장 최근에 연결된 소비자에게 발송할 것이다.

Go로 카프카에 연결

이 장의 이전 절들에서 AMQP 브로커에 연결했을 때는 사실상의 표준 라이브러리인 github.com/streadway/amqp를 사용했다. 카프카 브로커에 연결하기 위한 이용할 수 있는 Go 라이브러리들 중에는 좀 더 다양한 것이 있다. 이 책을 집필할 시기에 Go의 가장 인기 있는 카프카 클라이언트 라이브러리는 다음과 같다.

1. github.com/Shopify/sarama는 전체 프로토콜의 지원을 제공하고 순수 Go로 구현됐다. MIT 라이선스에서 허가되고 활발히 유지되고 있다.

2. github.com/elodina/go_kafka_client 또한 순수 Go로 구현됐다. 이는 Shopify 라이브러리보다 더 많은 기능을 제공하지만 덜 활발히 유지되는 것으로 보인다. 아파치 라이선스에서 허가된다.

3. github.com/confluentinc/confluent-kafka-go는 librdkafka C 라이브러리를 위한 Go 래퍼wrapper를 제공한다(이 라이브러리가 작동하려면 여러분의 시스템에 librdkafka가 설치돼 있어야 한다). 이는 고도로 최적화된 C 라이브러리에 의존하기 때문에 Shopify 라이브러리보다 더 빠른 것으로 보고된다. 같은 이유지만 구현하기 다소 어려움을 보여준다. 활동적으로 유지되고는 있지만 이 커뮤니티는 Shopify 라이브러리보다 더 작은 것 같다.

이번 장에서는 github.com/Shopify/sarama 라이브러리를 사용할 것이다. go get으로 이 라이브러리를 설치하며 시작해보자.

```
$ go get github.com/Shopify/sarama
```

이전 절들에서 이미 `todo.com/myevents/lib/msgqueue` 패키지에 `EventEmitter`와 `EventListener` 인터페이스들을 정의했다. 이번 절에서는 이제 이 두 인터페이스들에 대체 가능한 구현들을 추가할 것이다. 들어가기 전에 전반적으로 카프카 브로커에 연결하고자 `sarama` 라이브러리를 어떻게 사용하는지 빨리 한번 살펴보자.

먼저 메시지를 발행하거나 소비를 하려는 의도와 상관없이 `sarama.Client` 구조체를 초기화하며 시작해야 한다. 이를 위해 `sarama.NewClient` 함수를 사용할 수 있다. 새로운 클라이언트를 초기화하고자 카프카 브로커 주소들의 목록(카프카는 클러스터에서 운영되도록 설계돼 있어 실제로 클러스터화된 많은 브로커에 동시 접속할 수 있는 점을 기억하자)과 구성 객체가 필요하게 된다. 구성 객체를 생성하는 가장 쉬운 방법은 `sarama.NewConfig` 함수를 사용하는 것이다.

```
import "github.com/Shopify/sarama"

func main() {
  config := sarama.NewConfig()
  brokers := []string{"localhost:9092"}
  client, err := sarama.NewClient(brokers, config)
  if err != nil {
    panic(err)
  }
}
```

물론 `localhost`를 단일 브로커로 사용하는 것은 개발 환경 구성에는 문제가 없다. 실 운영 환경 설정에 대해 브로커 목록은 해당 환경에서 읽어야 한다.

```
func main() {
  brokerList := os.Getenv("KAFKA_BROKERS")
  if brokerList == "" {
    brokerList = "localhost:9092"
  }
```

```
    brokers := strings.Split(brokerList, ",")
    config := sarama.NewConfig()

    client, err := sarama.NewClient(brokers, config)
    // ...
}
```

대부분의 목적에는 기본 설정이 잘 맞지만 카프카 연결의 다양한 매개변수를 미세
조정하려면 config 객체를 사용할 수 있다.

카프카로 메시지 발행

sarama 라이브러리는 메시지 발행을 위해 두 가지 구현 방법인 sarama.
SyncProducer와 sarama.AsyncProducer를 제공한다.

AsyncProducer는 메시지 발행과 이 작업들의 성공 확인 둘 다를 위해 Go 채널을
사용하는 비동기 인터페이스를 제공한다. 이는 메시지의 높은 처리량high-throughput을
가능하게 하지만 하고자 하는 전부가 단일 메시지를 내보내는 것이라면 사용하기에
다소 덩치가 크다. 이런 이유로 SyncProducer는 발행 목적으로 메시지를 취하는
더 단순한 인터페이스를 제공하고 브로커에서 해당 메시지가 이벤트 로그에 성공적
으로 발행됐다는 확정을 받기 전까지 중지시킨다.

sarama.NewSyncProducerFromClient와 sarama.NewAsyncProducerFromClient 함
수들을 사용해 새로운 생산자Producer를 인스턴스화할 수 있다. 해당 예제에서는 다
음과 같이 생성할 수 있는 SyncProducer를 사용할 것이다.

```
producer, err := sarama.NewSyncProducerFromClient(client)
if err != nil {
    panic(err)
}
```

EventEmitter 인터페이스의 카프카 구현체를 생성하고자 SyncProducer를 사용하며 계속 진행해보자. todo.com/myevents/lib/msgqueue/kafka 패키지와 이 패키지 내에 emitter.go 파일을 생성하며 시작하자.

```go
package kafka

type kafkaEventEmitter struct {
    producer sarama.SyncProducer
}
```

이 구조체를 인스턴스화하고자 생성자 함수를 추가하며 계속 진행한다.

```go
func NewKafkaEventEmitter(client sarama.Client) (msgqueue.EventEmitter,
error) {
    producer, err := sarama.NewSyncProducerFromClient(client)
    if err != nil {
        return nil, err
    }

    emitter := &kafkaEventEmitter{
        producer: producer,
    }
    return emitter, nil
}
```

메시지들을 내보내고자 sarama.ProducerMessage 구조체의 인스턴스를 구성할 필요가 있다. 이를 위해 토픽(이 경우에는 msgqueue.Event의 EventName() 메서드에 의해 제공된다)과 실제 메시지 바디가 필요하다. 바디는 sarama.Encoder 인터페이스의 구현체로 제공돼야 한다. 바이트 배열byte array이나 문자열을 Encoder 구현체로 단순히 형 변환typecast하려면 sarama.ByteEncoder와 sarama.StringEncoder 타입들을 사용할 수 있다.

```
func (e *kafkaEventEmitter) Emit(event msgqueue.Event) error {
  jsonBody, err := json.Marshal(event)
  if err != nil {
    return err
  }

  msg := &sarama.ProducerMessage{
    Topic: event.EventName(),
    Value: sarama.ByteEncoder(jsonBody),
  }

  _, _, err = e.producer.SendMessage(msg)

  return err
}
```

이 샘플 코드에서 핵심은 생산자^{producer}의 **SendMessage()** 메서드다. 실제로 이 메서드의 반환값 중 일부를 무시하고 있음에 주목해보자. 첫 번째 두 개의 **return** 값은 메시지들이 작성된 곳의 파티션 수와 이벤트 로그에서 해당 메시지가 갖는 오프셋 번호를 반환한다.

앞의 코드는 실제 동작하지만 한 가지 치명적인 결함이 있다. 이것은 각 이벤트 타입에 대해 새로운 카프카 토픽을 생성한다. 구독자가 다수의 토픽을 동시에 소비하는 것은 가능하지만 처리하는 순서는 보장받지 못한다. 이는 **location #1 created**와 **location #1 updated**를 순차적으로 즉시 내보내는 생산자와 다른(반대의) 순서로 이들을 받는 구독자의 결과를 초래할 수 있다.

이 문제를 해결하려면 두 가지를 해야 한다.

- 모든 메시지는 반드시 동일한 토픽에 발행돼야 한다. 이는 해당 메시지 내에 실제 이벤트 이름을 저장할 수 있는 또 다른 방법이 필요함을 암시한다.

- 각 메시지는 반드시 파티션 키를 노출시켜야 한다. 동일한 개체(이는 동일 이벤트, 동일 사용자를 말한다)와 관련된 메시지들이 이벤트 로그의 단일 파티션에 저장되고

동일한 소비자에게 순서대로 경로를 따라 전달되는 것을 보장하고자 메시지의 파티션 키를 사용할 수 있다.

이 파티션 키를 갖고 시작해보자. **todo.com/myevents/lib/msgqueue** 패키지에 있는 Event 인터페이스를 기억하는가? 그것은 다음과 같았다.

```
package msgqueue

type Event interface {
    EventName() string
}
```

이 인터페이스에 새로운 메서드 PartitionKey()를 추가하며 계속 진행해보자.

```
package msgqueue

type Event interface {
    PartitionKey() string
    EventName() string
}
```

다음으로는 이 PartitionKey() 메서드를 구현하고자 이전에 정의했던 기존 이벤트 구조체들(예를 들어 EventCreatedEvent)을 수정할 수 있다.

```
func (e *EventCreatedEvent) PartitionKey() string {
    return e.ID
}
```

다시 kafkaEventEmitter로 돌아가 보자. 이제는 메시지를 카프카로 발행할 때 각 이벤트의 PartitionKey() 메서드를 사용할 수 있다. 지금은 해당 이벤트와 함께 이벤트 이름을 보내는 것만이 필요하다. 이 이슈를 해결하고자 해당 메시지 바디를 위한 엔벨로프^{envelope}를 사용할 것이다. 이는 메시지 바디가 단지 JSON으로 직렬화된 이벤트 객체가 아닌 메타데이터(이벤트 이름처럼)와 페이로드^{payload}인 실제 이벤트 바디를 담을 수 있는 다른 객체 포함을 말한다. **todo.com/myevents/lib/msgqueue/kafka** 패키지의 신규 파일 payload.go에서 이 이벤트를 정의해보자.

```
package kafka

type messageEnvelope struct {
    EventName string `json:"eventName"`
    Payload interface{} `json:"payload"`
}
```

이제 `kafkaEventEmitter`를 `messageEnvelope` 구조체의 인스턴스 생성에 맞추고 이후 이를 JSON 직렬화시킬 수 있다.

```
func (e *kafkaEventEmitter) Emit(event msgqueue.Event) error {
    envelope := messageEnvelope{event.EventName(), event}
    jsonBody, err := json.Marshal(&envelope)
// ...
```

카프카에서 메시지 소비

카프카 브로커에서 메시지들을 소비하는 것은 AMQP보다 좀 더 복잡하다. 이미 카프카 토픽이 많은 파티션으로 구성될 수 있고 각 소비자는 이 파티션들의 하나 또는 그 이상(전부까지) 소비할 수 있는 점은 배웠다. 카프카 아키텍처는 토픽을 더 많은 파티션으로 나누고 한 명의 소비자가 각 파티션을 구독하게 함으로써 수평적 확장을 가능하게 한다.

이는 각 구독자(소비자)가 토픽의 어느 파티션들이 존재하며 그중 어느 것을 소비해야 하는지 알아야 한다는 것을 의미한다. 이번 절의 앞쪽에 소개한 일부 라이브러리(특히 Confluent[6] 라이브러리)는 실제로 자동 구독자 파티셔닝partitioning과 자동 그룹 분산balancing을 지원한다. sarama 라이브러리는 이런 기능을 제공하지 않아 EventListener는 소비하기 원하는 파티션을 수동으로 선택해야 된다.

이 예제에서는 EventListener를 구현할 것이고 그 결과 이것이 기본적으로 토픽의 이용 가능한 모든 파티션에 대기하며 듣게 된다. 또한 지속적으로 대기하며 들을 수 있게 파티션들을 명시적으로 지정하는 데 사용될 수 있는 특별한 속성을 추가할 것이다.

todo.com/myevents/lib/msgqueue/kafka 패키지에 새로운 파일인 listener.go를 생성하자.

```go
package kafka

import "github.com/Shopify/sarama"
import "todo.com/myevents/lib/msgqueue"

type kafkaEventListener struct {
    consumer sarama.Consumer
    partitions []int32
}
```

이 구조체를 위한 생성자 함수를 추가하며 계속 진행해보자.

```go
func NewKafkaEventListener(client sarama.Client, partitions []int32)
(msgqueue.EventListener, error) {
    consumer, err := sarama.NewConsumerFromClient(client)
    if err != nil {
        return nil, err
```

---

6. 링크드인(LinkedIn)에서 아파치 카프카를 최초 개발한 사람들이 나와서 세운 회사 – 옮긴이

```
    }
    listener := &kafkaEventListener{
        consumer: consumer,
        partitions: partitions,
    }
    return listener, nil
}
```

kafkaEventListener의 Listen() 메서드는 앞 절에서 구현했던 amqpEventListener
와 동일한 인터페이스를 따른다.

```
func (k *kafkaEventListener) Listen(events ...string) (<-chan
msgqueue.Event, <-chan error, error) {
    var err error

    topic := "events"
    results := make(chan msgqueue.Event)
    errors := make(chan error)
}
```

가장 먼저 해야 할 것은 토픽의 어느 파티션들이 소비돼야 하는지 결정하는 것이다.
비어 있는 슬라이스^{slice}가 NewKafkaEventListener 메서드에 전달됐을 때 해당 리
스너는 모든 파티션에 대해 대기하며 들어야 한다고 가정한다.

```
func (k *kafkaEventListener) Listen(events ...string) (<-chan
msgqueue.Event, <-chan error, error) {
    var err error

    topic := "events"
    results := make(chan msgqueue.Event)
    errors := make(chan error)
```

```
      partitions := k.partitions
      if len(partitions) == 0 {
        partitions, err = k.consumer.partitions(topic)
        if err != nil {
          return nil, nil, err
        }
      }

      log.Printf("topic %s has partitions: %v", topic, partitions)
    }
```

sarama 소비자는 하나의 파티션만 소비할 수 있다. 다수의 파티션을 소비하기 원한 다면 다수의 소비자가 시작돼야 한다. EventListener의 인터페이스를 그대로 유지 하고자 각자 Listen() 메서드 내 자신의 고루틴에 있는 다수의 소비자를 시작한 후에 이들 모두가 동일한 결과 채널에 작성하게 할 것이다.

```
func (k *kafkaEventListener) Listen(events ...string) (<-chan
msgqueue.Event, <-chan error, error) {
  // ...

  log.Printf("topic %s has partitions: %v", topic, partitions)

  for _, partitions := range partitions {
    con, err := k.consumer.ConsumePartition(topic, partition, 0)
    if err != nil {
      return nil, nil, err
    }
    go func() {
      for msg := range con.Messages() {

      }
    }()
  }
}
```

첫 번째 for 루프 내에서 시작된 고루틴들을 주목하자. 이들 각자는 주어진 파티션에서 받은 모든 메시지에 대해 반복하는 내부 for 루프를 담고 있다. 이제 들어오는 메시지들을 JSON 역직렬화를 하고 적절한 이벤트 타입들로 재구성할 수 있다.

TIP

> 다음의 모든 예제 코드는 kafkaEventListener의 Listen() 메서드 내부 for 루프 안에 위치한다.

```
for msg := range con.Messages() {
  body := messageEnvelope{}
  err := json.Unmarshal(msg.Value, &body)
  if err != nil {
    errors <- fmt.Errorf("could not JSON-decode message: %s", err)
    continue
  }
}
```

이제 새로운 문제가 생겼다. 앞에서 이벤트 바디를 messageEnvelope 구조체로 언마샬unmarshalled[7]했다. 이것은 이벤트 이름과 실제 이벤트 바디를 담는다. 하지만 이벤트 바디는 단지 interface{} 타입화된다. 이상적으로는 이 interface{} 타입을 다시 이벤트 이름에 의존하는 올바른 이벤트 타입(예를 들어 contracts.EventCreatedEvent)으로 변환이 필요하다. 이를 위해 go get으로 설치할 수 있는 github.com/mitchellh/mapstructure 패키지를 사용할 수 있다.

> $ go get -u github.com/mitchellh/mapstructure

mapstructure 라이브러리는 []byte 입력 변수가 아닌 제네릭generic interface{}

---

7. 직렬화 처리에는 객체를 바이트 스트림(byte stream)으로 변환하는 마샬과 그 반대의 역직렬화 처리인 언마샬이 있다.
 – 옮긴이

입력 변수를 취하는 점만 제외하면 **encoding/json** 라이브러리와 유사하게 동작한다. 이는 알려지지 않은 구조체의 JSON 입력을 취하고_{(interface{} 값에 json.Unmarshal 호출을} _{함으로써)} 이후 알려지지 않은 구조체의 이미 해독된 타입을 잘 알려진 구조체 타입으로 추후에 매핑하게 해준다.

```
for msg := range con.Messages() {
    body := messageEnvelope{}
    err := json.Unmarshal(msg.Value, &body)
    if err != nil {
        errors <- fmt.Errorf("could not JSON-decode message: %s", err)
        continue
    }

    var event msgqueue.Event
    switch body.EventName {
        case "event.created":
            event = contracts.EventCreatedEvent{}
        case "location.created":
            event = contracts.LocationCreatedEvent{}
        default:
            errors <- fmt.Errorf("unknown event type: %s", body.EventName)
            continue
    }

    cfg := mapstructure.DecoderConfig{
        Result: event,
        TagName: "json",
    }
    err = mapstructure.NewDecoder(&cfg).Decode(body.Payload)
    if err != nil {
        errors <- fmt.Errorf("could not map event %s: %s", body.EventName, err)
    }
}
```

실제 해독 작업을 하기 전에 생성된 **mapstructure.DecoderConfig** 구조체의 **TagName**

속성은 mapstructure 라이브러리에게 이벤트 계약의 기존 `json:"..."` 주석을 존중하라는 지시를 한다.

메시지를 성공적으로 해독^{decode} 한 후에 이것은 결과 채널로 발행될 수 있다.

```
for msg := range con.Messages() {
  // ...

  err = mapstructure.NewDecoder(&cfg).Decode(body.Payload)
  if err != nil {
    errors <- fmt.Errorf("could not map event %s: %s", body.EventName, err)
  }

  results <- event
}
```

이제 카프카 이벤트 리스너는 정상 가동된다. 이것이 msgqueue.EventListener 인터페이스를 구현하기에 기존 AMQP 이벤트 리스너에 대한 부담 없는 대체재로 사용될 수 있다.

하지만 한 가지 주의해야 할 점은 있다. 시작됐을 때 현재 이 카프카 이벤트 리스너는 항상 이벤트 로그의 맨 처음부터 소비를 시작한다. 앞의 예제 코드에서 ConsumePartition 호출 부분을 면밀히 살펴보자. 세 번째 매개변수(우리 경우에는 0)는 소비자가 소비를 시작해야 하는 이벤트 로그의 오프셋을 말한다.

오프셋으로 0을 사용하면 이벤트 리스너에게 전체 이벤트 로그를 처음부터 바로 읽으라는 지시를 한다. 이는 카프카로 이벤트 소싱을 구현하기 원한다면 이상적인 해법이다. 단지 메시지 브로커로만 카프카를 사용하기 원한다면 이 서비스는 이벤트 로그에서 읽은 마지막 메시지의 오프셋을 기억해야 한다. 이 서비스가 재시작될 때 마지막으로 알려진 위치로부터 이후 소비를 재시작할 수 있게 된다.

⠶ 요약

4장에서는 RabbitMQ와 아파치 카프카 같은 메시지 큐를 사용해 비동기식 통신 방식으로 다수의 서비스를 통합하는 방법을 알아봤다. 또한 클라우드 배포용으로 적합한 확장성 및 회복성이 있는 애플리케이션 구축에 도움을 주는 이벤트 콜라보레이션과 이벤트 소싱 같은 아키텍처 패턴도 살펴봤다.

이번 장에서 실습한 기술들은 어떤 특정한 클라우드 제공자에 얽매이지 않는다. 자신만의 RabbitMQ나 카프카 기반 환경을 어떤 클라우드 인프라나 자체적인 서버에 쉽게 구현할 수 있다. 8장에서는 메시지 큐를 또 다르게 살펴보는데, AWS에 의해 제공되는 관리형 메시징 솔루션에 특히 초점을 맞춘다.

174

05

리액트로 프론트엔드 구축

앞 장들에서는 Go로 다수의 마이크로서비스를 구현했고 REST 웹 서비스와 비동기 메시지 큐를 사용해 통합했다. 하지만 가장 확장성이 있는 클라우드 애플리케이션 조차 사용자들에게 REST API를 제공하는 것이 실제 결과물이 아니라면 사용자들이 쉽게 상호작용을 할 수 있는 인터페이스 없이는 반쪽짜리에 불과하다. 앞의 장들에서 구현한 API들을 더욱 실감나게 하고자 이제 애플리케이션에 웹 기반의 프론트엔드를 추가하자.

이를 위해 잠시 Go 프로그래밍의 세계를 떠나 자바스크립트^{JavaScript} 프로그래밍 세계를 중간에 짧게 방문할 것이다. 좀 더 정확하게는 리액트^{React} 프레임워크를 살펴보고 (이제 거의 완성된) MyEvents 백엔드를 위한 프론트엔드 애플리케이션을 구현하고자 리액트 프레임워크를 사용한다.

이 프론트엔드 애플리케이션을 구축하는 동안 믿을 수 없을 만큼 다양한 자바스크립트 생태계의 많은 구성 요소도 접할 것이다. 예를 들어 타입 안전^{type-safe}[1]한 방식

---

1. 변수들의 연산이나 조작 시 해당 타입과 관련해 논리적이지 않은 것에 대해 엄격한 체크를 해서 런타임 시 이로 인한 오류가 발생하지 않도록 미연에 방지하는 것을 말한다. – 옮긴이

으로 프로그래밍할 수 있도록 타입스크립트[TypeScript] 컴파일러와 함께 작업을 할 것이다. 또한 모든 최신 웹 브라우저에서 쉬운 사용을 위해 자바스크립트 애플리케이션을 쉽게 배포할 수 있는 웹팩[Webpack] 모듈 번들러[bundler]를 사용한다.

5장에서 다루는 내용은 다음과 같다.

- Node.js/타입스크립트/리액트 개발 환경 설정

- 새로운 프로젝트에 부트스트랩[bootstrap][2] 추가

- 리액트 구성 요소

- 웹팩 모듈 번들러

- RESTful 백엔드로 리액트 애플리케이션 구축

리액트 시작

이번 장에서는 Go 생태계의 밖으로 잠시 벗어날 것이다. 리액트로 작업하려면 다음 절에서 설정할 Node.js, npm, 타입스크립트 컴파일러를 제공하는 개발 환경이 필요하다.

Node.js와 타입스크립트 설정

자바스크립트는 동적 타입 언어다. (Go와 유사하게) 자바스크립트가 데이터 타입의 개념이 있긴 하지만 자바스크립트 변수는 기본적으로 (Go와 다르게) 언제든지 어떠한 타입도 가질 수 있다. 이번 장에서 자바스크립트 세계로 잠시 외도하는 동안 Go 컴파일러와 Go의 타입 안정성[type safety]을 잃어버리기 시작하는 것을 원치 않기에 이번 예제

---

2. 트위터에서 만든 웹 디자인 프레임워크로 웹 페이지의 쉬운 디자인을 지원하는 프런트엔드 개발 도구다. – 옮긴이

에 타입스크립트를 사용할 것이다. 타입스크립트는 정적 타입[static type]과 클래스 기반의 OOP[Object Oriented Programming]를 자바스크립트에 추가한 타입 안전 슈퍼세트[superset][3]다. 타입스크립트 컴파일러(짧게 tsc)를 사용해 타입스크립트를 자바스크립트로 컴파일할 수 있다.

먼저 Go 런타임뿐만 아니라 개발 환경에서 동작하는 Node.js 런타임 설정이 필요할 것이다. 자신의 환경에 Node.js를 설정하는 방법은 https://nodejs.org/en/download/를 참고한다. 리눅스(또는 Homebrew와 같은 패키지 매니저를 사용하는 맥OS)를 운영하고 있다면 https://nodejs.org/en/download/package-manager/ 여기를 참고한다.

Node.js를 설치한 후 노드 패키지 매니저[Node Package Manager](npm)을 사용해 타입스크립트 컴파일러를 설치하며 계속 해보자.

```
$ npm install -g typescript
```

이것은 시스템 PATH로 타입스크립트 컴파일러를 다운로드하고 설치한다. 앞의 명령어를 실행한 후에는 커맨드라인에서 tsc를 호출할 수 있어야 한다.

또한 이 프로젝트에서는 웹팩 모듈 번들러를 사용할 것이다. 모듈 번들러는 Node.js 모듈들을 취하고 브라우저 환경에서 사용될 수 있는 정적인 자바스크립트 파일들을 생성한다. npm으로 타입스크립트 컴파일러를 위해 했던 것과 동일하게 웹팩을 설치할 수 있다.

```
$ npm install -g webpack
```

---

3. 어떤 것의 전체를 포괄하며 추가적인 내용도 담고 있는 상위 확장의 개념인 상위집합이다. 반대로 이에 포함되는 하위 개념은 subset(부분집합)이 된다. - 옮긴이

리액트 프로젝트 초기화

리액트 프론트엔드 애플리케이션용의 새로운 디렉터리를 생성하며 시작해보자. 다음으로 해당 디렉터리를 새로운 npm 패키지로 초기화한다.

```
$ npm init
```

이 npm init 명령어는 프로젝트에 관한 중요한 정보 몇 가지(대략)를 안내할 것이다. 결국에는 다음과 같은 package.json 파일을 생성하게 된다.

```
{
    "name": "myevents-ui",
    "version": "1.0.0",
    "description": "",
    "main": "dist/bundle.js",
    "author": "Martin Helmich",
    "license": "MIT"
}
```

전반적으로 이 애플리케이션은 다음의 디렉터리 구조를 갖게 될 것이다.

- 타입스크립트 소스 파일들은 src/ 디렉터리에 위치한다.

- 컴파일된 자바스크립트 파일들은 dist/ 디렉터리에 위치한다. 모듈 번들러로 웹팩을 사용할 것이기에 dist/ 디렉터리는 거의 확실하게 전체 컴파일된 소스코드를 담고 있는 단 하나의 파일을 포함하게 된다.

- npm을 통해 의존성^{dependencies}[4] 처리로 설치할 라이브러리들은 node_modules/ 디렉터리 안에 설치된다.

---

4. 런타임 시 실행을 위해 필요한 라이브러리와의 관계. 즉 해당 코드가 의존하는 모듈과 컴포넌트 간의 관계를 말한다.
   — 옮긴이

이제 이 프로젝트에 의존성을 추가하고자 npm을 사용할 수 있다. 리액트와 ReactDOM 패키지들을 설치하며 시작해보자.

```
$ npm install --save react@16 react-dom@16 @types/react@16 @types/react-dom@16
```

@types 패키지들은 타입스크립트 컴파일러에 필요하다. 리액트는 자바스크립트(타입스크립트가 아님) 라이브러리이기에 타입스크립트 컴파일러는 리액트 라이브러리와 이들의 메서드 서명^{signatures}에 의해 정의된 클래스들에 관한 추가적인 정보가 필요하다. 예를 들어 typings는 리액트에 의해 제공되는 어떤 함수들과 이들의 반환 타입에 대해 어느 매개변수 타입이 필요한지에 관한 정보를 담고 있을 수 있다.

또한 몇 가지 개발 의존성이 필요하게 될 것이다.

```
$ npm install --save-dev typescript awesome-typescript-loader source-map-loader
```

이 라이브러리들은 소스 파일들을 자바스크립트 파일들로 컴파일하는 웹팩 모듈 번들러에 의해 필요하다. 하지만 이 의존성은 실제 애플리케이션 운영 용도가 아닌 애플리케이션 구축 용도로만 필요한 것이다. 이런 이유로 --save-dev 플래그를 사용해 개발 의존성으로 이들을 선언했다.

다음으로는 타입스크립트 컴파일러 구성이 필요하다. 이를 위해 프로젝트 디렉터리에 새로운 tsconfig.json 파일을 생성한다.

```
{
  "compilerOptions": {
    "outDir": "./dist/",
    "module": "commonjs",
    "target": "es5",
    "sourceMap": true,
```

```
      "noImplicitAny": true,
      "jsx": "react"
   },
   "include": [
      "./src/**/*"
   ]
}
```

여기서 include 속성을 사용해 src/ 디렉터리에서 소스 파일들을 적재^{load}하고 outDir 속성을 사용해 컴파일된 출력 파일들을 dist/에 저장하고자 타입스크립트 컴파일러를 구성하고 있는 점에 주목하자.

마지막으로 webpack.config.js 파일을 생성해서 웹팩 모듈 번들러를 구성할 필요가 있다.

```
module.exports = {
   entry: "./src/index.tsx",
   output: {
      filename: "bundle.js",
      path: __dirname + "/dist"
   },
   resolve: {
      extensions: [".ts", ".tsx"]
   },
   module: {
      rules: [
         {
            test: /\.tsx?$/,
            loader: "awesome-typescript-loader"
         }
      ]
   },
```

```
    externals: {
        "react": "React",
        "react-dom": "ReactDOM"
    }
}
```

이 파일은 모든 .ts와 .tsx 파일에 대해 타입스크립트 적재기^{loader}를 사용하고 이들을 컴파일하고 모듈 전부를 dist/bundle.js 파일로 뭉쳐 넣고자 웹팩을 구성한다.

이를 하기 전에 먼저 리액트가 실제로 어떻게 동작하는지 살펴보자.

리액트 기본 원칙

리액트 애플리케이션은 **구성 요소들**^{components}에서 만들어진다. 구성 요소는 한 세트의 값들(properties라 하며 짧게 props)을 받아들이고 브라우저에 의해 특정한 상태로 렌더^{render5} 처리될 수 있는 DOM^{Document Object Model} 요소들의 트리^{tree}를 반환하는 자바스크립트 클래스다.

다음의 쉬운 예제를 주의 깊게 살펴보자. 먼저 평범한 자바스크립트 구현으로 시작하고 이후 타입스크립트를 사용해 정적 타이핑^{static typing}을 어떻게 추가하는지 보여줄 것이다.

```
class HelloWorld extends React.Component {
    render() {
        return <div className="greeting">
```

---

5. 리액트에서 렌더 처리는 브라우저가 화면을 그리기 위한 정보가 담겨 있는 DOM에 반환하는 변경 내용을 직접 반영하지 않고 버추얼(Virtual) DOM이란 곳에 먼저 반영을 한다. 이 버추얼 DOM과 현재 DOM의 내용을 비교해 변경된 부분만 DOM에 반영 후 브라우저가 해석하게 해서 자원 소비를 최적화한다. 쉽게 말해 component를 html로 바꾸어 브라우저에 나타나게 하는 처리가 바로 렌더다. — 옮긴이

```
    <h1>Hello {this.props.name}!</h1>
    </div>;
  }
}
```

기존 자바스크립트에 익숙하더라도 이 문법은 아마 새롭게 느껴질 것이다. 엄밀히 말하면 앞의 예제 코드는 평범한 자바스크립트가 아니라(어떤 브라우저도 이 코드를 실제 실행키는 것을 거부할 것이다) JSX다. JSX는 각각의 HTML 표현을 사용해 DOM 요소들을 직접적으로 정의하게 해주는 자바스크립트에 대한 특별 확장 문법이다. 이는 리액트 구성 요소들을 정의하는 것을 훨씬 더 쉽게 만들어준다. JSX를 사용하지 않으면 앞의 예제 코드는 다음과 같이 작성해야 한다.

```
class HelloWorld extends React.Component {
  render() {
    return React.createElement("div", {class: "greeting"},
      React.createElement("h1", {}, `Hello ${this.props.name}!`)
    );
  }
}
```

물론 브라우저에서 실제로 JSX 소스코드를 실행시키는 것은 우선 평범하고 오래된 자바스크립트로의 변환이 필요하게 된다. 이는 실제로 애플리케이션을 구축할 때 웹팩 모듈 번들러에 의해 수행될 것이다.

또한 TSX라고 불리는 JSX의 타입스크립트 변종이 있다. 이는 정적 타이핑을 제외하고는 완전히 동일한 방식으로 동작한다. 타입스크립트로 리액트 구성 요소를 구축할 때는 구성 요소 props용으로 인터페이스를 정의할 수 있는 가능성도 갖게 된다.

이 책은 실제로 Go에 대한 것이기에 타입스크립트 인터페이스를 Go 인터페이스와 비교할 때 아주
다른 것임을 언급하는 것은 중요하다. Go 인터페이스는 구조체가 구현해야 할 필요 메서드들의
집합(set)을 서술하는 데 반해 타입스크립트 인터페이스는 객체가 가져야 할 속성(properties)이나
메서드를 정의한다.

리액트 구성 요소를 props 인터페이스와 연관시키고자 **React.Component** 클래스는
클래스를 확장^{extends}할 때 지정할 수 있는 타입 매개변수를 가진다.

```
export interface HelloWorldProps {
  name: string;
}

export class HelloWorld extends React.Component
<HelloWorldProps, any> {
  render() {
    // ...
  }
}
```

구성 요소들은 서로 중첩될 수 있다. 예를 들어 또 다른 구성 요소에 이전에 있던
HelloWorld 구성 요소를 재사용할 수 있다.

```
import {HelloWorld} from "./hello_world";

class ExampleComponents extends React.Component<{}, any> {
  render() {
    return <div class="greeting-list">
      <HelloWorld name="Foo"/>
      <HelloWorld name="Bar"/>
    </div>
  }
```

```
}
```

타입스크립트를 사용하는 하나의 이점은 인터페이스를 통해 정의된 props의 구성
요소를 사용하고 있을 때 타입스크립트 컴파일러는 실제로 올바른 props를 가진
구성 요소를 제공하고 있는지 여부를 확인한다는 점이다. 예를 들어 앞의 예제에서
name prop을 생략하는 것(또는 이것에 문자열 외에 또 다른 값을 전달하는 것)은 컴파일 에러를 촉발할
것이다.

리액트 구성 요소에 전달된 props는 변경이 불가능한 것으로 취급된다. 이는 구성
요소가 prop의 값 중 하나가 변경될 때 렌더를 다시 하지 않는다는 것을 의미한다.
하지만 각 리액트 구성 요소는 업데이트될 수 있는 내부 상태 값인 state를 가질
수 있다. 매번 구성 요소의 state가 변경될 때 이는 다시 렌더로 처리될 것이다.
다음의 예제를 살펴보자.

```
export interface CounterState {
  counter: number;
}

export class Counter extends React.Component<{}, CounterState> {
  constructor() {
    super();
    this.state = {counter: 0};
  }

  render() {
    return <div>Current count: {this.state.counter}</div>;
  }
}
```

이제 원할 때마다 구성 요소의 setState() 메서드를 사용해 이 state를 업데이트할
수 있다. 예를 들면 타이머가 매초 counter를 증가시키게 할 수 있다.

```
constructor() {
  super();
  this.state = {counter: 0};

  setInterval(() => {
    this.setState({counter: this.state.counter + 1});
  }, 1000);
}
```

구성 요소의 state 변경은 다시 렌더를 초래할 것이다. 앞의 예제에서 이는 counter가 매초 1씩 시각적으로 증가되게 한다.

물론 props와 state를 결합시킬 수도 있다. 한 가지 공통적인 사용의 경우에는 그 구성 요소의 state를 초기화하고자 해당 구성 요소로 전달된 props를 사용하는 것이다.

```
export interface CounterProps {
  start: number;
}

export interface CounterState {
  counter: number
}

export class Counter extends React.Component<CounterProps, CounterState> {
  constructor(props: CounterProps) {
    super(props);

    this.state = {
      counter: props.start
    };

    setInterval(() => {
      // ...
    }
```

```
      }
  }
```

리액트 구성 요소들에 관한 지식으로 무장이 돼 이제는 MyEvents 플랫폼용 프론트
엔드의 구축을 시작할 수 있게 됐다.

MyEvents 프론트엔드 시동 걸기

이제 해당 서버에서 이용할 수 있는 이벤트들의 목록을 가져와서 이것을 단순한
리스트로 표시하는 간단한 리액트 애플리케이션을 구축하며 시작해보자.

시작하기에 앞서 이 리액트 애플리케이션은 부트스트랩^{bootstrap} 연동이 필요하다.
이를 위해 애플리케이션의 진입점을 제공할 수 있는 index.html 파일을 만들 필요
가 있다.

일반적으로 이 파일은 대부분의 로직이 리액트 구성 요소들의 형태로 존재하기에
내용이 길지 않다.

```
<!DOCTYPE html>
<html lang="en">
  <head>
    <meta charset="UTF-8">
    <title>MyEvents</title>
  </head>
  <body>
    <div id="myevents-app"></div>

    <script
src="./node_modules/react/umd/react.production.min.js"></script>
    <script src="./node_modules/react-dom/umd/react-
dom.production.min.js"></script>
```

```
        <script src="./dist/bundle.js"></script>
    </body>
</html>
```

이 HTML 파일을 좀 더 자세히 살펴보자. myevent-app ID를 가진 DIV는 나중에
이 리액트 애플리케이션이 렌더되는 위치가 될 것이다. 이후 대부분의 파일은 각
npm 패키지들의 리액트 라이브러리들을 적재하고 실제 애플리케이션 번들^{bundle}_{(이는}
_{웹팩에 의해 만들어진다)}을 적재해 구성된다.

애플리케이션이 좀 더 그럴듯하게 보이도록 트위터의 부트스트랩 프레임워크를 프
론트엔드에 추가할 것이다. 늘 그렇듯이 부트스트랩 설치를 위해 npm을 사용할 수
있다.

```
$ npm install --save bootstrap@^3.3.7
```

부트스트랩 설치 후에는 index.html 파일의 헤더 부분에 각 CSS 파일을 포함할 수
있다.

```
<!DOCTYPE html>
<html lang="en">
<head>
    <meta charset="UTF-8">
    <title>MyEvents</title>
    <link rel="stylesheet"
href="./node_modules/bootstrap/dist/css/bootstrap.min.css"/>
</head>
<body>
    <!-- ... -->
</body>
</html>
```

시작하고자 이제 새로운 리액트 구성 요소를 추가해보자. 이를 위해 프로젝트 디렉터리에 src/components/hello.tsx 파일을 생성한다.

```
import * as React from "React";

export interface HelloProps {
  name: string;
}

export class Hello extends React.Component<HelloProps, {}> {
  render() {
    return <div>Hello {this.props.name}!</div>;
  }
}
```

실제 이 리액트 애플리케이션의 진입점은 src/index.tsx 파일에 위치하게 된다. 이는 또한 webpack.config.js 파일의 웹팩 모듈 번들러를 위한 진입점으로 지정한 파일이었음을 기억할 수 있을 것이다.

```
import * as React from "react";
import * as ReactDOM from "react-dom";
import {Hello} from "./components/hello";

ReactDOM.render(
  <div className="container">
    <h1>MyEvents</h1>
    <Hello name="World"/>
  </div>,
  document.getElementById("myevents-app")
);
```

> 앞의 예제 코드에서 className 속성을 살펴보자. 있는 그대로의(plain) HTML 요소들로 JSX나 TSX
> 에 작업할 때 class 대신 className의 사용이 필요하게 된다. 이는 자바스크립트와 타입스크립트
> 모두 class가 예약어이기 때문이고 따라서 그냥 class를 사용하는 것은 해당 컴파일러의 심각한
> 혼란을 유발하게 될 것이다.

이 모든 파일을 생성한 후에 bundle.js 파일을 생성할 수 있는 웹팩 번들러를 이제
실행시킬 수 있다.

```
$ webpack
```

개발 환경에 있는 동안에는 해당 소스 파일 중 하나가 변경될 때마다 bundle.js
파일을 업데이트하며 계속 실행되는 웹팩 번들러도 가질 수 있다. 백그라운드로
셸 윈도우에서 실행 중인 시작된 프로세스를 그냥 그대로 두자.

```
$ webpack --watch
```

이제 브라우저에서 index.html 파일을 오픈할 수 있다. 브라우저에서 직접적으로
로컬 파일을 오픈하는 것은 나중에 HTTP 요청을 백엔드 서비스로 할 때 이슈를 만들
것이다. 이 로컬 파일들을 제공할 수 있는 HTTP 서버를 빠르게 설정하고자 npm 패키
지인 http-server를 사용할 수 있다. 간단히 npm을 통해 이것을 설치하고 이후
프로젝트 디렉터리에서 실행하자.

```
$ npm install -g http-server
$ http-server
```

Node.js HTTP 서버는 기본 설정으로 TCP 8080 포트에 대기하며 듣게 될 것이다.
그 결과 브라우저에서 http://localhost:8080으로 찾아야 접속할 수 있다.

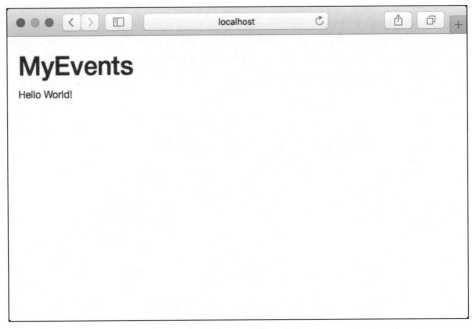

결과물(http://localhost:8080)

축하한다. 첫 번째 리액트 애플리케이션을 방금 만들었다. 물론 MyEvents 플랫폼은 Hello World! 그 이상의 것이 필요할 것이다. 첫 번째 과제 중 하나는 백엔드 서비스에서 이용할 수 있는 이벤트들을 적재하고 미적으로 즐거움을 주는 방식으로 이들을 잘 보여주는 것이 될 것이다.

이벤트 리스트 구현

이용할 수 있는 이벤트들의 리스트를 표시하고자 백엔드 서비스, 좀 더 정확히 말하면 2장과 3장에서 구축한 이벤트 서비스의 REST API에서 이 이벤트들을 적재하기 위한 해결책이 필요하다.

자신의 클라이언트 가져오기

리액트는 모듈식의 프레임워크다. 앵귤러^{Angular}와 같은 다른 자바스크립트 프론트
엔드 프레임워크들과 달리 리액트는 REST 호출을 위한 자체 라이브러리를 제공하
지 않고 대신 본인의 것을 가져오기를 기대한다. 서버에서 데이터를 적재하고자
fetch API를 사용할 것이다. 이 fetch API는 백엔드 서비스들에 AJAX[6] 호출을 하기
위해 많은 현대적인 브라우저(주로 파이어폭스^{Firefox}와 크롬^{Chrome})에서 구현된 새로워진 자바
스크립트 API다. fetch API를 아직 구현하지 않은 오래된 브라우저들에게는 npm
으로 애플리케이션에 추가할 수 있는 **polyfill** 라이브러리가 있다.

```
$ npm install --save whatwg-fetch promise-polyfill
```

다른 자바스크립트 라이브러리들과 함께 index.html 파일에 이 두 개의 **polyfill**
라이브러리들을 포함시켜야 한다.

```
<script src="./node_modules/react/dist/react.min.js"></script>
<script src="./node_modules/react-dom/dist/react-dom.min.js"></script>
<script src="./node_modules/promise-polyfill/promise.min.js"></script>
<script src="./node_modules/whatwg-fetch/fetch.js"></script>
<script src="./dist/bundle.js"></script>
```

이 fetch **polyfill** 라이브러리는 브라우저의 fetch API를 이용 가능할 때 사용하고
이용 가능하지 않을 때는 자신의 구현체를 제공할 것이다. 몇 년 안에 더 많은 브라
우저들이 fetch API를 지원하면 **polyfill**을 안전하게 제거할 수 있을 것이다.

---

6. AJAX는 Asynchronous Javascript And XML의 약자로, 웹 페이지의 전체 화면이 다시 적재 되지 않고 특정 부분만
   서버 측 데이터를 받아 업데이트를 할 수 있는 방식으로 리액트, 앵귤러, Vue와 같은 AJAX 지원 프레임워크가 있다.
   – 옮긴이

⠶ 이벤트 리스트 구성 요소 구축

자, 이제 이벤트 리스트를 위해 어느 리액트 구성 요소들이 필요할지 생각해보자. 다음의 다이어그램은 구축할 구성 요소들의 개요를 보여준다.

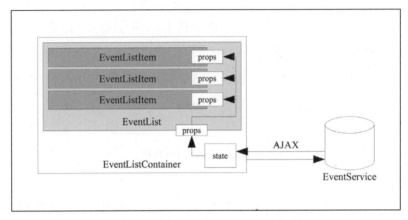

이벤트 리스트를 구성하는 구성 요소들의 개요

이 구성 요소들은 다음과 같은 책임을 진다.

- EventListContainer 구성 요소는 백엔드 서비스에서 이벤트 리스트를 적재하고 자신의 상태로 이벤트 리스트를 관리하는 책임이 있다. 이는 이후 현재 이벤트들의 집합을 EventList 구성 요소의 props로 전달하게 된다.

- EventList 구성 요소는 이벤트 리스트가 주어지는 해당 컨테이너를 렌더하는 책임을 담당한다. 먼저 간단한 테이블 뷰view를 선택할 것이다. 이 테이블은 이후 각 이벤트당 하나인 EventListItem의 집합으로 채워지게 된다.

- EventListItem 구성 요소는 해당 이벤트 리스트의 단일 이벤트 아이템을 렌더한다. 즉, 웹 브라우저 화면에 나타내게 된다.

엄밀하게는 EventList 구성 요소가 두 가지 모두, 즉 백엔드 서비스에서 이벤트들을 적재하고 이벤트 리스트 표현을 관리하게 할 수 있다. 하지만 이는 단일 책임

원칙^{single-responsibility principle}을 위반하게 된다. 두 가지 구성 요소를 갖는 이유가 바로 이것이다. 하나는 이벤트들을 적재하며 이들을 또 다른 곳으로 넘겨주고 다른 하나는 사용자에게 이들을 나타내는 것이다.

타입스크립트 컴파일러에게 이벤트가 실제로 어떤 모습일지 전하면서 시작을 해보자. 이를 위해서는 GET 방식이 URL /events를 갖고자 사용될 때 해당 백엔드 서비스에 의해 전달되는 JSON 응답들을 기술하는 타입스크립트 인터페이스를 정의할 것이다. 다음의 내용을 갖는 새로운 ./src/models/event.ts 파일을 생성한다.

```
export interface Event {
  ID string;
  Name string;
  Country string;
  Location {
    ID string;
    Name string;
    Address string;
  };
  StartDate number;
  EndDate number;
  OpenTime: number;
  CloseTime: number;
}
```

이벤트 서비스의 코드에 정의됐던 persistence.Event 구조체에 이 인터페이스 정의가 어떻게 밀접하게 상응하는지 주목해보자. 프론트엔드와 백엔드가 함께 잘 동작하고자 이 두 정의들은 이들이 바뀔 때 동기화가 유지되게 할 필요가 있다.

이제 해당 리액트 구성 요소들을 계속 구축할 수 있고 EventListItem을 구현해서 세부적에서 전반적으로 보는 것^{bottom-up}을 시작할 것이다.

이를 위해 새로운 src/components/event_list_item.tsx 파일을 생성한다.

```
import {Event} from "../models/event";
import * as React from "react";

export interface EventListItemProps {
  event: Event;
}

export class EventListItem extends React.Component<EventListItemProps, {}>
{
  render() {
    const start = new Date(this.props.event.StartDate * 1000);
    const end = new Date(this.props.event.EndDate * 1000);

    return <tr>
      <td>{this.props.event.Name}</td>
      <td>{this.props.event.Location.Name}</td>
      <td>{start.toLocaleDateString()}</td>
      <td>{end.toLocaleDateString()}</td>
      <td></td>
    </tr>
  }
}
```

다음으로 src/components/event_list.tsx 파일의 **EventList** 구성 요소를 정의한다.

```
import {Event} from "../models/event";
import {EventListItem} from "./event_list_item";
import * as React from "react";

export interface EventListProps {
  events: Event[];
}

export class EventList extends React.Component<EventListProps, {}> {
  render() {
    const items = this.props.events.map(e =>
```

```
        <EventListItem event={e} />
    );

    return <table className="table">
      <thead>
        <tr>
          <th>Event</th>
          <th>Where</th>
          <th colspan="2">When (start/end)</th>
          <th>Actions</th>
        </tr>
      </thead>
      <tbody>
        {items}
      </tbody>
    </table>
  }
}
```

EventList 구성 요소가 Event 객체들의 배열을 EventListItem(prop으로 전달된 그 이벤트를 가진)의 리스트로 아주 쉽게 변환하고자 자바스크립트의 map 내장 함수를 어떻게 사용하는지 주목하자. EventListItem의 리스트는 이후 EventList 구성 요소에 의해 생성된 테이블table의 바디로 삽입된다.

또한 마지막으로 중요한 것은 EventListContainer 구성 요소를 구축할 수 있다는 점이다. 이 구성 요소 내에서 서버로부터 이벤트들을 적재하고자 fetch API를 사용할 것이다. 먼저 src/components/event_list_container.tsx 파일에 EventListContainer props와 state에 대한 정의를 구현한다.

```
import * as React from "react";
import {EventList} from "./event_list";
import {Event} from "../models/event";
```

```
export interface EventListContainerProps {
  eventListURL: string;
}

export interface EventListContainerState {
  loading: boolean;
  events: Event[]
}
```

다음으로 실제 구성 요소를 구현할 수 있다.

```
export class EventListContainer extends React.Component
<EventListContainerProps, EventListContainerState> {
  construct(p: EventListContainerProps) {
    super(p);

    this.state = {
      loading: true,
      events: []
    };

    fetch(p.eventListURL)
      .then<Event[]>(response => response.json())
      .then(events => {
        this.setState({
          loading: false,
          events: events
        });
      });
  }
}
```

생성자에서 해당 구성 요소의 **state**를 먼저 초기화시킬 것이다. 여기에서는 자바스
크립트의 HTTP 동작들이 보통 비동기식인 것을 기억하는 것이 중요하다. 생성자에

서 fetch 함수를 호출하고 있지만 자바스크립트 런타임은 이 HTTP 요청을 비동기 식으로 실행할 것이고 심지어 아무런 데이터가 (아직)적재되지 않았을 때에도 해당 구성 요소는 생성될 것이다. 이런 이유로 구성 요소의 state는 데이터가 여전히 적재 중인지 여부를 나타내는 loading이란 이름을 가진 불리언 속성property(html DOM 안의 동적 속성)을 포함한다. 나중에 이 구성 요소는 이 state 속성attribute(html 문서 안의 정적 속성)을 기반으로 자신의 표현을 조정할 수 있게 된다.

fetch 메서드는 프라미스promise를 반환한다. 프라미스는 아직 이용 가능하지 않은 값value에 대한 플레이스홀더placeholder다. 이 프라미스화된 값이 이용 가능하게 되는 즉시 코드를 실행시키고자 프라미스 인스턴스의 then(...) 함수를 사용할 수 있다. 또한 프라미스를 차례로 연결chain 할 수 있다. 이 경우에는 fetch 함수가 HTTP 응답(이는 Response 클래스의 인스턴스이다)에 대한 프라미스를 반환한다. 이 클래스는 내부적으로 해당 JSON 해독화(역직렬화)된 값에 대한 또 다른 프라미스를 자체 반환하는 json() 함수를 갖고 있다. then(...) 호출에 전달된 함수가 또 다른 프라미스를 반환하면 반환된 프라미스는 원래의 프라미스를 대체한다. 이는 HTTP 응답이 사용 가능하고 성공적으로 JSON 해독이 됐을 때 호출될 해당 체인에 또 다른 then() 호출을 추가할 수 있다는 것을 의미한다. 이것이 발생하면 해당 구성 요소가 더 이상 적재하고 있지 않음을 나타내는 구성 요소의 state와 실제 이벤트 리스트를 담고 있는 events 속성property을 업데이트할 것이다.

마지막으로 render() 메서드를 추가하며 EventListContainer 구성 요소를 마친다.

```
render() {
  if (this.state.loading) {
    return <div>Loading...</div>;
  }

  return <EventList events={this.state.events} />;
}
```

이 페이지상에 이벤트 리스트를 실제로 표시하고자 이제 index.tsx 파일에 있는
EventListContainer를 사용할 수 있다.

```
import * as React from "react";
import * as ReactDOM from "react-dom";
import {EventListContainer} from "./components/event_list_container";

ReactDOM.render(
    <div className="container">
        <h1>MyEvents</h1>
        <EventListContainer eventListURL="http://localhost:8181"/>
    </div>,
    document.getElementById("myevents-app")
);
```

또한 일반적으로 해당 애플리케이션으로의 단일 진입점을 제공할 수 있는 루트[root]
구성 요소를 구축하는 것이 좋은 관행으로 여겨진다. 이제 ReactDOM.render 호출
에서 자신의 구성 요소로 DOM 요소[element]들을 추출하고 이후 이것을 ReactDOM.
render 호출에 사용할 수 있다.

```
class App extends React.Component<{}, {}> {
    render() {
        return <div className="container">
            <h1>MyEvents</h1>
            <EventListContainer eventListURL="http://localhost:8181"/>
        </div>
    }
}

ReactDOM.render(
    <App/>
    document.getElementById("myevents-app")
);
```

백엔드 서비스에서 CORS 활성화

프론트엔드 애플리케이션을 테스트하기 전에 백엔드 서비스들(더 정확하게는 이벤트 서비스와 예약 서비스)이 혼합 출처 자원 공유^{CORDS, Cross-Origin Resource Sharing}[7]를 지원하는지 확실히 할 필요가 있다. 그렇지 않으면 프론트엔드가 http://localhost:8080에서 제공되고 백엔드 서비스들이 다른 TCP 포트들에서 운영될 때 웹 브라우저는 HTTP 요청들을 어떠한 백엔드 서비스들에게도 수행하지 않을 것이다.

원칙적으로 CORS는 HTTP 응답에 존재해야 하는 몇 가지 추가적인 헤더^{header}에 불과한 것들로 구성된다. 예를 들면 또 다른 도메인에서 AJAX 요청을 허용하고자 HTTP 응답은 Access-Control-Allow-Origin 헤더를 담아야 한다. 이와 같은 헤더를 가진 HTTP 응답은 다음과 같다.

```
HTTP/1.1 200 OK
    Content-Type: application/json; charset=utf-8
    Content-Length: 1524
    Date: Fri, 24 Mar 2017 16:02:55 GMT
    Access-Control-Allow-Origin: http://localhost:8080
```

여기서는 이벤트와 예약 서비스 두 가지 모두 고릴라 웹 툴킷을 사용하고 있기에 CORS 기능을 추가하는 것은 쉽다. 첫 번째로 github.com/gorilla/handlers에 가서 이 패키지를 가져온다.

```
$ go get github.com/gorilla/handlers
```

---

7. 웹에서는 보안을 위해 출처가 같은 경우에만 통신을 허가한다. 이는 Same Origin Policy, 즉 SOP로 동일 도메인에 대해서만 요청을 허용하는 정책이지만 CORS는 이와 반대로 서로 다른 도메인 주소 간에 자원을 공유하기 위한 정책이다. - 옮긴이

이후에 CORS 기능을 기존 HTTP 서버에 추가하고자 **handlers.CORS** 함수를 사용할
수 있다. 이는 다음과 같이 이벤트 서비스의 rest.go 파일을 조정하게 할 수 있게
해준다.

```
package rest

import (
  // ...
  "github.com/gorilla/mux"
  "github.com/gorilla/handlers"
)

func ServeAPI(endpoint string, dbHandler persistence.DatabaseHandler,
eventEmitter msgqueue.EventEmitter) error {
  handler := newEventHandler(dbHandler, eventEmitter)
  r := mux.NewRouter()

  // ...

  server := handlers.CORS()(r)
  return http.ListenAndServe(endpoint, server)
}
```

동일한 방식으로 예약 서비스를 조정한다. 그 이후에는 어떤 이슈도 없이 프론트엔
드 애플리케이션에서 양쪽 서비스들 모두와 얘기할 수 있을 것이다.

이벤트 리스트 테스트

애플리케이션을 테스트하려면 로컬에서 실행되고 TCP 포트 **8181**에 대기하며 듣고
있는 이벤트 서비스의 인스턴스가 있는지 확실히 한다. 또한 이벤트 서비스의 REST
API를 사용해서 한두 개의 이벤트들을 이미 생성했다는 점도 분명히 한다. 이후에
프론트엔드 애플리케이션 디렉터리에서 Node.js의 **http-server**를 시작하고 브라
우저에서 **http://localhost:8080**으로 접속을 시도해보자.

결과물(http://localhost:8080)

라우팅과 내비게이션 추가

프론트엔드 애플리케이션에 기능들을 더 추가하기 전에 탄탄한 내비게이션과 라우팅 계층을 추가해보자. 이는 더 많은 특징적인 기능이 추가될 때 해당 애플리케이션이 여전히 쉽게 유지 보수가 가능하게 해줄 것이다.

애플리케이션이 다수의 애플리케이션 뷰를 지원하게 하고자 먼저 react-router-dom 패키지를 애플리케이션에 추가한다.

```
$ npm install --save react-router-dom
$ npm install --save-dev @types/react-router-dom
```

이 react-router-dom 패키지는 몇 가지 새로운 구성 요소를 애플리케이션에 추가한다. 실제로 쉽게 라우팅을 구현하고자 루트 구성 요소에 이들을 사용할 수 있다.

```
import * as React from "react";
import * as ReactDOM from "react-dom";
import {HashRouter as Router, Route} from "react-router-dom";
```

```
// ...
class App extends React.Component<{}, {}> {
  render() {
    const eventList = () => <EventListContainer
eventServiceURL="http://localhost:8181"/>

    return <Router>
      <div className="container">
        <h1>My Events</h1>

        <Route exact path="/" component={eventList}/>
      </div>
    </Router>
  }
}
```

이제 해당 컨테이너 내에서 이 <Route> 구성 요소가 어떻게 사용되는지 주목하자. 여기에 다수의 Route 구성 요소들을 나중에 추가할 수 있고 리액트 라우터는 현재 URL에 따라 이들 구성 요소를 렌더할 것이다. 이는 이 애플리케이션이 평범하고 오래된 링크를 사용해 사용자를 하나의 뷰에서 또 다른 것으로 인도하게 해줄 것이다.

앞의 render() 메서드에 선언돼 있는 eventList 상수를 주목하자. 이는 Route 구성 요소가 component prop을 받아들이기 때문이고 이것은 이 Route가 일치[match]될 때마다 호출될 구성 요소나 함수를 참고한다. 하지만 각 구성 요소로 전달돼야 하는 props를 지정할 수는 없다. 이는 왜 기본 props를 가진 EventListContainer 구성 요소를 초기화하는 함수를 선언하고 있고 이것이 Route 구성 요소에 사용될 수 있게 하는 이유가 된다.

이제 동작하는 라우팅 계층을 갖게 됐으므로 사용자들이 항상 이벤트 리스트로 되돌아갈 수 있게 해보자 . 이를 위해 루트 구성 요소에서 사용할 수 있는 새로운 내비게이션 바[navigation bar] 구성 요소를 추가할 것이다. 새로운 src/components/

navigation.tsx 파일을 생성한다.

```
import * as React from "react";
import {Link} from "react-router-dom";

export interface NavigationProps {
  brandName: string;
}

export class Navigation extends React.Component<NavigationProps, {}> {
}
```

다음으로 새로운 구성 요소에 render() 메서드를 추가한다.

```
render() {
  return <nav className="navbar navbar-default">
    <div className="container">
      <div className="navbar-header">
        <Link to="/" className="navbar-brand">
          {this.props.brandName}
        </Link>
      </div>

      <ul className="nav navbar-nav">
        <li><Link to="/">Events</Link></li>
      </ul>
    </div>
  </nav>
}
```

Navigation 구성 요소가 다른 리액트 라우트에 연결을 생성하고자 Link 구성 요소를 어떻게 사용하는지 주목하자. 이는 현재로는 / 라우트만 갖고 있게 돼 있어 아직 그렇게 복잡하지는 않다.

새로운 내비게이션 구성 요소를 실제로 사용하고자 이것을 루트 구성 요소의 render 메서드에 추가한다.

```
// ...
import {Navigation} from "./components/navigation";

class App extends React.Component<{}, {}> {
  render() {
    const eventList = () => <EventListContainer
eventServiceURL="http://localhost:8181"/>

    return <Router>
      <Navigation brandName="MyEvents"/>
      <div className="container">
        <h1>My Events</h1>

        <Route exact path="/" component={eventList}/>
      </div>
    </Router>
  }
}
```

예약 프로세스 구현

이제 사용 준비가 된 동작하는 라우팅과 내비게이션을 갖고 있어 다음 기능 조각인 예약 프로세스를 구현할 수가 있다. 이 책의 목적에 맞게 이 예약 프로세스를 간단하게 가져갈 것이다. 이전에 구현한 이벤트 리스트의 각 줄은 사용자를 예약 양식 form으로 인도할 버튼을 가져야만 한다. 이 양식에서 이들은 예약을 원하는 티켓들의 개수에 대해 입력 대기prompt하게 되며 이후에 해당 양식을 제출할 수 있다. 제출할 때 프론트엔드 애플리케이션은 예약 서비스에 HTTP 요청을 수행할 것이다.

물론 이 예약 양식을 리액트 구성 요소로 구현할 것이다. 이전과 똑같이 백엔드 통신과 프론트엔드 표현을 처리하고자 책임들이 분리된 상태로 각기 나눠진 구성 요소들을 구축하게 된다. `EventBookingFormContainer`는 이벤트 서비스로부터 이벤트 레코드[record]를 적재하고 실제 예약을 다시 예약 서비스에 저장하는 책임을 지게 된다. `EventBookingForm`은 이후 해당 양식의 실제 프론트엔드 표현을 책임진다. 또한 이 양식 표현을 더 쉽게 하고자 `FormRow` 구성 요소를 도입할 것이다. 다음의 다이어그램은 이 구성 요소들의 개요와 이들이 어떻게 서로 관련이 있는지를 보여준다.

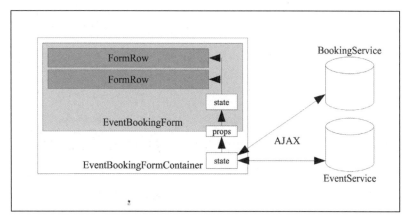

구성 요소들 간의 관계

`FormRow` 구성 요소는 부트스트랩 프레임워크의 양식[form] CSS 클래스들을 사용하기 더 쉽게 만들어주는 순수 표현적인 구성 요소가 될 것이다. 이전과 같이 이 구성 요소들을 세부적에서 전체적으로 접근하는 방식[bottom-up]으로 구현할 것이고 가장 중심이 되는 구성 요소로부터 시작한다. 이를 위해 src/components/form_row.tsx 파일을 생성한다.

```
import * as React from "react";

export interface FormRowProps {
  label?: string;
}
```

```
export class FormRow extends React.Component<FormRowProps, {}> {
  render() {
    return <div className="form-group">
      <label className="col-sm-2 control-label">
        {this.props.label}
      </label>
      <div className="col-sm-10">
        {this.props.children}
      </div>
    </div>
  }
}
```

이 경우에 특별한 prop인 children을 사용하고 있다. FormRowProps 인터페이스에 이 prop을 명시적으로 정의하지 않았지만 어떤 리액트 구성 요소에도 children prop을 사용할 수 있다. 이는 자식 요소로서 전달된 어떠한 DOM 요소들도 현재 구성 요소에 담게 된다. 이로써 다음과 같이 FormRow 구성 요소를 사용할 수 있게 될 것이다.

```
<FormRow label="Some input field">
  <input className="form-control" placeholder="Some value..."/>
</FormRow>
```

다음으로 EventBookingForm 구성 요소를 구축하고자 FormRow 구성 요소를 사용할 수 있다. 이를 위해 src/components/event_booking_form.tsx라는 새로운 파일을 생성한다.

```
import * as React from "react";
import {Event} from "../model/event";
import {FormRow} from "./form_row";
```

```
export interface EventBookingFormProps {
  event: Event;
  onSubmit: (seats: number) => any
}

export interface EventBookingFormState {
  seats: number;
}

export class EventBookingForm
extends React.Component<EventBookingFormProps, EventBookingFormState> {
  constructor(p: EventBookingFormProps) {
    super(p);

    this.state = {seats: 1};
  }
}
```

EventBookingForm 구성 요소는 입력 props와 내부 state 모두를 갖고 있다. 입력 props(=properties)는 해당 예약 양식이 렌더돼야 하는 실제 이벤트와 콜백^{callback} 메서 드를 담는다. 양식이 제출될 때마다 이 콜백 메서드를 호출하고자 추후에 해당 예약 양식을 구성할 것이다. 이 양식의 내부 state는 예약돼야 할 티켓의 개수에 대한 변수를 담게 된다.

이제 EventBookingForm 구성 요소에 render() 메서드를 추가한다.

```
render() {
  return <div>
    <h2>Book tickets for {this.props.event.name}</h2>
    <form className="form-horizontal">
      <FormRow label="Event">
        <p className="form-control-static">
          {this.props.event.name}
        </p>
```

```
            </FormRow>
            <FormRow label="Number of tickets">
                <select className="form-control" value={this.state.seats}
        onChange={event => this.handleNewAmount(event)}>
                    <option value="1">1</option>
                    <option value="2">2</option>
                    <option value="3">3</option>
                    <option value="4">4</option>
                </select>
            </FormRow>
            <FormRow>
                <button className="btn btn-primary"
        onClick={() => this.props.onSubmit(this.state.seats)}>
                    Submit order
                </button>
            </FormRow>
        </form>
    </div>
}
```

이 코드는 사용자들이 어느 이벤트의 티켓을 예약할지 검토하고 원하는 티켓 수량을 선택하고 이후 주문을 넣을 수 있는 작은 양식을 생성할 것이다. onSubmit prop이 해당 버튼의 onClick 이벤트에서 어떻게 호출되는지 주목하자.

또한 선택 필드의 onChange 이벤트가 아직 정의하지 않은 this.handleNewAmount 메서드를 호출하는 점을 주목하고 이를 지금 작성해본다.

```
import * as React from "react";
import {ChangeEvent} from "react";
// ...

export class EventBookingForm extends
React.Component<EventBookingFormProps, EventBookingFormState> {
```

```
// ...

private handleNewAmount(event: ChangeEvent<HTMLSelectElement>) {
  const state: EventBookingFormState = {
    seats: parseInt(event.target.value)
  }

  this.setState(state);
}
}
```

마지막으로 중요한 것은 이제 EventBookingFormContainer 구성 요소를 구현할 수 있다는 것이다. 이 구성 요소는 각각의 백엔드 서비스들(이벤트 예약하기와 작업하고 있으므로 4장에서 구축된 예약 서비스와 통신해야 할 것이다)에 대한 AJAX 통신 처리의 책임을 지게 된다.

해당 구성 요소의 **props**와 **state**를 정의하며 시작해보자. 이를 위해 새로운 파일인 src/components/event_booking_form_container.tsx를 생성한다.

```
import * as React from "react";
import {EventBookingForm} from "./event_booking_form";
import {Event} from "../model/event";

export class EventBookingFormContainerProps {
  eventID: string;
  eventServiceURL: string;
  bookingServiceURL: string;
}

export class EventBookingFormContainerState {
  state: "loading"|"ready"|"saving"|"done"|"error";
  event?: Event;
}
```

EventBookingFormContainer는 AJAX 호출들을 이벤트 서비스와 예약 서비스 모두에게 해야 할 필요가 있다. 이 구성 요소의 새로운 인스턴스가 생성됐을 때 이것은 자신의 **props**(=properties)를 통해 이벤트 ID가 전달되고 이후 해당 이벤트 서비스에서 구성 요소의 **state**로 각 이벤트의 데이터를 적재하고자 그 ID를 사용할 것이다.

이벤트 데이터를 적재하는 것은 다음에서 정의할 해당 구성 요소의 생성자 함수에서 할 수 있는 것이다.

```
export class EventBookingFormContainer
extends React.Component<EventBookingFormContainerProps,
EventBookingFormContainerState> {
  constructor(p: EventBookingFormContainerProps) {
    super(p);

    this.state = {state: "loading"};

    fetch(p.eventServiceURL + "/events/" + p.eventID)
      .then<Event>(response => response.json())
      .then(event => {
        this.setState({
          state: "ready",
          event: event
        })
    });
  }
}
```

이제 해당 이벤트가 적재되면 바로 **render** 메서드를 실제 예약 양식을 표현하는 이 구성 요소에 추가할 수 있다.

```
render() {
  if (this.state.state === "loading") {
    return <div>Loading...</div>;
  }
```

```
if (this.state.state === "saving") {
  return <div>Saving...</div>;
}

if (this.state.state === "done") {
  return <div className="alert alert-success">
    Booking completed! Thank you!
  </div>
}

if (this.state.state === "error" || !this.state.event) {
  return <div className="alert alert-danger">
    Unknown error!
  </div>
}

return <EventBookingForm event={this.state.event}
  onSubmit={seats => this.handleSubmit(seats)} />
}
```

이 render() 메서드는 기본적으로 구성 요소의 state에 대한 가능한 모든 변형 variants을 다루고 이후 각각의 상태 메시지를 출력한다. 이벤트가 성공적으로 적재되면 실제 EventBookingForm이 표현된다.

마지막으로 handleSubmit 메서드 구현이 필요하다.

```
private handleSubmit(seats: number) {
  const url = this.props.bookingServiceURL + "/events/" + this.eventID +
"/bookings";
  const payload = {seats: seats};

  this.setState({
    event: this.state.event,
    state: "saving"
  });
```

```
fetch(url, {method: "POST", body: JSON.stringify(payload)})
    .then(response => {
      this.setState({
        event: this.state.event,
        state: response.ok ? "done" : "error"
      });
    })
}
```

이것으로 예약 양식에서의 작업을 마무리한다. 하지만 작은 것 하나를 빠뜨렸다. 즉, 아직 이 양식에 접근할 수 있는 방법이 없다. 이제 이 간과한 것을 고쳐보자.

index.tsx 파일에 새로운 라우트를 추가하며 시작해보자. 좀 더 정확하게는 **App** 구성 요소의 **render** 메서드에 추가한다.

```
render() {
  const eventList = () => <EventListContainer
eventServiceURL="http://localhost:8181" />;
  const eventBooking = ({match}: any) =>
    <EventBookingFormContainer eventID={match.params.id}
      eventServiceURL="http://localhost8181"
      bookingServiceURL="http://localhost:8282" />;

  return <Router>
    <div className="container">
      <h1>My Events</h1>

      <Route exact path="/" component={eventList} />
      <Route path="/events/:id/book" component={eventBooking} />
    </div>
  </Router>
}
```

이 예제 코드에서는 여러 가지를 볼 수 있다. 우선 새로운 로컬 구성 요소 eventBooking을 선언하고 있고 이는 일부 기본 매개변수를 가진 EventBooking FormContainer 구성 요소를 기본적으로 반환한다. 이 구성 요소는 match 속성(매개변수 선언에서의 중괄호 {}들은 소위 구조 분해 할당[8] 이다)을 가진 prop 객체가 전달될 것이다. 이 match 객체는 이전 예제에서 선언된 /events/:id/book 라우트로부터 라우트 매개변수들을 담는다. 이는 라우트 매개변수로 이벤트 ID를 포함할 수 있게 해준다(예를 들어 localhost:8080/#/events/58d543209cdd4128c06e59db/book).

또한 이 코드가 동작할 수 있도록 4장에서 localhost의 TCP 포트 8282에서 운영되고 대기하며 듣는 예약 서비스의 인스턴스를 갖고 있다고 가정한다.

마지막으로 사용자가 실제로 이 라우트에 도달할 수 있게 해주는 버튼을 추가한다. 이를 위해 이번 장의 앞쪽에서 생성한 src/component/event_list_item.tsx 파일에 있는 EventListItem 구성 요소를 수정하고 이전에 함께 작업한 react-router-dom 패키지에서 Link 구성 요소를 사용할 것이다.

```
import {Link} from "react-router-dom";
// ...

export class EventListItem extends React.Component<EventListItemProps, {}>
{
  render() {
    const start = new Date(this.props.event.StartDate * 1000);
    const end = new Date(this.props.event.EndDate * 1000);

    return <tr>
      <td>{this.props.event.Name}</td>
      <td>{this.props.event.Location.Name}</td>
      <td>{start.toLocaleDateString()}</td>
      <td>{end.toLocaleDateString()}</td>
```

---

8. destructuring assignment로 배열이나 객체의 속성을 해체해 그 값을 개별 변수에 담을 수 있게 하는 자바스크립트 표현식(expression)을 말한다. - 옮긴이

```
    <td>
      <Link to={`/events/${this.props.event.ID}/book`}>
        Book now!
      </Link>
    </td>
  </tr>
  }
}
```

이제 프론트엔드 애플리케이션에서 Book now! 라벨이 붙은 추가 버튼이 보일 것
이다.

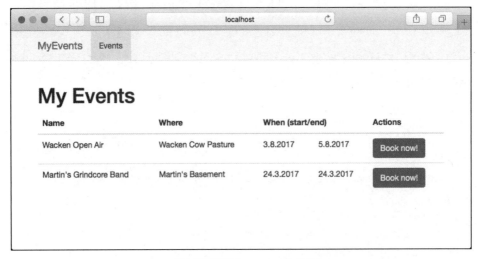

지금 예약하세요!(Book now!) 버튼

이벤트 리스트에 있는 EventListItem 구성 요소는 이제 각 이벤트 예약 양식에
링크를 담는다. 이 버튼 중 하나를 클릭하면 즉시 해당 애플리케이션은 각 이벤트의
실제 예약 양식으로 연결시킬 것이다.

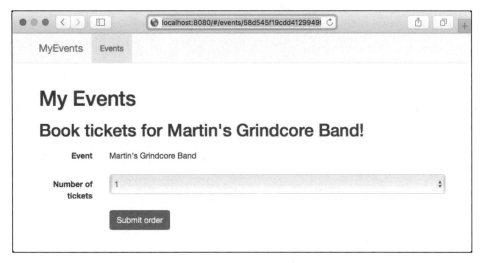

실행 중인 이벤트 예약 양식(EventBookingForm)

해당 이벤트 ID를 담고 있는 URL을 주목하자. 생성될 때 이벤트 서비스에서 이벤트 데이터를 적재하는 **EventBookingFormContainer**를 구축해서 이제 이 URL을 사용해 브라우저에서 직접 열 수도 있다. 이 리액트 라우터는 예약 양식을 즉시 열고나서 이벤트 서비스에서 이벤트의 데이터를 적재한다. 이는 리액트 애플리케이션에서 하위 라우트를 직접 열고 이 URL들을 공유하거나 즐겨찾기[bookmark]도 할 수 있게 해준다.

⠿ 요약

5장에서는 리액트와 함께하는 프론트엔드 개발로의 짧은 경험을 가져봤다. 물론 리액트 프레임워크로 가능한 것들의 표면적인 것만 다룬 것이다. 현실 세계의 애플리케이션에서는 실제로 완전해지려면 프론트엔드 애플리케이션을 위한 꽤 많은 기능 추가가 여전히 필요할 것이다(예를 들어 사용자 등록과 더 세련된 점검 과정 같은 소소한 것들의 추가가 필요하다).

지금까지는 백엔드 쪽을 Go로, 프론트엔드 쪽을 타입스크립트로 양쪽 모두 실제 프로그래밍을 하며 대부분의 시간을 사용했다. 하지만 단지 프로그래밍 외에도 소프트웨어 개발에 관계된 더 많은 것이 있다. 다음의 몇 개 장들에 걸쳐 애플리케이션 배포에 관련된 것을 다룬다. 이는 양쪽 백엔드 서비스(이전 장들에서 구축된 이벤트 및 예약 서비스와 같은) 뿐만 아니라 지속성 및 메시징 서비스들(데이터베이스나 메시지 큐 같은)을 포함할 것이다. 이를 위해 현대적인 컨테이너 기술들과 이들을 어떻게 클라우드에 배포하는지 살펴볼 것이다.

06

컨테이너로 애플리케이션 배포

지난 몇 개 장에서는 Go 애플리케이션의 실제 개발에 중점을 뒀다. 하지만 단지 코드를 작성하는 것 이상의 것이 소프트웨어 엔지니어링에 있다. 보통 애플리케이션을 런타임 환경에 어떻게 배포할지에 대해서도 관심을 가질 필요가 있을 것이다. 특히 각 서비스가 완전히 다른 기술 스택stack으로 구축될 수 있는 마이크로서비스 아키텍처에서의 배포는 바로 난관에 부딪칠 수가 있다.

실제로 서로 다른 기술들을 사용하는 서비스들(예를 들어 Go와 Node.js, 자바로 작성된 서비스들이 있을 때)을 배포하려 할 때 이 모든 서비스가 실행될 수 있는 환경을 제공할 필요가 있다. 전통적인 가상머신이나 베어메탈bare-metal[1] 서버를 사용할 때 이는 꽤 성가신 일이 될 수 있다. 심지어 현대적인 클라우드 제공자들이 VM을 빨리 쉽게 생성하고 처리하게 해주지만 가능한 모든 종류의 서비스에 대한 인프라를 유지하며 운영하는 것은 힘겨운 도전이 될 수 있다.

바로 여기에서 도커Docker나 RKT와 같은 현대적인 컨테이너 기술들이 빛을 발한다.

---

1. 가상머신을 제공할 수 있는 가상화 S/W(하이퍼바이저)를 설치하지 않은 단독 물리 서버 방식을 말한다. – 옮긴이

컨테이너를 사용하면 모든 의존성 부분과 함께 원하는 애플리케이션을 컨테이너 이미지로 패키지화할 수 있고, 나중에 해당 애플리케이션을 실행할 때 컨테이너를 빠르게 생성하고자 컨테이너 실행이 가능한 전체 서버에 해당 이미지를 미리 반영해 둘 수도 있다. 서버 자체적으로(가상화 또는 베어메탈 환경) 이것의 실행을 위해 필요한 단 하나의 소프트웨어는 컨테이너 런타임 환경이다(일반적으로 도커 또는 RKT가 된다).

6장에서는 최근 몇 장에 걸쳐 구축한 MyEvents 애플리케이션을 컨테이너 이미지에 패키징하는 방법과 이미지들을 배포하는 방법을 다룬다. 사고를 더 확장해서 많은 서버에 걸쳐 컨테이너들을 동시에 배포하게 해주는 쿠버네티스^{Kubernetes}와 같은 클러스터 관리자들도 살펴보고, 이는 애플리케이션 배포를 더욱 회복성 있고 확장 가능하게 할 것이다.

6장에서는 다루는 내용은 다음과 같다.

- 컨테이너 이미지들을 만들고 실행시키고자 도커 사용

- 도커 컴포즈^{Docker Compose}로 복잡한 멀티컨테이너 애플리케이션 구성

- 쿠버네티스와 함께 하는 컨테이너 클라우드 인프라

⫸ 컨테이너란?

도커와 같은 컨테이너^{containers} 기술들은 리눅스의 네임스페이스^{namespace}와 컨트롤 그룹^{cgroup}과 같은 현대적인 OS에 의해 제공되는 격리^{isolation} 기능들을 사용한다. 이런 특징적인 기능들을 사용하면 해당 OS가 다수의 실행 중인 프로세스를 상호 간에서부터 아주 큰 규모까지 격리하게 해준다. 예를 들어 컨테이너 런타임은 두 개로 완전히 분리된 파일 마운트 네임스페이스들을 가진 프로세스 두 개 또는 네트워크 네임스페이스들을 사용해 두 개의 분리된 네트워킹 스택^{stacks}을 제공할 수 있다. 네임스페이스에 더해 cgroup은 각 프로세스에 미리 할당된 자원의 양(CPU 타임, 메모리

또는 I/O, 네트워크 대역폭과 같은)보다 더 사용하지 않게 하는 데 사용될 수 있다.

전통적인 가상머신과는 대조적으로 컨테이너는 완전히 호스트 환경의 OS 내에서 실행된다. 여기에서 실행되고 있는 가상화된 하드웨어와 OS는 없다. 또한 많은 컨테이너 런타임에서는 일반적인 OS에서 보이는 모든 전형적인 프로세스들도 갖지 않는다. 예를 들어 도커 컨테이너는 일반적인 리눅스 시스템에 있는 것과 유사한 init 프로세스를 갖지 않을 것이다. 대신 해당 컨테이너의 root 프로세스(PID 1)가 애플리케이션이 된다(또한 PID 1 프로세스가 존재하는 조건으로 해당 컨테이너도 존재하기에 해당 애플리케이션이 실행을 종료하면 이것은 바로 존재하지 않게 된다).

> **NOTE**
>
> 물론 이는 모든 컨테이너 런타임에 적용되지는 않는다. 예를 들어 LXC는 컨테이너 내에서(적어도 이것의 사용자 공간 부분에서는) PID 1로서 init 프로세스를 포함하는 완전한 리눅스 시스템을 제공한다.

또한 대부분의 컨테이너 런타임들은 컨테이너 이미지의 개념을 동반한다. 이는 미리 패키징된 파일 시스템들을 담고 있고 이로부터 새로운 컨테이너들을 생성할 수 있다. 많은 컨테이너 기반의 배포들은 배포 결과물로 컨테이너 이미지를 실제로 사용하고, 이곳에서 실제 빌드 결과물들(예를 들어 컴파일된 Go 바이너리, 자바 애플리케이션, 또는 Node.js 앱)이 이들의 런타임 의존성들(컴파일된 Go 바이너리에는 이것이 그렇게 많지 않다. 하지만 다른 애플리케이션들은 컨테이너 이미지가 자바 런타임, Node.js 설치, 또는 해당 애플리케이션을 동작시키는 데 요구되는 다른 어떤 것들도 담을 수 있다)과 함께 패키징된다.

애플리케이션을 위해 컨테이너 이미지를 생성하는 것은 해당 애플리케이션 이미지에서 새로운 컨테이너를 생성하기 쉽기 때문에 애플리케이션의 확장성과 회복성을 지원할 수 있다.

또한 도커와 같은 컨테이너 런타임들은 컨테이너들을 **변경 불가능한 것**^{immutable}으로 다루는 경향이 있다(컨테이너는 시작이 된 이후로는 어떤 방법으로든 일반적으로 변경이 안 된다는 것을 의미한다). 애플리케이션을 컨테이너로 배포할 때 애플리케이션의 새 버전을 배포하는 전형적인 방법은 새로운 컨테이너 이미지(애플리케이션의 업데이트된 버전을 담는)를 만들고 이후 그 새로운 이미지에서 새 컨테이너를 생성하고 애플리케이션의 오래된 버전을 실행하고 있는 기존 컨테이너를 삭제하는 것이다.

⠿ 도커 소개

현재 RKT(rocket으로 발음되는) 같이 다른 런타임들도 있긴 하지만 애플리케이션 컨테이너 런타임들의 사실상 표준은 도커다. 이번 장에서는 도커에 초점을 맞출 것이다. 하지만 많은 컨테이너 런타임은 상호운영이 가능하고 공통의 표준 기반으로 구축된다. 예를 들어 RKT 컨테이너는 도커 이미지에서 쉽게 생성될 수 있다. 이는 도커 이미지들을 사용해 애플리케이션을 배포하기로 결정했더라도 벤더 락인lock-in[2]을 당하지 않게 될 것임을 뜻한다.

간단한 컨테이너 실행

RabbitMQ와 카프카 메시지 브로커를 빨리 구성하고자 4장에서 도커로 작업한 적이 있다. 하지만 도커가 실제 어떻게 동작하는지 상세히 살펴보지는 않았다. 앞으로 이미 로컬 머신에서 동작하는 도커를 설치했다고 가정하고 진행할 것이다. 아니라면 로컬 OS에 도커를 어떻게 설치할 수 있는지 배울 수 있는 공식 설치 설명서 (https://docs.docker.com/engine/install/)를 살펴보자.

설치된 도커가 올바로 동작하는지 여부를 테스트하고자 커맨드라인에서 다음의 명령어를 실행해보자.

---

2. IT업계에서 lock-in은 특정 벤더에 자물쇠로 잠긴 것과 같은 상황에 고객사가 놓여지게 되는 것으로, 해당 벤더의 제품이나 서비스에 완전히 의존하게 돼 협상 주도권을 상실하게 됨을 말한다. - 옮긴이

```
$ docker container run --rm hello-world
```

도커 실행 명령어는 docker container run [flags…] [image name] [arguments…]
패턴을 따른다. 이 경우에 hello-world는 실행시킬 이미지의 이름이고 --rm 플래
그는 실행이 종료된 후에 즉시 삭제돼야 함을 나타낸다. 앞의 명령어를 실행시키면
다음의 화면과 유사한 출력을 갖게 될 것이다.

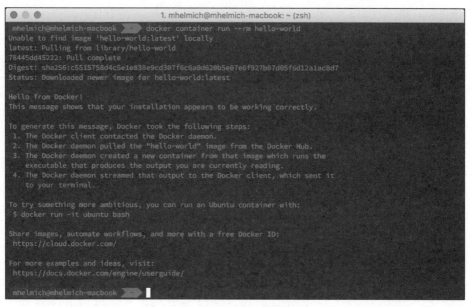

docker container run 결과 출력

실제로 docker run 명령어는 여기서 여러 가지를 수행했다. 가장 먼저 hello-world 이미지가 로컬 머신에 있지 않음을 탐지해 공식 도커 이미지 레지스트리에서 이것을 다운로드했다(동일 명령어를 다시 실행하면 해당 이미지가 이미 로컬 머신에 있기에 다시 다운로드되지 않음에 주목하게 될 것이다).

이후 바로 다운로드된 hello-world 이미지에서 새로운 컨테이너를 생성하고 해당 컨테이너를 시작했다. 이 컨테이너 이미지는 커맨드라인에 일부 텍스트를 출력하고 이후 즉시 종료하는 작은 프로그램만으로 구성된다.

도커 컨테이너는 init 시스템을 갖지 않고 일반적으로 내부에서 실행되는 하나의 프로세스를 가진다는 점을 기억하자. 이 프로세스가 종료되는 즉시 컨테이너는 실행을 중단할 것이다. 여기서는 --rm 플래그로 컨테이너를 생성했기에 도커 엔진은 해당 컨테이너가 실행을 마친 후에 자동으로 삭제할 것이다.

그다음은 좀 더 복잡한 것을 살펴보자. 다음 명령어를 실행한다.

```
$ docker container run -d --name webserver -p 80:80 nginx
```

이 명령어는 nginx 이미지를 다운로드하고 이것으로 새로운 컨테이너를 생성할 것이다. hello-world 이미지와는 대조적으로 이 이미지는 중단 없이 계속해서 돌아가는 웹 서버를 실행시킨다. 셸shell을 무기한으로 중단시키지 않고자 백그라운드에서 새로운 컨테이너가 시작되도록 -d 플래그(--detach의 줄임)가 사용된다. --name 플래그는 새로운 컨테이너에 실제 이름을 부여하는 역할을 한다(생략되면 무작위 이름이 해당 컨테이너에 대해 생성될 것이다).

컨테이너 내에서 실행되는 NGINX 웹 서버는 기본적으로 TCP 포트 80에 대기하며 듣는다. 하지만 각 도커 컨테이너는 자신만의 분리된 네트워킹 스택을 갖고 있어 http://localhost로 찾아가는 것만으로는 이 포트에 접속할 수 없다. -p 80:80 플래그는 도커 엔진에게 컨테이너의 TCP 포트 80을 로컬 호스트의 포트 80으로

다시 넘겨주라고 전달한다. 컨테이너가 지금 실제로 실행 중인지 여부를 확인하고
자 다음의 명령어를 실행한다.

```
$ docker container ls
```

앞의 명령어는 현재 실행 중인 모든 컨테이너, 이들 생성의 기반 이미지들, 해당
포트 매핑(상호 대응)들의 목록을 나열한다. 다음의 화면에 있는 것과 유사한 출력이
나오는지 확인한다.

docker container ls 결과 출력

해당 컨테이너가 실행되고 있으면 이제 방금 시작된 웹 서버에 http://localhost
로 접속할 수 있다.

자신만의 이미지 작성

지금까지는 **nginx** 이미지(또는 4장의 RabbitMQ와 Spotify/Kafka 이미지들)와 같이 도커 허브^{Docker}
^{Hub}에서 공개적으로 이용할 수 있고 이미 만들어져 있는 이미지들로 작업을 했다.
하지만 도커로 자신만의 이미지를 만드는 것도 어렵지 않다. 일반적으로 도커 이미
지는 Dockerfile에서 만들어진다. **Dockerfile**은 새로운 도커 이미지에 대한 일종의
구축 매뉴얼이고, 도커 이미지를 주어진 바탕 이미지에서 시작해 어떻게 만들어야

하는지 기술한다. 완전히 빈 파일 시스템(셸이나 표준 라이브러리들도 없이 비어 있는)으로 시작하는 것은 거의 말이 안 되기에 이미지들은 주로 인기 있는 리눅스 배포판들의 사용자 공간^{user-space} 도구들을 담고 있는 배포 이미지 기반으로 만들어진다. 인기 있는 기반 이미지들로는 우분투, 데비안, 센트OS가 포함된다.[3]

Dockerfile의 짧은 예제를 만들어보자. 시연 목적으로 hello-world 이미지의 자체 버전을 만들 것이다. 이를 위해 새로운 빈 디렉터리를 생성하고 다음의 내용으로 Dockerfile 이름을 가진 파일을 새롭게 생성한다.

```
FROM debian:jessie
MAINTAINER You <you@example.com>

RUN echo 'Hello World' > /hello.txt
CMD cat /hello.txt
```

FROM으로 시작하는 줄은 만들려고 하는 맞춤형 이미지의 기반 이미지를 나타낸다. 이것은 항상 Dockerfile의 첫 번째 줄에 있어야 한다. MAINTAINER 문장은 메타데이터만 담는다.

RUN 문장은 컨테이너 이미지가 만들어지고 있을 때 실행된다(최종 컨테이너 이미지는 자신의 파일 시스템에 Hello World 내용으로 /hello.txt 파일을 가진다는 것을 의미한다). 하나의 Dockerfile에 이런 RUN 문장들을 많이 포함할 수 있다.

이와는 대조적으로 CMD 문장은 해당 이미지에서 생성된 컨테이너가 돌아가고 있을 때 실행된다. 여기에서 지정된 명령어는 이미지에서 생성된 컨테이너의 첫 번째 메인 프로세스(PID 1)가 될 것이다.

---

3. 장비나 디바이스 내에 탑재(Embedded)가 목적으로 최소 구성의 리눅스 배포판인 Alpine 리눅스가 도커 이미지의 경량화와 보안에 유리해 기반 이미지로 많이 고려된다. 단, 기존 배포판에 있는 여러 부가 기능이 없기에 이미지를 생성할 때 디버깅에 시간이 좀 더 걸릴 수 있는 점은 고려해야 한다. — 옮긴이

다음과 같이 docker image build 명령어(1.13보다 더 오래된 버전에서는 docker build)를 사용해서 실제 도커 이미지를 만들 수 있다.

```
$ docker image build -t test-image .
```

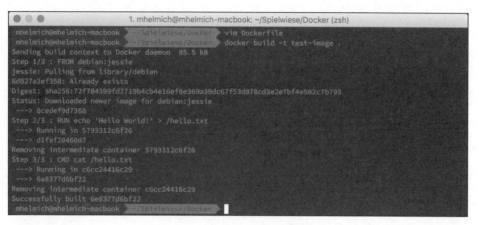

docker image build 결과 출력

-t test-image 플래그는 새로운 이미지가 가져야 하는 이름을 담는다. 해당 이미지를 만든 후에는 docker image ls 명령어를 사용해 찾을 수 있다.

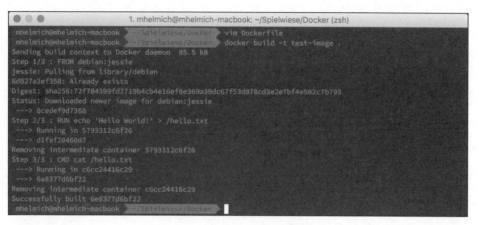

docker image ls 결과 출력

-t로 지정된 이름은 이미 알고 있는 docker container run 명령어를 사용해 바로 앞의 이미지에서 새로운 컨테이너를 생성하고 실행하게 해준다.

```
$ docker container run --rm test-image
```

이전과 동일하게 이 명령어는 새로운 컨테이너를 생성하고(이번에는 방금 생성된 이미지로부터) 이것을 시작하고(실제로는 Dockerfile의 CMD 문장에 의해 지정된 명령어를 시작한다) 이후 해당 명령어가 종료된 후에는 컨테이너를 제거할 것이다(--rm 플래그로 인해).

컨테이너들의 네트워킹

흔히 애플리케이션은 서로 통신하는 다수의 프로세스로 구성된다(데이터베이스와 대화를 하는 애플리케이션 서버와 같이 비교적 간단한 경우들로 시작해서 복잡한 마이크로서비스 아키텍처까지). 이 모든 프로세스를 관리하고자 컨테이너를 사용하면 일반적으로 프로세스당 하나의 컨테이너를 갖게 될 것이다. 이번 절에서는 어떻게 도커 컨테이너들이 네트워크 인터페이스로 서로 통신할 수 있는지 살펴본다.

컨테이너 대 컨테이너 통신을 가능하게 하고자 도커는 네트워크 관리 기능을 제공한다. 커맨드라인에서 새로운 가상 네트워크를 생성하고 이후 컨테이너를 이 가상 네트워크에 추가한다. 하나의 네트워크 내에 있는 컨테이너들은 서로 통신이 가능하고 도커의 내장된 DNS 서버를 통해 IP 주소를 받아낸다.

docker network create 명령어를 사용해 도커로 새로운 네트워크를 생성함으로써 이것을 테스트해보자.

```
$ docker network create test
```

이 이후에 docker network ls를 실행하면 새로운 네트워크를 볼 수 있을 것이다.

docker network ls 결과 출력

새로운 네트워크를 생성한 후에 컨테이너들을 이 네트워크에 붙일 수 있다. 우선 **nginx** 이미지에서 새로운 컨테이너를 생성하고 이것을 **--network** 플래그를 사용해서 **test** 네트워크에 붙이며 시작한다.

```
$ docker container run -d --network=test --name=web nginx
```

다음으로 동일 네트워크에서 새로운 컨테이너를 생성한다. 웹 서버를 이미 시작했으므로 새 컨테이너는 새로운 웹 서버에 접속하고자 사용할 HTTP 클라이언트를 담을 것이다(이전에 한 것과 동일하게 -p를 사용해 컨테이너의 HTTP 포트를 로컬 호스트에 묶지 않은 점을 주목하자). 이를 위해 **appropriate/curl** 이미지를 사용할 것이다. 이는 기본적으로 **cURL** 커맨드라인 유틸리티의 컨테이너화 버전을 담고 있는 이미지다. 해당 웹 서버 컨테이너가 **web**이란 이름을 갖고 있으므로 이제 네트워크 연결을 수립하고자 이 이름을 간단하게 사용할 수 있다.

```
$ docker container run --rm --network=test appropriate/curl http://web/
```

이 명령어는 커맨드라인에 웹 서버의 **index** 페이지를 간단히 출력할 것이다.

```
                           1. mhelmich@mhelmich-macbook: ~ (zsh)

mhelmich@mhelmich-macbook         docker container run --network=test appropriate/curl http://web
  % Total    % Received % Xferd  Average Speed   Time    Time     Time  Current
                                 Dload  Upload   Total   Spent    Left  Speed
100   612  100   612     0        0   160k        0 --:--:-- --:--:-- --:--:--  597k
<!DOCTYPE html>
<html>
<head>
<title>Welcome to nginx!</title>
<style>
    body {
        width: 35em;
        margin: 0 auto;
        font-family: Tahoma, Verdana, Arial, sans-serif;
    }
</style>
</head>
<body>
<h1>Welcome to nginx!</h1>
<p>If you see this page, the nginx web server is successfully installed and
working. Further configuration is required.</p>

<p>For online documentation and support please refer to
<a href="http://nginx.org/">nginx.org</a>.<br/>
Commercial support is available at
<a href="http://nginx.com/">nginx.com</a>.</p>

<p><em>Thank you for using nginx.</em></p>
</body>
</html>
mhelmich@mhelmich-macbook
```

docker container run 결과 출력

이것은 appropriate/curl 이미지에서 생성된 cURL 컨테이너가 HTTP를 통해 web 컨테이너에 다다를 수 있음을 실제로 보여준다. 연결을 수립할 때 간단하게 컨테이너의 이름을 사용할 수 있다(이 경우에는 web). 도커는 이 이름을 컨테이너의 IP 주소로 자동으로 변환할 것이다.

도커 이미지와 네트워킹의 지식으로 무장해 이제 MyEvents 애플리케이션을 컨테이너 이미지들로 포장(패키징)하고 도커에서 이들을 실행시키는 부분으로 갈 수 있다.

볼륨으로 작업

개별 도커 컨테이너는 보통 아주 짧은 생을 살게 된다. 애플리케이션의 새로운 버전을 배포하는 것은 삭제되는 수많은 컨테이너와 생성되는 새로운 컨테이너들의 결과

228

를 낮을 수 있다. 애플리케이션이 클라우드 환경에서 실행 중이라면(이 장 후반부에는 클라우드 기반의 컨테이너 환경을 살펴볼 것이다) 컨테이너는 노드node[4] 장애로부터 고통을 받을 수 있고 또 다른 클라우드 인스턴스(해당 클러스터의 다른 VM)에 다시 스케줄링될 것이다. 이것은 비상태 기반stateless 애플리케이션들(이 책 예제에서는 이벤트 서비스와 예약 서비스)에 대해 완전한 내성(장애 영향을 최소화하는)이 있다.

하지만 이것은 상태 기반stateful 컨테이너들(이 책 예제에서는 메시지 브로커와 데이터베이스 컨테이너 둘 다가 될 것이다)에 대해서는 어려움에 부딪친다. 결국 몽고DB 컨테이너를 삭제하고 비슷한 구성으로 새로운 것을 생성한다면 해당 데이터베이스에 의해 관리되는 실제 데이터는 사라지게 될 것이다. 여기에서 **볼륨**Volume이 바로 이를 해결하는 역할을 맡는다.

볼륨은 개별 컨테이너의 생애를 넘어서 데이터를 지속시키게 하는 도커의 방식이다. 이는 파일들을 담고 개별 컨테이너들에 대해 독립적으로 존재한다. 각 볼륨은 임의적인 개수의 컨테이너들에 마운트mount될 수 있고 컨테이너 간에 파일들을 공유하게 해준다.

이를 테스트하고자 docker volume create 명령어를 사용해 새로운 볼륨을 생성한다.

```
$ docker volume create test
```

이것은 test란 이름을 가진 새로운 볼륨을 생성한다. docker volume ls 명령어를 사용하면 다시 이 볼륨을 찾을 수 있다.

```
$ docker volume ls
```

---

4. IT 용어로 하나의 클러스터(군집)를 구성하는 여러 VM(가상머신)의 각기 하나 하나를 지칭한다. – 옮긴이

볼륨을 생성한 후에 docker container run 명령어의 -v 플래그를 사용해 이것을
컨테이너에 마운트할 수 있다.

```
$ docker container run --rm -v test:/my-volume debian:jessie
/bin/bash -c "echo Hello > /my-volume/test.txt"
```

이 명령어는 /my-volume 디렉터리로 마운트된 test 볼륨을 갖는 새 컨테이너를
생성한다. 컨테이너의 명령어는 이 디렉터리 내에 test.txt 파일을 생성하는 bash
셸이 될 것이다. 이 후에 해당 컨테이너는 종료되고 삭제될 것이다.

해당 볼륨 내에 파일들이 여전히 그곳에 있다는 것을 보장하고자 이제 이 볼륨을
두 번째 컨테이너에 마운트할 수 있다.

```
$ docker container run -rm -v test:/my-volume debian:jessie
cat /my-volume/test.txt
```

이 컨테이너는 커맨드라인에 test.txt 파일의 내용을 출력한다. 이는 초기에 test
볼륨의 데이터를 채워 넣은 컨테이너가 이미 삭제됐음에도 여전히 해당 데이터 전
부를 담고 있는 것을 실제로 보여준다.

컨테이너 작성

이제 MyEvents 애플리케이션의 구성 요소들을 위한 컨테이너 이미지들을 만들며
시작할 것이다. 지금까지 이 애플리케이션은 3개의 구성 요소, 즉 2개의 백엔드 서
비스(이벤트 및 예약 서비스)와 리액트 프론트엔드 애플리케이션으로 구성돼 있다. 프론트엔
드 애플리케이션은 자체적으로 어떤 종류의 백엔드 로직도 담고 있지 않지만 적어
도 이 애플리케이션을 사용자에게 전달하고자 웹 서버는 필요할 것이다. 이것이
모두 만들 필요가 있는 3개의 컨테이너 이미지가 된다. 그러면 백엔드 구성 요소들

로 시작해보자.

백엔드 서비스들을 위한 컨테이너 작성

이벤트와 예약 서비스 모두 단일 실행 가능한 바이너리들로 컴파일된 Go 애플리케이션이다. 이런 이유로 도커 이미지에 어떤 종류의 소스 파일이나 Go 툴 체인^{tool} chain[5]도 포함할 필요가 없다.

이 시점에서 다음 단계들을 위해 Go 애플리케이션의 컴파일된 리눅스 바이너리들이 필요하다는 점에 주목해야 한다. 맥OS나 윈도우에서는 **go build**를 호출할 때 **GOOS** 환경 변수를 설정할 필요가 있다.

```
$ GOOS=linux go build
```

맥OS와 리눅스에서는 `file` 명령어를 사용해서 올바른 바이너리 타입에 대해 확인할 수 있다. 리눅스 ELF[6] 바이너리에 대해 `file` 명령어는 다음과 유사한 결과를 출력한다.

```
$ file eventservice
eventservice: ELF 64-bit executable, x86-64, version 1 (SYSV),
statically linked, not stripped
```

이벤트와 예약 서비스 둘 다에 대해 리눅스 바이너리를 만들며 시작하자.

두 개의 서비스 모두 컴파일했을 때 이벤트 서비스를 위한 도커 이미지 구축 과정을 정의하는 것으로 진행해본다. 이를 위해 이벤트 서비스의 루트 디렉터리에

---

5. 소스 파일을 실행 파일로 만들고자 필요한 연속적으로 사용되는 도구들, 즉 컴파일 환경을 말한다. 예를 들어 컴파일러, 링커(linker), 바이너리 변환기가 있다. — 옮긴이

6. Executable and Linkable Format의 약자로 리눅스를 포함하는 유닉스 계열의 바이너리 양식으로 헤더에 오브젝트나 실행 파일 또는 공유 라이브러리의 구별과 컴파일 정보 등을 갖고 있다. — 옮긴이

Dockerfile 이름을 가진 새로운 파일을 생성한다.

```
FROM debian:jessie

COPY eventservice /eventservice
RUN useradd eventservice
USER eventservice

ENV LISTEN_URL=0.0.0.0:8181
EXPOSE 8181
CMD ["/eventservice"]
```

이 Dockerfile은 이전에 다루지 않았던 일부 새로운 문장을 담고 있다. COPY 문장은 하나의 파일을 호스트의 로컬 파일 시스템에서 컨테이너 이미지로 복사한다. 이는 도커 빌드를 시작하기 전에 go build를 사용해서 Go 애플리케이션을 만들었다고 생각하는 것을 의미한다. USER 명령어는 그다음의 모든 RUN 문장과 CMD 문장을 해당 사용자(root 아님)로 실행되게 한다. ENV 명령어는 해당 애플리케이션에서 사용할 수 있는 환경 변수를 설정한다. 마지막으로 EXPOSE 문장은 이 이미지에서 생성된 컨테이너들은 TCP 포트 8181이 필요하게 될 것임을 선언한다.

docker image build 명령어를 사용해서 컨테이너 이미지를 만들며 계속 진행한다.

```
$ docker image build -t myevents/eventservice .
```

다음으로 유사한 도커 파일을 bookingservice에 추가한다.

```
FROM debian:jessie

COPY bookingservice /bookingservice
RUN useradd bookingservice
USER bookingservice
```

```
ENV LISTEN_URL=0.0.0.0:8181
EXPOSE 8181
CMD ["/bookingservice"]
```

다시 docker image build를 사용해 해당 이미지를 만든다.

```
$ docker image build -t myevents/bookingservice .
```

새로운 이미지들을 테스트하고자 이제 각 컨테이너들을 생성할 수 있다. 하지만
실제 애플리케이션 컨테이너들을 시작하기 전에 이들 컨테이너와 필히 요구되는
지속성 서비스들을 위한 가상 네트워크를 생성할 필요가 있다. 이벤트와 예약 서비
스 모두 각자의 몽고DB 인스턴스와 서로 공유되는 AMQP(또는 카프카) 메시지 브로커를
요구한다.

컨테이너 네트워크를 생성하며 시작해보자.

```
$ docker network create myevents
```

다음으로 이 네트워크에 RabbitMQ 컨테이너를 추가한다.

```
$ docker container run -d --name rabbitmq --network myevents
rabbitmq:3-management
```

두 개의 몽고DB 컨테이너들을 추가하며 계속 진행한다.

```
$ docker container run -d --name events-db --network myevents mongo
$ docker container run -d --name bookings-db --network myevents mongo
```

드디어 실제 애플리케이션 컨테이너들을 시작할 수 있다.

```
$ docker container run \
  --detach \
  --name events \
  --network myevents \
  -e AMQP_BROKER_URL=amqp://guest:guest@rabbitmq:5672/ \
  -e MONGO_URL=mongodb://events-db/events \
  -p 8181:8181 \
  myevents/eventservice
$ docker container run \
  --detach \
  --name bookings \
  --network myevents \
  -e AMQP_BROKER_URL=amqp://guest:guest@rabbitmq:5672/ \
  -e MONGO_URL=mongodb://bookings-db/bookings \
  -p 8282:8181 \
  myevents/bookingservice
```

해당 포트 매핑을 주목하자. 현재 서비스 둘 다 TCP 포트 8181에 대기하며 듣는 REST API를 갖고 있다. 이 두 개의 API들이 서로 다른 컨테이너에서 실행되는 조건에서는 완전히 유효하다. 하지만 이 포트들을 호스트 포트에 매핑할 때는(예를 들면 테스트 목적으로) 포트가 충돌하게 돼 여기서는 예약 서비스의 포트 8181을 8282로 매핑해 해결한다.

또한 실행 중인 컨테이너들로 환경 변수들을 전달하고자 -e 플래그가 어떻게 사용되는지 주목하자. 예를 들어 MONGO_URL 환경 변수를 사용하면 두 개의 애플리케이션 컨테이너를 서로 다른 데이터베이스에 연결시키는 것이 쉬워진다.

이 모든 컨테이너를 시작시킨 후에 로컬 머신에서 http://localhost:8181로 이벤트 서비스를, http://localhost:8282로 예약 서비스를 만날 수 있을 것이다. 다음의 docker container ls 명령어는 이제 다섯 개의 실행 컨테이너들을 보여준다.

docker container ls 결과 출력

더 작은 이미지들을 위한 정적 컴파일 기능 사용

현재 debian:jessie 이미지 위에 애플리케이션 이미지들을 만들고 있다. 이 이미지는 전반적인 데비안 설치의 사용자 공간 도구들과 라이브러리들을 담고 있고 대략 123MB를 차지한다(docker image ls 명령어를 사용해 이것을 알아낼 수 있다).

이 기반 이미지에 추가할 컴파일된 Go 애플리케이션 용도로 10MB를 추가하면 각결과로 나온 이미지들은 대략 133MB가 될 것이다(이는 이벤트 서비스와 예약 서비스 용도의 이미지두 개가 합쳐서 디스크 공간 266MB를 차지하는 것을 의미하지 않는다. 이들은 둘 다 동일한 기반 이미지로 만들어지고 도커는컨테이너 이미지들에 대한 디스크 공간 사용(점유) 최적화에 아주 능숙하다).

하지만 해당 애플리케이션은 이런 도구와 라이브러리들을 대부분 사용하지 않아서컨테이너 이미지들은 훨씬 더 작아질 수 있다. 이것으로 로컬 디스크 공간 사용을최적화하고(도커 엔진이 이미 이것에 있어 상당히 효율적임에도) 해당 이미지가 이미지 저장소^{repository}에서 다운로드될 때 전송 시간을 최적화하며 악의적인 사용자들로부터 방어를 위해공격받는 표면을 줄일 수 있다.

일반적으로 컴파일된 Go 바이너리들은 아주 적은 의존성을 가진다. 프로젝트에서사용하는 모든 Go 라이브러리는 어떤 종류의 런타임 라이브러리들이나 VM들도필요하지 않고 결과로 나오는 실행 파일 내에 직접 내장(포함)된다. 하지만 리눅스에서 애플리케이션을 컴파일하면 Go 컴파일러는 일반적으로 어떤 리눅스 시스템에서도 이용할 수 있는 몇 개의 C 표준 라이브러리들을 결과로 나오는 바이너리에 연결시킬 것이다. 리눅스에서 작업한다면 컴파일된 Go 바이너리들 중 하나를 인수로ldd 바이너리를 불러와 어느 라이브러리들에 해당 프로그램이 연결됐는지 쉽게 알아낼 수 있다. 여러분의 바이너리가 C 표준 라이브러리와 연결돼 있다면 다음의 결과 출력을 갖게 될 것이다.

```
$ ldd ./eventservice
  linux-vdso.so.1 (0x00007ffed09b1000)
  libpthread.so.0 => /lib/x86_64-linux-gnu/libpthread.so.0
(0x00007fd523c36000)
  libc.so.6 => /lib/x86_64-linux-gnu/libc.so.6 (0x00007fd52388b000)
  /lib64/ld-linux-x86-64.so.2 (0x0000564d70338000)
```

이는 해당 Go 애플리케이션이 실제로 실행하고자 이 리눅스 라이브러리들을 필요로 하고 단지 이미지를 더 작게 하고자 이들을 이미지에서 임의로 삭제할 수 없다는 것을 의미한다.

GOOS=linux 환경 변수를 사용해 윈도우나 맥OS에서 애플리케이션을 크로스컴파일 cross-compiled했다면 이런 이슈는 생기지 않을 것이다. 이런 시스템들 상의 컴파일러는 리눅스 표준 C 라이브러리들에 접근하지 않기에 기본적으로 어떤 의존성도 전혀 갖지 않는 정적으로 연결된 바이너리를 생산할 것이다. 이런 종류의 바이너리로 호출될 때 ldd는 다음과 같은 결과를 만들 것이다.

```
$ ldd ./eventservice
  not a dynamic executable
```

리눅스에서는 해당 Go 컴파일러에게 Go 빌드 명령어에 대한 환경 변수 CGO_ENABLED=0로 설정해 정적으로 연결된 바이너리들을 생성하게 강제할 수 있다.

```
$ CGO_ENABLED=0 go build
$ ldd ./eventservice
  not a dynamic executable
```

완전하게 정적으로 연결된 바이너리를 갖는 것은 훨씬 더 작은 컨테이너 이미지를 생성하게 해준다. 바탕 이미지로 Debian:jessie에서 만드는 것 대신 이제 scratch 이미지를 사용할 수 있다. scratch 이미지는 특별한 이미지다. 이는 도커 엔진에 직접 만들어지고 도커 허브에서 다운로드할 수 없다. 이 scratch 이미지에 관한 특별한 점은 내부에 단 하나의 파일도 담고 있지 않아 완전히 텅 비어있다는 점이다. 이는 표준 라이브러리, 시스템 유틸리티, 셸조차도 없다는 것을 의미한다. 이런 속성들이 일반적으로 이 scratch 이미지를 다루기 힘들게 만들지만 정적으로 연결된 애플리케이션들을 최소한의 컨테이너 이미지로 만드는 것에는 완벽하게 어울린다.

다음과 같이 이벤트 서비스의 Dockerfile을 변경한다.

```
FROM scratch

COPY eventservice /eventservice

ENV LISTEN_URL=0.0.0.0:8181
EXPOSE 8181
CMD ["/eventservice"]
```

다음으로 예약 서비스의 Dockerfile을 비슷한 방법으로 변경한다. 앞 코드의 docker image build 명령어를 사용해 다시 컨테이너 이미지 둘 다 만든다. 그다음에 docker image ls 명령어를 사용해 이미지 크기를 검증한다.

docker image ls 결과 출력

프론트엔드용 컨테이너 작성

이제 백엔드 애플리케이션용 컨테이너 이미지들을 갖게 됐기에 관심사를 프론트엔드 애플리케이션으로 돌릴 수 있다. 이 애플리케이션은 사용자의 브라우저에서 실행되기에 이를 위해 컨테이너화된 런타임 환경은 아예 필요하지 않다. 정말로 필요한 것은 이 애플리케이션을 사용자에게 전달하는 방법이다. 전체 애플리케이션은 일부 HTML과 자바스크립트 파일들로 이뤄져있기에 이런 파일들을 사용자들에게 직접 보내주는 간단한 NGINX 웹 서버를 담는 컨테이너 이미지를 만들 수 있다.

이를 위해 이제 nginx:1.11-alpine 이미지를 만들 것이다. 이 이미지는 알파인 Alpine 리눅스에서 만들어진 엔진엑스 NGINX 웹 서버의 최소화 minimal 버전을 담는다. 알파인은 작은 small 크기에 최적화된 리눅스 배포판이다. nginx:1.11-alpine 전체 이미지는 50MB 크기일 뿐이다.

다음의 Dockerfile을 프론트엔드 애플리케이션 디렉터리에 추가한다.

```
FROM nginx:1.11-alpine

COPY index.html /usr/share/nginx/html/
COPY dist /usr/share/nginx/html/dist/
COPY node_modules/bootstrap/dist/css/bootstrap.min.css
/usr/share/nginx/html/node_modules/bootstrap/dist/css/bootstrap.min.css
COPY node_modules/react/umd/react.production.min.js
/usr/share/nginx/html/node_modules/react/umd/react.production.min.js
COPY node_modules/react-dom/umd/react-dom.production.min.js
/usr/share/nginx/html/node_modules/react-dom/umd/reactdom.production.min.js
COPY node_modules/promise-polyfill/promise.min.js
/usr/share/nginx/html/node_modules/promise-polyfill/promise.min.js
COPY node_modules/whatwg-fetch/fetch.js
/usr/share/nginx/html/node_modules/whatwg-fetch/fetch.js
```

명백하게 웹 서버는 index.html과 dist/bundle.js에 있는 컴파일된 웹팩 번들 둘 다 사용자들에게 직접 보내줘야 하고 따라서 이들은 COPY로 컨테이너 이미지 속으로 복사된다. 하지만 node_modules/ 디렉터리에 설치된 모든 의존성들로부터 사용자들은 아주 특정한 서브셋subset만을 필요로 할 것이다. 이런 이유로 전체 node_modules/ 디렉터리에 대해 COPY를 사용하는 대신 이 다섯 개의 파일들을 명시적으로 해당 컨테이너 이미지에 복사하고 있다.

실제로 컨테이너 이미지를 만들기 전에 해당 애플리케이션의 최근 웹팩 빌드와 설치된 모든 의존성들을 갖고 있는지 확인하자. 또한 웹팩이 해당 애플리케이션의 실 운영 환경 빌드를 크기에 최적화되게 하는 -p 플래그를 사용할 수 있다.

```
$ webpack -p
$ npm install
```

이를 마친 후에 컨테이너를 만든다.

```
$ docker container build -t myevents/frontend .
```

이제 다음 명령어를 사용해 이 컨테이너를 시작할 수 있다.

```
$ docker container run --name frontend -p 80:80 myevents/frontend
```

이 경우에 --network=myevents 플래그를 전달하고 있지 않음에 주목하자. 이는 프론트엔드 컨테이너가 실제로 백엔드 서비스들과 직접적으로 통신할 필요가 없기 때문이다. 모든 통신은 실제 프론트엔드 컨테이너 내부가 아닌 사용자의 웹 브라우저에서 시작된다.

-p 80:80 플래그는 컨테이너의 TCP 포트 80을 로컬 TCP 포트 80으로 묶는다. 이것

은 이제 브라우저에서 http://localhost를 열고 MyEvents 프론트엔드 애플리케이션을 볼 수 있게 해준다. 앞 절들의 백엔드 컨테이너들을 여전히 실행시키고 있다면 이 애플리케이션은 즉시 사용할 수 있는 상태가 된다.

∰ 도커 컴포즈로 애플리케이션 배포

지금까지는 기존 컨테이너 이미지를 이용한 MyEvents 애플리케이션 실제 배포에 수많은 docker container run 명령어들을 포함했다. 이것이 테스트 용도로는 꽤 잘 작동하지만 애플리케이션이 실 운영 환경에서 실행하게 되면 바로 지겨워진다. 업데이트들을 배포하거나 해당 애플리케이션 확장을 원할 때에는 특히 더 심각한 상황이 된다.

이에 대한 한 가지 가능한 해결책이 도커 컴포즈^{Docker Compose}다. 컴포즈는 서술문 방식으로 다수의 컨테이너로 구성된 애플리케이션들을 기술하게 해주는 도구다(이 경우에는 어느 구성 요소들이 해당 애플리케이션을 구축했는지 YAML 파일에 설명한다).

도커 컴포즈는 정규 도커 설치 패키지의 일부라서 로컬 머신에 설치된 도커가 있다면 도커 컴포즈도 사용할 수 있다. 커맨드라인에서 다음 명령어를 실행해 쉽게 테스트할 수 있다.

```
$ docker-compose -v
```

로컬 머신에서 컴포즈 사용이 가능하지 않으면 어떻게 컴포즈를 구성하는지에 대한 상세한 설명을 위해 http://docs.docker.com/compose/install에서 설치 매뉴얼을 찾아보자.

모든 컴포즈 프로젝트는 docker-compose.yml 파일에 의해 기술된다. 컴포즈 파일은 나중에 애플리케이션에 필요한 모든 컨테이너, 네트워크, 볼륨에 대한 설명을 담을 것이다. 컴포즈는 이후 컴포즈 파일에 표현된 원하는 상태를 로컬 도커 엔진의 실제 상태와 일치시키려 노력할 것이다(예를 들어 컨테이너들을 생성하고, 삭제하고, 시작하고, 또는 멈추게 함으로써).

다음의 내용들로 프로젝트 디렉터리의 루트에 앞에서 언급한 파일을 생성한다.

```
version: "3"
networks:
  myevents:
```

컴포즈 파일에 있는 **version: "3"** 선언을 주목하자. 컴포즈는 가장 최근 버전 3이 되면서 다수의 선언 양식을 지원한다. 예제 또는 오픈소스 프로젝트의 일부 문서에서는 더 오래된 버전들로 작성된 컴포즈 파일들을 우연히 발견할 것이다. 버전을 전혀 선언하지 않은 컴포즈 파일은 버전 1로 해석된다.

현재는 앞의 컴포즈 파일이 해당 애플리케이션은 myevents 이름의 가상 네트워크를 요구한다는 것을 선언만 하는 것에 불과하다. 그럼에도 불구하고 다음의 명령어를 실행해 원하는 상태(myevents 이름을 가진 하나의 네트워크는 반드시 존재해야 한다)를 맞추고자 컴포즈를 사용할 수 있다.

```
$ docker-compose up
```

지금은 어떤 컨테이너에 의해서도 사용되지 않는 컨테이너 네트워크를 선언하고 있으므로 앞의 명령어는 경고 메시지를 출력할 것이다.

컨테이너들은 컴포즈 파일에서 **services** 아래에 선언된다. 각 컨테이너는 (YAML 구조에서 키로 사용되는) 이름을 갖고 (사용되는 이미지와 같은) 다양한 속성을 가질 수 있다. 새로운 컨테이너를 컴포즈 파일에 추가하며 계속 진행한다.

```
version: "3"
networks:
  myevents:
services:
  rabbitmq:
    image: rabbitmq:3-management
    ports:
      - 15672:15672
    networks:
      - myevents
```

이는 docker container run -d --network myevents -p 15672:15672 rabbitmq: 3-management 명령어를 사용해 이전에 수동으로 생성했던 RabbitMQ 컨테이너다. 이제 다음 명령어를 실행해 이 컨테이너를 생성할 수 있다.

```
$ docker-compose up -d
```

-d 플래그는 docker container run 명령어와 동일한 결과를 가진다. 이는 컨테이너가 백그라운드로 시작되게 할 것이다.

RabbitMQ 컨테이너가 실행을 시작하면 즉시 원하는 만큼 여러 번 docker-compose up을 실제로 호출할 수 있다. 이미 실행 중인 RabbitMQ 컨테이너는 컴포즈 파일에서 해당 사양을 맞추기에 컴포즈는 어떤 추가적인 행동도 취하지 않을 것이다.

두 개의 몽고DB 컨테이너들을 컴포즈 파일에 추가하며 진행을 해보자.

```
version: "3"
networks:
  - myevents
services:
```

```
        rabbitmq: #...

        events-db:
          image: mongo
          networks:
             - myevents

        bookings-db:
          image: mongo
          networks:
             - myevents
```

docker-compose up -d를 또 한 번 실행시킨다. 컴포즈는 계속해서 사양을 맞추기 때문에 RabbitMQ 컨테이너에는 여전히 손대지 않지만 두 개의 새로운 몽고DB 컨테이너는 생성할 것이다.

다음으로 두 개의 애플리케이션 서비스들을 추가할 수 있다.

```
    version: "3"
    networks:
      - myevents

    services:
      rabbitmq: #...
      events-db: #...
      bookings-db: #...
      events:
        build: path/to/eventservice
        ports:
          - "8181:8181"
        networks:
          - myevents
        environment:
          - AMQP_BROKER_URL=amqp://guest:guest@rabbitmq:15672/
          - MONGO_URL=mongodb://events-db/events
```

```
bookings:
  build: path/to/bookingservice
  ports:
    - "8282:8181"
  networks:
    - myevents
  environment:
    - AMQP_BROKER_URL=amqp://guest:guest@rabbitmq:15672/
    - MONGO_URL=mongodb://bookings-db/bookings
```

이 두 개의 컨테이너들에 대한 image 속성을 지정하지 않는 대신 build 속성이 있는 것에 주목하자. 이는 컴포즈가 각각의 디렉터리에서 찾아진 해당 Dockerfile 로 필요한 이 컨테이너들의 이미지들을 실제로 빌드하게 된다.

또한 이 파이프라인의 개별 단계들을 분리해서 작동시키고자 docker-compose 명령 어를 사용할 수 있다. 예를 들어 도커 허브에서 컴포즈 파일에 사용된 모든 이미지 의 최근 버전들을 다운로드하고자 docker-compose pull을 사용한다.

```
$ docker-compose pull
```

미리 정의된 이미지를 사용하지 않는 컨테이너들에 대해서는 모든 이미지를 다시 빌드하는 docker-compose build를 사용한다.

```
$ docker-compose build
```

또 한 번의 docker-compose up -d로 새로운 컨테이너들을 생성한다.

TIP

> TCP 포트 8181 또는 8282에 묶여져 있을 수 있는 이전에 생성된 모든 컨테이너가 반드시 중단
> (stop)돼 있다는 확인이 필요하다. 이 컨테이너들의 위치를 확인하고 중단시키고자 docker
> container ls와 docker container stop 명령어들을 사용한다.

또한 현재 컴포즈 프로젝트와 연관돼 지금 실행되고 있는 컨테이너들의 개요를 얻
고자 docker-compose ps 명령어를 사용할 수 있다.

docker-compose ps 결과 출력

마지막으로 프론트엔드 애플리케이션을 컴포즈 파일에 추가한다.

```
version: "3"
networks:
  - myevents
services:
  rabbitmq: #...
  events-db: #...
  bookings-db: #...
  events: #...
  bookings: #...

  frontend:
```

```
build: path/to/frontend
ports:
   - "80:80"
```

이번 절에서 설명한 것처럼 도커 컴포즈는 도커 인스턴스를 지원하는 어떠한 서버에서도 애플리케이션의 쉬운 배포와 업데이트를 할 수 있게 해주며 선언적인 방법으로 애플리케이션의 아키텍처 설명을 가능하게 해준다.

지금까지는 항상 단일 호스트(거의 대부분 로컬 머신)에서 작업을 해왔다. 이는 개발 환경에는 좋으나 실 운영 환경 설정에는 원격 서버로 애플리케이션을 배포하는 것에 관심을 가질 필요가 있다. 또한 클라우드 아키텍처들은 모두 확장에 관한 것이므로 다음 몇 개의 부문에 걸쳐 어떻게 컨테이너화된 애플리케이션들을 확장을 고려해 관리할 수 있는지도 살펴볼 것이다.

이미지 발행

이제 애플리케이션 구성 요소에서 컨테이너 이미지들을 만들고 로컬 머신에서 이 이미지로부터 컨테이너들을 실행할 수 있게 됐다. 하지만 실 운영 환경 맥락에서 보면 컨테이너 이미지를 만들어온 머신은 어지간히 해서는 운영 머신으로 하지 않는다. 실제로 애플리케이션을 어떤 클라우드 환경에도 배포할 수 있게 하려면 만들어진 컨테이너 이미지들을 수많은 호스트(서버)에 배포할 수 있는 방법이 필요하게 된다.

여기가 바로 컨테이너 레지스트리container registries의 역할이 필요한 지점이다. 실제로 이번 장 앞쪽에서 도커 허브라는 컨테이너 레지스트리와 함께 이미 작업했다. 로컬 머신에 존재하지 않는 도커 이미지를 사용할 때마다(예를 들어 nginx 이미지라고 하자) 도커 엔진은 도커 허브에서 이 이미지를 뽑아 로컬 머신으로 가져올 것이다. 하지만 자신의 컨테이너 이미지들을 발행하고자 도커 허브와 같은 컨테이너 레지스트리를 사용할 수 있고 이후 이 이미지들을 또 다른 인스턴스(레지스트리 내부의 별도 저장소^{repository})에서 뽑을 수도 있다.

도커 허브에서(이것은 브라우저에서 https://hub.docker.com을 통해 접속할 수 있다) 사용자 등록을 하고 나면 자신의 이미지들을 업로드할 수 있다. 이를 위해 로그인 후에 Create Repository 를 클릭하고 해당 이미지의 새로운 이름을 선택한다.

새롭게 생성된 저장소로 새 이미지를 밀어 넣고자 먼저 로컬 머신에서 도커 허브 계정으로 로그인할 필요가 있다. 이를 위해 다음의 docker login 명령어를 사용한다.

```
$ docker login
```

이제 새 저장소로 이미지들을 밀어 넣을 수 있을 것이다. 이미지 이름들은 도커 허브 사용자 이름과 뒤따르는 슬래시(/)로 시작해야 한다.

```
$ docker image build -t martinhelmich/test .
$ docker image push martinhelmich/test
```

기본적으로 도커 허브로 밀어 넣은 이미지들은 공개적으로^{public} 보이게 된다. 또한 도커 허브는 비용 지불 시 비공개로^{private} 이미지들을 밀어 넣을 수 있는 기능을 제공한다. 비공개 이미지들은 docker login 명령어를 사용해 성공적으로 인증한 후에만 뽑아낼 수 있다.

물론 자신의 이미지들을 나눠주고자 도커 허브를 사용해야 할 필요는 없다. Quay (http://quay.io)와 같은 대안적인 공급자들도 있고 모든 주요 클라우드 제공자도 고객을 위해 관리되는 컨테이너 레지스트리 기능을 제공한다. 하지만 도커 허브 외의 레지스트리를 사용할 때에는 앞의 명령어 일부가 다소 변경될 것이다.

우선 docker login 명령어에 로그인할 레지스트리를 제공해야 한다.

```
$ docker login quay.io
```

또한 밀어 넣기를 원하는 컨테이너 이미지들은 도커 허브 사용자 이름만이 아닌 레지스트리 호스트 이름 전체로 시작해야 한다.

```
$ docker image build -t quay.io/martinhelmich/test .
$ docker image push quay.io/martinhelmich/test
```

컨테이너 이미지들을 서드파티 공급자에게 맡기길 원치 않으면 자신만의 컨테이너 레지스트리를 구축할 수 있다. 아주 딱 맞게도 자신만의 레지스트리를 빨리 구축하고자 사용할 수 있는 도커 이미지가 있다.

```
$ docker volume create registry-images
$ docker container run \
  --detach \
  -p 5000:5000 \
  -v registry-images:/var/lib/registry \
  --name registry \
  registry:2.6.1
```

이것은 http://localhost:5000으로 접근할 수 있는 컨테이너 레지스트리를 구성하고 어떤 다른 서드파티 레지스트리처럼 다룰 수 있다.

```
$ docker image build -t localhost:5000/martinhelmich/test .
$ docker image push localhost:5000/martinhelmich/test
```

localhost:5000에 대기하며 듣는 비공개 컨테이너 레지스트리를 갖는 것은 개발 환경에는 괜찮지만 실 운영 환경 구성을 위해서는 추가적인 구성 옵션이 필요할 것이다. 예를 들어 레지스트리를 위한 TLS 전송 암호화 구성이 필요할 것이고(기본적으로 도커 엔진은 localhost 외에 어떠한 비암호화 방식의 도커 레지스트리도 거부할 것이다) 또한 (공개적으로 접근이 가능한 컨테이너 레지스트리를 운영할 의도가 전혀 없다면) 인증 구성이 필요할 것이다. 암호화와 인증을 어떻게 구성하는지 배우려면 도커 레지스트리의 공식 배포 가이드를 http://docs.docker.com/registry/deploying/에서 살펴본다.

⁂ 애플리케이션을 클라우드에 배포

이번 장을 끝마치고자 컨테이너화된 애플리케이션을 클라우드 환경으로 어떻게 배포할 수 있는지에 살펴볼 것이다.

도커와 같은 컨테이너 엔진들은 개별 서비스들에 대해 각각 분리된 가상머신들이 공급될 필요가 없게 다수의 서비스들을 격리된 환경(하나의 VM)에서 실행되게 해준다. 하지만 클라우드 애플리케이션에서는 당연한 것처럼 컨테이너 아키텍처는 쉽게 확장하고 장애에 대한 회복성도 있어야 한다.

이 지점에서 바로 쿠버네티스와 같은 컨테이너 조율^{orchestration} 시스템의 역할이 시작된다. 이들은 호스트(서버, VM)들로 구성된 전체 클러스터에 걸쳐 컨테이너화된 애플리케이션들을 배포할 수 있게 해주는 시스템들이다. 이들은 기존 클러스터에 새로운 호스트를 쉽게 추가할 수 있어 쉬운 확장을 가능하게 해주며(이후에 새로운 컨테이너 작업 부하들을 이들 상에 자동으로 스케줄되게 할 수 있다) 또한 해당 시스템을 회복력이 있게 만들어준다. 노드(서버, VM) 장애들이 빨리 탐지될 수 있고 이는 이들 노드상의 컨테이너 가용성을 보장하고자 장애가 없는 어딘가 다른 곳(정상 노드)에 해당 컨테이너가 자동으로 재시작될 수 있게 해준다.

쿠버네티스 소개

가장 뛰어난 컨테이너 조율기 중 하나는 쿠버네티스다(이는 그리스어로 조타수를 의미한다). 쿠버네티스는 원래 구글에 의해 개발된 오픈소스 제품이고 이제는 클라우드 네이티브 컴퓨팅 재단the Cloud Native Computing Foundation 소유로 돼 있다.

다음의 다이어그램은 쿠버네티스 클러스터의 기본 아키텍처를 보여준다.

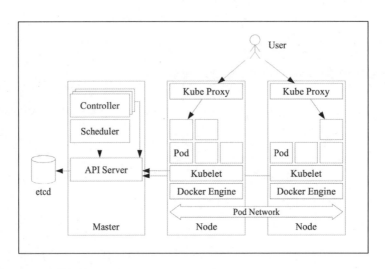

각 쿠버네티스 클러스터의 중심 구성 요소는 마스터 서버다(이는 물론 실제 단일 서버일 필요가 없다. 실 운영 환경 구성에서는 흔히 고가용성을 위해 구성되는 다수의 마스터 서버들을 갖게 될 것이다). 마스터 서버는 백엔드의 데이터 저장소에 전체 클러스터 상태를 저장한다. API 서버는 내부 구성 요소(스케줄러, 컨트롤러 또는 Kubelets 같은)와 외부 사용자들(관리자 포함) 둘 다에 의해 사용될 수 있는 REST API를 제공하는 구성 요소다. 스케줄러는 개별 노드상의 이용 가능한 자원들(메모리와 CPU 사용률 같은)을 추적하고 클러스터에서 어느 노드에 신규 컨테이너들이 스케줄돼야 하는지를 결정한다. 컨트롤러들은 복제 컨트롤러나 오토스케일링 그룹들 같은 고급 개념들을 관리하는 구성 요소다.

쿠버네티스 노드들은 마스터 서버에 의해 관리되는 실제 애플리케이션 컨테이너들이 시작되는 곳이다. 각 노드는 도커 엔진과 Kubelet을 운영한다. Kubelet은 마스터 서버의 REST API로 연결되고 스케줄러에 의해 이 노드로 스케줄된 컨테이너들을 실제로 시작시키는 역할을 담당한다.

쿠버네티스에서 컨테이너들은 Pod에서 체계화(조직화)된다. Pod는 쿠버네티스의 가장 작은 스케줄링 가능 단위이고 하나 이상의 도커 컨테이너들로 구성된다. Pod에 있는 모든 컨테이너는 동일한 호스트에서 실행되는 것이 보장된다. 각 Pod는 전체 클러스터 내에서 유일하고 특정 경로로 보내질 수 있는 IP 주소를 받게 된다(하나의 호스트에서 실행 중인 Pod들은 이들의 IP 주소들을 통해 다른 노드들에서 실행 중인 Pod들과 서로 통신을 할 수 있는 것을 의미한다).

Kube Proxy는 사용자들이 실제로 애플리케이션들에 도달할 수 있음을 보장하는 구성 요소다. 쿠버네티스에서는 다수의 Pod를 그룹화하는 서비스들을 정의할 수 있다. Kube Proxy는 유일한 IP 주소를 각 서비스들에 할당하고, 네트워크 트래픽을 해당 서비스에 대응하는(그룹화된) 모든 Pod로 다시 보낸다. 이 방식은 Kube Proxy가 다수의 Pod에서 실행 중인 애플리케이션의 다중 인스턴스가 있을 때 아주 단순하지만 효과적인 부하 분산도 구현한다.

쿠버네티스의 아키텍처가 꽤 복잡하다는 것을 알아차렸을지도 모르겠다. 쿠버네티스 클러스터를 구성하는 것은 도전적인 과제이고 이 부분은 이 책에서 세부적으로 다루지 않을 것이다. 로컬 개발과 테스트를 위해 Minikube 도구를 사용할 것이고 이것은 로컬 머신에 가상화된 쿠버네티스 환경을 자동으로 생성한다. Public 클라우드 환경에서 애플리케이션을 실행 중일 때는 실제 운영 수준의 쿠버네티스 환경을 자동 구성할 수 있는 도구들을 사용할 수 있다. 이제 클라우드 제공자들은 대부분 관리되는 쿠버네티스 클러스터들을 제공한다(예를 들어 구글 쿠버네티스 엔진(Google Kubernetes Engine)과 애저 쿠버네티스 서비스(Azure Kubernetes Service)는 둘 다 쿠버네티스 기반으로 만들어진다).

MiniKube로 로컬 쿠버네티스 설정

Minikube를 시작하려면 로컬 머신에 세 가지 도구가 필요하다. Minikube 자체(이것은 머신상에 가상 쿠버네티스 환경 구성을 다룬다), VirtualBox(이것은 가상 환경으로 사용된다), kubectl(이것은 쿠버네티스로 작업하기 위한 클라이언트 도구다)가 그것이다. 이 예제에서는 Minikube를 사용할 것이지만 다음 절들에서 다룰 각각의 모든 kubectl 명령어는 Minikube에 특정되지 않고 거의 모든 쿠버네티스 클러스터에서 정상 동작할 것이다.

VirtualBox를 구성하며 시작해보자. 이를 위해 https://www.virtualbox.org/wiki/Downloads에 있는 공식 다운로드 페이지로부터 인스톨러installer를 다운로드하고 해당 OS를 위한 설치 설명서를 따라한다.

다음으로 최근 빌드의 Minikube를 다운로드한다. https://github.com/kubernetes/minikube/releases에서 모든 릴리스를 볼 수 있다(집필 시점에서 가장 최근 릴리스는 0.18.0이었다).[7] 해당되는 OS의 설치 가이드를 따라하면 되지만 대안으로 Minikube를 빨리 다운로드하고 구성하고자 다음의 명령어를 사용한다(linux를 darwin이나 windows로 각각 대체한다).

```
$ curl -Lo minikube
https://storage.googleapis.com/minikube/releases/v0.18.0/minikube-linux-amd
64 && chmod +x minikube && sudo mv minikube /usr/local/bin/
```

마지막으로 kubectl을 구성한다. https://kubernetes.io/docs/tasks/kubectl/install에서 설치 설명서를 볼 수 있다. 이와는 다른 방법으로 다음의 명령어를 사용한다(필요시 linux를 darwin이나 windows로 대체한다).

```
curl -LO
https://storage.googleapis.com/kubernetes-release/release/1.6.1/bin/linux/a
md64/kubectl && chmod +x kubectl && sudo mv kubectl /usr/local/bin
```

모든 요구 사항을 구성한 후에는 로컬 쿠버네티스 환경을 시작하고자 minikube start 명령어를 사용할 수 있다.

---

7. 번역 시점에서 최신 릴리스는 1.25.2다. - 옮긴이

```
$ minikube start
```

이 명령어는 ISO 이미지를 다운로드할 것이고 이후 이 이미지에서 새로운 가상머신을 시작하고 다양한 쿠버네티스 구성 요소를 설치한다. 이 작업이 몇 분 소요되더라도 놀라지 말고 잠시 커피 한잔하며 기다리자.

minikube start 결과 출력

또한 minikube start 명령어는 어떤 추가적인 구성없이도 minikube VM으로 kubectl을 사용할 수 있게 해주는 kubectl 용도의 config 파일을 생성한다. 홈 디렉터리의 ~/.kube/config에서 이 파일을 찾을 수 있다.

예상한 대로 전체 구성이 동작하는지 여부를 테스트하고자 kubectl get nodes 명령어를 실행한다. 이 명령어는 쿠버네티스 클러스터에 속하는 모든 노드의 리스트를 출력할 것이다. Minikube 구성에서는 정확히 한 개의 노드가 보여야 한다.

```
$ kubectl get nodes
```

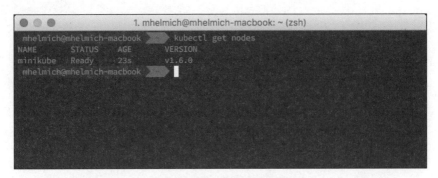

kubectl get nodes 결과 출력

쿠버네티스의 핵심 개념

다시 MyEvents로 깊숙이 들어가기 전에 일부 쿠버네티스의 핵심 개념을 좀 더 철저히 살펴보자. 간단한 엔진엑스 웹 서버를 담고 있는 새로운 Pod를 생성하며 시작할 것이다.

쿠버네티스 자원들(Pod와 Service 같은)은 보통 해당 클러스터의 목표 상태를 선언적으로 서술하고자 YAML 파일에 보통 정의된다(이전에 작업한 적이 있는 도커 컴포즈 구성 파일들과 유사하다). 새로운 엔진엑스 Pod를 위해 로컬 파일 시스템 어딘가에 nginx-pod.yaml 이름의 새로운 파일을 생성한다.

```
apiVersion: v1
kind: Pod
metadata:
  name: nginx-test
spec:
  containers:
  - name: nginx
    image: nginx
    ports:
      - containerPort: 80
        name: http
        protocol: TCP
```

254

소위 매니페스트^{manifest} 파일이라는 이것은 새로운 Pod가 어떤 모습이여야 하는지를 기술한다. metadata 섹션에서 Pod의 이름이나 어떤 추가적인 레이블들(이들은 나중에 필요하게 된다) 같은 기초 metadata를 설정할 수 있다. spec 섹션은 Pod가 어떤 모습이여야 하는지의 실제 사양을 담는다. 보이는 것처럼 spec.containers 섹션은 리스트로서 형태가 구성된다. 원칙적으로 여기에 추가적인 컨테이너들을 더 할 수 있고 이후 이들은 동일한 Pod 내에서 실행될 것이다.

이 파일을 만든 후 Pod를 생성하고자 kubectl apply 명령어를 사용한다.

```
$ kubectl apply -f nginx-pod.yaml
```

이후에 Pod가 성공적으로 생성돼 있는지 검증하고자 kubectl get pods 명령어를 사용할 수 있다. Pod가 자신의 상태를 ContainerCreating에서 Running으로 변경할 때까지 몇 초에서 몇 분까지 걸릴 수 있는 점을 염두에 두자.

```
$ kubectl get pods
```

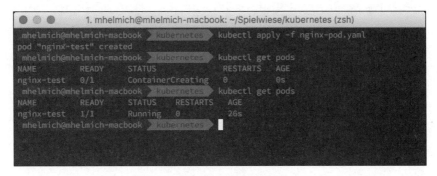

kubectl get pods 결과 출력

kubectl 명령어가 클러스터 노드들이 아닌 쿠버네티스 API 서버와 직접 통신하는 점을 주목하자(Minikube를 사용할 때라도 별 차이가 없다. 모든 구성 요소가 동일한 가상머신에서 어쨌든 실행되고 있기 때문이다). 원칙적으로 쿠버네티스 클러스터는 많은 호스트(노드)로 구성될 수 있고, 쿠버 네티스 스케줄러는 새로운 Pod를 실행시킬 가장 최적의 호스트(노드)를 자동으로 선 택할 것이다.

단일 Pod에 대해 구성할 수 있는 것들이 더 있다. 예를 들어 애플리케이션의 메모리 와 CPU 사용을 제한하기 원할 수도 있다. 이 경우에 새롭게 생성된 Pod 매니페스트 에 다음의 설정들을 추가한다.

```
# ...
spec:
  containers:
  - name: nginx
    image: nginx
    resources:
      limits:
        memory: 128Mi
        cpu: 0.5
    ports: # ...
```

resources.limits 섹션은 쿠버네티스에게 128MB의 메모리 제한과 0.5 CPU 코어 core의 CPU 제한을 가진 컨테이너 생성을 지시할 것이다.

쿠버네티스 Pod들에 관해 주목해야 할 중요한 점은 이들이 지속 가능하지 않다는 것이다. Pod들은 한 순간에 종료될 수도 있고 노드의 장애가 발생할 때마다 손실을 입을 수도 있다. 이런 이유로 Pod들을 생성하는 쿠버네티스 컨트롤러(배포 컨트롤러와 같은) 사용이 추천된다.

계속하기 전에 kubectl delete 명령어를 사용해 해당 Pod를 삭제한다.

```
$ kubectl delete pod nginx-test
```

다음으로 새로운 nginx-deployment.yaml 파일을 생성한다.[8]

```
apiVersion: apps/v1beta1
kind: Deployment
metadata:
  name: nginx-deployment
spec:
  replicas: 2
  template:
    metadata:
      labels:
        app: nginx
    spec:
      containers:
      - name: nginx
        image: nginx
        ports:
        - containerPort: 80
          name: http
          protocol: TCP
```

이 매니페스트는 소위 배포 컨트롤러[Deployment controller]를 생성할 것이다. 배포 컨트롤러는 정해진 구성대로 정해진 수의 Pod들이 언제든 실행되게 한다. 이 경우에는 **spec.template** 필드에 의해 기술된(spec.template 필드들이 이름을 빼면 이전에 이미 작성된 Pod 정의에 대응되는 점을 주목하자) 두 개의 Pod다(spec.replicas 필드에서 지정된).

이전과 같이 **kubectl apply** 명령어를 사용해서 배포를 생성한다.

---

8. 쿠버네티스는 지속적으로 새로운 버전이 계속해서 출시되며 번역 시점에는 이미 v1.23.x 버전이 나와 있다. yaml 파일로 애플리케이션을 배포할 때 반드시 유의해야 할 사항은 쿠버네티스 버전에 따라 마스터에 있는 apiserver 버전이 달라질 수 있어 사전 확인이 필요하다. 본문 예제에서는 deployment yaml 파일에 예전 버전의 apiVersion: apps/v1beta1로 돼 있지만 1.16.x 버전부터는 apiVersion: apps/v1으로 수정해야 에러 없이 반영이 된다. 이는 실 운영 환경에서는 쿠버네티스 클러스터 업그레이드 시 반드시 사전 검토가 필요한 이유가 된다. - 옮긴이

```
$ kubectl apply -f nginx-deployment.yaml
```

kubectl get pods 명령어를 사용해 작업들의 성공을 검증한다. (nginx-deployment-
1397492275-qz8k5와 유사한 이름들을 가진) 두 개의 Pod가 스케줄되는 것에 주목해야 한다.

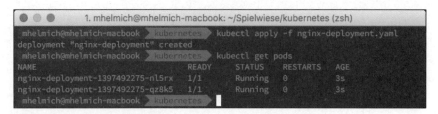

kubectl get pods 결과 출력

배포들로 할 수 있는 것이 더 있다. 우선은 kubectl delete 명령어를 사용해 자동으
로 생성된 Pod들 중 하나를 삭제 시도해본다(독자의 머신에서는 다른 Pod 이름을 가질 것을 유념하자).

```
$ kubectl delete pod nginx-deployment-1397492275-qz8k5
```

해당 Pod를 삭제한 후에 kubectl get pods를 다시 호출한다. 배포 컨트롤러가 거의
즉시 새 Pod를 생성했다는 것에 주목하게 될 것이다.

또한 애플리케이션의 인스턴스 두개로는 충분하지 않다고 결정할 수도 있고 그로
인해 해당 애플리케이션을 좀 더 확장하기를 원할 수 있다. 이를 위해 배포 컨트롤
러의 spec.scale 속성을 단순히 증가시킬 수 있다. 또한 이 규모를 증가(또는 감소)시키
고자 기존 YAML 파일을 수정하고 이후 kubectl apply를 다시 호출할 수 있다.
대안으로는 kubectl edit 명령어를 사용해 직접 해당 자원을 수정할 수 있다.

```
$ kubectl edit deployment nginx-deployment
```

특히 **spec.scale** 속성에 사용할 수 있는 특별한 **kubectl scale** 명령어도 있다.

```
$ kubectl scale --replicas=4 deployment/nginx-deployment
```

kubectl get pods 결과 출력

서비스

현재 네 개의 실행되고 있는 엔진엑스 컨테이너들을 갖고 있지만 이들에 실제 접근할 수 있는 방법이 없다. 이 지점이 바로 서비스[Service]의 역할이 시작되는 곳이다. nginx-service.yaml이라는 새로운 YAML 파일을 생성한다.

```yaml
apiVersion: v1
kind: Service
metadata:
  name: nginx
spec:
  type: NodePort
  selector:
    app: nginx
  ports:
  - name: http
    port: 80
```

spec.selector 속성이 배포 매니페스트에 지정한 metadata.labels 속성에 대응한다는 점을 주목하자. 배포 컨트롤러에 의해 생성된 모든 Pod는 라벨들의 정해진 집합을 가질 것이다(이는 정말 단순히 임의의 키/값 매핑들이다). 서비스의 spec.selector 속성은 이제 이 서비스에 의해 Pod가 어느 라벨들로 인식돼야 하는지를 지정한다. 또한 나중에 중요해지는 type:NodePort 속성에 대해 주목하자.

이 파일을 만든 후에 해당 서비스 정의를 생성하고자 늘 그렇듯이 kubectl apply를 사용한다.

```
$ kubectl apply -f nginx-service.yaml
```

다음으로 최근에 생성된 서비스 정의를 점검하고자 kubectl get services를 호출한다.

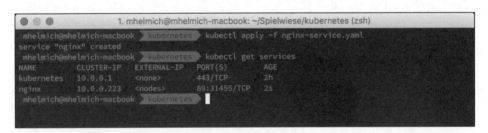

kubectl apply 결과 출력

kubectl get services 결과 출력에서 최근에 생성된 nginx 서비스를 발견할 것이다(항상 결과 출력에 존재하는 쿠버네티스 서비스와 함께).

서비스를 생성할 때 지정한 type:NodePort 속성을 기억하는가? 이 속성의 효과는 각 노드상의 Kube 프록시proxy가 이제 TCP 포트를 개방했다는 것이다. 이 포트의 포트 번호는 무작위로 선택된다. 앞의 예제에서는 TCP 포트 31455다. 쿠버네티스 클러스터의 바깥쪽에서 해당 서비스를 연결시키고자 이 포트를 사용할 수 있다(예를 들어 해당 로컬 머신에서). 이 포트에서 받은 모든 트래픽은 서비스의 사양에 지정된 selector

260

에 의해 대응되는 Pod 중 하나로 재전송된다.

서비스들에 관한 특별한 것은 전반적으로 평균적인 Pod보다 (훨씬) 더 긴 수명을 가질 것이라는 점이다. 새로운 Pod들이 추가될 때(아마도 배포 컨트롤러의 복제 개수를 증가시켰기 때문에) 이들은 자동으로 해당 서비스에 추가될 것이다. 또한 Pod들이 제거될 때(다시 복제 개수 변경 때문이거나 노드 장애 아니면 단지 Pod가 수동으로 삭제된 경우) 이들은 서비스에 의해 트래픽 받는 것을 멈추게 된다.

Minikube를 사용 중이라면 이 서비스를 외부에 오픈해서 웹 브라우저에서 사용할 수 있는 노드의 공인(외부) IP 주소를 빨리 찾고자 minikube service 명령어를 사용할 수 있다.

```
$ minikube service nginx
```

노드 포트에 더해 앞의 결과 출력에 있는 클러스터 IP 속성도 주목하자. 이것은 이 서비스에 의해 맺어지는 어떤 Pod에도 도달하고자 해당 클러스터 내에서 사용할 수 있는 IP 주소다.

따라서 이 예제에서는 자신의 애플리케이션이 실행되는 새로운 Pod를 시작하고 이 애플리케이션 내에서 nginx 서비스에 접근하고자 IP 주소 10.0.0.223을 사용할 수 있다. 또한 IP 주소들을 갖고 작업하기엔 번거롭기에 DNS 이름으로 서비스 이름 (이 경우에 nginx)을 사용할 수도 있을 것이다(nginx 서비스의 등록된 전체 DNS 이름은 nginx.{namespace}. svc.cluster.local이다).

지속 볼륨

흔히 지속성을 갖는 방식으로 파일과 데이터를 저장하는 공간이 필요하게 된다. 개별 Pod들은 쿠버네티스 환경에서 꽤나 단명하기에 컨테이너의 파일 시스템에 직접 파일들을 저장하는 것은 일반적으로 좋은 해결책이 아니다. 쿠버네티스에서 이 이슈는 지속 볼륨Persistent volumes을 사용해 해결되고 이는 기본적으로 이전에 이미 함께 작업한 도커 볼륨의 더 유연한 추상화다.

새로운 지속 볼륨을 생성하고자 다음의 내용들을 가진 새로운 example-volume. yaml 파일을 생성한다.

```
apiVersion: v1
kind: PersistentVolume
metadata:
  name: volume01
spec:
  capacity:
    storage: 1Gi
  accessModes:
  - ReadWriteOnce
  - ReadWriteMany
  hostPath:
    path: /data/volume01
```

kubectl apply -f example-volume.yaml을 사용해 볼륨을 생성한다. 이후에 kubectl get pv를 실행해 다시 이것을 찾아볼 수 있다.

앞의 매니페스트 파일은 해당 볼륨이 사용되는 호스트(노드, 즉 VM)상의 /data/volume01 디렉터리에 파일들을 저장하는 새로운 볼륨을 생성한다.

NOTE

> 로컬 개발 환경 이외에는 지속 데이터 용도로 호스트경로(hostPath) 볼륨 사용은 최악의 발상이다. 이 지속 볼륨을 사용하는 Pod가 또 다른 노드상에 다시 스케줄링된다면 이전에 가졌던 동일한 데이터로의 접근을 갖지 못할 것이다. 쿠버네티스는 다수의 호스트 전체에 걸쳐 볼륨에 접근 가능 하게 하고자 사용할 수 있는 아주 다양한 볼륨 타입을 지원한다.

예를 들어 AWS에서 다음의 볼륨 정의를 사용할 수 있다.

```
apiVersion: v1
kind: PersistentVolume
metadata:
  name: volume01
spec:
  capacity:
    storage: 1Gi
  accessModes:
  - ReadWriteOnce
  awsElasticBlockStore:
    volumeID: <volume-id>
    fsType: ext4
```

Pod에서 지속 볼륨을 사용하기 전에 이것을 요청할claim 필요가 있다. 쿠버네티스는
지속 볼륨을 생성하는 것과 이것을 컨테이너에서 사용하는 것 간에 중요한 차이를
가진다. 이는 지속 볼륨을 생성하는 사람과 이것을 사용하는(요청하는) 사람이 보통
다르기 때문이다. 또한 볼륨의 생성과 이것의 사용을 분리시킴으로 쿠버네티스는
Pod들에서 볼륨들의 사용을 실제 근간을 이루는 스토리지 기술에서 분리시킨다.

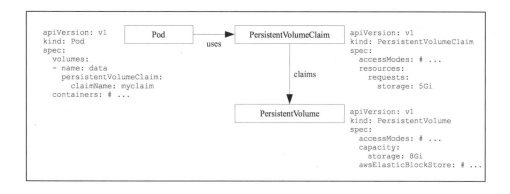

다음으로 example-volume-claim.yaml 파일을 생성해 PersistentVolumeClaim을 생성하고 이후 kubectl apply -f example-volume-claim.yaml을 호출한다.

```
apiVersion: v1
kind: PersistentVolumeClaim
metadata:
  name: my-data
spec:
  accessModes:
    - ReadWriteOnce
  resources:
    requests:
      storage: 1Gi
```

kubectl get pv를 다시 호출할 때 volume01 볼륨의 상태 지정 필드가 Bound(결합된)로 변경된 것을 발견하게 될 것이다. 이제 Pod나 배포를 생성할 때 새로 생성된 지속 볼륨 요청을 사용할 수 있다.

```
apiVersion: v1
kind: Pod
spec:
  volumes:
  - name: data
    persistentVolumeClaim:
      claimName: my-data
  containers:
  - name: nginx
    image: nginx
    volumeMounts:
    - mountPath: "/usr/share/nginx/html"
      name: data
```

클라우드 환경에서 쿠버네티스 클러스터를 운영할 때는 쿠버네티스가 클라우드 제
공자의 API와 대화함으로써 새로운 지속 볼륨들을 자동으로 생성할 수 있다^{Dynamic}
^{Provisioning}. 예를 들어 새로운 EBS 디바이스[9] 생성을 말한다.

MyEvents를 쿠버네티스로 배포

이제 쿠버네티스에 함께 첫발을 내 디뎠기에 MyEvents 애플리케이션을 쿠버네티스
클러스터로 배포하는 작업을 진행할 수 있다.

RabbitMQ 브로커 생성

RabbitMQ 브로커를 생성하며 시작해보자. RabbitMQ는 비상태 기반^{stateless} 구성
요소가 아니기에 쿠버네티스에 의해 제공되는 특별한 컨트롤러인 StatefulSet을
사용할 것이다. 이는 배포 컨트롤러와 유사하게 동작하지만 지속적으로 구분^{identity}
되는 Pod들을 생성할 것이다.[10]

StatefulSet을 생성하고자 rabbitmq-statefulset.yaml이라는 새 파일을 생성한다.[11]

```
apiVersion: apps/v1beta1
kind: StatefulSet
metadata:
  name: rmq
spec:
```

---

9. 아마존 웹 서비스(Amazon Web Services) 중 하나인 블록 스토리지 서비스, 즉 일래스틱 블록 스토어(Elastic Block
   Store) 장치들을 말한다. - 옮긴이

10. statefulset은 DB와 같은 상태 기반(stateful)의 서비스를 배포하기에 실제 운영 환경의 경우에는 별도의 DB 관리자가
    하는 백업/복구 및 서비스 재시작 등의 업무를 고려해야 한다. 이런 업무들을 쿠버네티스 기본 기능에 추가
    (Add-on)해 운영할 수 있는 operator(맞춤형 컨트롤러)라는 자동화 방식이 있다. 관심이 있다면 https://sdk.
    operatorframework.io/docs/building-operators/golang/quickstart/를 살펴보기 바란다. - 옮긴이

11. 본문 yaml 파일의 StatefulSet apiVersion인 apps/v1beta1은 쿠버네티스 1.16.x 버전부터 apps/v1으로 변경됐다.
    - 옮긴이

```
    serviceName: amqp-broker
    replicas: 1
    template:
      metadata:
        labels:
          myevents/app: amqp-broker
      spec:
        containers:
        - name: rmq
          image: rabbitmq:3-management
          ports:
          - containerPort: 5672
            name: amqp
          - containerPort: 15672
            name: http
```

이 정의는 지속성^{persistence}이란 한 가지 중요한 것을 빠트리고 있다. 현재 RabbitMQ
Pod가 어떤 이유로든 장애가 발생한다면 새로 만들어지는 것은 해당 브로커가 이전
에 가졌던 어떠한 상태도(이 경우에는 exchanges, queues, 아직 발송 안 된 메시지들) 없이 스케줄될 것이
다. 이런 이유로 이 StatefulSet에 의해 사용될 수 있는 지속 볼륨도 선언해야 한
다. 새로운 PersistentVolume과 PersistentVolumeClaim을 수동으로 생성하는 대
신, 간단히 StatefulSet에 대한 volumeClaimTemplate을 선언할 수 있고 쿠버네티
스가 새로운 볼륨을 자동으로 공급하게 할 수 있다. Minikube 환경에서도 이것이
가능한 이유는 Minikube가 이런 볼륨들에 대한 자동 공급자^{provisoner}을 함께 설치하
기 때문이다. 앞으로 여러 클라우드 환경에서 작업을 하게 되면 유사한 볼륨 공급자
들을 만나게 될 것이다.

다음의 섹션을 StatefulSet에 추가한다.[12]

---

12. 본문 yaml 파일의 annotations로 설정된 volume.alpha.kubernetes.io/storage-class: standard는 v 1.6 이전에
   사용된 옛날 방식으로 현재는 더 이상 사용되지 않는다. 대신 spec 섹션 아래에 storageClassName: standard 항목을
   추가해서 동일한 처리를 한다. — 옮긴이

```
apiVersion: apps/v1beta1
kind: StatefulSet
metadata:
  name: rmq
spec:
  serviceName: amqp-broker
  replicas: 1
  template: # ...
  volumeClaimTemplates:
  - metadata:
    name: data
    annotations:
      volume.alpha.kubernetes.io/storage-class: standard
  spec:
    accessModes: ["ReadWriteOnce"]
    resources:
      requests:
        storage: 1Gi
```

volumeClaimTemplate은 StatefulSet 컨트롤러에 해당 StatefulSet의 각 인스턴스(Pod)에 대해 새로운 PersistemtVolume과 PersistentVolumeClaim을 자동으로 공급하도록 지시할 것이다. 복제 개수를 증가시키면 해당 컨트롤러는 자동으로 볼륨들을 더 생성할 것이다.

해야 할 마지막으로 남겨진 것은 rabbitmq 컨테이너 내에서 볼륨 요청을 실제로 사용하는 것이다. 이를 위해 다음과 같이 컨테이너 사양을 수정한다.

```
containers:
- name: rmq
  image: rabbitmq:3-management
  ports: # ...
  volumeMounts:
```

```
    - name: data
      mountPath: /var/lib/rabbitmq
```

kubectl apply -f rabbitmq-statefulset.yaml을 사용해 해당 StatefulSet을 생성한다.

이 이후에는 kubectl get pods를 실행할 때 rmq-0라는 새로운 Pod가 시작되는 것이 보여야 한다. 또한 kubectl get pv 및 kubectl get pvc를 각각 실행시킬 때 자동으로 생성된 지속 볼륨들과 각각의 요청들이 보여야 한다.

다음으로 다른 Pod들이 RabbitMQ 브로커에 접근할 수 있게 해주는 서비스를 생성한다.

```
apiVersion: v1
kind: Service
metadata:
  name: amqp-broker
spec:
  selector:
    myevents/app: amqp-broker
  ports:
  - port: 5672
    name: amqp
```

늘 그렇듯이 kubectl apply -f rabbitmq-service.yaml을 사용해 해당 서비스를 생성한다. 서비스를 생성한 후에는 해당 호스트 이름인 amqp-broker를 사용해 DNS로 이것을 변환resolve 할 수 있을 것이다(또는 전체 이름인 amqp-broker.default.svc.cluster. local을 사용해서).

몽고DB 컨테이너 생성

다음으로 몽고DB 컨테이너를 생성해보자. 개념적으로 이것은 앞 절에서 생성한 RabbitMQ 컨테이너와 크게 차이 나지 않는다. 이전과 동일하게 자동으로 공급되는 볼륨들과 함께 StatefulSet을 사용할 것이다. 다음의 내용을 events-db-statefulset.yaml이란 새 파일에 넣고 나서 이 파일에 대해 kubectl apply를 호출한다.

```
apiVersion: apps/v1beta1
kind: StatefulSet
metadata:
  name: events-db
spec:
  serviceName: events-db
  replicas: 1
  template:
    metadata:
      labels:
        myevents/app: events
        myevents/tier: database
    spec:
      containers:
      - name: mongo
        image: mongo:3.4.3
        ports:
        - containerPort: 27017
          name: mongo
        volumeMounts:
        - name: database
          mountPath: /data/db
  volumeClaimTemplates:
  - metadata:
      name: data
      annotations:
        volume.alpha.kubernetes.io/storage-class: standard
```

```
    spec:
      accessModes: ["ReadWriteOnce"]
      resources:
        requests:
          storage: 1Gi
```

다음으로 새로운 파일인 events-db-service.yaml을 생성해 이 StatefulSet에 대응하는 서비스를 정의하고 kubectl apply를 호출한다.

```
apiVersion: v1
kind: Service
metadata:
  name: events-db
spec:
  clusterIP: None
  selector:
    myevents/app: events
    myevents/tier: database
  ports:
  - port: 27017
    name: mongo
```

이제 예약 서비스의 몽고DB 컨테이너들에 대해 이것을 반복할 필요가 있다. 앞에서 정의한 것들과 거의 동일한 정의를 재사용할 수 있다. 단순히 events를 bookings로 대체하고 StatefulSet과 bookings-db 서비스를 생성한다.

쿠버네티스에서 이미지 사용 가능하게 만들기

이제 실제 마이크로서비스들을 배포할 수 있기 전에 쿠버네티스 클러스터가 이미지들에 접근할 수 있는지 확실히 할 필요가 있다. 이를 위해 일반적으로 컨테이너 레지스트리에 자체적으로 만든 이미지들을 사용 가능하게 할 필요가 있다. Minikube를 사용하고 자신만의 이미지 레지스트리를 구성하는 번거로움에서 벗어나고 싶다면 다음의 명령어로 대신할 수 있다.

```
$ eval $(minikube docker-env)
$ docker image build -t myevents/eventservice .
```

첫 번째 명령어는 로컬 셸에 로컬 도커 엔진이 아닌 Minikube VM 내의 도커 엔진에 대신 연결하라는 지시를 한다. 이후 일반적인 docker container build 명령어를 사용해 Minikube VM에서 직접 사용할 컨테이너 이미지를 만들 수 있다.

이미지들이 비공개 레지스트리(예를 들어 도커 허브, Quay.io 또는 자체 주관 레지스트리 같은)에서 사용 가능하면 이 이미지들에 실제로 접근할 수 있는 권한이 부여되도록 쿠버네티스 클러스터를 구성할 필요가 있을 것이다. 이를 위해 Secret 객체로 레지스트리 자격 증명을 추가한다. 이를 하려면 kubectl create secret 명령어를 사용한다.

```
$ kubectl create secret docker-registry my-private-registry \
   --docker-server https://index.docker.io/v1/ \
   --docker-username <your-username> \
   --docker-password <your-password> \
   --docker-email <your-email>
```

이 예제 코드에서 my-private-registry는 도커 자격 증명의 설정에 대해 임의로 선택된 이름이다. --docker-server 플래그인 https://index.docker.io/v1/은 공식 도커 허브의 URL을 지정한다. 서드파티 레지스트리를 사용하고 있다면 그에 맞춰 이 값을 변경해야 하는 것을 기억하자.

새로운 Pod를 생성할 때 Pod 사양에 ImagePullSecrets 속성을 추가해 이제 새롭게 생성된 Secret 객체를 사용할 수 있다.

```
apiVersion: v1
kind: Pod
metadata:
  name: example-from-private-registry
spec:
  containers:
  - name: secret
    image: quay.io/martins-private-registry/secret-application:v1.2.3
  imagePullSecrets:
  - name: my-private-registry
```

imagePullSecrets 속성을 사용하는 것은 StatefulSet이나 배포 컨트롤러를 사용해 Pod들을 생성하고 있을 때에도 작동한다.

MyEvents 구성 요소 배포

이제 쿠버네티스 클러스터에서 이용할 수 있는 컨테이너 이미지들을 갖게 됐으니 (Minikube VM에서 이 이미지들을 로컬에 만들거나 이들을 레지스트리에 밀어 넣고 그 레지스트리에 접근할 수 있도록 해당 클러스터에 권한을 부여함으로써) 실제 이벤트 서비스를 배포할 수 있다. 이벤트 서비스 자체가 비상태 기반이기에 StatefulSet이 아닌 일반적인 배포 객체를 사용해 배포할 것이다.

다음과 같은 내용을 가진 새 파일 events-deployment.yaml을 생성하며 계속 진행한다.

```
apiVersion: apps/v1beta1
kind: Deployment
metadata:
  name: eventservice
spec:
  replicas: 2
  template:
    metadata:
```

272

```
    labels:
        myevents/app: events
        myevents/tier: api
    spec:
      containers:
      - name: api
        image: myevents/eventservice
        imagePullPolicy: Never
        ports:
        - containerPort: 8181
          name: http
        environment:
        - name: MONGO_URL
          value: mongodb://events-db/events
        - name: AMQP_BROKER_URL
          value: amqp://guest:guest@amqp-broker:5672/
```

imagePullPolicy: Never 속성을 주목하자. 이는 Minikube VM에서 직접 **myevents/ eventservice** 이미지를 만들었다면 필요하다. 이미지를 밀어 넣을 수 있는 이용 가능한 실제 컨테이너 레지스트리를 갖고 있다면 이 속성은 생략해야 한다(대신 `imagePullSecrets` 속성을 추가한다).

다음으로 새로운 파일인 events-service.yaml을 생성해 각 서비스를 생성한다.

```
apiVersion: v1
kind: Service
metadata:
  name: events
spec:
  selector:
  myevents/app: events
    myevents/tier: api
```

```
    ports:
    - port: 80
      targetPort: 8181
      name: http
```

각 kubectl apply 호출들로 배포와 서비스 모두 생성한다. 그 직후에 kubectl get pods 결과 출력에서 각 컨테이너들이 나타나는 것이 보여야 한다.

예약 서비스에 대해 유사하게 진행한다. 이 책의 예제 코드에서 예약 서비스에 대한 전체 매니페스트 파일들을 찾을 수 있다.

마지막으로 프론트엔드 애플리케이션을 배포해보자. 다음의 매니페스트를 갖는 또 다른 배포를 생성한다.

```
apiVersion: apps/v1beta1
kind: Deployment
metadata:
  name: frontend
spec:
  replicas: 2
  template:
    metadata:
      labels:
        myevents/app: frontend
    spec:
      containers:
      - name: frontend
        image: myevents/frontend
        imagePullPolicy: Never
        ports:
        - containerPort: 80
          name: http
```

다음의 매니페스트와 상응하는 서비스를 생성한다.

```
apiVersion: v1
kind: Service
metadata:
  name: frontend
spec:
  selector:
    myevents/app: frontend
  ports:
  - port: 80
    targetPort: 80
    name: http
```

HTTP 인그레스 구성

이 시점에서는 쿠버네티스 클러스터에서 실행되는 **MyEvents** 애플리케이션에 대해 필요한 모든 서비스를 갖고 있다. 하지만 해당 클러스터 바깥으로부터 이 서비스들에 접근할 수 있는 편리한 방법이 (아직) 없다. 이들에 접근할 수 있게 하는 한 가지 가능한 해결책은 NodePort 서비스들을 사용하는 방법일 것이다(이는 이전에 앞의 절들 중 한 곳에서 다뤘다). 하지만 이는 실 운영 환경 설정에 바람직하지 않은 일부 무작위로 선택된 높은 번호의 TCP 포트들에 해당 서비스들이 노출되는 결과를 초래할 것이다(HTTP(S) 서비스들은 TCP 포트 80과 443에서 이용 가능해야 한다).

쿠버네티스 클러스터가 퍼블릭 클라우드 환경(좀 더 정확하게는 AWS, GCP, 또는 애저)에서 운영되고 있다면 다음과 같이 **LoadBalancer** 서비스를 생성할 수 있다.

```
apiVersion: v1
kind: Service
metadata:
  name: frontend
```

```
spec:
  type: LoadBalancer
  selector:
    myevents/app: frontend
  # ...
```

이것은 해당 서비스가 표준 포트에 공개적으로 접근할 수 있도록 클라우드 제공자의 적절한 자원들(예를 들어 AWS의 일래스틱 로드 밸런서Elastic Load Balancer)을 공급할 것이다.[13]

하지만 쿠버네티스는 인그레스Ingress로 불리는 들어오는 HTTP 트래픽을 처리하게 해주는 또 다른 기능도 제공한다. 인그레스 자원들은 바깥세상에서 어떻게 해당 HTTP 서비스들에 접근할 수 있어야 하는지에 대한 좀 더 세밀한 제어를 제공한다. 예를 들어 우리 애플리케이션은 두 개의 백엔드 서비스와 한 개의 프론트엔드 애플리케이션으로 구성되고 이 세 가지 모두 HTTP를 통해 공개적으로 접근할 수 있어야 한다. 각각의 이 구성 요소들에 대해 분리된 LoadBalancer 서비스들을 생성할 수는 있지만 각각의 이 세 가지 서비스들이 자신만의 IP 주소를 받고 자신만의 호스트 이름을 요구하는 결과를 초래할 것이다(예를 들어 https://myevents.example에서 프론트엔드 앱을, https://events.myevents.example과 https://bookings.myevents.example에서 두 개의 백엔드 서비스를 제공).

이는 사용하기 번거로울 수 있어 많은 마이크로서비스 아키텍처에서는 외부 API 접근에 대해 단일 진입점의 제공이 흔히 요구된다. 인그레스를 사용해, 예를 들면 모든 백엔드 서비스가 http://api.myevents.example에서 접근할 수 있게 해주는 서비스에 경로 지정path-to-service 매핑을 선언할 수 있다.

인그레스 자원들을 사용하기 전에 쿠버네티스 클러스터들에 대해 인그레스 컨트롤러가 사용할 수 있는 상태로 돼야 한다. 이는 개별 환경마다 아주 다르게 처리된다.

---

13. 구글 클라우드 플랫폼(GCP)의 경우는 ELB와 동일한 네트워크 로드 밸런서(Network Load Balancer)를 지원하며 인그레스(Ingress)를 HTTP 글로벌 로드 밸런서(Global Load Balancer)로 지원한다. 이 인그레스는 AWS나 타 클라우드와 같은 단일 서비스 제공 지역(Region, 예를 들어 서울 리전) 방식이 아닌 전 세계 모든 서비스 지역을 논리적으로 하나로 묶어 글로벌 가속을 지원하는 방식으로 제공 된다. – 옮긴이

일부 클라우드 제공자는 쿠버네티스의 인그레스 트래픽을 처리하기 위한 특별한 해결책들을 제공하지만 이외의 환경에서는 자체적인 방식으로 실행할 필요가 있다. 하지만 Minikube를 사용하면 인그레스를 사용할 수 있는 상태로 만드는 것은 간단한 명령어로 해결된다.

```
$ minikube addons enable ingress
```

대신 쿠버네티스에서 자신의 인그레스 컨트롤러를 실행시키려 한다면 엔진엑스 인그레스 컨트롤러의 공식 문서를 살펴본다. 처음에는 복잡하게 느껴질 수 있지만 많은 내부 쿠버네티스 서비스와 동일하게 인그레스 컨트롤러도 배포와 서비스 자원들만으로 구성됨을 알 수 있다.

NOTE

> 온프레미스(On-Premise, 회사 내부 자체 구축) 환경에서도 엔진엑스 웹 서버를 인그레스로 사용할 수 있다.
>
> https://github.com/kubernetes/ingress-nginx/blob/master/README.md

Minikube에서 인그레스 컨트롤러를 사용할 수 있는 상태로 만든 후에 해당 Minikube VM은 80과 443 포트에서 HTTP 요청에 대한 응답을 시작할 것이다. 어느 IP 주소에 접속해야 하는지 결정하고자 minikube ip 명령어를 실행한다.

열린 세상에서 해당 서비스에 접근 가능하게 하려면 다음의 내용을 가진 새 파일 ingress.yaml에 새로운 쿠버네티스 자원들을 생성한다.

```
apiVersions: extensions/v1beta1
kind: Ingress
metadata:
  name: myevents
spec:
```

```
    rules:
    - host: api.myevents.example
      http:
        paths:
          - path: /events
            backend:
                serviceName: events
                servicePort: 80
          - path: /bookings
            backend:
                serviceName: bookings
                servicePort: 80
    - host: www.myevents.example
      http:
        paths:
          - backend:
              serviceName: frontend
              servicePort: 80
```

kubectl apply -f ingress.yaml으로 인그레스 자원을 생성한다. 물론 myevents.
example 도메인은 공개적으로 접근 가능하지 않을 것이다(이는 최상위 도메인인 .example에
기인한다). 따라서 이 설정을 실제로 테스트하고자 호스트 파일(맥OS와 리눅스에서는 /etc/hosts,
윈도우에서는 C:\Windows\System32\drivers\etc\hosts)에 몇 가지 항목을 추가한다.

```
192.168.99.100 api.myevents.example
192.168.99.100 www.myevents.example
```

일반적으로 192.168.99.100은 Minikube VM의 IP 주소여야 한다(경로에 따른 네트워크 전송이
오직 로컬만 가능함). 확실히 하고자 minikube ip 명령어의 결과 출력을 대조해 확인한다.

⁝⁝ 요약

6장에서는 애플리케이션의 모든 의존성을 컨테이너 이미지에 포함해 패키징하는 도커와 같은 컨테이너 기술들을 사용하는 방법을 알아봤다. 애플리케이션으로부터 컨테이너 이미지들을 만들 수 있는 방법과 이들을 쿠버네티스상에 구축된 실 운영 컨테이너 환경에 어떻게 배포하는지를 알게 됐다.

9장에서는 컨테이너 이미지를 만드는 것으로 다시 돌아가게 된다. 그곳에서 컨테이너를 만드는 툴 체인^{tool chain}을 좀 더 자동화하는 방법을 알아본다. git push 명령어로 출발해서 쿠버네티스 환경에서 실행되는 업데이트된 컨테이너 이미지로 끝을 맺는 완전한 애플리케이션 배포 자동화를 구현할 수 있게 될 것이다.

지금까지는 특정 클라우드에 구속되지 않았다. 여기까지 살펴본 모든 개별 예제는 AWS, 애저, GCP, OpenStack과 같은 주요 퍼블릭 또는 프라이빗 클라우드에서 동작할 것이다. 실제로 컨테이너 기술들은 클라우드 제공자들 각각의 장난질을 물리치고 (잠재적으로 대가가 큰) 업체 종속^{vendor lock-in}을 피하는 훌륭한 방법으로 흔히 고려되고 있다.

이 모든 것은 주요 클라우드 제공자 중 하나인 **아마존 웹 서비스**^{AWS, Amazon Web Services}를 다음 두 개의 장에서 살펴보며 바뀌게 된다. 이 제공자들 각자의 복잡한 내용들과 **MyEvents** 애플리케이션을 이 플랫폼으로 어떻게 배포하는지와 그에 의해 제공되는 유일하고 특징적인 기능들을 어떻게 사용하는지 살펴볼 것이다.

07

AWS I: 기초, Go를 위한 AWS SDK와 EC2

Go 언어로 클라우드 프로그래밍을 배우는 여정에서 새로운 발걸음을 내디딘 것을 환영한다. 7장에서는 인기 있는 아마존 웹 서비스[AWS, Amazon Web Services] 플랫폼을 다루며 클라우드 기술에 대한 논의를 시작하려 한다. AWS는 스타트업과 대기업, 심지어 개인적인 프로젝트에도 사용할 수 있게 제공되는 최초의 클라우드 플랫폼 중 하나였다. AWS는 2006년에 아마존에 의해 출시됐고 이후 지속적으로 성장해오고 있다. 이 주제의 크기가 큰 관계로 해당 내용을 두 개의 장으로 나눠 다루겠다.

7장에서 다루는 내용은 다음과 같다.

- AWS 기초

- Go를 위한 AWS SDK

- EC2 인스턴스 구성과 보안 적용 방법

ꓻ AWS 기초

AWS를 가장 단순히 정의하면 클라우드 플랫폼에서 관리되는 가상머신, 데이터베이스, 메시지 큐, RESTful API 엔드포인트, 모든 종류의 소프트웨어 제품이 아마존에 의해 제공되는 서비스다. AWS를 완전하게 알아보려면 일단 해당 플랫폼에서 제공되는 일부 주요 서비스를 다뤄야 한다. 이후 클라우드 API들을 통해 AWS가 제공하는 서비스들을 활용하는 애플리케이션을 만들 수 있도록 Go의 파워를 최대한 이끌어내는 방법을 더 깊게 알아본다.

- **일래스틱 컴퓨트 클라우드**^{EC2, Elastic Compute Cloud}: EC2는 AWS에 의해 제공되는 가장 인기 있는 서비스 중 하나다. AWS에서 새로운 서버 인스턴스들을 실행시켜야 할 필요가 있을 때 사용되는 서비스로 간단하게 설명할 수 있다. EC2는 사용자와 개발자들에게 서버의 시작과 자원의 할당 과정을 실제로 쉽게 만들어주는 점에 있어 특별하다. EC2는 자동 확장^{auto-scaling}이 가능한데, 애플리케이션이 사용자의 필요를 기반으로 자동으로 스케일업과 다운할 수 있음을 의미한다. 이 서비스는 다수의 설정과 OS를 지원한다.

- **심플 스토리지 서비스**^{S3, Simple Storage Service}: S3는 개발자들이 나중에 조회와 데이터 분석용으로 다른 타입의 데이터를 저장하게 해준다. S3는 전 세계에 걸쳐 수많은 개발자에 의해 사용되는 또 다른 인기 있는 AWS 서비스다. 일반적으로 개발자들은 S3에 이미지, 사진, 비디오 영상, 유사한 타입의 데이터를 저장한다. 이 서비스는 신뢰할 수 있고 확장성이 좋으며 사용하기 쉽다. S3를 사용한 경우는 차고 넘친다. 이 서비스는 웹 사이트, 모바일 애플리케이션, IOT 센서 및 그 이상으로 사용될 수 있다.

- **심플 큐 서비스**^{SQS, Simple Queue Service}: SQS는 AWS에 의해 제공되는 관리형 메시지 큐 서비스다. 간단히 말해 메시지 큐는 신뢰할 수 있게 메시지들을 수신해 이들을 큐에 저장하고 전달할 수 있는 소프트웨어의 한 부분으로 정의할 수 있다. SQS는 확장성과 신뢰성을 갖추고 분산 처리되는 관리형 메시지 큐다.

- **아마존 API 게이트웨이**^{Amazon API Gateway}: 아마존 API 게이트웨이는 보안상 안전한 웹^{web} API를 개발자들이 규모에 맞게(적정 규모로) 생성할 수 있게 하는 관리형 서비스다. API를 생성하고 게재^{publish}(등록을 통한 외부 오픈)할 뿐만 아니라 접근 제어, 인증^{authorization}, API 버전 관리, 상태 모니터링과 같은 세련되고 특징적인 기능들도 제공한다.

- **다이나모DB**^{DynamoDB}: 다이나모DB는 AWS에서 주관하며 서비스로서 제공되는 NoSQL 데이터베이스다. 이 데이터베이스는 유연하고 신뢰성과 확장성이 있으며 수 밀리초의 지연^{latency}만을 가진다. NoSQL은 비관계형^{nonrelational}이면서 고성능을 낼 수 있는 데이터베이스를 나타내는 용어다. 비관계형 데이터베이스는 데이터를 저장하는 데 관계^{relations}를 갖는 테이블을 사용하지 않는 데이터베이스의 한 형태다. 다이나모DB는 문서 저장과 키^{key}-값^{value} 저장의 두 가지 모델을 활용한다. 문서 저장 데이터베이스는 문서 파일들의 모음^{collection}에 데이터를 저장하는 반면 키-값 저장은 간단한 키 값의 쌍^{pairs}으로 데이터를 넣는다. 8장에서는 AWS에서 다이나모DB의 파워를 활용할 수 있는 Go 애플리케이션을 만드는 방법을 알아본다.

- **Go를 위한 AWS SDK**^{AWS SDK for Go}: Go를 위한 AWS SDK는 개발자들에게 AWS 생태계와 상호작용을 할 수 있는 애플리케이션 작성의 힘을 실어주는 Go 라이브러리들의 모음이다. 이 라이브러리들은 지금까지 언급된 EC2, S3, 다이나모DB, SQS와 같은 서로 다른 AWS 서비스들을 최대한 이용하고자 활용되는 도구들이다.

7장과 8장 전반에 걸쳐 이 기술들을 더 깊게 세부적으로 살펴보자. 이번 장에서 다룰 하나하나의 주제들은 엄청나게 큰 내용들로, 책 한 권으로 다룰 만큼 커다란 내용이다. 따라서 각 AWS 서비스의 모든 단면을 다루는 대신 각 서비스에 대한 실용적인 통찰과 강력한 실 운영급의 애플리케이션을 만들고자 이것들을 전반적으로 활용하는 방법을 알아본다. 각 AWS 서비스로 깊게 들어가기 전에 AWS 세계에 있는 몇 가지 일반적인 개념들을 살펴보자.

AWS 콘솔

AWS 콘솔^{console}은 AWS가 제공하는 아주 많은 서비스와 기능에 접근할 수 있게 제공되는 웹 포털^{web portal}이다. 해당 포털에 접근하려면 먼저 aws.amazon.com에 접속하고 나서 다음과 같이 콘솔에 로그인 옵션을 선택해야 한다.

콘솔에 로그인을 하면 AWS에 의해 제공되는 서비스들을 잘 나열해서 보여주는 해당 웹 페이지의 환영을 받게 된다.

AWS 커맨드라인 인터페이스(CLI)

AWS CLI는 AWS 서비스들과 상호작용하는 명령어들을 제공하는 오픈소스 도구다. AWS CLI는 여러 플랫폼을 지원한다. 리눅스, 맥OS, 윈도우에서 실행될 수 있다. 이번 장에서는 S3 폴더에서 EC2 인스턴스로 파일들을 복사하는 것과 같은 특정 작업들을 위한 도구를 사용할 것이다.

AWS CLI는 AWS 콘솔에 의해 수행되는 것들과 유사한 작업들을 수행할 수 있다. 이러한 작업들에는 AWS 서비스들의 구성, 배포, 모니터링이 포함된다. 이 도구는 http://aws.amazon.com/cli/에서 찾을 수 있다.

AWS 리전과 존

AWS 서비스들은 지리적으로 세계 여러 위치에서 운영된다. AWS 세계에서 위치는 리전^{region}(지역)과 이용 가능한 존^{zone}(구역)으로 구성된다. 각 리전은 지리적으로 독립적인 위치가 된다. 각 리전은 이용할 수 있는 존이라는 내부적으로 격리된 여러 존을 갖고 있다. 일부 서비스(예를 들어 아마존 EC2 같은)는 해당 서비스(App) 배포에 사용할 수 있는 리전을 통해 완전한 파워를 제공한다. 또한 리전들에 걸쳐 자원을 복제할 수 있다. https://docs.aws.amazon.com/ko_kr/AWSEC2/latest/UserGuide/using-regions-availability-zones.html에서 이용할 수 있는 AWS 리전들의 리스트를 볼 수 있다.

AWS에 복잡한 애플리케이션 배포를 위해 개발자들은 일반적으로 여러 리전으로 해당 마이크로서비스들을 배포한다. 이는 해당 애플리케이션이 어떤 리전에 있는 아마존 데이터센터에 장애가 발생한 상황에서도 고가용성(자동으로 장애가 없는 다른 곳으로 서비스 전환)의 혜택이 보장된다.

AWS 태그

AWS 태그[tag]는 AWS에서 또 다른 중요한 개념이다. 이것은 각기 다른 AWS 자원들을 적절하게 분류하는 데 사용된다. 특히 각기 다른 곳에서 수많은 AWS 서비스를 사용할 때 아주 유용하다. 예를 들어 해당 모바일 애플리케이션에서 사용하는 S3 스토리지 버킷[bucket]을 식별하고자 하나 이상의 태그를 설정할 수 있다. 동일한 태그들은 이후 해당 모바일 애플리케이션 백엔드에서 사용하는 EC2 인스턴스를 식별하는 데 사용될 수 있다. 태그는 키-값 쌍으로 돼 있고 값은 필수가 아니다.

AWS 태그를 더 잘 이해하기 위한 좋은 참고 자료는 https://d1.awsstatic.com/whitepapers/aws-tagging-best-practices.pdf에서 볼 수 있다.

AWS 일래스틱 빈스톡

AWS 서비스들로 실제 들어가기 전에 일래스틱 빈스톡[Elastic Beanstalk]이라는 AWS 생태계상의 유용한 서비스를 언급하는 것은 의미가 있다. 이 서비스의 목적은 AWS 콘솔을 통해 AWS에서 해당 애플리케이션을 빠르게 배포하고 확장할 수 있게 하는 사용하기 쉬운 구성 마법사를 제공하는 것이다.

이 서비스는 여러 시나리오에 유용하며, 이 책의 7장과 8장을 읽은 후에 심층 학습할 것을 권장한다. 하지만 이 책에서 일래스틱 빈스톡에 집중하지는 않을 것이다. AWS에 관한 이 책의 목적은 주된 AWS 서비스들의 내부 동작에 대한 실용적이고 근본이 되는 지식을 제공하는 것이기 때문이다. 이 지식은 AWS에서 애플리케이션들의 배포와 실행만 쉽게 해주는 것이 아니라 내부가 어떻게 동작하는지 잘 이해하고 필요시 조정할 수 있게 해줄 것이다. 또한 이 근본적인 지식은 이후 이 책을 넘어 더 높은 수준으로 가는 데 필요한 것이기도 하다.

개발자들에게 AWS가 훌륭한 선택이 되게 하는 핵심 AWS 서비스들을 배우지 않고 AWS 빈스톡을 다루는 것은 장기적으로 볼 때 좋은 결과를 만들어낼 수 있는 지식을 충분히 얻지 못하게 된다. 하지만 이 책의 7장과 8장을 마친 후에 AWS 빈스톡을 살펴본다면 실제 뒤에서 어떤 일들이 일어나고 있는지 이해할 수 있을 것이다.

이 서비스는 https://aws.amazon.com/elasticbeanstalk/에서 볼 수 있다.

AWS 서비스

이제 AWS와 상호작용과 클라우드 네이티브 애플리케이션 구축을 위해 어떻게 Go 의 능력을 활용하는지 알아보자. 이번 절에서는 실제 운영 환경에서 가동되는 수준 의 클라우드 애플리케이션을 만드는 데 필요한 몇 가지 AWS 서비스를 실제로 살펴 볼 것이다.

GO를 위한 AWS SDK

앞부분에서 언급한 대로 Go를 위한 AWS SDK는 Go가 AWS의 능력을 활용할 수 있게 해주는 라이브러리들의 모음이다. 이 SDK를 활용하려면 먼저 다뤄야 할 핵심 개념들이 있다.

수행해야 할 첫 번째 단계는 Go를 위한 AWS SDK를 설치하는 것이다. 이는 다음의 명령어를 실행함으로써 완료된다.

```
go get -u github.com/aws/aws-sdk-go/...
```

다른 모든 Go 패키지처럼 이 명령어는 해당 개발 환경에 AWS SDK 라이브러리들을 배포한다.

AWS 리전 구성

두 번째 단계는 AWS 리전(지역)을 지정하는 것이다. 이는 호출할 때 SDK 요청들을 어디에 보내야 하는지 식별하는 것을 돕는다. 이 SDK에 대해 기본 설정된 리전은 없기 때문에 반드시 한 곳은 지정해야 한다. 이를 할 수 있는 두 가지 방법은 다음과 같다.

- AWS_REGION 환경 변수에 리전 값을 할당한다. 리전 값의 예로는 us-west-2 또는 us-east-2를 들 수 있다.

- 코드 내에 이것을 지정한다. 더 자세한 내용은 나중에 다룰 것이다.

AWS SDK 인증 구성

세 번째 단계는 제대로 된 AWS 인증authentication을 받게 구성하는 것이다. 이 단계는 더 복잡하지만 각기 다른 AWS 서비스들과 연동할 해당 코드의 보안을 확실히 해야 하기에 더 중요하다. 이를 위해 AWS에 보안상 안전한 호출calls을 하기 위한 보안 자격 증명security credentials을 해당 애플리케이션에 제공할 필요가 있다.

SDK를 통해 AWS와 연동할 때 해당 코드가 제대로 동작을 하도록 자격 증명을 생성하는 두 가지 주요 방법은 다음과 같다.

- 단순히 사람이나 서비스를 나타내는 식별자identity인 사용자user를 생성한다. 개별적 권한permission을 사용자들에게 직접 할당하거나 사용자들이 권한을 공유하게 하는 그룹으로 다수의 사용자들을 조합시킬 수 있다. Go를 위한 AWS SDK는 AWS로 보내는 요청들을 인증하고자 AWS 접근 키access key를 사용해 사용자들이 보안상 안전한지를 요구한다. AWS 접근 키는 접근 키 ID와 비밀secret 접근 키인 두 부분으로 구성된다. 이는 해당 로컬 서버들에서 애플리케이션들을 실행시킬 때 사용하는 것이다.

- 그다음으로는 역할^{role}을 생성하는 것이다. 역할은 부여된 특정 권한을 가진 식별자라는 점에서 사용자와 아주 유사하다. 하지만 역할은 사람들에게 할당되는 것을 의미하지는 않는다. 대신 특정한 조건에 근거해서 이것을 필요로 하는 대상에 할당된다. 예를 들면 역할은 EC2 인스턴스에 추가될 수 있고 이것은 이 EC2 인스턴스상에서 실행되는 애플리케이션들이 식별되는 사용자를 지정하지 않고 AWS로 보안상 안전한 호출을 할 수 있게 해준다. 이는 EC2 인스턴스에서 실행되는 애플리케이션들이 AWS API 호출을 하려고 할 때 권장되는 접근 방식이다.

IAM 사용자 생성

해당 애플리케이션을 자신의 로컬 머신에서 실행시키고 있다면 접근 키를 생성하고자 권장되는 방법은 해당 코드가 활용하고자 하는 AWS 서비스들에 접속할 수 있는 특정 권한을 가진 사용자를 생성하는 것이다. 이는 AWS IAM^{Identity and Access Management}에서 사용자를 생성함으로써 완료된다.

IAM에서 사용자를 생성하려면 먼저 AWS 메인 웹 콘솔에 로그인한 후 모든 서비스의 보안, 자격 증명 및 규정 준수 범주에 있는 IAM을 클릭한다.

다음으로 왼쪽 편에 있는 **사용자** 옵션을 클릭하고 나서 새로운 IAM 사용자를 생성하고자 **사용자 추가**를 클릭한다.

거기에서 사용자를 신규로 만들고 접근 키를 생성하는 것을 도와주는 사용자 생성 마법사를 만나게 된다. 이 마법사의 첫 번째 단계에서 해당 사용자에 대한 이름을 정하고 AWS 액세스 유형을 선택한다. AWS 액세스 유형은 프로그램 방식 액세스와 AWS 관리 콘솔 액세스의 두 가지 주요 타입으로 구성된다. 당연히 AWS SDK에 의해 사용될 수 있는 사용자를 생성하고자 다음과 같이 프로그램 방식 액세스를 선택한다.

다음 단계는 생성되는 사용자에 권한을 부여하는 것과 관련이 있다. 사용자에게 권한을 할당하는 세 가지 접근법이 있다. 하지만 이 세 가지 접근법을 다루기 전에 먼저 정책^{policies}의 개념을 이해할 필요가 있다. 정책은 단순히 권한을 정의하기 위한 유연한 접근법이다. 예를 들면 새로운 정책은 특정한 S3 폴더에 읽기 전용 접근을 정의하고자 생성될 수 있다. 이후에 이 정책을 적용받는 모든 사용자나 그룹은 이 특정한 S3 폴더에 대해 읽기 전용 접근만이 허가될 것이다. AWS는 해당 구성에 사용할 수 있는 수많은 미리 생성된 정책을 제공한다. 예를 들어 `AmazonS3FullAccess`란 정책이 있으며 이 권한을 소지하면 S3에 모든 접근이 가능하다. 이제 사용자들에게 권한을 할당하는 세 가지 접근법을 살펴보자.

- **그룹에 사용자 추가하기:** 그룹은 자신의 정책들을 가질 수 있는 하나의 개체다. 다수의 사용자는 하나 이상의 그룹에 추가될 수 있다. 그룹을 단순히 사용자들을 담고 있는 폴더로 생각할 수 있다. 특정 그룹에 속한 사용자들은 해당 그룹의 정책들에 의해 허용된 모든 권한에 접근할 수 있다. 이 단계의 구성 마법사는 새로운 그룹을 생성하게 해주고 필요시 여기에 정책들을 할당한다. 이는 사용자들에게 권한을 할당할 때 일반적으로 권장되는 방법이다.

- **기존 사용자들로부터 권한을 복사하기:** 이 방식은 새로운 사용자가 다른 사용자들에 대해 이미 구성돼 있는 모든 그룹과 정책을 누릴 수 있게 해준다. 예를 들어 새로운 팀에 사용자를 추가할 때 사용하기 좋다.

- **기존 정책들을 직접 추가하기:** 이 방식은 그룹을 사용하거나 다른 사용자들로부터 복사가 아닌 새로운 사용자에게 직접 정책들을 할당하게 해준다. 이 접근법의 단점은 각각의 사용자가 그룹에 의해 제공되는 질서정연함이 없이 개별 정책을 할당받으면서 사용자들의 숫자가 늘어남에 따라 관리하기가 지루하고(단순 반복 작업) 어려워지게 된다는 점이다.

다음은 제공되는 세 가지 옵션들의 화면이다.

이 권한들이 설정되면 지금까지의 선택된 사항을 다시 보여주고 새로운 사용자 생성이 진행된다. 새 사용자가 생성되면 CSV 파일로 해당 사용자의 접근 키를 다운로드할 수 있는 옵션을 갖게 된다. 나중에 해당 애플리케이션에 이 접근 키를 활용할 수 있으려면 반드시 해야 하는 일이다. 접근 키는 접근 키 ID와 비밀키 값으로 구성된다.

이 접근 키를 갖게 되면 해당 코드가 사용할 수 있는 여러 가지 접근 방식이 있는데, 그중에 세 가지를 살펴보면 다음과 같다.

환경 변수에 직접 활용하기: AWS SDK 코드가 찾는 두 가지 주요 환경 변수와 옵션인 세 번째 환경 변수가 있다. 여기서는 다음과 같은 두 가지 주요 환경 변수만 살펴본다.

- **AWS_ACCESS_KEY_ID:** 해당 접근 키의 키 ID를 설정한다.

- **AWS_SECRET_ACCESS_KEY:** 해당 접근 키의 비밀키 값을 설정한다.

환경 변수들은 일반적으로 SDK에 의해 다음의 접근 방식으로 넘어가기 전에 기본적으로 점검된다.

자격 증명credentials **파일 활용하기:** 자격 증명 파일은 해당 접근 키들을 담고 있는 평문의 텍스트 파일이다. 이 파일은 credentials라는 이름이어야 하고 해당 컴퓨터 홈 디렉터리의 .aws/ 폴더에 위치해야 한다. 이 홈 디렉터리는 해당 OS별로 다양할 것이다. 윈도우에서는 환경 변수 %UserProfile%을 사용해 홈 디렉터리를 지정할 수 있다. 유닉스(리눅스) 플랫폼에서는 환경 변수 $HOME이나 그냥 ~를 사용한다. 이 자격 증명 파일은 .ini 포맷을 가지며 다음과 같다.

```
[default]
aws_access_key_id = <YOUR_DEFAULT_ACCESS_KEY_ID>
aws_secret_access_key = <YOUR_DEFAULT_SECRET_ACCESS_KEY>

[test-account]
aws_access_key_id = <YOUR_TEST_ACCESS_KEY_ID>
aws_secret_access_key = <YOUR_TEST_SECRET_ACCESS_KEY>

[prod-account]
; work profile
aws_access_key_id = <YOUR_PROD_ACCESS_KEY_ID>
aws_secret_access_key = <YOUR_PROD_SECRET_ACCESS_KEY>
```

대괄호 사이에 있는 이름은 **프로파일**profiles로 불린다. 위의 작은 정보에서 보여주는 것처럼 자격 증명 파일은 서로 다른 프로파일에 대응되는 다른 접근 키들을 지정할 수 있다. 하지만 이제 중요한 의문이 생긴다. 해당 애플리케이션에 사용할 프로파일은 어느 것일까? 이를 위해 **AWS_PROFILE** 환경 변수를 생성하게 된다. 이는 프로파일 이름과 할당되는 애플리케이션의 이름을 지정한다. 예를 들어 **testAWSapp**이란 애플리케이션이 있다 가정하고 이것이 **test-account** 프로파일을 활용하기 원하면 다음과 같이 **AWS_PROFILE** 환경 변수를 설정한다.

```
$ AWS_PROFILE=test-account testAWSapp
```

이 **AWS_PROFILE** 환경 변수가 설정되지 않았다면 기본적으로 디폴트default 프로파일이 선택된다.

애플리케이션에 접근 키를 하드코딩(코드에 직접 쓰기): 이는 보안적인 이유로 일반적으로 추천되지 않는다. 따라서 기술적으로 가능은 하더라도 실 운영 시스템에 시도해서는 안 된다. 해당 애플리케이션 코드(아마 깃허브)에 접근권을 갖는 누구라도 그 접근 키를 조회하고 사용할 수 있기 때문이다.

IAM 역할 생성

앞에서 언급한 것처럼 IAM 역할^{Roles}은 애플리케이션이 아마존 EC2 인스턴스상에서 실행되고 있다면 권장된다. AWS 콘솔을 통해 IAM 역할을 생성하는 것은 IAM 사용자를 생성하는 것과 유사하다.

1.   먼저 AWS 콘솔(aws.amazon.com)에 로그인한다.

2.   그런 다음 모든 서비스의 보안, 자격 증명 및 규정 준수 범주에서 IAM을 선택한다.

여기에서부터 다른 경로를 선택하게 된다. 이번에는 왼쪽에 있는 **역할**을 클릭하고 **역할 만들기**를 선택한다.

역할 만들기를 선택하고 나면 역할 생성 마법사가 나타난다.

먼저 신뢰할 수 있는 엔터티를 선택하도록 요청을 받는다. 여기서 AWS 서비스를 선택하고 이후 EC2를 선택한다.

여기에서 다음을 클릭한다. 이후 새로운 역할이 사용할 정책들을 선택하게 된다.

해당 애플리케이션의 목적에 맞게 다음 4개의 정책을 선택한다.

- AmazonS3FullAccess

- AmazonSQSFullAccess

- AmazonDynamoDBFullAccess

- AmazonAPIGatewayAdministrator

다음을 다시 클릭하고 나서 역할 이름을 정하고 해당 구성을 다시 볼 수 있는 마지막 단계로 이동한다. 그러고 나서 새로운 역할을 생성하고자 **역할 생성**을 클릭한다. 해당 목적에 맞게 `EC2_S3_API_SQS_Dynamo`라는 새로운 역할을 생성했다.

역할 생성을 클릭하면 선택된 정책들을 가진 새로운 역할이 생성된다.

이 역할은 이후 해당 애플리케이션 코드가 실행될 EC2 인스턴스에 부여될 수 있다. 나중에 'EC2' 절에서 이것이 어떻게 될 수 있는지 살펴볼 것이다.

Go를 위한 AWS SDK의 기초

Go의 AWS SDK를 최대한 활용하고자 다뤄야 할 두 가지 핵심 개념이 있다.

세션

첫 번째 개념은 세션^{Sessions}이다. 세션은 AWS 서비스들과 통신을 하고자 다른 객체들과 함께 사용할 수 있는 구성 정보를 담는 SDK의 한 객체^{object}이다.

이 session 객체들은 공유될 수 있고 다른 코드의 부분들에 의해 사용될 수 있다. 이 객체는 캐시^{cache}돼야 하고 재사용돼야 한다. 새로운 session 객체를 생성하는 것은 구성 데이터를 적재하는 것이 수반돼 재사용하므로 자원을 절약한다. session 객체는 수정되지 않는 한 동시 사용에 안전하다.

새로운 session 객체를 생성하려면 다음 코드로 간단히 작성할 수 있다.

```
session, err := session.NewSession()
```

이는 새로운 session을 생성하고 session 변수에 저장한다. 이 선행 코드로 새로운 session을 생성한다면 기본적으로 설정된 구성들이 적용될 것이다. 구성을 오버라이드^{override}한다면 NewSession() 구조체의 인수로 aws.Config 타입 구조체의 객체에 포인터를 전달할 수 있다. 자, Region을 설정하기 원한다고 가정하자.

```
session, err := session.NewSession(&aws.Config{
    Region: aws.String("us-east-2"),
})
```

새로운 세션을 생성하고자 또 다른 생성자 NewSessionWithOptions()를 사용할 수 있다. 이는 세션을 생성하는 데 필요한 정보를 제공하고자 사용한 일부 환경 변수를 덮어쓰게 해준다. 예를 들면 애플리케이션에 의해 사용되는 자격 증명을 관리하고자 프로파일을 어떻게 정의할 수 있는지 이전에 다뤘다. 이것의 구현은 다음과 같다.

```
session, err := session.NewSessionWithOptions(session.Options{
  Profile: "test-account",
})
```

서비스 클라이언트

두 번째 개념은 서비스 클라이언트^{Service Clients}다. 서비스 클라이언트는 S3나 SQS와 같은 특정한 AWS 서비스로 API 접근을 제공하는 객체다.

서비스 클라이언트 객체는 세션 객체에서 생성된다. 다음은 버킷(S3 버킷은 파일과 폴더들을 보관한다)의 리스트를 얻고자 S3 서비스 클라이언트를 이용하고 각 버킷의 이름을 개별적으로 출력하는 예제 코드의 일부다.

```
//Don't forget to import github.com/aws/aws-sdk-go/service/s3
sess, err := session.NewSession(&aws.Config{
  Region: aws.String("us-west-1"),
})
if err != nil {
  log.Fatal(err)
}
s3Svc := s3.New(sess)
results, err := s3Svc.ListBuckets(nil)
if err != nil {
  log.Fatal("Unable to get bucket list")
}

fmt.Println("Buckets:")
for _, b := range results.Buckets {
  log.Printf("Bucket: %s \n", aws.StringValue(b.Name))
}
```

서비스 클라이언트 객체들은 해당 동시 처리 코드의 구성을 변경하지만 않는다면 일반적으로 동시에 사용해도 안전하다.

내부적으로 서비스 클라이언트들은 AWS와 상호작용하고자 Restful API 호출을 이용한다. 하지만 이것들은 HTTP 요청들을 만들고 안전하게 하는 데 연관된 지루한 모든 코드를 알아서 처리한다.

7장과 8장에 걸쳐 각기 다른 AWS 서비스들에 접근하고자 세션과 서비스 클라이언트 객체들을 생성할 것이다. 세션과 서비스 클라이언트들은 제대로 된 AWS 클라우드 네이티브 애플리케이션들을 만드는 데 필요한 코딩 블록들이다. 해당 SDK는 기저를 이루는(근본적인) 요청들에 깊게 들어갈 수 있게 해준다. 이는 일반적으로 다수의 요청들이 보내지기 전에 해당 요청들에 대해 어떤 동작들을 수행하기 원할 때 도움이 된다.

AWS SDK에서 대부분의 API 메서드 호출은 다음의 패턴을 따른다.

1. API 메서드 이름은 일반적으로 특정 작업을 기술한다. 예를 들어 SQS^Simple Queue Service 서비스 클라이언트 객체가 있고 특정 큐^queue의 URL 주소를 얻을 필요가 있다면 이 메서드의 이름은 GetQueueUrl이 될 것이다.

2. API 메서드로의 입력 인수^augument는 일반적으로 <method name>Input 형식을 가진다. 따라서 GetQueueUrl 메서드의 경우에 입력 형식은 GetQueueUrlInput이 된다.

3. API 메서드에서 나오는 출력 형식은 일반적으로 <method name>Output을 가지며 이 경우에 출력 형식은 GetQueueUrlOutput이 된다.

네이티브 데이터 타입

해당 SDK 메서드들과 관련된 또 다른 중요한 점은 데이터 타입^data types이 네이티브 ^native일지라도 인수로 또는 구조체의 필드에서 사용되는 거의 모든 데이터 타입은 포인터^pointer라는 점이다. 예를 들어 문자열 값으로 문자열 데이터 타입을 사용하는 대신 해당 SDK는 *string을 사용하는 경향이 있고 이것은 int나 다른 타입들도 동일하다. 개발자들의 삶을 더 편하게 하고자 AWS의 GO SDK는 실행 환경에서의 극한 상황을 피하기 위한 nil(값 없음 확인 용도로, 예를 들어 에러 발생으로 에러 반환 여부를 확인한다) 체크가 수행됨을 보장하면서 네이티브 데이터 타입들과 이들 포인터들 간에 변환하는 헬퍼 helper 메서드들을 제공한다.

이 헬퍼 메서드는 네이티브 데이터 타입을 동일한 데이터 타입의 포인터로 전환시키고자 aws.<datatype> 패턴을 따른다. 예를 들어 aws.String("hello")를 호출하면 해당 메서드는 hello 값이 저장된 string(문자열 데이터 타입)에 포인터를 되돌려 줄 것이다. aws.Int(1)을 호출하면 이 메서드는 포인터를 1의 값을 가진 int로 되돌려 준다.

한편으로 nil 체크를 하는 동안 포인터를 다시 데이터 타입으로 전환하는 해당 메서드는 aws.<datatype>Value 패턴을 따른다. 따라서 예를 들어 p가 1의 값을 갖는 int의 포인터인 aws.IntValue(p)를 호출하면 반환되는 결과는 단순히 1의 값을 갖는 int가 된다. 좀 더 명확히 하고자 해당 SDK 코드 내에 aws.IntValue의 구현 부분은 다음과 같다.

```
func IntValue(v *int) int {
    if v != nil {
        return *v
    }
    return 0
}
```

공유 구성

각기 다른 마이크로서비스들은 AWS와 상호연동할 때 동일한 구성 설정들을 사용할 필요가 있으므로 AWS는 공유 구성Shared configuration이란 것을 활용할 수 있는 옵션을 제공한다. 공유 구성은 기본적으로 로컬에 저장되는 구성 파일이다. 파일 이름과 경로는 .aws/config이다. .aws 폴더는 OS상의 홈 폴더(디렉터리)에 존재한다는 점을 기억하자. 해당 폴더는 자격 증명 파일을 설명하기 전에 다뤘다.

이 구성 파일은 자격 증명 파일과 유사하게 초기 설정 파일과 비슷한 포맷을 따라야 한다. 또한 이전의 자격 증명 파일에서 다뤘던 것과 유사한 방식으로 프로파일을 지원한다. 다음은 .aws/config에서 볼 수 있는 예제다.

```
[default]
region=us-west-2
```

특정 서버에 있는 마이크로서비스들이 언급된 서버의 AWS 구성 파일을 활용할 수 있는 두 가지 방식이 있다.

1. **AWS_SDK_LOAD_CONFIG** 환경 변수를 **true**로 설정한다. 이는 SDK 코드가 해당 구성 파일을 사용하게 할 것이다.

2. 세션 객체를 생성할 때 공유 구성을 사용할 수 있게 **NewSessionWithOptions** 생성자를 활용한다. 해당 코드는 다음과 같다.

```
sess, err := session.NewSessionWithOptions(session.Options{
  SharedConfigState: SharedConfigEnable,
})
```

AWS Go SDK 전체 문서를 보려면 https://docs.aws.amazon.com/sdk-for-go/api/ 페이지를 방문하면 된다.

페이지 매기기 메서드

일부 API 동작은 엄청난 수의 결과를 반환할 수 있다. 예를 들어 S3 버킷^bucket에서 아이템들의 리스트를 가져오고자 API를 호출할 필요가 있다고 가정하자. 이제 해당

S3 버킷이 수많은 아이템들을 담고 있다면 한 번의 API 호출로 이 모든 것을 반환하는 것은 효율적이지 않다. AWS Go SDK는 이런 상황에 도움을 줄 수 있는 페이지 매기기^{Pagination} 기능을 제공한다. 페이지 매기기를 통해 다수의 페이지들로 된 결과들을 받을 수 있다.

한 번씩 각각의 페이지를 읽을 수 있고 새로운 아이템들이 처리될 준비가 되면 아이템들의 다음 페이지로 넘어갈 수 있다. 페이지 매기기를 지원하는 API 호출은 <method name>Pages와 유사하다. 예를 들어 ListObjects S3 메서드에 부합하는 pagination API 메서드 호출은 ListObjectsPages다. 이 ListObjectsPages 메서드는 해당 ListObject 동작에서 결과로 나온 페이지들에 대해 반복할 것이다. 이 메서드는 두 개의 인수를 취한다. 첫 번째 인수는 페이지당 원하는 키들의 최대 수와 읽으려하는 S3 버킷의 이름에 관한 ListObjectsPages를 전해줄 ListObjectsInput 타입이다. 두 번째 인수는 각 페이지에 대한 응답 데이터를 갖고 호출되는 함수다. 다음은 해당 함수 서명$^{function\ signature}$[1]이다.

```
func(*ListObjectsOutput, bool) bool
```

이 인수 함수는 자체적인 인수 두 개를 갖고 있다. 첫 번째 인수는 동작의 결과들을 전달한다. 이 경우에 해당 결과들은 ListObjectsOutput 타입의 객체에서 담당하게 될 것이다. 두 번째 인수는 bool 타입에 대한 것이고 이는 기본적으로 마지막 페이지에 있다면 true 값을 갖는 플래그^{flag}(상태 저장 변수)다. 이 함수의 반환 타입은 bool이다. 원한다면 페이지들에 걸쳐 반복하는 것을 멈추고자 해당 반환값을 사용할 수 있다. 이는 false를 반환할 때마다 해당 페이지 매기기는 멈추게 됨을 의미한다.

다음은 설명한 메서드들을 활용하며 페이지 매기기를 완벽하게 보여주는 해당 SDK 문서의 예제다. 다음의 코드는 S3 버킷에 담겨있는 아이템들의 리스트를 살펴보고

---

1. 함수의 이름과 인수들(입력과 출력)을 정의한 것으로 컴파일러가 이것을 체크해 오버로딩된 함수(동일한 이름으로 로딩된 여러 함수)를 구분할 수 있다. - 옮긴이

자 페이지 매기기를 사용할 것이고 페이지당 최대 10개의 키들을 요청할 것이다. 페이지당 객체 키들을 출력하고 나서는 최대 3개의 페이지를 통과하면 빠져나올 것이다. 이 코드는 다음과 같다.

```
svc, err := s3.NewSession(sess)
if err != nil {
  fmt.Println("Error creating session ", err)
}
inputparams := &s3.ListObjectsInput{
  Bucket: aws.String("mybucket"),
  MaxKeys: aws.Int64(10),
}
pageNum := 0
svc.ListObjectsPages(inputparams, func(page *s3.ListObjectsOutput, lastPage
bool) bool {
  pageNum++
  for _, value := range page.Contents {
    fmt.Println(*value.Key)
  }
  return pageNum < 3
})
```

대기

대기^{Waiters}는 어떤 동작이 완료되기 직전까지 기다리게 해줄 수 있는 API 호출이다. 대부분의 대기 메서드들은 일반적으로 WaitUntil<action> 포맷을 지킨다. 예를 들어 다이나모DB 데이터베이스로 작업할 때 어떤 조건이 만족되기 직전까지 단순히 기다리는 WaitUntilTableExists라는 이름을 가진 API 메서드 호출이 있다.

에러 처리

AWS Go SDK는 awserr.Error 타입의 에러들을 반환하고 이것은 제네릭^{generic} Go

에러 인터페이스 타입을 만족시키는 AWS SDK에 있는 특별한 인터페이스 타입이다. 이 awserr.Error는 세 가지 주요 메서드를 지원한다.

- Code(): 해당 문제 상황에 관련된 에러 코드를 반환한다.

- Message(): 해당 에러의 문자열 서술^{string description}을 반환한다.

- OrigErr(): awserr.Error 타입으로 싸여진 원래의 에러를 반환한다. 예를 들어 해당 문제가 네트워킹과 관련이 있다면 OrigErr()는 십중팔구 Go net 패키지에 속한 원래의 에러를 반환한다.

awserr.Error 타입을 노출하고 활용하고자 Go에 있는 타입 어써션^{type assertion} 기능을 활용해야 할 필요가 있다.

자, 실용적인 예제와 함께 awserr.Error 타입을 어떻게 활용할 수 있는지 제대로 살펴보자. 해당 애플리케이션에서 아이템 ID를 통해 다이나모DB 테이블에서 아이템을 가져오기 위한 다이나모DB 서비스 클라이언트 객체를 사용한다고 하자. 하지만 해당 테이블 이름에서 실수를 저질렀고 이제 이것은 존재하지 않아 해당 호출이 실패로 돌아갈 것이다. 코드는 다음과 같다.

```
result, err := dynamodbsvc.GetItem(&dynamodb.GetItemInput{
    Key: map[string]*dynamodb.AttributeValue{
        "ID": {
            N: aws.String("9485"),
        },
    },
    TableName: aws.String("bla"),
})
if err != nil {
    if v, ok := err.(awserr.Error); ok {
        log.Println("AWS ERROR...")
        if v.Code() == dynamodb.ErrCodeResourceNotFoundException {
```

```
        log.Println("Requested resource was not found...")
        return
    }
  }
}
```

이 코드에서 dynamodbsvc.GetItem() 메서드가 실패하고 해당 아이템을 가질 수 없다면 에러가 발생했는지 캡처를 하고 난 이후 에러 객체에서 토대가 되는 awserr. Error 타입을 얻고자 Go의 타입 어써션을 사용한다. 이후 해당 에러 코드 체크를 진행하고 자원을 찾을 수 없다는 문제를 가리키는 SDK상의 에러 코드와 비교한다. 이것이 정말 자원을 찾을 수 없는 문제라면 그와 같은 것을 가리키는 메시지를 출력한 후 반환한다. 다음은 이번 절에서 서술한 에러 감지와 처리를 한 앞의 코드에 있는 특정 부분이다.

```
if err != nil {
  if v, ok := err.(awserr.Error); ok {
    log.Println("AWS ERROR...")
    if v.Code() == dynamodb.ErrCodeResourceNotFoundException {
      log.Println("Requested resource was not found...")
      return
    }
  }
}
```

EC2

다른 모든 AWS 서비스와 유사하게 EC2 인스턴스들을 시작시키고 배포할 수 있도록 AWS 콘솔에서 시작한다. 이전에 언급한 대로 EC2는 단순히 AWS상에 새로운 서버 인스턴스들을 구동시킬 필요가 있을 때 사용되는 서비스로 설명할 수 있다. 이제

EC2 인스턴스들을 생성하고 나서 접속할 때 취해야 하는 단계들을 살펴보자.

EC2 인스턴스 생성

AWS 콘솔의 메인 화면에서 새로운 EC2 인스턴스를 시작하고자 EC2를 선택한다.

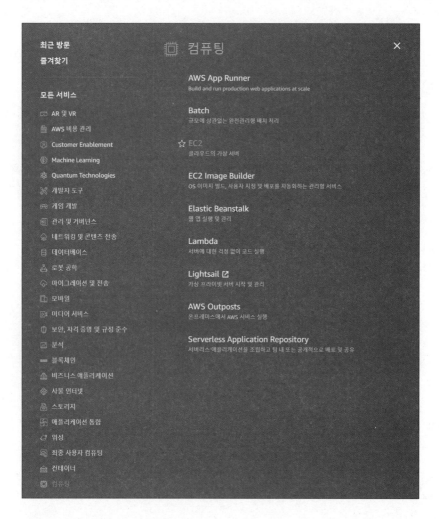

다음 화면은 EC2 인스턴스를 관리할 수 있는 수많은 각기 다른 옵션을 보여준다. 먼저 해야 할 일은 인스턴스 시작 버튼을 클릭하는 것이다. 여기서 AWS 리전^{region}(영역)이 보이는 점을 주목하자.

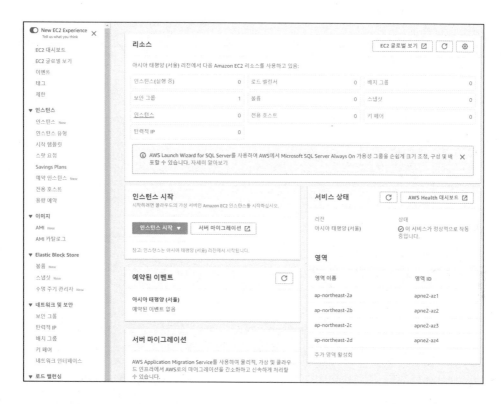

나중에 클라우드상의 가상 서버로 사용하고자 해당 이미지를 선택하게 된다. AMI 는 아마존 머신 이미지$^{Amazon\ Machine\ Image}$의 약어로, VM으로 배포되는 데 필요한 모든 정보가 하나로 합쳐진 아마존 가상 서버 이미지를 말한다. AMI는 해당 OS와 가상 서버에 있는 애플리케이션, 이 가상 서버 이미지의 인스턴스들을 최초 실행하고자 어느 AWS 계정^{account}이 AMI를 사용할 수 있는지 지정하는 최초 실행^{launch} 권한과 최초 실행할 때 붙여지는 디스크 볼륨을 지정하기 위한 디바이스 매핑이 기술된 템플릿을 포함한다. 아마존은 바로 사용할 수 있게 미리 만들어진 수많은 AMI를 제공한다. 하지만 자신만의 것도 생성할 수 있다.

다음 화면은 AWS 콘솔에서 AMI 선택 화면을 보여준다.

AMI 설명 항목들에서 알 수 있듯이 AMI는 OS, 커맨드라인 도구, 파이썬^{Python}, 루비
^{Ruby}, 펄^{Perl}과 같은 프로그래밍 언어 환경을 정의한다.

먼저 다음 단계로 진행하고자 Amazon Linux 2 AMI 옵션을 선택한다. 이 단계에서
원하는 서버 이미지가 선택된다. 여기서는 다른 것들 중에 CPU 코어 개수와 메모
리, 네트워크 성능을 선택한다. 인스턴스의 스토리지 아래에 있는 EBS란 용어를
주목해보자. 일래스틱 블록 스토어^{EBS, Elastic Block Store}는 클라우드에 의해 관리되는
스토리지 볼륨을 제공하고 고가용성, 확장성, 내구성이 보장된다. 각 EBS는 가용한
존^{Zone} 내에서 복제된다.

다음으로 AMI를 최초 실행하고자 **검토 및 시작** 버튼이나 해당 인스턴스의 구성 옵션들로 더 깊이 있게 들어가 볼 수 있는 **다음: 인스턴스 세부 정보 구성** 버튼을 클릭할 수 있다. 더 자세한 구성 옵션은 특히 인스턴스의 수, 서브넷^{subnet}, 네트워크 주소를 포함한다.

또한 인스턴스의 세부 사항들을 구성하는 것은 이전에 다뤘던 IAM 권한을 EC2에 할당하는 것이기도 하다. 이번 장의 앞부분에서 생성한 IAM 역할은 **EC2_S3_API_SQS_Dynamo**이며, 이는 해당 EC2 인스턴스에서 실행되고 있는 애플리케이션들이 S3 서비스, API 게이트웨이^{gateway} 서비스, SQL 서비스, 다이나모DB에 접근할 수 있게 해준다. 해당 구성 페이지는 다음과 같다.

이번 장의 목적을 위해 리뷰 후에 해당 인스턴스를 최초 실행하는 **검토 및 시작**을 클릭한다. 이제 리뷰 페이지를 살펴보자.

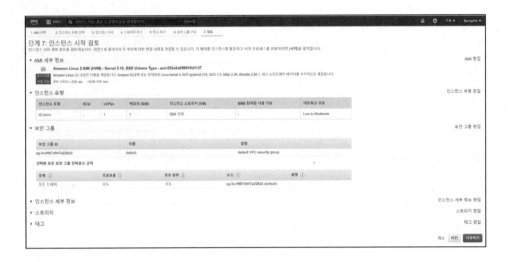

모든 설정이 만족되면 우측 아래로 가서 **시작하기**를 클릭한다. 이는 공개키-비밀키 쌍을 요구하는 대화창을 보여준다. 공개키 암호화의 개념은 3장에서 더 자세히 다뤘다. 간단히 요약하면 암호화의 방법으로 공개키-비밀키 암호를 기술할 수 있다. 이로써 다른 사람들과 공개키를 공유해 특정인에게 메시지를 보내기 전에 해당 메시지들을 암호화하게 된다. 이후 암호화된 메시지는 해당 비밀키를 소지한 사람에 의해서만 복호화될 수 있다.

AWS는 개발자들이 해당 서비스들에 안전하게 연결되게 하고자 접근 보안을 위한 공개키-비밀키 쌍^{key pair}을 선택하도록 요구한다. 공개키는 AWS상에 저장되는 반면 비밀키는 해당 개발자에 의해 저장된다.

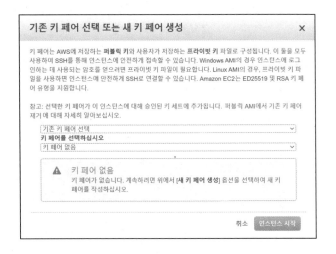

AWS에 키 페어를 아직 갖고 있지 않다면 이번 단계에서 새로 생성할 수 있다. 또한 AWS는 키를 생성하지 않고 계속 진행하는 것을 허용하지만 명백히 보안상 안전성이 낮아지며 운영 환경의 애플리케이션에는 권장되지 않는다. 따라서 첫 번째 리스트 항목을 클릭할 때 나오는 3가지 옵션을 살펴보자.

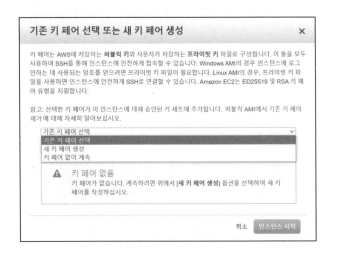

새 키 페어 생성 옵션을 선택하면 해당 키 페어의 이름을 정하고 비밀키를 다운로드하는 옵션을 받게 된다. 반드시 비밀키를 다운로드해야 하며 추후 활용을 위해 안전한 위치에 저장해야 한다.

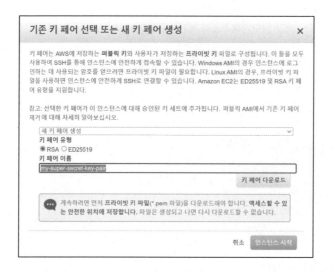

마지막으로 비밀키를 다운로드하고 해당 인스턴스를 최초 실행할 준비가 된 후에 인스턴스 시작 버튼을 클릭할 수 있다. 이는 해당 인스턴스를 시작하는 과정을 초기화하고 진행 상태를 보여준다. 다음 화면은 일반적으로 다음과 같다.

여기까지 잘 따라와줬다. 이번 단계 완료로 아마존 클라우드에서 실행되고 있는 자신만의 리눅스 가상머신을 소유하게 됐다. 이제 여기에 어떻게 접속하고 살펴볼지 알아보자.

EC2 인스턴스 생성

이미 생성된 EC2 인스턴스에 접근하려면 먼저 AWS 콘솔에 로그인하고 전과 같이 EC2를 선택해야 한다. 이는 해당 EC2 대시보드에 접근하게 해준다. 여기에서 현재 AWS 계정하에 생성된 EC2 인스턴스에 접근하고자 **인스턴스**를 클릭한다.

이는 이미 생성된 EC2 인스턴스들의 리스트를 화면에 띄워준다. 방금 생성된 인스턴스는 첫 번째에 있다. 전에 해당 인스턴스를 생성했을 때 보여준 인스턴스 ID와 여기 인스턴스 ID가 서로 대응되는 점을 주목한다.

캡처된 위 화면은 해당 인스턴스가 현재 AWS에서 실행되고 있는 것을 보여준다. 원한다면 어떤 원격 서버와 마찬가지로 여기에 접속할 수 있다. 어떻게 이렇게 할 수 있는지 살펴보자.

첫 번째 단계는 원하는 인스턴스를 선택하고 나서 **연결** 버튼을 클릭하는 것이다. 이는 해당 인스턴스에 바로 연결하지 않는다. 하지만 해당 EC2 인스턴스에 어떻게 최초 연결을 하는지에 대한 유용한 지시 사항들의 리스트를 제공한다. 이 연결을 최초로 만들려면 해당 EC2 가상 서버에 원격으로 로그인할 수 있는 이전에 다운로드된 비밀 암호화 키와 결합된 SSH 프로토콜을 활용해야 한다. 시큐어 셸^{SSH,} ^{Secure Shell}은 사용자가 원격 컴퓨터에 안전하게 로그인하고자 주로 사용하는 프로토콜이다.

SSH를 호출하는 이 접근법은 OS별로 다를 수 있다. 예를 들어 윈도우 OS를 사용하고 있다면 해당 EC2 인스턴스에 SSH 연결을 최초 만들고자 인기 있는 PuTTY 도구(https://www.chiark.greenend.org.uk/~sgtatham/putty/latest.html에서 확인)를 사용해야 한다. 맥OS 나 리눅스를 사용하고 있다면 SSH 명령어를 바로 사용할 수 있다.

리눅스나 맥OS 머신에서 EC2 인스턴스 접속

리눅스나 맥OS 머신에서 AWS상에 생성된 EC2 인스턴스에 접근할 때 SSH 명령어를 사용할 수 있다.

첫 번째 단계는 이전에 EC2 인스턴스를 생성한 후 다운로드한 연결용 비밀키가 안전하고 외부인들에 의해 접근될 수 없음을 보장하는 것이다. 이는 일반적으로 터미널에서 다음 명령어를 실행함으로써 완료된다.

```
chmod 400 my-super-secret-key-pair.pem
```

my-super-secret-key-pair.pem은 해당 비밀키를 담고 있는 파일의 이름이다. 해당 파일 이름이 다르다면 해당 명령어가 올바른 파일 이름을 지정했는지 확실한 검증이 필요하다. 앞의 명령어가 제대로 작동하려면 해당 키가 위치한 곳과 동일한 폴더에서 실행해야 한다. 그렇지 않으면 키에 해당 경로를 지정해줘야 한다.

해당 키가 외부 접근에 대해 보호되는 것이 보장된 이후 EC2 인스턴스에 연결하는 SSH 명령어를 활용하게 된다. 이를 위해서는 3가지 간단한 정보인 비밀키 이름, EC2 이미지 사용자 이름, 해당 연결의 DNS 이름이 필요하다. 사용자 이름은 EC2 인스턴스의 OS에 의해 좌우된다. 다음 표는 OS와 사용자 이름 간의 상호 대응을 보여준다.

운영체제	사용자 이름
아마존 리눅스	ec2-user
레드햇 엔터프라이즈 리눅스	ec2-user 또는 root
우분투	ubuntu 또는 root
센트OS	centos
페도라(Fedora)	ec2-user
수세(SUSE)	ec2-user 또는 root

다른 OS들에 대해 ec2-user나 root가 정상 작동하지 않으면 해당 아마존 머신 이미지[AMI] 제공자에게 확인하자.

이제 남아 있는 간단한 필요 정보는 해당 EC2 인스턴스의 연결 DNS 이름이다. 이는 단순히 상태 페이지의 EC2 인스턴스 세부 정보^{details}를 보면 찾을 수 있다.

이것으로 해당 EC2 인스턴스에 접속하고자 SSH 명령어 실행에 필요한 모든 정보를 확보했다. 해당 명령어는 다음과 같은 형태를 가진다.

```
ssh -i "my-super-secret-key-pair.pem" ec2-user@ec2-3-36-114-
62.ap-northeast-2.compute.amazonaws.com
```

이 명령어에 있는 비밀키 이름은 my-super-secret-key-pair.pem이고 사용자 이름은 ec2-user인 반면 해당 DNS는 ec2-3-36-114-62.ap-northeast-2.compute. amazonaws.com이다.

이 명령어는 좀 전에 생성한 EC2 인스턴스에 접속할 수 있게 해준다. 해당 화면은 다음과 같다.

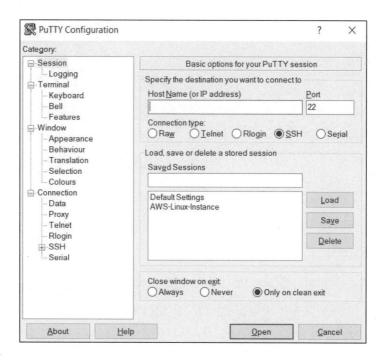

```
     _|  _|_  )
     _| (    /    Amazon Linux 2 AMI
    __|\___|___|
https://aws.amazon.com/amazon-linux-2/
[ec2-user@ip-172-31-2-42 ~]$
[ec2-user@ip-172-31-2-42 ~]$
```

윈도우에서 EC2 접속

윈도우에서 EC2에 접속할 때 앞에서 다룬 SSH 도구의 윈도우 버전을 사용하거나 PuTTY를 사용할 수 있다. PuTTY는 윈도우나 유닉스에서 실행될 수 있는 아주 인기 있는 SSH 및 Telnet 클라이언트다. PuTTY를 다운로드하려면 https://www.chiark.greenend.org.uk/~sgtatham/PuTTY/latest.html 페이지를 방문해야 한다. PuTTY를 다운로드해 설치한 후 실행시키면 메인 화면은 다음과 같다.

해당 EC2 인스턴스에 연결할 때 PuTTY 사용 전에 이전에 받아 둔 해당 비밀키를

PuTTY 소프트웨어에 의해 쉽게 사용될 수 있는 다른 파일 형태로 변환시켜야 한다.

비밀키 변환을 수행하고자 PuTTY와 함께 설치되는 PuTTYgen이라는 도구의 도움이
필요하다. PuTTYgen은 All Programs 〉 PuTTY 〉 PuTTYgen 아래에 있다. PuTTYgen
이 시작된 후에 어떤 모습인지 다음 화면을 보자.

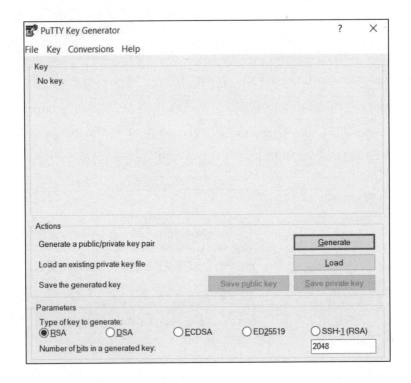

Parameters 아래에 암호화 알고리듬으로 RSA 선택과 생성된 키의 비트 수가 2048
인지를 확인한다.

계속하고자 AWS 비밀키를 해당 도구에 적재시킬 수 있도록 Load 버튼을 클릭한다.
해당 Load 버튼은 비밀키 파일을 선택할 수 있는 대화창을 오픈하게 된다. 해당
비밀키 파일을 찾을 수 있도록 모든 파일이 보이게 하는 옵션을 선택한다.

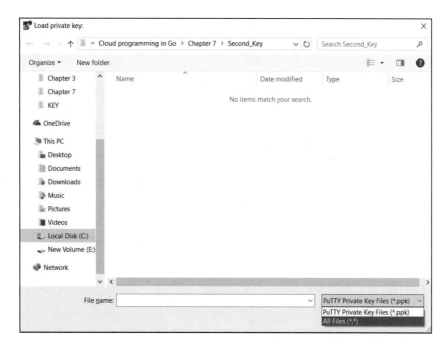

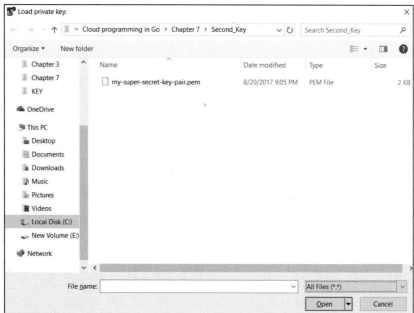

그런 다음에 해당 키를 선택하고 PuTTYgen 도구에 키가 적재되도록 Open을 클릭한다. 다음 단계는 키 변환을 마치고자 Save Private Key를 클릭하는 것이다. 키 보호를 위해 패스프레이즈passphrase 없이 키 저장을 원하는 게 맞는지 문의하는 경고가 나타나면 Yes를 클릭한다. 이 패스프레이즈는 추가적인 보안을 담당하게 된다. 하지만 동작을 위해서는 사용자의 입력을 요구하기에 EC2 인스턴스로 SSH 연결을 자동화하기 원하면 패스프레이즈가 동작하게 해서는 안 된다. Yes를 클릭한 후에 변환된 파일에 대한 파일 이름을 선택할 수 있다. 이후, 해당 파일을 생성하고 저장하는 Save를 클릭한다. PuTTY 비밀키는 *.ppk 타입이 된다.

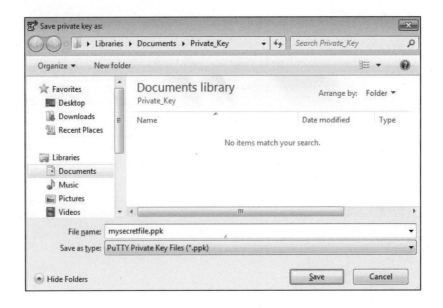

완벽하다. 이제 우리가 하려는 유스케이스use case에 준비된 PuTTY 비밀키를 갖게 됐다. 다음 단계는 SSH를 통해 해당 EC2 인스턴스에 연결할 수 있는 이 키를 사용하고자 PuTTY 도구를 오픈하는 것이다.

PuTTY를 오픈한 후에 Connection 범주 아래에 SSH 옵션으로 간 후 Auth 옵션으로 찾아간다. 해당 Auth 창에서 이전에 생성한 PuTTY 비밀키 파일을 적재할 옵션을 찾는다.

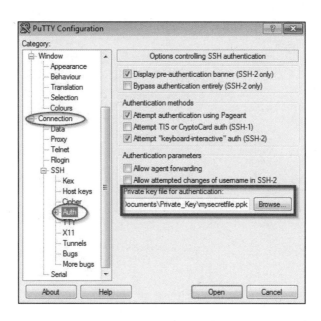

다음으로 왼쪽 메뉴에 있는 Session category를 클릭한다. 이후 오른쪽에 보이는
Host Name(또는 IP address) 항목 아래에 다음의 포맷으로 사용자 이름과 공개 DNS 주소
를 username@DNS public 이름으로 입력한다. 우리의 경우에는 ec2-user@ec2-54-
193-5-28.us-west-1.compute.amazonaws.com[2]이다.

---

2. 원 저자가 AWS에서 생성한 EC2 인스턴스에 대한 ssh 접속 정보다. 독자가 EC2 인스턴스를 생성하면 당연히 ssh
   접속 정보가 바뀌게 된다. – 옮긴이

여기에서 EC2 인스턴스로 세션을 오픈하는 Open 버튼을 클릭할 수 있다. 최초로 세션 오픈을 시도하면 연결하려고 시도하는 서버를 신뢰할지 여부를 묻는 메시지가 나타난다. 신뢰한다면 Yes를 클릭하고 그 결과 이 서버의 호스트 키^{Host key}를 해당 레지스트리^{registry}에 캐싱하게 된다.

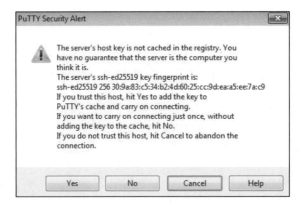

이것으로 해당 EC2 인스턴스에 안전한 세션이 열리고 원하는 대로 사용할 수 있게 된다.

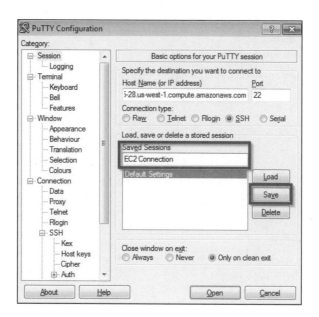

```
ec2-user@ip-172-31-2-79:~

Using username "ec2-user".
Authenticating with public key "imported-openssh-key"
Last login: Sun Aug 27 07:15:11 2017 from c-73-92-226-127.hsd1.ca.comcast.net

       _|  _|_  )
      _|  (    /   Amazon Linux AMI
     ___|\___|___|

https://aws.amazon.com/amazon-linux-ami/2017.03-release-notes/
[ec2-user@ip-172-31-2-79 ~]$
```

PuTTY는 기존의 세션 정보를 저장할 수 있는 기능이 있다. 이 구성 작업이 끝난
뒤 세션 정보를 저장하고자 다음과 같이 이름을 선택하고 Save 버튼을 클릭한다.

보안 그룹

이제 됐다. 이로써 각기 다른 OS 환경에서 EC2 인스턴스를 어떻게 구성하고 설정하는지에 관한 실용적인 지식을 충분히 다뤘다. 이제 보안 그룹^{Security Groups}이라는 추가적인 주제를 살펴보자. 보안 그룹은 EC2 인스턴스에 적용되는 방화벽 규칙들의 집합으로 생각할 수 있다. 예를 들어 보안 규칙을 추가함으로써 EC2에서 실행되고 있는 애플리케이션에 HTTP 트래픽을 허용할 수 있다. 특정한 TCP나 UDP 포트들과 더 많은 것에 대해 접근을 허용하는 규칙들을 생성할 수 있다.

이벤트 마이크로서비스와 같은 웹 서비스를 EC2 인스턴스에 배포하기로 돼 있기에 HTTP 트래픽을 허용하는 보안 그룹을 생성해서 해당 그룹을 EC2 인스턴스에 할당한다.

해야 하는 첫 번째 단계는 AWS 콘솔의 메인 화면에 가서 이전에 한 것처럼 EC2 선택으로 EC2 대시보드를 오픈하는 것이다. EC2 대시보드 내부로 진입하면 왼쪽편의 네트워크 및 보안 범주 아래에 있는 **보안 그룹**을 클릭할 수 있다.

이 **보안 그룹** 대시보드는 이미 생성된 모든 **보안 그룹**의 리스트를 보여준다. 해당 대시보드는 새로운 그룹들을 생성하거나 기존 그룹들을 수정하게 해준다. 이번 경우에는 새로운 그룹을 생성하므로 대시보드 오른쪽 위의 보안 **그룹 생성**을 클릭한다.

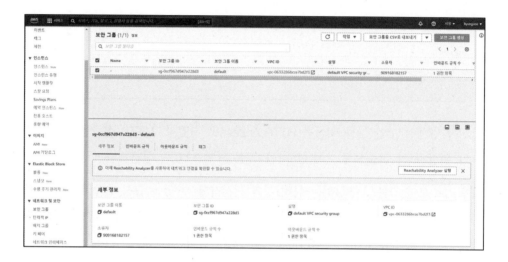

보안 그룹을 생성하고자 정형화된 창이 채워야 하는 항목들과 함께 나타난다. 먼저 해당 보안 그룹을 위한 이름과 옵션인 설명란과 보안 그룹이 적용될 VPC^Virtual Private Cloud 이름을 넣어야 한다. 버추얼 프라이빗 클라우드는 단순히 AWS 클라우드에서 논리적으로 격리된 (네트워크) 구역으로 정의되며 자신만의 VPC를 정의할 수 있다.

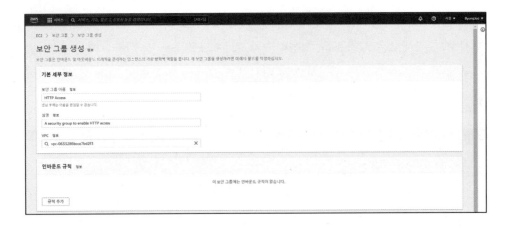

앞의 화면에서 보안 그룹 이름을 HTTP Access로 지었다. HTTP 접근을 가능하게 하기 위한 보안 그룹으로 기술한 다음 기본^{default} VPC로 선택했다.

다음으로 보안 그룹을 구성하는 규칙 정의를 시작할 수 있는 **규칙 추가** 버튼을 클릭한다. 그러면 **인바운드 규칙** 부분 내부에 새로운 행이 나타난다. 해당 유형 칼럼 아래에 리스트 박스를 클릭하고 HTTP를 선택한다. 결과는 다음과 같다.

해당 프로토콜, 포트 범위, 소스 필드들이 자동으로 채워지는 점에 주목하자. TCP는 HTTP의 근간이 되는 프로토콜이고 포트 80은 HTTP의 포트다.

원한다면 HTTPS 규칙도 추가할 수 있다. 동일한 단계를 거쳐 **유형**을 선택할 때 HTTP 대신 HTTPS를 선택하면 된다. 또한 보안 규칙하에서 생성될 수 있는 다른 예외 항목들을 찾고자 나머지 옵션들을 살펴볼 수 있다.

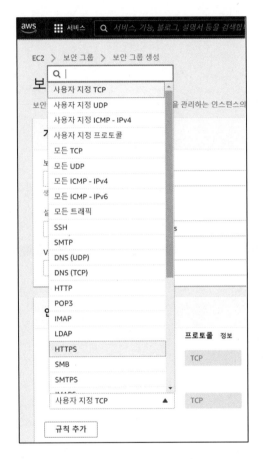

보안 그룹이 최초로 만들어지면 보안 그룹의 리스트에서 찾을 수 있다.

보안 그룹을 생성시키면 기존 EC2 인스턴스에 적용할 수 있다. 이는 EC2 대시보드로 돌아가 인스턴스 상태 - 실행 중을 선택하고 EC2 인스턴스 리스트에서 적용하고자 하는 인스턴스를 선택하면 된다. 여기서 **작업**의 하위 메뉴 **보안**에서 **보안 그룹 변경**을 클릭한다.

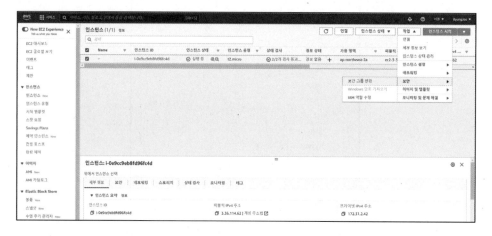

여기에서 해당 인스턴스에 적용하고자 하는 보안 그룹 HTTP Access를 선택할 수 있다.

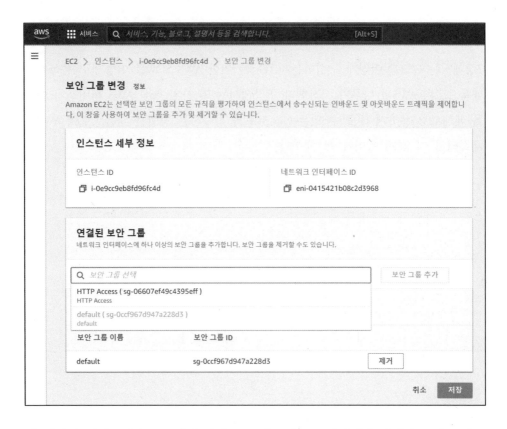

잘 따라와 줬다. 이것으로 이제 해당 EC2 인스턴스는 내부에서 실행되고 있는 애플리케이션들에 HTTP 접근을 허용하게 된다.

주목해야 할 또 다른 점은 EC2 인스턴스 생성 시점에 보안 그룹을 EC2 인스턴스에 할당할 수 있다는 것이다. 새로운 인스턴스를 생성하는 단계에서 **인스턴스 세부 정보 구성**을 클릭하고 구성 마법사를 따라 **보안 그룹 구성** 옵션에 이르면 해당 옵션으로 온 것이다.

:: 요약

7장에서는 EC2를 어떻게 구성하는지, Go를 위한 AWS SDK를 어떻게 사용하는지 배움으로써 AWS를 다루기 시작했다. 8장에서는 몇 가지 핵심 AWS 서비스와 이들을 제대로 사용하게 해줄 수 있는 Go 코드를 작성하는 방법을 배움으로써 AWS로 계속해서 더 깊게 들어가 볼 것이다.

08

AWS II: S3, SQS, API 게이트웨이, 다이나모DB

8장에서는 수많은 아마존 웹 서비스 중에 S3 서비스, SQS 서비스, AWS API 게이트웨이 서비스, 다이나모DB 서비스를 계속해서 다룬다. 이 서비스 각자는 클라우드에 배포되는 실제 운영 애플리케이션 구축에 있어 강력한 도구이자 무기가 될 것이다.

8장에서 다루는 내용은 다음과 같다.

- AWS S3 스토리지 서비스

- SQS 메시지 큐 서비스

- AWS API 게이트웨이 서비스

- 다이나모DB 데이터베이스 서비스

:: S3

아마존 심플 스토리지 서비스^{S3, Simple Storage Service}는 데이터 저장과 분석을 책임지는 AWS 서비스다. 일반적으로 데이터는 모든 종류와 형태의 파일들(음악 파일, 사진, 텍스트 파일, 비디오 파일)을 포함한다. 예를 들어 S3는 정적인 데이터들인 코드 파일들을 저장하는 데 활용될 수 있다. 자, 이제 AWS에서 S3 서비스를 어떻게 사용하는지 살펴보자.

S3 구성

S3 서비스는 버킷^{bucket}에 파일들을 저장한다. 각 버킷은 직접 파일들을 보관하거나 수많은 폴더를 포함할 수 있다. 결국 각 폴더는 수많은 파일을 보관할 수 있게 된다.

EC2에서 했던 것과 유사하게 S3를 구성하는 것은 AWS 웹 콘솔을 사용하게 된다. 첫 번째 단계는 AWS 웹 콘솔을 여기저기 살펴보고 S3를 선택하는 것이다.

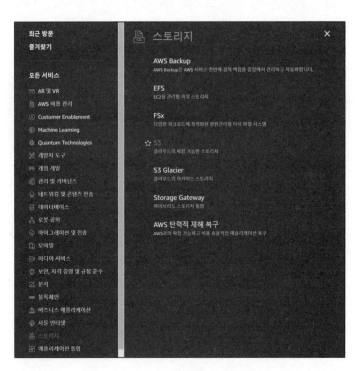

이는 아마존 S3 콘솔을 열고 버킷 만들기를 클릭하면 데이터 폴더들을 저장할 수 있는 새 버킷을 생성할 수 있다.

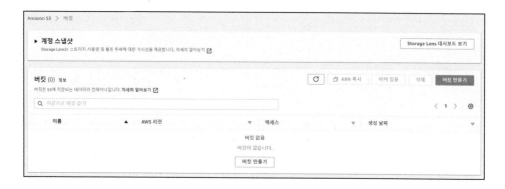

여기서 마법사가 시작되며 버킷을 올바르게 생성하고자 필요한 각기 다른 단계를 차근차근 알려준다. 이는 버킷 이름을 설정하고 버전 관리나 로깅을 활성화하고 태그 설정과 권한 설정을 할 수 있게 해준다. 설정이 끝나면 새로운 버킷이 생성된다. 다른 AWS 사용자들에 의해 사용되는 버킷들과 충돌나지 않게 해당 버킷 이름은 유일해야 한다.

mnanbucket 이름으로 버킷을 하나 만들었다. S3 주 웹 페이지에서 버킷 리스트를 보면 보일 것이다. 해당 페이지에서 보일 수 있는 범위를 넘어서서 버킷을 생성하면 버킷들을 검색란^{search bar}에서 검색할 수 있다.

일단 버킷에 들어가면 폴더를 생성해 파일들을 업로드할 수 있다.

완벽하다. 이것으로 S3가 무엇인지에 대해 실질적인 감각을 갖게 됐다.

> **NOTE**
>
> https://www.packtpub.com/sites/default/files/downloads/CloudNativeprogrammingwithGolang_olorImages.pdf에서 앞 이미지들의 컬러 파일을 다운로드할 수 있다.
>
> 또한 깃허브 https://github.com/PacktPublishing/Cloud-Native-Programming-with-Golang에 이 책의 소스코드 전체가 있다.

S3 스토리지는 추후 사용을 위해 애플리케이션 파일들을 저장하는 데 활용할 수 있다. 예를 들면 이전에 리눅스 환경에서 실행되는 **events** 마이크로서비스를 만들었고 해당 애플리케이션에 대한 파일 이름은 단순히 events였다. 해당 파일을 단순히 S3 폴더 안에 저장할 수 있고 이후 해당 파일이 필요로 할 때마다 EC2 인스턴스가 AWS 커맨드라인 도구를 사용해 목적을 달성할 수 있다.

먼저 이전에 다뤘던 것처럼 EC2 인스턴스가 해당 S3 스토리지에 접근하도록 AWS 역할이 적절히 정의돼 있어야 한다. 이후에 S3에서 해당 EC2 인스턴스로 파일들을 복사하고자 EC2 인스턴스에서 다음 명령어를 실행시킨다.

```
aws s3 cp s3://<my_bucket>/<my_folder>/events my_local_events_copy
```

이 명령어는 S3 스토리지에서 events 파일을 찾아 현재 폴더에 my_local_events_
copy라는 이름의 새 파일로 복사한다. <my_bucket>와 <my_folder>는 S3 스토리지
에서 해당 이벤트 파일이 들어있는 버킷과 폴더를 나타낸다.

실행 파일을 EC2에 복사한 후에 리눅스 chmod 명령어로 실행할 수 있는 접근 권한
을 부여해야 한다. 이는 다음 명령어를 사용해 적용한다.

```
chmod u+x <my_executable_file>
```

이 명령어에서 <my_executable_file>은 EC2 인스턴스에서 실행할 수 있도록 충분
한 접근 권한을 얻고자 하는 파일이다.

⠿ SQS

앞에서 언급한 것처럼 SQS는 AWS에서 제공하는 메시지 큐다. SQS로 상호연동할
수 있는 애플리케이션들은 AWS 생태계 내에서 메시지들을 주고받을 수 있다.

이제 AWS 콘솔에서 SQS를 어떻게 구성하는지 보면서 시작해보자. 늘 그렇듯이
첫 번째 단계는 AWS 콘솔에 로그인하고 이후 메인 화면에서 해당 서비스를 선택하
는 것이다. 이 경우에 해당 서비스 이름은 Simple Queue Service가 될 것이다.

여기에서 시작하기 항목의 대기열 생성을 클릭한다. 해당 큐 생성 페이지는 새 큐의 행동 방식을 구성할 수 있게 해준다. 예를 들어 허용되는 최대 메시지 크기와 메시지를 보유할 수 있는 일자나 메시지를 받기 위한 대기 시간까지 설정할 수 있다.

원하는 설정 작업이 끝나면 대기열 생성을 클릭한다. 여기서는 eventqueue란 이름을 사용했다.

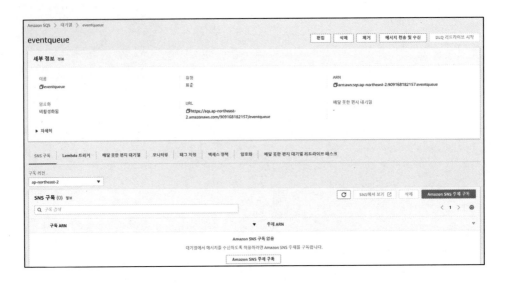

이는 해당 코드에서 사용할 수 있는 새로운 AWS SQS 큐를 생성한다. 이제 새 큐로 상호연동할 수 있게 코드를 작성하는 방법을 알아보자.

새로 생성된 AWS SQS 큐를 통해 메시지들을 보내고 받기 위한 코드의 일부를 작성할 준비가 됐는가? 일부 데이터를 보내고자 작성해야 하는 코드를 살펴보면서 시작해보자.

AWS SDK의 Go SQS 패키지에 대한 문서는 https://godoc.org/github.com/aws/aws-sdk-go/service/sqs에 있다.

여느 AWS 서비스들처럼 일단 처리해야 할 핵심적인 두 단계가 있다.

- 세션 객체를 획득하거나 생성하기
- 원하는 AWS 서비스에 대한 서비스 클라이언트 생성하기

앞의 단계들은 다음 코드를 통해 처리된다.

```
sess, err := session.NewSession(&aws.Config{
```

```
    Region: aws.String("us-west-1"),
})
if err != nil {
    log.Fatal(err)
}
sqsSvc := sqs.New(sess)
```

이 코드는 NewSession() 생성자를 호출할 때 해당 코드를 통해 리전을 설정한다. 하지만 대신에 7장에서 언급한 대로 공유 구성의 사용을 선택할 수도 있다. 이 코드 에서는 테스트를 위해 log.Fatal()만을 사용했다. 따라서 어떤 것이 실패한다면 보고된 에러 메시지와 함께 빠져나오게 된다.

다음으로 해당 메시지 큐 URL을 획득할 필요가 있다. 이 URL이 중요한 이유는 SDK 메서드 호출에서 해당 메시지 큐에 대한 유일한 식별자의 기능을 하기 때문이다. 해당 URL을 얻는 방법은 큐가 선택될 때 해당 큐의 URL이 보이는 AWS 콘솔 페이지 의 상세 탭[tab]에서 또는 해당 큐를 생성할 때 선택한 큐 이름을 사용하는 코드를 통해 가능하다. 여기서는 큐 이름을 eventqueue로 했었다. 따라서 코드에서 큐 이 름으로 원하는 URL을 얻을 수 있는 방법을 살펴보자.

```
QUResult, err := sqsSvc.GetQueueUrl(&sqs.GetQueueUrlInput{
    QueueName: aws.String("eventqueue"),
})
if err != nil {
    log.Fatal(err)
}
```

이 QUResult 객체는 *GetQueueUrlOutput 타입으로 *string 타입의 QueueUrl이란 필드를 담고 있는 구조체에 대한 포인터다. 이 필드는 GetQueueUrl() 메서드가 성 공적으로 실행되면 해당 큐 URL을 갖게 된다.

이제 해당 큐의 URL을 갖게 됐으니 메시지 큐로 일부 데이터를 보낼 준비가 된 것이다. 하지만 그 전에 아직 접하지 않은 특정 코드를 이해하는 데 중요한 몇 가지 정의를 알아보자.

- **Message body:** 메시지 바디는 단순히 보내고자 하는 핵심 메시지 자체가 된다. 예를 들어 SQS를 통해 `hello` 메시지를 보내기 원한다면 메시지 바디는 `hello`가 된다.

- **Message attributes:** 메시지 속성은 구조화된 메타데이터 항목들의 모음이다. 이는 단순히 해당 메시지와 함께 정의하고 보낼 수 있는 키^{key}와 값^{value} 쌍들의 리스트로 생각할 수 있다. 메시지 속성은 선택 사항이다. 하지만 단지 텍스트로 하는 것보다 더 구조적이며 정교하게 메시지를 보낼 수 있어 강력한 기능이 될 수 있다. 메시지 속성은 메시지 바디의 처리를 시작하기 전에 해당 메시지가 무엇을 담을지를 알 수 있게 해준다. 메시지당 10개까지 메시지 속성을 포함할 수 있다. 메시지 속성은 세 가지 주요 데이터 타입인 문자열^{string}, 숫자^{number}, 바이너리^{binary}를 지원한다. 바이너리 타입은 압축 파일과 이미지 같은 바이너리 데이터를 나타낸다.

이제 샘플 코드로 돌아가 보자. 일부 콘서트의 고객 예약을 나타내는 이벤트 앱이 SQS로 메시지를 보낸다고 해보자. 해당 메시지는 다음의 속성들을 갖게 된다.

- **Message attributes:** 다음과 같은 두 가지 메시지 속성을 갖는다.

  - `message_type`: 보내고자 하는 메시지 타입으로, 이 경우에 속성 값은 "RESERVATION"이 된다.

  - `Count`: 해당 메시지에 포함된 예약 수다.

- **Message body:** JSON 포맷의 예약 데이터를 수반한다. 해당 데이터는 콘서트를 예약한 고객 이름과 이벤트 이름(여기서는 콘서트)을 포함한다.

해당 코드가 어떤 형태를 갖는지 살펴보자.

```
sendResult, err := sqsSvc.SendMessage(&sqs.SendMessageInput{
   MessageAttributes: map[string]*sqs.MessageAttributeValue{
      "message_type": &sqs.MessageAttributeValue{
         DataType: aws.String("String"),
         StringValue: aws.String("RESERVATION"),
      },
      "Count": &sqs.MessageAttributeValue{
         DataType: aws.String("Number"),
         StringValue: aws.String("2"),
      },
   },
   MessageBody: aws.String("[{customer:'Kevin S',event:'Pink Floyd
Concert'},{customer:'Angela T',event:'Cold Play Concert'}]"),
   QueueUrl: QUResult.QueueUrl,
})
```

이 코드는 메시지를 보내고자 SendMessage() 메서드를 활용한다. SendMessage() 는 *SendMessageInput{} 타입의 인수를 취하며, 여기서 메시지 속성과 메시지 바디를 정의하고 해당 큐 URL을 식별하게 된다.

이후 어떤 에러가 발생했는지 여부를 확인할 수 있다. 생성된 해당 메시지의 ID는 다음 코드로 얻을 수 있다.

```
if err != nil {
   log.Fatal(err)
}
log.Println("Message sent successfully", *sendResult.MessageId)
```

이 일부 샘플 코드로 이제 SQS를 거쳐 메시지를 어떻게 보내는지 알게 됐다. 이제 이 메시지들을 어떻게 수신하는지 알아보자.

해당 메시지 수신 코드를 들여다 보기 전에 다뤄야 할 개념과 질문이 몇 가지 있다. SQS 메시지 큐에서 메시지들을 읽는 하나 이상의 마이크로서비스로 구성된 마이크로서비스 아키텍처가 있다고 하자. 중요한 질문은 해당 서비스 중 하나가 메시지를 수신한 후에 무엇을 해야 하는지다. 이 메시지가 이후 다른 서비스들에 의해 수신되도록 허용돼야 하는가? 이 두 가지 질문의 답은 전달된 해당 메시지의 목적에 달려 있다. 해당 메시지가 한 번 사용되고 처리되는 걸로 돼 있다면 이 메시지를 제대로 수신한 첫 번째 서비스가 해당 큐에서 그 메시지를 삭제하게 해야 한다.

AWS SQS에서는 표준 큐에 메시지가 수신되면 해당 큐에서 메시지가 삭제되지 않는다. 대신 해당 메시지가 의도적으로 사라지는 것을 확실히 하고자 수신 후 큐에서 명시적으로 삭제할 필요가 있다. 하지만 또 다른 복잡한 문제가 있다. 마이크로서비스 A가 메시지를 수신했고 삭제 처리를 시작했다고 하자. 하지만 마이크로서비스 A가 큐에 있는 해당 메시지를 삭제하기 전에 마이크로서비스 B가 해당 메시지를 받았고 삭제 처리를 시작했다. 이는 원하는 바가 아니다.

이런 시나리오를 피하고자 SQS는 가시성 타임아웃^{visibility timeout}이란 개념을 도입했다. 가시성 타임아웃은 단순히 메시지가 한 명의 소비자(수신을 하는 서비스)에 의해 수신된 후 일정 기간의 시간 동안 보이지 않게 한다. 이 타임아웃은 다른 서비스들이 메시지를 보게 돼 처리하기 전에 해당 메시지로 무엇을 할지 결정할 수 있는 얼마간의 시간을 제공한다.

한 가지 주목할 점은 메시지를 항상 두 번 받지 않도록 보장하지는 못한다는 것이다. 이것의 이유는 SQS 큐들이 일반적으로 다수의 서버들에 배포되기 때문이다. 해당 서버가 오프라인이라 삭제 요청이 도달하지 못하는 드문 경우들이 있고, 이는 삭제 요청에도 불구하고 해당 메시지가 살아남을 수도 있다는 것을 의미한다.

SQS의 또 다른 중요한 개념은 긴 폴링^{polling}[1]이나 대기 시간이 된다. SQL는 분산돼

---

1. 데이터 통신을 하는 대상(목표)에게 전송 준비(또는 조건) 달성 여부를 주기적으로 문의해 달성된 경우에 데이터 통신 처리가 되게 하는 방식이다. – 옮긴이

있어 때때로 일부 지연이 될 수 있기에 어떤 메시지들은 수신이 늦어질 수도 있다. 메시지 수신이 늦어지는 것에 대해 염려한다면 들어오는 메시지에 대한 대기를 더 길게 가져가야 한다.

다음은 큐에서 메시지를 수신하는 것을 보여주는 샘플 코드의 일부다.

```
QUResult, err := sqsSvc.GetQueueUrl(&sqs.GetQueueUrlInput{
    QueueName: aws.String("eventqueue"),
})
if err != nil {
    log.Fatal(err)
}
recvMsgResult, err := sqsSvc.ReceiveMessage(&sqs.ReceiveMessageInput{
    AttributeNames: []*string{
        aws.String(sqs.MessageSystemAttributeNameSentTimestamp),
    },
    MessageAttributeNames: []*string{
        aws.String(sqs.QueueAttributeNameAll),
    },
    QueueUrl: QUResult.QueueUrl,
    MaxNumberOfMessages: aws.Int64(10),
    WaitTimeSeconds: aws.Int64(20),
})
```

이 코드에서는 생성된 SQS 큐에서 들어오는 메시지에 대해 수신 대기를 하려 한다. ReceiveMessage() 메서드에서 활용하고자 이전과 동일하게 해당 큐 URL을 가져오는 GetQueueURL() 메서드를 사용한다.

ReceiveMessage() 메서드는 일반적인 시스템 속성만이 아니라 취하고자 하는 메시지 속성들(이전에 다룬)을 지정할 수 있게 해준다. 시스템 속성들은 메시지와 함께 전달된 타임스탬프와 같이 해당 메시지의 일반적인 속성들이다. 앞의 코드에서 메시지 속성 전부를 요구하지만 시스템 속성은 메시지 타임스탬프만이 대상이다.

단일 호출로 수신하고자 하는 메시지의 최대치는 10으로 설정한다. 이는 요청된 메시지의 최대치만을 말하며 더 적게 수신하는 것이 일반적이다. 마지막으로 최대치를 20초로 폴링 시간을 설정한다. 20초보다 더 빨리 메시지를 받는다면 해당 호출은 더 기다릴 필요 없이 수신된 메시지를 반환한다.

이제 수신된 메시지로 무엇을 해야 할까? 코드 동작을 잘 보고자 해당 메시지 바디와 메시지 속성들을 표준 출력인 화면에 내보내려 한다고 하자. 이후에는 해당 메시지를 지운다. 이것이 어떻게 표현되는지 살펴보자.

```go
for i, msg := range recvMsgResult.Messages {
  log.Println("Message:", i, *msg.Body)
  for key, value := range msg.MessageAttributes {
    log.Println("Message attribute:", key, aws.StringValue(value.StringValue))
  }

  for key, value := range msg.Attributes {
    log.Println("Attribute: ", key, *value)
  }

  log.Println("Deleting message...")
  resultDelete, err := sqsSvc.DeleteMessage(&sqs.DeleteMessageInput{
    QueueUrl: QUResult.QueueUrl,
    ReceiptHandle: msg.ReceiptHandle,
  })
  if err != nil {
    log.Fatal("Delete Error", err)
  }
  log.Println("Message deleted... ")
}
```

이 코드에서는 삭제하고자 하는 메시지를 식별하고자 DeleteMessage() 메서드의 msg.ReceiptHandle이라는 객체를 사용했다. ReceiptHandle은 큐에서 메시지를 수신할 때마다 얻는 객체다. 이 객체의 목적은 메시지를 수신한 이후에 삭제하는 것이다. 메시지가 수신될 때마다 ReceiptHandle이 생성된다.

또한 앞의 코드에서 메시지를 수신한 이후에 메시지 분리해 나눈다.

- 해당 메시지 바디를 조회하고자 msg.Body를 호출한다.

- 해당 메시지의 메시지 속성들을 얻고자 msg.MessageAttributes를 호출한다.

- 해당 메시지와 함께 전달되는 시스템 속성들을 얻고자 msg.Attributes를 호출한다.

이것으로 events 애플리케이션을 위한 SQS 메시지 큐 배출자emitter와 리스너listener를 구현하기 위한 충분한 지식을 얻었다. 7장에서는 해당 애플리케이션에 메시지 큐 사용을 위해 구현돼야 하는 두 가지 핵심 인터페이스를 만들었다. 그중 하나는 배출자 인터페이스로, 메시지 큐를 통해 메시지를 보내는 것을 담당했다. 다른 하나는 리스너 인터페이스로, 메시지 큐에서 메시지 수신을 책임졌다.

빠른 송신 처리를 하는 배출자 인터페이스가 어떻게 구현되는지 살펴보자.

```
package msgqueue

// EventEmitter는 이벤트를 배출하는 클래스에 대해 인터페이스를 기술한다.
type EventEmitter interface {
    Emit(e Event) error
}
```

리스너 인터페이스도 어떻게 구현되는지 살펴보자.

```
package msgqueue

// EventListener는 이벤트를 리슨할 수 있는 클래스에 대해 인터페이스를 기술한다.
type EventListener interface {
    Listen(events ...string) (<-chan Event, <-chan error, error)
```

```
    Mapper() EventMapper
  }
```

이 **Listen** 메서드는 이벤트 이름의 리스트를 취한 이후 채널에 있는 해당 이벤트들과 메시지 큐를 통해 해당 이벤트들을 수신하려고 하는 동안 발생한 모든 에러를 함께 반환한다.

따라서 애플리케이션이 SQS 메시지 큐를 지원하도록 이 두 가지 인터페이스를 구현할 필요가 있다. **Emitter** 인터페이스를 살펴보자. ./src/lib/msgqueue 내에 sqs란 새로운 폴더를 생성한다. sqs 폴더 내에 emitter.go와 listener.go라는 두 개의 파일을 생성한다. emitter.go는 배출자 인터페이스가 구현되는 부분이다.

SQSEmitter라는 배출자 인터페이스를 구현하는 신규 객체를 생성하며 시작해보자. 이는 해당 큐의 URL뿐만 아니라 SQS 서비스 클라이언트 객체를 포함한다.

```
type SQSEmitter struct {
    sqsSvc *sqs.SQS
    QueueURL *string
}
```

이후 해당 배출자를 위한 생성자를 만들어야 한다. 생성자에서 기존 세션이나 새롭게 생성된 세션에서 SQS 서비스 클라이언트를 생성한다. 또한 해당 큐의 URL을 얻고자 **GetQueueUrl** 메서드를 활용한다. 어떤 형태인지 살펴보자.

```
func NewSQSEventEmitter(s *session.Session, queueName string) (emitter
msgqueue.EventEmitter, err error) {
    if s == nil {
        s, err = session.NewSession()
        if err != nil {
```

346

```
        return
    }
}
svc := sqs.New(s)
QUResult, err := svc.GetQueueUrl(&sqs.GetQueueUrlInput{
    QueueName: aws.String(queueName),
})
if err != nil {
    return
}
emitter = &SQSEmitter{
    sqsSvc: svc,
    QueueURL: QUResult.QueueUrl,
}
return
}
```

다음 단계는 배출자 인터페이스의 `Emit()` 메서드를 구현하는 것이다. 이때 발행할 메시지는 다음 속성들을 가져야만 한다.

- `event_name`이란 단일 메시지 속성을 담고 있으며, 이는 보내려고 하는 이벤트의 이름을 보관하게 된다. 이전에 이 책에서 다뤘듯이 이벤트 이름은 해당 애플리케이션이 처리하려고 하는 이벤트의 타입을 기술한다. 여기서는 `eventCreated`, `locationCreated`, `eventBooked`인 세 가지 이벤트 이름을 가졌다. 예를 들어 여기서는 콘서트와 서커스 공연과 같이 생성되고 예약되는 애플리케이션 이벤트(메시지 큐 이벤트가 아닌)를 나타내는 `eventCreated`와 `eventBooked`를 기억하자.

- 이는 메시지 바디를 담게 되고 해당 이벤트 데이터를 보관하게 된다. 메시지 바디는 JSON 포맷이 된다.

해당 코드는 다음과 같다..

```
func (sqsEmit *SQSEmitter) Emit(event msgqueue.Event) error {
  data, err := json.Marshal(event)
  if err != nil {
    return err
  }
  _, err = sqsEmit.sqsSvc.SendMessage(&sqs.SendMessageInput{
    MessageAttributes: map[string]*sqs.MessageAttributeValue{
      "event_name": &sqs.MessageAttributeValue{
        DataType: aws.String("string"),
        StringValue: aws.String(event.EventName()),
      },
    },
    MessageBody: aws.String(string(data)),
    QueueUrl: sqsEmit.QueueURL,
  })
  return err
}
```

이것으로 배출자 인터페이스를 위한 SQS 메시지 큐를 구현했다. 이제 리스너 인터페이스를 살펴보자.

리스너 인터페이스는 ./src/lib/msgqueue/listener.go 파일에 구현된다. 해당 인터페이스를 구현할 **SQSListener** 객체와 함께 살펴보자. 이는 메시지 큐 이벤트 타입 매퍼^{mapper}, SQS 클라이언트 서비스 객체, 큐의 URL, 한 번의 API 호출로 수신되는 최대 메시지 수, 수신되는 메시지에 대한 대기 시간과 가시성 타임아웃을 담게 된다. 리스터 인터페이스는 다음과 같다.

```
type SQSListener struct {
  mapper msgqueue.EventMapper
  sqsSvc *sqs.SQS
  queueURL *string
  maxNumberOfMessages int64
```

```
    waitTime int64
    visibilityTimeOut int64
}
```

먼저 생성자로 시작하자. 해당 코드는 배출자를 위해 만든 생성자와 유사하다. AWS
세션 객체, 서비스 클라이언트 객체를 갖는 것과 해당 큐 이름에 기반을 둔 메시지
URL을 얻는 것이 보장된다.

```
func NewSQSListener(s *session.Session, queueName string, maxMsgs, wtTime,
visTO int64) (listener msgqueue.EventListener, err error) {
    if s == nil {
        s, err = session.NewSession()
        if err != nil {
            return
        }
    }
    svc := sqs.New(s)
    QUResult, err := svc.GetQueueUrl(&sqs.GetQueueUrlInput{
        QueueName: aws.String(queueName),
    })
    if err != nil {
        return
    }
    listener = &SQSListener{
        sqsSvc: svc,
        queueURL: QUResult.QueueUrl,
        mapper: msgqueue.NewEventMapper(),
        maxNumberOfMessages: maxMsgs,
        waitTime: wtTime,
        visibilityTimeOut: visTO,
    }
    return
}
```

이후에 `listener` 인터페이스의 `Listen()` 메서드를 구현해야 한다. 해당 메서드는 다음과 같은 처리를 한다.

- 인수^{arguments}로 이벤트 이름들의 리스트를 가진다.

- 메시지들이 들어오는지 대기하며 기다린다.

- 메시지를 받으면 해당 메시지의 이벤트 이름을 확인하고 인수로 전달된 이벤트 이름들의 리스트와 비교한다.

- 요청된 이벤트에 속하지 않는 메시지가 수신되면 무시된다.

- 알려진 이벤트에 속하는 메시지가 수신되면 'Event' 타입의 Go 채널로 전달돼 외부로 나간다.

- 받아진 메시지는 Go 채널에 전달된 후 삭제된다.

- 발생하는 어떤 에러든 에러 객체를 위한 또 다른 Go 채널로 보내진다.

앞으로 메시지를 대기하며 수신하는 코드에 집중하자. 이를 위해 `receiveMessage()`라는 새로운 메서드를 생성한다. 이는 다음과 같이 세분화된다.

1. 먼저 메시지를 수신하고 발생한 에러들을 Go 에러 채널로 전달한다.

```
func (sqsListener *SQSListener) receiveMessage(eventCh chan
msgqueue.Event, errorCh chan error, events ...string) {
   recvMsgResult, err :=
sqsListener.sqsSvc.ReceiveMessage(&sqs.ReceiveMessageInput{
      MessageAttributeNames: []*string{
        aws.String(sqs.QueueAttributeNameAll),
      },
      QueueUrl: sqsListener.queueURL,
      MaxNumberOfMessages:
aws.Int64(sqsListener.maxNumberOfMessages),
```

```
        WaitTimeSeconds: aws.Int64(sqsListener.waitTime),
        VisibilityTimeout:
aws.Int64(sqsListener.visibilityTimeOut),
    })
    if err != nil {
        errorCh <- err
    }
```

2. 이후 수신된 메시지들을 하나씩 처리해서 해당 메시지 속성들을 확인한다. 해당 이벤트 이름이 요청된 이벤트 이름의 리스트에 속하지 않는다면 무시하고 다음 메시지로 이동한다.

```
bContinue := false
for _, msg := range recvMsgResult.Messages {
    value, ok := msg.MessageAttributes["event_name"]
    if !ok {
        continue
    }
    eventName := aws.StringValue(value.StringValue)
    for _, event := range events {
        if strings.EqualFold(eventName, event) {
            bContinue = true
            break
        }
    }
    if !bContinue {
        continue
    }
```

3. 계속한다면 해당 메시지 바디를 조회하고 이후 외부 코드에서 사용할 수 있는 Event 타입으로 전환시키고자 이벤트 매퍼 객체를 사용한다. 이벤트 매퍼 객체

는 4장에서 생성됐다. 이는 단순히 이벤트 이름과 해당 이벤트의 바이너리 형태를 받은 후에 Event 객체를 반환한다. 그다음에 해당 이벤트 객체를 얻고 이것을 해당 이벤트 채널에 전달한다. 에러를 발견하면 해당 에러를 에러 채널로 전달하고 이후 다음 메시지로 이동한다.

```
message := aws.StringValue(msg.Body)
event, err := sqsListener.mapper.MapEvent(eventName,
[]byte(message))
if err != nil {
  errorCh <- err
  continue
}
eventCh <- event
```

4. 마지막으로 여기까지 에러 없이 온다면 해당 메시지를 처리하는 데 성공했다는 것이다. 따라서 다음 단계는 해당 메시지를 삭제해서 다른 누군가에 의해 처리되지 않게 하는 것이다.

```
    _, err =
sqsListener.sqsSvc.DeleteMessage(&sqs.DeleteMessageInput{
    QueueUrl: sqsListener.queueURL,
    ReceiptHandle: msg.ReceiptHandle,
    })
    if err != nil {
      errorCh <- err
    }
  }
}
```

이건 굉장한 것이다. 하지만 어째서 Listen() 메서드에 직접 이 코드를 넣지 않았는지 궁금할 수도 있다. 답은 간단하다. 해당 코드를 말끔하게 하고 하나의 비대한 메서드를 피하기 위한 것이다. 이는 방금 다뤘던 코드의 해당 부분이 반복문 내에서 호출되기 때문에 메시지 큐에서 메시지들을 지속적으로 수신하게 된다.

이제 Listen() 메서드를 살펴보자. 이 메서드는 고루틴^{goroutine} 내부의 반복문에 있는 receiveMessage()를 호출해야 한다. 고루틴이 필요한 이유는 이렇게 하지 않으면 Listen() 메서드가 해당 호출 스레드^{calling thread}를 차단하기 때문이다. 코드는 다음과 같다.

```
func (sqsListener *SQSListener) Listen(events ...string) (<-chan
msgqueue.Event, <-chan error, error) {
  if sqsListener == nil {
    return nil, nil, errors.New("SQSListener: the Listen() method was
called on a nil pointer")
  }
  eventCh := make(chan msgqueue.Event)
  errorCh := make(chan error)
  go func() {
    for {
      sqsListener.receiveMessage(eventCh, errorCh)
    }
  } ()

  return eventCh, errorCh, nil
}
```

이 코드는 먼저 *SQSListener 객체가 nil이 아니라는 것을 확실히 하고 난 후에 receiveMessage() 메서드의 결과를 바깥세상과 소통시키는 데 활용되는 이벤트들과 에러 Go 채널들을 생성한다.

⠿ AWS API 게이트웨이

클라우드 네이티브 애플리케이션으로 깊이 들어가는 여정의 다음 단계는 AWS API 게이트웨이다. 이전에 언급한 대로 AWS API 게이트웨이는 개발자가 애플리케이션을 위한 유연한 API들을 만들 수 있게 해주는 하나의 관리형 서비스다. 이번 절에서는 해당 서비스를 소개하고 사용 방법을 살펴본다.

지금까지 다룬 다른 서비스들과 유사하게 AWS 콘솔을 통해 API 게이트웨이를 생성한다. 첫 번째 단계로 늘 그렇듯이 AWS 콘솔이 있는 aws.amazon.com에 접속해서 로그인한다.

두 번째 단계는 해당 홈페이지로 가서 **네트워킹 및 콘텐츠 전송** 아래에 있는 API Gateway를 선택한다.

다음으로 왼쪽 메뉴에서 API를 선택한 후 REST API 프라이빗의 구축을 클릭한다. 이는 애플리케이션이 사용할 수 있는 새로운 API 생성 프로세스를 시작한다.[2]

여기에서 다음과 같이 새로운 API 이름을 선택해야 한다.

---

2. API 보안을 고려해 VPC 내에서만 호출할 수 있는 REST API 프라이빗 유형을 선택했다. 사용 용도에 따라 맞게 선택하면 된다. – 옮긴이

이제 해당 API를 생성한 후에 AWS API 게이트웨이와 MyEvents 애플리케이션에 내장된 해당 RESTful API의 주소 간에 매핑을 해야 한다. MyEvents 애플리케이션은 하나 이상의 마이크로서비스들을 포함했다. 이 마이크로서비스 중에 하나는 RESTful API로 실행될 수 있는 일부 작업을 지원하는 이벤트 서비스였다. 다시 상기시키는 차원에서 해당 API 작업들의 간략한 요약과 대응 URL 주소들을 정리하면 다음과 같다.

1. **이벤트 검색하기**

   - **ID:** 대응 URL은 **/event/id/3434**, 메서드는 **GET**이고 HTTP 바디에 데이터 없음

   - **Name:** 대응 URL은 **/events/name/jazz_concert**, 메서드는 **GET**이고 HTTP 바디에 데이터 없음

2. **한 번에 모든 이벤트 가져오기:** 대응 URL은 **/events**, 메서드는 **GET**이고 HTTP 바디에 데이터 없음

3. **새로운 이벤트 생성하기**: 대응 URL은 **/events**, 메서드는 **POST**이고 HTTP 바디의 데이터는 추가하려는 새 이벤트의 JSON 표현으로 돼야 한다. 미국에서 공연될 오페라 아이다 행사를 추가하고 싶다고 하자. 그러면 HTTP 바디는 다음과 같을 것이다.

```
{
    name: "opera aida",
    startdate: 768346784368,
    enddate: 43988943,
    duration: 120, // 분 기준으로
    location:{
        id : 3 , //=> index로 할당한다.
        name: "West Street Opera House",
        address: "11 west street, AZ 73646",
        country: "U.S.A",
        opentime: 7,
        clostime: 20
        Hall: {
            name : "Cesar hall",
            location : "second floor, room 2210",
            capacity: 10
        }
    }
}
```

이제 특정 업무를 통해 이벤트 마이크로서비스 API 동작을 살펴보고 AWS API 게이트웨이가 어떻게 애플리케이션의 최초 관문으로 동작하게 하는지 알아보자.

앞에 기술한 대로 세 가지 대응 URL이 있다.

* **/events/id/{id}**, 여기서 {id}는 숫자다. 이 URL로 **GET** 방식의 HTTP 요청을 지원한다.

- /events/name/{name}, 여기서 {name}은 문자열이다. 이 URL로 **GET** 방식의 HTTP 요청을 지원한다.

- /events, 여기서 이 URL로 **GET**과 **POST** 방식의 요청을 지원한다.

AWS API 게이트웨이에 이 메서드들로 대응 URL들을 나타내려면 다음을 수행해야 한다.

1. events라는 새로운 자원을 생성한다. 먼저 새로 생성한 API 페이지를 방문한다. 이후 여기서 **작업**을 클릭하고 **리소스 생성**을 선택해 새로운 자원을 생성한다.

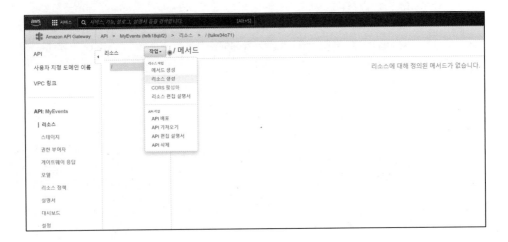

2. 신규 자원에 해당 이름과 **events**로의 경로 둘 다 설정해야 한다.

3. 이후에 새로 생성된 events 자원을 선택하고 id란 신규 자원을 생성한다. 해당 events 자원을 다시 선택하고 이번에는 name이란 신규 자원을 생성하는데, 다음과 같다.

4. id 자원을 선택한 후 신규 자원을 생성한다. 이번에는 id란 이름을 다시 사용하지만 자원 경로는 {id}가 된다. 이것이 중요한 이유는 id가 다른 값들을 받을 수 있는 매개변수임을 나타내기 때문이다. 이 자원이 /events/id/3232와 같은 대응 URL을 표현할 수 있다는 의미다.

5. 4단계와 유사하게 name 자원을 선택한 후에 바로 아래에 또 다른 자원을 생성하며 자원 이름은 name, 자원 경로는 {name}으로 한다. 최종 결과는 다음과 같다.

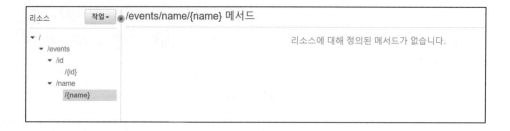

6. 이제 이것으로 모든 대응 URL이 포함됐고 해당 대응 자원들에 지원되는 HTTP 메서드들을 연결시켜야 한다. 먼저 events 자원에 가서 여기에 GET과 POST 메서드들을 연결시킨다. 이를 위해 **작업**을 클릭하고 **메서드 생성**을 선택한다.

7. 메서드 타입으로 GET을 선택한다.

8. 이후 HTTP 통합^{integration} 타입을 선택한다. 여기서 엔드포인트 URL을 설정해야 한다. 해당 엔드포인트 URL은 이 자원에 대응하는 API 엔드포인트의 절대 경로가 돼야 한다. 이 경우에 events 자원의 아래에 있기에 events 마이크로서비스 자원의 절대 경로는 `<EC2 DNS Address>/events`가 될 것이다. 이 DNS가

http://ec2.myevents.com이라고 생각해보자. 이는 절대 경로를 http://ec2.myevents.com/events가 되게 한다. 이 구성을 살펴보면 다음과 같다.

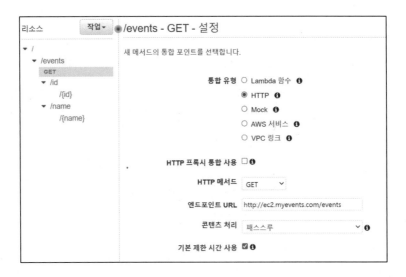

9. 앞의 단계를 반복한다. 이번에는 **POST** 메서드를 생성한다.

10. **{id}** 자원을 선택하고 신규 **GET** 메서드를 생성한다. 해당 엔드포인트 URL은 **{id}**를 포함해야 한다. 이는 다음과 같다.

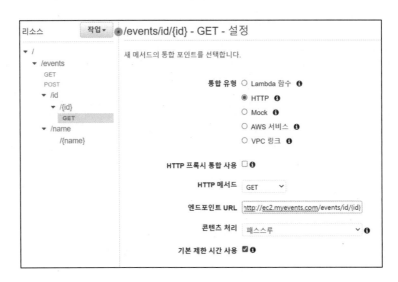

11. {name} 자원으로 동일한 단계를 반복한다. 해당 엔드포인트 URL은 다음과 같다.

http://ec2.myevents.com/events/name/{name}

이것으로 events 마이크로서비스 API와 상호 연결한 AWS API 게이트웨이를 생성했다. MyEvents 애플리케이션에 속하는 다른 마이크로서비스들을 지정하는 MyEvents API에 자원을 추가하고자 동일 기법을 사용할 수 있다. 다음 단계는 해당 API를 배포하는 것이다. 가장 먼저 해야 할 일은 새로운 스테이지^{stage}를 생성하는 것이다. 스테이지는 사용자에 의해 호출되는 배포된 RESTful API를 구별하기 위한 방식이다. RESTful API를 배포하기 전에 스테이지를 생성해야 한다. API를 배포하고자 작업을 클릭한 후 API 배포를 클릭한다.

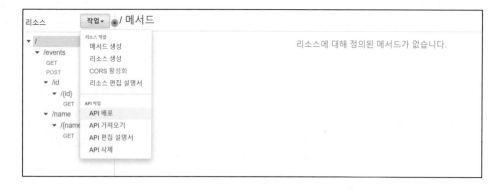

스테이지가 만들어져 있지 않다면 배포 스테이지로 [새 스테이지]를 선택한 후 스테이지 이름을 선택하고 마지막으로 배포를 클릭한다. 여기서는 beta란 스테이지 이름을 사용했다.

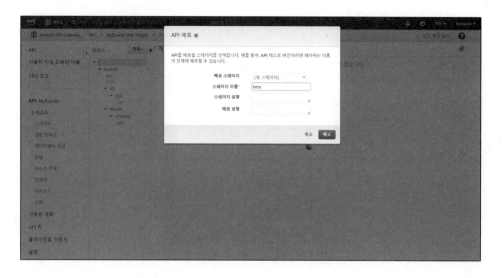

스테이지에 해당 RESTful API 자원을 최초 배포하면 사용을 시작할 수 있다. 스테이지의 여러 곳을 살펴보고 탐색하기 원하는 자원을 클릭해서 이벤트 마이크로서비스로 가는 AWS API 게이트웨이 관문 API URL을 알아낼 수 있다. 여기서 선택된 자원의 API URL은 URL **호출**로 정의된다. 다음 AWS 이미지에서는 **events** 자원을 선택했고 해당 API URL은 오른편 화면에서 찾을 수 있다.

다이나모DB

다이나모DB는 AWS 생태계의 아주 중요한 부분을 맡고 있다. 일반적으로 수많은 클라우드 네이티브 애플리케이션용 백엔드 데이터베이스로서 역할을 수행한다. 다이나모DB는 AWS에 의해 서비스로 제공되고 클라우드에서 관리되는 고성능 분산 데이터베이스다.

다이나모DB 구성 요소

다이나모DB와 상호연동할 수 있는 코드를 어떻게 작성하는지 알아보기 전에 먼저 해당 데이터베이스에 관련된 몇 가지 중요한 개념을 다뤄야 한다. 다이나모DB에는 다음과 같은 구성 요소들이 있다.

- **테이블**tables: 일반적인 데이터베이스 엔진과 유사하게 다이나모DB는 테이블들

을 모아 데이터를 저장한다. 예를 들어 MyEvent 애플리케이션에서 콘서트 이름과 시작일 같은 이벤트 정보를 저장하는 events 테이블을 가질 수 있다. 비슷하게 사용자들의 예약 정보를 관리하는 bookings 테이블도 가질 수 있다.

- **아이템**^{items}: 아이템은 다이나모DB 테이블의 행^{row}을 말한다. 아이템 내부의 정보는 속성으로 알려진다. 예를 들어 events 테이블을 가져오면 아이템은 해당 테이블에 있는 단일 이벤트가 될 것이다. 비슷하게 users 테이블을 예로 가져오면 각 아이템은 사용자가 된다. 해당 테이블의 각 아이템은 기본키^{primary key}로 알려진 유일한 식별자가 필요하고 이는 테이블에 있는 모든 다른 아이템과 해당 아이템을 구분하게 된다.

- **속성**^{attributes}: 앞에서 언급한 대로 속성은 아이템 내의 정보를 나타낸다. 각 아이템은 하나 이상의 속성으로 구성된다. 속성을 해당 데이터의 보관인으로 생각해도 된다. 각 속성은 속성 이름과 속성 값으로 구성된다. 예를 들어 events 테이블을 가져오면 각 event 아이템은 이벤트 ID를 나타내는 ID 속성, 이벤트 이름을 나타내는 name 속성, startdate 속성, enddate 속성 등을 갖게 된다.

아이템의 기본키는 반드시 사전에 미리 정의돼야 하는 아이템 내의 유일한 속성이다. 하지만 아이템 내의 다른 속성들은 사전에 정의될 필요가 없다. 이것이 다이나모DB를 스키마가 필요 없는 데이터베이스가 되게 하며, 데이터베이스 테이블의 구조가 데이터로 채워지기 전에 정의될 필요가 없다는 것을 의미한다.

다이나모DB에서 대부분의 속성은 스칼라^{scalar}다. 이는 해당 속성이 단 하나의 값을 갖는 것을 말한다. 스칼라 속성의 한 예는 문자열 속성이나 숫자 속성이다. 일부 속성들은 중첩될 수 있고 이는 하나의 속성이 또 다른 속성 등을 가질 수 있게 된다. 속성들은 32레벨 깊이까지 중첩되는 것이 허용된다.

속성 값 데이터 타입

이전에 언급한 대로 각 다이나모DB 속성은 속성 이름과 속성 값으로 구성된다. 그리고 속성 값은 두 부분으로 구성되고 이는 해당 속성의 데이터 타입 이름과 해당 값의 데이터가 된다. 이번 절에서는 데이터 타입에 집중할 것이다.

주요한 세 가지 데이터 타입 범주^{category}가 있다.

- **스칼라 타입:** 가장 간단한 데이터 타입이고 단일 값을 나타낸다. 스칼라 타입 범주는 다음의 데이터 타입 이름들을 아우른다.

    - **S:** 이것은 단순히 문자열 타입이다. UTF-8 인코딩을 사용하고 문자열의 길이는 반드시 0에서 400KB 사이여야 한다.

    - **N:** 이것은 숫자 타입이다. 양수, 음수, 또는 단순히 0이 될 수 있다. 38자리까지 정확도가 지원된다.

    - **B:** 바이너리 타입의 속성으로 바이너리 데이터는 압축된 텍스트, 암호화된 데이터 또는 이미지를 포함한다. 길이는 0에서 400KB 사이가 돼야 한다. 애플리케이션은 바이너리 데이터를 다이나모DB에 보내기 전에 반드시 base64-encoded 포맷으로 인코딩해야 한다.

    - **BOOL:** `true`나 `false` 값을 갖는 불리안^{Boolean} 속성이다.

- **문서 타입:** 중첩된 속성을 갖는 복잡한 구조다. 이 범주에 속하는 두 개의 데이터 타입 이름이 있다.

    - **L:** 리스트 타입의 속성이다. 이 타입은 정렬된 값들의 모음^{collection}을 저장할 수 있다. 리스트에 저장될 수 있는 데이터 타입에 제한은 없다.

    - **Map:** 맵 타입은 이름-값 쌍의 정렬되지 않은 모음으로 데이터를 저장한다.

- **Set 타입:** Set 타입은 다수의 스칼라 값들을 나타낼 수 있다. Set 타입의 모든 아이템들은 반드시 동일한 타입을 대상으로 해야 한다. 이 범주에 속하는 세

가지 데이터 타입 이름이 있다.

- **NS:** 숫자들의 집합이다.

- **SS:** 문자열들의 집합이다.

- **BS:** 바이너리 값들의 집합이다.

기본키

이전에 언급한 대로 사전에 정의돼야 하는 다이나모DB 테이블 아이템의 단 한 부분
은 기본키다. 이번 절에서는 다이나모DB 데이터베이스 엔진의 기본키로 좀 더 깊이
들어가 볼 것이다. 이 기본키의 주요 역할은 테이블에 있는 각 아이템을 유일하게
식별하는 것으로, 두 개의 아이템이 동일한 키를 가질 수 없다.

다이나모DB는 두 가지 다른 종류의 기본키를 지원한다.

- **파티션**Partition **키:** 이것은 단순한 타입의 기본키다. 파티션 키라는 하나의 속성
  으로 구성된다. 다이나모DB는 다수의 파티션에 데이터를 저장한다. 하나의 파
  티션은 다이나모DB 테이블의 스토리지 계층으로 SSD 하드 디스크로 지원된
  다. 파티션 키의 값은 내부 해시 함수에 입력으로 사용되고 이는 해당 아이템이
  어느 파티션에 저장될지 결정하는 결과물을 만들어낸다.

- **복합**Composite **키:** 이 타입의 키는 두 개의 속성으로 구성된다. 첫 번째 속성은
  앞서 얘기한 파티션 키지만 두 번째 키는 '정렬sort 키'로 알려져 있다. 기본키로
  복합 키를 사용하면 한 개 이상의 아이템이 동일한 파티션 키를 공유할 수 있
  다. 동일한 파티션 키를 가진 아이템들은 함께 저장된다. 정렬 키는 그다음에
  동일한 파티션 키로 아이템들을 정렬하는 데 사용된다. 해당 정렬 키는 각 아이
  템에 대해 반드시 유일해야 한다.

각 기본키 속성은 반드시 스칼라여야 하고 이는 단일 값만을 보유할 수 있다는 것을

의미한다. 기본키 속성으로는 세 가지 데이터 타입인 문자열, 숫자, 바이너리 타입이 허용된다.

보조 인덱스

다이나모DB에서 기본키는 해당 키를 통해 아이템들을 조회할 때 테이블에 있는 아이템에 효율적이고 빠른 접근을 제공한다. 하지만 기본키 외의 속성들을 통해 테이블에 있는 아이템들을 조회하고자 하는 여러 시나리오가 있다. 다이나모DB는 기본키 속성들과는 다른 속성들을 대상으로 하는 보조 인덱스를 생성할 수 있다. 이 인덱스들은 기본키가 아닌 아이템들에 효율적인 조회^{query}를 실행할 수 있게 해준다.

보조 인덱스$^{secondary\ index}$는 테이블 속성들의 부분집합을 담고 있는 데이터 구조일 뿐이다. 테이블은 다수의 보조 인덱스를 가질 수 있고 이는 테이블에서 데이터를 조회할 때 유연성을 제공한다.

보조 인덱스 조회를 좀 더 이해하려면 몇 가지 기본적인 정의를 다뤄야 한다.

- **기준^{Base} 테이블:** 각각의 모든 보조 인덱스는 정확히 한 개 테이블에 속한다. 해당 인덱스가 기반(근거)을 두고 데이터를 얻는 테이블을 기준 테이블이라 한다.

- **투영된^{Projected} 속성:** 투영된 속성은 기준 테이블에서 해당 인덱스로 복제되는 속성이다. 다이나모DB는 기준 테이블의 기본키와 함께 해당 인덱스의 데이터 구조에 이 속성들을 복제한다.

- **전역^{Global} 보조 인덱스:** 기준 테이블의 것과 다른 파티션 키와 정렬 키를 가진 인덱스다. 이 타입의 인덱스는 이 인덱스로 수행되는 질의가 해당 기준 테이블에 있는 모든 데이터에 걸칠 수 있어 전역으로 고려된다. 전역 보조 인덱스는 테이블을 생성할 때 같이 또는 이후에 생성할 수 있다.

- **지역^{Local} 보조 인덱스:** 기준 테이블과 동일한 파티션 키와 다른 정렬 키를 갖는

인덱스다. 이 타입의 인덱스는 **local**이고 이유는 지역 보조 인덱스의 모든 파티션이 동일한 파티션 키 값을 가진 기준 테이블 파티션과 관련되기 때문이다. 테이블을 생성할 때에만 지역 보조 인덱스를 생성할 수 있다.

테이블 생성

나중에 코드로 접근할 수 있도록 다이나모DB 테이블을 생성하고자 AWS 웹 콘솔을 사용해보자. 첫 번째 단계는 AWS 관리 콘솔 메인 대시보드를 방문해서 DynamoDB를 클릭하는 것이다.

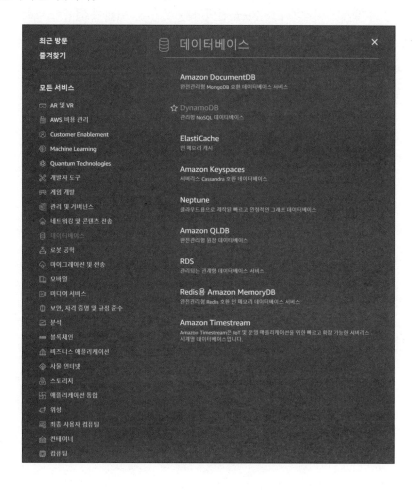

DynamoDB를 클릭해서 DynamoDB 메인 대시보드로 이동하고 여기서 새로운 테이블을 생성한다.

다음 단계는 테이블 이름과 기본키를 선택하는 것이다. 이전에 언급한 대로 다이나모DB의 기본키는 파티션 키와 정렬 키로 대변되는 두 가지 속성으로 구성될 수 있다. events라는 테이블 하나를 생성한다고 해보자. Binary 타입인 ID라는 파티션 키만으로 구성되는 단순한 기본키를 사용해본다.

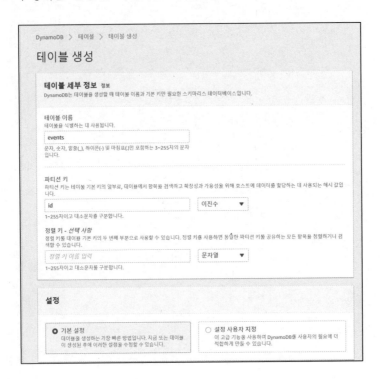

기본 설정들은 그대로 둔다. 보조 인덱스와 같은 이 설정 중 일부는 추후에 다시 보게 될 것이다. 해당 구성이 끝난 후에 테이블을 생성하는 테이블 생성을 클릭한다. 이후에 생성하고자 하는 다른 모든 테이블에 대해 해당 과정을 반복한다.

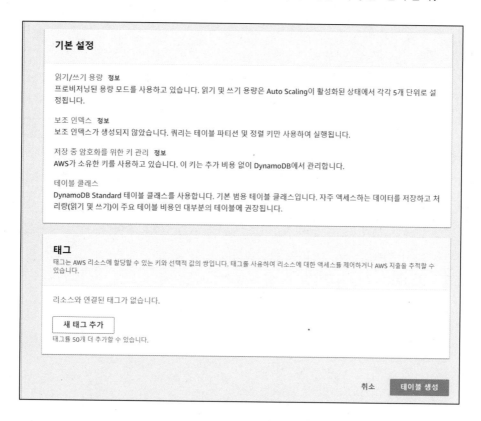

테이블이 생성되면 이제 여기에 코드를 통해 접속, 수정, 읽기를 할 수 있다. 하지만 코드를 다루기 전에 보조 인덱스를 생성해야 한다. 이를 위해 먼저 왼쪽에 있는 테이블 옵션을 선택해서 새롭게 생성된 테이블을 확인해야 한다. 이후에 테이블 리스트의 events 테이블을 선택한다. 그다음에 인덱스 탭을 선택하고 나서 인덱스 생성을 클릭해 새로운 보조 인덱스를 생성한다.

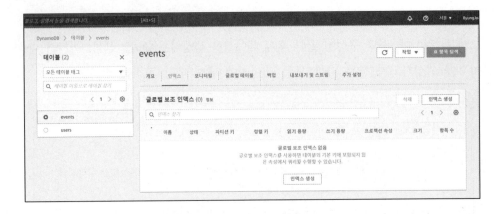

보조 인덱스 이름은 보조 인덱스로 사용하고자 하는 해당 테이블의 속성 이름이 돼야 한다. 이 경우에는 질의를 위해 사용하고자 하는 속성이 해당 이벤트 이름이 된다. 이 속성은 ID 대신 해당 이름으로 이벤트를 질의할 때 효율적인 질의를 실행하고자 필요한 인덱스를 나타낸다. 다음은 **인덱스 생성** 대화창이다. 다른 항목들을 채우고 나서 **인덱스 생성** 버튼을 클릭한다.

이번 단계로 이제 소스코드를 적용하기 위한 테이블을 갖게 됐다. 위의 화면에서 인덱스 이름이 EventName-index란 점을 주목하자. 나중에 Go 코드에서 해당 이름을 활용하게 된다.

Go 언어와 다이나모DB

아마존은 다이나모DB와 효율적으로 상호연동할 수 있는 애플리케이션을 만드는 데 활용할 수 있는 Go 언어의 강력한 패키지들을 제공해왔다. 이 메인 패키지는 https://docs.aws.amazon.com/sdk-for-go/api/service/dynamodb/에서 살펴볼 수 있다.

해당 코드로 깊이 들어가기 전에 2장에서 다룬 DatabaseHandler 인터페이스를 기억해보자. 이 인터페이스는 마이크로서비스들의 데이터베이스 핸들러 계층handler layer을 나타내고 이는 데이터베이스 접근 코드가 있는 곳이다. events 서비스의 경우에 이 인터페이스는 4가지 메서드를 지원했는데, 다음과 같다.

```
type DatabaseHandler interface {
    AddEvent(Event) ([]byte, error)
    FindEvent([]byte) (Event, error)
    FindEventByName(string) (Event, error)
    FindAllAvailableEvents() ([]Event, error)
}
```

다이나모DB와 작업할 수 있는 애플리케이션을 작성하는 방법을 알아보면서 백엔드 데이터베이스로 다이나모DB를 활용하고자 앞의 4가지 메서드를 구현할 것이다.

다른 AWS 서비스들과 유사하게 AWS Go SDK는 다이나모DB와 상호연동할 때 사용할 수 있는 서비스 클라이언트 객체를 제공한다. 또한 다른 AWS 서비스들과 비슷하게 먼저 세션 객체를 얻어야 하고 이후 다이나모DB 서비스 클라이언트 객체를 생성하고자 세션 객체를 사용한다. 그 코드는 다음과 같다.

```
sess, err := session.NewSession(&aws.Config{
    Region: aws.String("us-west-1"),
})
```

```
if err != nil {
    //핸들러 에러, 이것을 로그로 남기고 나서 빠져 나가는 것으로 가정한다.
    log.Fatal(err)
}
dynamodbsvc := dynamodb.New(sess)
```

dynamodbsvc가 결국 서비스 클라이언트 객체가 되고 이후 이것을 다이나모DB와의
상호연동에 사용할 수 있다.

이제 dynamolayer.go라는 새로운 파일을 생성해야 하는데, 해당 애플리케이션의
상대 경로 ./lib/persistence/dynamolayer 폴더의 아래에 만든다.

dynamolayer.go 파일은 해당 코드가 있는 곳이다. **databasehandler** 인터페이스를
구현할 때 따라야 하는 첫 번째 단계는 **struct** 타입을 생성하는 것이고 이는 인터페
이스 메서드를 구현한다. 자, 새로운 타입인 **DynamoDBLayer**를 호출해보자. 해당
코드는 다음과 같다.

```
type DynamoDBLayer struct {
    service *dynamodb.DynamoDB
}
```

DynamoDBLayer 구조체는 *dynamodb.DynamoDB 타입의 필드 한 개를 담고 있다. 이 구조체 필드는 다이나모DB용 AWS 서비스 클라이언트를 나타내고 이는 다이나모 DB와 상호연동하고자 해당 코드에 사용할 키 객체 타입이다.

다음 단계는 DynamoDBLayer 구조체를 초기화하고자 일부 생성자를 작성하는 것이다. 이제 두 개의 생성자를 생성할 것이다. 첫 번째 생성자는 해당 코드에 사용할 수 있는 기존 AWS 세션 객체를 갖고 있지 않다고 가정한다. 이는 AWS 리전(예를 들면 us-west-1)을 나타내는 단일 문자열 인수를 취한다. 그다음에 해당 세션 객체는 다이나모DB 서비스 클라이언트 객체를 생성하는 데 사용되고 이는 새로운 DynamoDBLayer 객체에 할당될 수 있다. 첫 번째 생성자는 다음과 같다.

```
func NewDynamoDBLayerByRegion(region string) (persistence.DatabaseHandler, error) {
  sess, err := session.NewSession(&aws.Config{
    Region: aws.String(region),
  })
  if err != nil {
    return nil, err
  }
  return &DynamoDBLayer{
    service: dynamodb.New(sess),
  }, nil
}
```

두 번째 생성자는 이미 기존 AWS 세션 객체가 있을 경우 사용하게 되는 것이다. 이는 인수로 세션 객체를 취하고 나서 새로운 다이나모DB 서비스 클라이언트를 생성하고자 세션 객체를 사용한다. 해당 코드는 다음과 같다.

```
func NewDynamoDBLayerBySession(sess *session.Session)
persistence.DatabaseHandler {
```

```
    return &DynamoDBLayer{
        service: dynamodb.New(sess),
    }
}
```

이제 마무리된 생성자들로 DatabaseHandler 인터페이스 메서드들을 구현해보자.
계속해서 코드를 작성하기 전에 먼저 다음과 같은 두 가지 중요한 개념을 다뤄야
한다.

- *dynamoDB.AttributeValue: dynamodb Go 패키지 안에 있는 구조체 타입으로
  다이나모DB 아이템 속성 값을 나타낸다.

- dynamodbattribute: dynamodb 패키지 바로 아래에 있는 하위 패키지다. 이 패
  키지를 위한 문서들은 https://docs.aws.amazon.com/sdk-for-go/api/service/
  dynamodb/dynamodbattribute/에서 찾아볼 수 있다. 이 패키지는 Go 타입들
  과 dynamoDB.AttributeValues 간의 변환을 책임진다. 이는 해당 애플리케이
  션 내부의 Go 타입들을 dynamoDB 패키지의 메서드들이 이해할 수 있는 타입들
  로 변환하거나 역변환하는 아주 편리한 방법을 제공한다. dynamodbattribute
  는 슬라이스^{slice}, 맵^{map}, 구조체, 심지어 스칼라 값도 마샬^{marshal} 및 언마샬
  ^{unmarshal} 메서드들을 활용해 dynamoDB.AttributeValues로 변환하거나 역변환
  할 수 있다.

이제부터 다이나모DB와 함께 작업할 수 있는 코드를 만들 때 dynamodbattribute
패키지뿐만 아니라 dynamoDB.AttributeValue 타입의 강력함도 활용하게 된다.

다룰 첫 번째 DatabaseHandler 인터페이스 메서드는 AddEvent() 메서드다. 이 메
서드는 Event 타입의 인수를 취하고 나서 해당 데이터베이스에 있는 이벤트 테이블
내에 아이템으로 추가한다. 해당 메서드의 코드를 다루기 전에 활용할 필요가 있는
AWS SDK 구성 요소들을 먼저 살펴보자.

- AddEvent()는 PutItem()이라는 AWS SDK 메서드를 사용할 필요가 있다.

- PutItem() 메서드는 PutItemInput 타입의 인수를 취한다.

- PutItemInput은 목적을 이루고자 테이블 이름과 추가하고자 하는 아이템 두 가지 정보가 필요하다.

- PutItemInput 타입의 테이블 이름 필드는 *string 타입이지만 해당 아이템은 map[string]*AttributeValue 타입이다.

- Go 타입 이벤트를 앞에서 언급한 PutItemInput을 위해 필요한 아이템 필드 타입인 map[string]*AttributeValue로 변환할 때 dynamodbattribute.MarshalMap() 메서드를 사용할 수 있다.

아직 다뤄야 하는 중요한 내용이 하나 더 있는데, Event 타입으로 다음과 같다.

```
type Event struct {
    ID bson.ObjectId `bson:"_id"`
    Name string
    Duration int
    StartDate int64
    EndDate int64
    Location Location
}
```

이는 콘서트와 같은 일반적으로 기술해야 하는 이벤트의 모든 핵심 정보를 담고 있다. 하지만 다이나모DB로 작업할 때 한 가지 이슈가 Event 타입에 있다. Name 키워드는 다이나모DB 내에서 예약된 키워드라는 점이다. 이는 이것과 유사하게 해당 구조체를 남겨두면 질의^{queries}에서 Event 구조체의 Name 필드를 사용할 수 없게 된다는 것을 의미한다. 다행히 dynamodbattribute 패키지는 해당 구조체 필드 이름을 다른 이름으로 마스크^{mask} 처리할 수 있는 dynamodbav라는 구조체 tag를 지원한다. 이는 Go 코드에 Name 구조체 필드를 사용할 수 있게 하지만 다이나모DB

에 다른 이름으로 노출되게 한다. 해당 구조체 필드를 추가한 후의 코드는 다음과 같다.

```
type Event struct {
    ID bson.ObjectId `bson:"_id"`
    Name string `dynamodbav:"EventName"`
    Duration int
    StartDate int64
    EndDate int64
    Location Location
}
```

이 코드에서 다이나모DB와 연동할 때 EventName으로 Name 구조체 필드를 정의하고자 dynamodbav 구조체 tag를 사용했다.

완벽하다. 이제 AddEvent() 메서드의 코드를 살펴보자.

```
func (dynamoLayer *DynamoDBLayer) AddEvent(event persistence.Event)
([]byte, error) {
    av, err := dynamodbattribute.MarshalMap(event)
    if err != nil {
        return nil, err
    }
    _, err = dynamoLayer.service.PutItem(&dynamodb.PutItemInput{
        TableName: aws.String("events"),
        Item: av,
    })
    if err != nil {
        return nil, err
    }
    return []byte(event.ID), nil
}
```

이 코드의 첫 번째 단계는 이벤트 객체를 map[string]*AttributeValue로 마샬하는 것이다. 다음 단계는 다이나모DB 서비스 클라이언트에 속하는 PutItem()을 호출하는 것이다. PutItem은 이전에 설명한 대로 putItemInput 타입의 인수를 취하고 이는 추가하고자 하는 테이블 이름과 마샬화된 아이템 데이터를 담는다. 마지막에 어떤 에러도 발생하지 않으면 해당 event ID의 바이트 표현을 반납한다.

다음으로 다뤄야 하는 DatabaseHandler 인터페이스 메서드는 FindEvent()다. 이 메서드는 해당 ID로 이벤트를 조회한다. 여기에서 events 테이블을 생성했을 때 해당 키로 ID 속성을 설정했다는 것을 기억하자. 뒤에 나올 코드 일부를 이해하고자 다뤄야 할 몇 가지 요점은 다음과 같다.

- FindEvent()는 GetItem()이란 AWS SDK 메서드를 사용한다.

- FindEvent()는 GetItemInput 타입의 인수를 취한다.

- GetItemInput 타입은 테이블 이름과 아이템 키의 값인 두 부분의 정보가 필요하다.

- GetItem() 메서드는 GetItemOutput이라는 구조체 타입을 반환하고 이는 Item이란 필드를 갖고 있다. 해당 Item 필드는 조회된 데이터베이스 테이블 아이템이 관리되는 곳이다.

- 데이터베이스에서 얻어지는 아이템은 map[string]*AttributeValue 타입으로 표현된다. 이후 Event 타입으로 변환할 때 dynamodbattribute.UnmarshalMap() 함수를 사용할 수 있다.

최종적으로 해당 코드는 다음과 같다.

```
func (dynamoLayer *DynamoDBLayer) FindEvent(id []byte) (persistence.Event,
error) {
    //해당 ID 속성을 통해 이벤트 검색에 필요한 정보로 GetItemInput 객체를 생성한다.
```

```
input := &dynamodb.GetItemInput{
  Key: map[string]*dynamodb.AttributeValue{
    "ID": {
      B: id,
    },
  },
  TableName: aws.String("events"),
}
//GetItem 메서드를 통해 해당 아이템을 가져온다.
result, err := dynamoLayer.service.GetItem(input)
if err != nil {
  return persistence.Event{}, err
}
//이벤트 객체로 회수되는 데이터를 언마샬하고자 dynamodbattribute.UnmarshalMap을
활용한다.
event := persistence.Event{}
err = dynamodbattribute.UnmarshalMap(result.Item, &event)
return event, err
}
```

코드에서 GetItemInput 구조체의 Key 필드는 map[string]*AttributeValue 타입
인 점을 주목하자. 이 맵에 키는 속성 이름으로 이 경우에 ID지만 맵의 값은
*AttributeValue 타입으로 다음과 같다.

```
{
  B: id,
}
```

코드에서 B는 AttributeValue에 있는 구조체 필드이고 이는 바이너리 타입을 나타
내는 반면 id는 단순히 FindEvent() 메서드에 전달되는 바이트 슬라이스 인수다.
바이너리 타입 필드를 사용한 이유는 이벤트 테이블의 ID 키 속성이 바이너리 타입

이기 때문이다.

이제 이벤트 마이크로서비스를 위한 세 번째 DatabaseHandler 인터페이스 메서드인 FindEventByName()를 살펴보자. 이 메서드는 해당 이름을 통해 이벤트를 조회한다. 이전에 events 테이블을 생성했을 때 EventName 속성을 보조 인덱스로 설정한 것을 기억하는가? 이렇게 한 이유는 해당 이벤트 이름을 통해 events 테이블에서 아이템들을 질의할 수 있는 기능을 원했기 때문이다. 해당 코드를 살펴보기 전에 해당 메서드에 관해 알아야 할 것은 다음과 같다.

- FindEventByName()은 데이터베이스에 질의하고자 Query()라는 AWS SDK 메서드를 사용한다.

- Query() 메서드는 QueryInput 타입의 인수를 취하고 이는 다음과 같은 4가지 부분의 정보를 필요로 한다.

  - 실행하고자 하는 질의로, 이 경우에 질의는 단순히 EventName = :n이다.

  - 앞 표현식에서 :n의 값으로, 이것은 찾고자 하는 이벤트의 이름으로 채워야 하는 매개변수다.

  - 해당 질의를 위해 활용하고자 하는 인덱스 이름으로, 이 경우에 EventName 속성을 위해 생성한 보조 인덱스는 EventName-index였다.

  - 해당 질의를 실행하려는 테이블 이름이다.

- Query() 메서드가 성공하면 맵 슬라이스로 결과 아이템들을 가진다. 결과 아이템들은 []map[string]*AttributeValue 타입이 된다. 단일한 아이템만을 구하므로 해당 맵 슬라이스의 첫 번째 아이템만을 조회할 수 있다.

- Query() 메서드는 QueryOutput 구조체 타입의 객체를 반환하고 이는 Items라는 필드를 담고 있다. Items 필드는 해당 질의 결과 세트가 관리되는 곳이다.

- 이후 map[string]*AttributeValue 타입의 아이템을 Event 타입으로 변환하

고자 dynamodbattribute.UnmarshalMap() 함수를 활용해야 한다.

해당 코드는 다음과 같다.

```
func (dynamoLayer *DynamoDBLayer) FindEventByName(name string)
(persistence.Event, error) {
  //해당 질의를 실행시키고자 필요한 정보로 QueryInput 타입을 생성한다.
  input := &dynamodb.QueryInput{
    KeyConditionExpression: aws.String("EventName = :n"),
    ExpressionAttributeValues: map[string]*dynamodb.AttributeValue{
      ":n": {
        S: aws.String(name),
      },
    },
    IndexName: aws.String("EventName-index"),
    TableName: aws.String("events"),
  }
  // 질의 실행
  result, err := dynamoLayer.service.Query(input)
  if err != nil {
    return persistence.Event{}, err
  }
  //해당 결과에서 첫 번째 아이템을 얻는다.
  event := persistence.Event{}
  if len(result.Items) > 0 {
    err = dynamodbattribute.UnmarshalMap(result.Items[0], &event)
  } else {
    err = errors.New("No results found")
  }
  return event, err
}
```

다이나모DB에서 질의는 중요한 주제다. 다이나모DB에서 질의가 어떻게 동작하는지 제대로 이해하려면 질의를 설명하는 AWS 문서를 읽는 것을 추천한다. 이는

http://docs.aws.amazon.com/amazondynamodb/latest/developerguide/Query.html 에서 찾을 수 있다.

마지막으로 다룰 DatabaseHandler 인터페이스 메서드는 FindAllAvailableEvents() 메서드다. 이 메서드는 다이나모DB에서 events 테이블의 모든 아이템을 조회한다. 해당 코드로 들어가기 전에 먼저 알아야 하는 것들은 다음과 같다.

- FindAllAvailableEvents()는 Scan()이라는 AWS SDK 메서드를 활용해야 한다. 이 메서드는 스캔 작업을 수행한다. 스캔 작업은 단순히 테이블이나 보조 인덱스에 있는 모든 단일 아이템을 쭉 읽어 나가는 것으로 정의될 수 있다.

- Scan() 메서드는 ScanInput 구조체 타입의 인수를 요구한다.

- ScanInput 타입은 스캔 작업을 수행하려면 테이블 이름을 알아야 한다.

- Scan() 메서드는 ScanOutput 구조체 타입의 객체를 반환한다. ScanOutput 구조체는 []map[string]*AttributeValue 타입의 Items라는 필드를 담고 있다. 이는 스캔 작업의 결과가 가는 곳이다.

- Items 구조체 필드는 dynamodbattribute.UnmarshalListofMaps() 함수를 통해 Event 타입들의 슬라이스로 변환될 수 있다.

해당 코드는 다음과 같다.

```
func (dynamoLayer *DynamoDBLayer) FindAllAvailableEvents()
([]persistence.Event, error) {
    // 테이블 이름으로 ScanInput 객체를 생성한다.
    input := &dynamodb.ScanInput{
        TableName: aws.String("events"),
    }
    // scan 동작을 수행한다.
    result, err := dynamoLayer.service.Scan(input)
```

```
    if err != nil {
        return nil, err
    }

    // UnmarshalListOfMaps 함수로 결과들을 얻는다.
    events := []persistence.Event{}
    err = dynamodbattribute.UnmarshalListOfMaps(result.Items, &events)
    return events, err
}
```

스캔 작업에 관해 언급해야 할 한 가지 중요한 사항은 운영 환경에서의 스캔 작업이
엄청난 수의 결과들을 반환할 수 있기에 7장에서 스캔으로 언급된 AWS SDK의 페이
지 매기기^pagination 기능을 사용하는 것이 때에 따라 권고된다. 해당 페이지 매기기
기능은 작업의 결과들을 다수의 페이지로 보여주고 이후 이를 통해 반복할 수 있다.
스캔 페이지 매기기는 ScanPages() 메서드로 수행될 수 있다.

⫸ 요약

8장에서는 AWS 세계에서 가장 인기 있는 서비스 중 일부를 살펴봤다. 지금까지
클라우드 네이티브 애플리케이션을 위해 AWS가 제공하는 몇 가지 핵심 기능을 활
용해 운영 환경 수준의 Go 애플리케이션 구축에 필요한 지식을 충분히 다뤘다.

9장에서는 지속적인 배포^continuous delivery라는 주제를 통해 Go 클라우드 네이티브
애플리케이션 구축에 관해 좀 더 나아간다.

09

지속적인 배포

앞의 세 개 장에서는 현대적인 컨테이너 기술과 클라우드 환경 및 애플리케이션(더 정확히는 MyEvents 애플리케이션)에서 컨테이너 이미지를 생성하는 방법과 이들을 해당 환경에 배포하는 방법을 알아봤다.

9장에서는 지옥과도 같은 애플리케이션의 코드 통합^{Integration}을 해결하고자 **지속적인 통합**^{CI, Continuous Integration}과 **지속적인 배포**^{CD, Continuous Delivery}를 어떻게 도입할지 알아본다. CI는 소프트웨어 프로젝트를 지속적으로 만들어가고 검증하는(이상적으로는, 소프트웨어에 적용되는 각각의 모든 변경에 대해) 접근 방식을 지칭한다. 또한 CD는 아주 짧은 릴리스^{release} 사이클의 애플리케이션을 지속적으로 배포함으로써 이 접근 방식을 확장한다 (물론 이 경우에는 클라우드 환경으로의 배포다).

이 두 가지 접근 방법 모두 신뢰할 수 있게 동작하려면 높은 수준의 자동화가 요구되고 둘 다 애플리케이션 빌드^{build}와 배포 프로세스에 관련이 있다. 앞의 장들에서 이미 애플리케이션 배포를 위해 컨테이너 기술을 어떻게 사용할 수 있는지 살펴봤다. 도커^{Docker}와 쿠버네티스^{Kubernetes} 같은 기술은 쉽게 자동화되기에 이들은 대개 CD와 아주 잘 통합된다.

9장에서는 CI와 CD를 적용하고자 프로젝트를 설정하는 방법(예를 들면 버전 관리와 의존성 관리를 제대로 설정하는 방법)을 알아본다.

9장에서 다루는 내용은 다음과 같다.

- 버전 관리version control에서 Go 프로젝트 관리
- 재현할 수 있는 빌드reproducible builds를 위한 의존성 벤더링vendoring[1]
- 애플리케이션을 자동으로 빌드하고자 Travis CI와 GitLab 사용
- 쿠버네티스 클러스터에 애플리케이션 자동 배포

⁚⁝⁚ 프로젝트 설정

실제로 프로젝트를 위한 지속적인 배포를 구현하기 전에 몇 가지 준비를 하면서 시작해보자. 나중에 이들이 애플리케이션을 자동화된 방식으로 쉽게 빌드하고 배포하고자 사용할 해당 도구들을 더 편리하게 해준다.

버전 관리 설정

애플리케이션을 자동으로 빌드하기 전에 애플리케이션의 소스코드를 저장하기 위한 장소가 필요하다. 이는 일반적으로 버전 관리 시스템VCS, Version Control System의 일이다. 흔히 지속적인 배포를 가능하게 해주는 도구들은 버전 관리 시스템과 강하게 결합돼 있다. 예를 들면 소스코드가 변경될 때마다 해당 애플리케이션의 새로운 빌드와 배포를 촉발시킨다.

아직 이를 직접 하지 않았다면 첫 번째 단계는 기존 코드 저장 기반을 VCS로 넘겨야

---

1. vendoring은 의존성 저장소를 자신만의 저장소에 포함시키는 것을 말한다. - 옮긴이

한다. 이번 예제에서는 현재 사실상의 VCS 표준인 깃^{Git}으로 작업한다. 그 외의 많은 버전 관리 시스템이 있지만 깃이 가장 광범위하게 채택돼 있다. 관리형 서비스나 자가 관리형으로 깃 저장소를 제공하는 많은 제공자와 도구들이 있다. 또한 많은(대부분은 아닐지라도) CD 도구가 깃과 통합돼 있다.

이번 장은 깃의 기본적인 작업에 익숙하다는 가정하에 진행한다. 깃으로 어떻게 작업하는지 자세히 알고 싶다면 팩트출판사에서 출판한 페르디난도 산타크로스 Ferdinando Santacroce 등의『Git: Mastering Version Control』을 추천한다.

또한 Go 애플리케이션 소스코드와 프론트엔드 애플리케이션 소스코드를 밀어 넣는 데^{push} 이용할 수 있는 두 개의 원격 깃 저장소를 갖고 있다고 가정한다. 이제 함께 작업할 최초의 지속적인 배포 도구에 대해 다음의 URL들로 여러분의 저장소가 깃허브^{GitHub}에서 관리된다고 가정할 것이다.

- git+ssh://git@github.com/<user>/myevents.git

- git+ssh://git@github.com/<user>/myevents-frontend.git

물론 실제 저장소 URL들은 사용자 이름에 따라 다양할 것이다. 다음의 예제에서 깃허브 사용자 이름에 대한 플레이스홀더^{placeholder} 개념으로 <user>를 일관되게 사용하기에 필요할 때 실제 사용자 이름으로 대체해야 한다는 점을 기억하자.

로컬 머신에서의 소스코드 변경을 추적하고자 로컬 깃 저장소를 설정하며 시작할 수 있다. 새로운 깃 저장소를 초기화하고자 Go 프로젝트의 루트^{root} 디렉터리(일반적으로, GOPATH 디렉터리에 있는 todo.com/myevents)에서 다음 명령어를 실행한다.

```
$ git init .
```

이는 새로운 깃 저장소를 설정하지만 버전 관리에 아직 어떤 파일들도 추가하지 않는다. 해당 저장소에 어떤 파일들을 실제로 추가하기 전에 깃이 버전 관리에 컴파일된 파일들의 추가를 방지하는 .gitignore 파일을 구성한다.

```
/eventservice/eventservice
/bookingservice/bookingservice
```

.gitignore 파일을 생성한 후에 버전 관리 시스템에 현재 코드의 기반을 추가하고자 다음의 명령어들을 실행한다.

```
$ git add .
$ git commit -m "Initial commit"
```

다음으로 git remote 명령어를 사용해 원격 저장소를 구성하고 소스코드를 밀어 넣는다push.

```
$ git remote add origin ssh://git@github.com/<user>/myevents.git
$ git push origin master
```

작업용 소스코드 저장소를 갖는 것은 지속적인 통합/배포 파이프라인을 만들어나가기 위한 첫 번째 단계가 된다. 다음 단계에서 원격 깃 저장소의 마스터 브랜치master branch에 새로운 코드를 밀어 넣을 때마다 해당 애플리케이션을 빌드하고 배포하고자 CI/CD 도구들을 구성한다.

프론트엔드 애플리케이션용 새로운 깃 저장소를 생성하고 이를 깃허브상의 원격 저장소로 밀어 넣고자 동일한 깃 명령어를 사용한다.

의존성 벤더링

지금까지 **go get** 명령어를 사용해 MyEvents 애플리케이션에 필요한 Go 라이브러리들(gopkg.v2나 github.com/gorilla/mux 패키지들)을 간단히 설치했다. 이것은 개발용으로 상당히 잘 동작하지만 **go get**을 사용해서 의존성들을 설치하는 것은 아주 심각한 단점이 있다. 아직 다운로드된 적이 없는 패키지에 대해 **go get**을 실행할 때마다 해당 라이브러리의 가장 최신 버전(엄밀하게 말하면 각 소스코드 저장소의 가장 최근 마스터 브랜치)을 가져오게 된다. 이는 끔찍한 결과를 가져올 수 있다. 특정 시점에 저장소를 복제하고 **go get ./···**을 사용해 모든 의존성을 설치한 후 일주일 뒤에 이 단계들을 반복한다고 상상해보자. 현재는 완전히 다른 버전의 의존성들이 될지도 모른다(활발히 유지 보수되고 개발되는 라이브러리들은 매일 마스터 브랜치에 수십 번의 새로운 커밋^{commit}을 할 수도 있다). 이는 특히 이러한 변경 중 하나가 해당 라이브러리의 API를 변경시키면 어느 날 해당 코드는 더 이상 컴파일되지 못하는 결과를 초래할 수 있어 아주 중요한 문제가 된다.

이런 이슈를 해결하고자 Go 1.6은 벤더링^{vendoring}이란 개념을 도입했다. 벤더링을 사용하는 것은 프로젝트가 요구하는 라이브러리들을 해당 패키지 내에 vendor/ 디렉터리로 복사할 수 있게 해준다(이 경우에는 todo.com/myevents/vendor/가 todo.com/myevents/vendor/github.com/gorilla/mux/와 같은 디렉터리들을 담게 된다). 패키지를 컴파일하고자 **go build**를 실행할 때 vendor/ 디렉터리에 있는 라이브러리들은 해당 GOPATH에 있는 라이브러리들보다 우선시된다. 이후 소스코드 저장소를 복제할 때 애플리케이션 소스코드와 함께 vendor/ 디렉터리를 버전 관리에 반영해서 재현 가능한 빌드를 구현할 수 있다.

물론 라이브러리들을 수동으로 해당 패키지의 vendor/ 디렉터리로 빠르게 복사하는 것은 따분한 일이다. 일반적으로 이런 작업은 **의존성 매니저**^{dependency managers}에 의해 수행된다. 현재 Go를 위한 다수의 의존성 매니저가 있으며 Godep과 Glide가 가장 인기 있다. 이 둘은 모두 커뮤니티 프로젝트다. 간단히 dep으로 불리는 공식적인 의존성 매니저는 개발 중인 상태로 이미 운영 환경에 사용하기 안전하다고 여겨지지만 이 책을 작성하고 있는 시점에서는 여전히 실험적인 상태로 명시돼 있다.

NOTE

> https://github.com/golang/dep에서 dep에 대한 더 자세한 정보를 찾을 수 있다.[2]

이 경우에는 Glide를 사용해 애플리케이션의 vendor/ 디렉터리를 채울 것이다. 우선 다음 명령어를 실행해 Glide를 설치한다.

```
$ curl https://glide.sh/get | sh
```

이는 glide 실행 파일을 $GOPATH/bin 디렉터리에 위치시킨다. 전역으로 glide를 사용하길 원하면 다음과 같이 해당 위치에서 다음 경로로 복사할 수 있다.

```
$ cp $GOPATH/bin/glide /usr/local/bin/glide
```

Glide는 다른 프로그래밍 언어에서 알 수도 있는 패키지 매니저(예를 들어 Node.js의 npm 또는 PHP의 Compose)와 유사하다. 이는 해당 패키지 디렉터리에서 glide.yaml 파일을 읽어 동작한다. 이 파일에서 해당 애플리케이션이 갖고 있는 모든 의존성을 선언하고 Glide가 설치해야 하는 이 라이브러리들의 특정 버전을 선택적으로 제공할 수 있다. 기존 애플리케이션에서 glide.yaml 파일을 생성하려면 해당 패키지 디렉터리에서 glide init . 명령어를 실행한다.

```
$ glide init .
```

해당 프로젝트를 초기화하는 동안 Glide는 해당 애플리케이션에 의해 사용되는 라이브러리들을 점검하고 해당 의존성 선언을 자동으로 최적화하려고 한다. 예를 들

---

2. 현재 번역 시점에서 dep과 glide는 Go 버전 1.11부터 공식적으로 도입된 Go modules 의존성 관리 시스템에 찬성해 더 이상 활동하지 않는 죽은 상태의 커뮤니티 프로젝트가 됐다. 이 책의 glide 사용 방식으로 벤더링을 따라 해보고 감을 잡은 후에 실제 개발 프로젝트에는 Go에서 공식적으로 지원되는 modules를 사용하자. - 옮긴이

어 Glide가 안정적인 버전(보통 깃 태그)을 제공하는 라이브러리를 찾으면 (잠재적으로 더 안정적이지 않은) 마스터 브랜치의 의존성 대신 가장 최근의 안정적인 버전을 사용할지 말지를 물어보게 된다.

gclide init을 실행하면 다음과 유사한 결과 출력을 만들 것이다.

```
● ● ●   1. mhelmich@mhelmich-macbook: ~/Entwicklung/go-workspace/src/bitbucket.org/minamartinteam/myevents (zsh)
mhelmich@mhelmich-macbook  myevents    master  glide init .
[INFO]  Generating a YAML configuration file and guessing the dependencies
[INFO]  Attempting to import from other package managers (use --skip-import to skip)
[INFO]  Scanning code to look for dependencies
[INFO]  --> Found reference to github.com/Shopify/sarama
[INFO]  --> Found reference to github.com/aws/aws-sdk-go/service/dynamodb
[INFO]  --> Found reference to github.com/gorilla/handlers
[INFO]  --> Found reference to github.com/gorilla/mux
[INFO]  --> Found reference to github.com/mitchellh/mapstructure
[INFO]  --> Found reference to github.com/nu7hatch/gouuid
[INFO]  --> Found reference to github.com/streadway/amqp
[INFO]  --> Found reference to gopkg.in/mgo.v2
[INFO]  --> Adding sub-package bson to gopkg.in/mgo.v2
[INFO]  Writing configuration file (glide.yaml)
[INFO]  Would you like Glide to help you find ways to improve your glide.yaml configuration?
[INFO]  If you want to revisit this step you can use the config-wizard command at any time.
[INFO]  Yes (Y) or No (N)?
y
[INFO]  Looking for dependencies to make suggestions on
[INFO]  --> Scanning for dependencies not using version ranges
[INFO]  --> Scanning for dependencies using commit ids
[INFO]  Gathering information on each dependency
[INFO]  --> This may take a moment. Especially on a codebase with many dependencies
[INFO]  --> Gathering release information for dependencies
[INFO]  --> Looking for dependency imports where versions are commit ids
[INFO]  Here are some suggestions...
[INFO]  The package github.com/Shopify/sarama appears to have Semantic Version releases (http://semver.org).
[INFO]  The latest release is v1.11.0. You are currently not using a release. Would you like
        to use this release? Yes (Y) or No (N)
```

glide init 명령어는 요구되는 모든 의존성이 선언되는 해당 애플리케이션의 루트 디렉터리에 glide.yaml 파일을 생성한다. MyEvents 애플리케이션을 위한 이 파일은 다음과 유사하다.

```
package: todo.com/myevents
import:
- package: github.com/Shopify/sarama
  version: ^1.11.0
- package: github.com/aws/aws-sdk-go
  version: ^1.8.17
```

```
subpackages:
  - service/dynamodb
- package: github.com/gorilla/handlers
  version: ^1.2.0
# ...
```

glide.yaml 파일은 해당 프로젝트가 어떤 의존성들을 요구하는지 선언한다. 이 파일을 생성하고 난 후 실제로 선언된 의존성들을 분석하고 이들을 vendor/ 디렉터리로 다운로드하는 glide update 명령어를 실행할 수 있다.

앞의 화면에서 볼 수 있듯이 glide update는 vendor/ 디렉터리로 해당 glide.yaml 파일에 선언된 의존성들뿐만 아니라 이와 관계된 의존성들까지도 다운로드한다. 결국 Glide는 해당 애플리케이션 전체 의존성 관계 트리를 재귀적으로 다운로드하고 이를 vendor/ 디렉터리 안에 위치시킨다.

```
                                    1. glide update (glide)
mhelmich@mhelmich-macbook  myevents  master  glide update
[INFO]    Downloading dependencies. Please wait...
[INFO]    --> Fetching github.com/gorilla/mux.
[INFO]    --> Fetching updates for github.com/streadway/amqp.
[INFO]    --> Fetching gopkg.in/mgo.v2.
[INFO]    --> Fetching github.com/Shopify/sarama.
[INFO]    --> Fetching github.com/aws/aws-sdk-go.
[INFO]    --> Fetching github.com/gorilla/handlers.
[INFO]    --> Fetching github.com/mitchellh/mapstructure.
[INFO]    --> Fetching github.com/nu7hatch/gouuid.
[INFO]    --> Detected semantic version. Setting version for github.com/gorilla/handlers to v1.2.
[INFO]    --> Detected semantic version. Setting version for github.com/Shopify/sarama to v1.11.0.
[INFO]    --> Detected semantic version. Setting version for github.com/gorilla/mux to v1.3.0.
[INFO]    --> Detected semantic version. Setting version for github.com/aws/aws-sdk-go to v1.8.19.
[INFO]    Resolving imports
[INFO]    --> Fetching github.com/davecgh/go-spew.
[INFO]    --> Fetching github.com/eapache/go-resiliency.
[INFO]    --> Fetching github.com/eapache/go-xerial-snappy.
[INFO]    --> Fetching github.com/eapache/queue.
[INFO]    --> Fetching github.com/klauspost/crc32.
[INFO]    --> Fetching github.com/pierrec/lz4.
[INFO]    --> Fetching github.com/rcrowley/go-metrics.
[INFO]    --> Fetching github.com/gorilla/context.
[INFO]    --> Fetching github.com/golang/snappy.
[INFO]    --> Fetching github.com/pierrec/xxHash.
[INFO]    --> Fetching github.com/jmespath/go-jmespath.
```

다운로드된 각 패키지에 대해 Glide는 새로운 파일인 glide.lock에 정확한 버전을 쓰게 된다(이 파일을 열어서 살펴볼 수는 있지만 수동으로 수정해서는 안 된다). glide.lock 파일은 glide install을 실행함으로써 시간이 지난 어떤 시점에도 정확한 버전들을 가진 정확한 의존성 집합을 재구축할 수 있게 해준다. 자신의 vendor/ 디렉터리를 삭제하고 나서 glide install을 실행해 이 행위를 검증할 수 있다.

vendoring/ 디렉터리와 Glide 설정 파일들을 가지면 다음과 같은 두 가지 옵션이 주어진다.

- vendor/ 디렉터리를 실제 애플리케이션 파일들과 함께 버전 관리에 위치시킬 수 있다. 이것의 유리한 점은 이제 누구나(이 경우에 누구나는 해당 코드를 빌드하고 배포하려는 CI/CD 도구들을 포함한다) 해당 저장소를 복제하고 정확히 요구되는 버전들의 모든 의존성을 손쉽게 이용 가능하게 할 수 있다. 아무런 기반 없이 애플리케이션을 빌드하는 방식은 정말 git clone이나 go build 명령어와 다를 바 없다. 불리한 점으로는 소스코드 저장소가 더 커지게 돼 디스크 공간을 더 점유하고 복제할 때 더 많은 시간이 소요된다.

- 대안으로 단순히 glide.yaml과 glide.lock 파일을 버전 관리에 위치시키고 vendor/ 디렉터리를 .gitignore 파일에 추가해 버전 관리에서 제외시킬 수 있다. 이것의 유리한 점은 해당 저장소를 더 작고 더 빠른 복제가 되게 하는 것이다. 하지만 해당 저장소를 복제한 후에 사용자들은 이제 인터넷으로부터 glide.lock 파일에 지정된 의존성들을 다운로드하고자 명시적으로 glide install을 실행해야 한다.

이 두 가지 옵션 모두 꽤 잘 동작하기에 궁극적으로 이것은 개인 취향의 문제다. 요즘에는 저장소 크기와 디스크 공간이 거의 고려 대상이 아니기에 개인적인 선호는 빌드 과정을 눈에 띄게 더 쉽게 만들어주는 vendor/ 디렉터리 전체를 버전 관리 안으로 밀어 넣는 것이다.

```
$ git add vendor
$ git commit -m"Add dependencies"
```

```
$ git push
```

이는 해당 백엔드 서비스들을 잘 처리하지만 여전히 고려해야 할 프론트엔드 애플리케이션도 있다. 5장에서 해당 의존성의 설치를 위해 npm을 사용했기에 대부분의 작업은 이미 완료된 상태다. 흥미롭게도 의존성들을 버전 관리에 넣을지 말지에_{(이} 경우에는 vendor/ 대신 node_modules/ 디렉터리) 관한 동일한 논쟁이 npm에도 적용된다. 물론 yes로 Go의 vendor/ 디렉터리와 동일하게 node_modules/ 디렉터리를 버전 관리 안에 넣는 것을 선호한다.

```
$ git add node_modules
$ git commit -m "Add dependencies"
$ git push
```

명시적으로 프로젝트의 의존성들을 선언하는 것은(사용된 버전들을 포함해서) 재현 가능한 빌드를 보장하기 위한 큰 발걸음이다. 버전 관리 안으로 해당 의존성들을 포함할지 말지 선택에 따라 사용자들은 소스코드 저장소 복제 바로 직후 손쉽게 이용 가능한 애플리케이션 소스코드 전체(의존성들을 포함해서)를 갖거나 `glide install` 또는 `npm install`을 각각 실행해서 이들을 쉽게 재구축할 수 있다.

이제 해당 프로젝트를 버전 관리에 넣고 명시적으로 선언된 의존성들을 갖게 됐으니 애플리케이션을 지속적으로 빌드하고 배포할 때 사용할 수 있는 몇 가지 인기 있는 CI/CD 도구들을 살펴보자.

⠿ Travis CI 사용

Travis CI는 지속적인 통합의 관리형 서비스다. 이는 깃허브와 아주 밀접하게 결합돼 있다(실제로 Tavis CI를 사용하려면 깃허브의 깃 저장소가 필요한 이유다). 오픈소스 프로젝트들은 사용이 무료이고 깃허브와 훌륭하게 통합되는 점으로 인해 많은 인기 있는 프로젝트들의 당연한 선택지가 되고 있다. 비공개^{private} 깃허브 프로젝트들의 빌드는 사용료 지불 모델이 있다.

Travis 빌드의 설정은 해당 저장소의 루트 레벨에 있어야 하는 .travis.yml 파일에 의해 이뤄진다. 기본적으로 이 파일은 다음과 같다.

```
language: go
go:
  - 1.6
  - 1.7
  - 1.8
  - 1.9
env:
  - CGO_ENABLED=0
install: true
script:
  - go build
```

language 속성은 해당 프로젝트가 어떤 프로그래밍 언어로 작성되는지를 기술한다. 어떤 언어를 여기에 넣는가에 따라 빌드 환경에서 이용할 수 있는 다른 도구들을 갖게 된다. 다수의 Go 버전에 대한 코드 테스트는 잠재적으로 아주 다른 환경에서 수많은 사용자에 의해 사용될 수도 있는 라이브러리들에 대해 특히 중요하다. env 속성은 빌드 환경에 전달돼야 하는 환경 변수들을 담고 있다. Go 컴파일러에게 정적으로 링크된 바이너리 생성을 지시하고자 이전의 6장에서 CGO_ENABLED 환경 변수를 사용했던 점을 유의한다.

install 속성은 해당 애플리케이션의 의존성들을 설정하는 데 필요한 단계를 기술한다. 완전 공란이면 Travis는 해당 의존성 전체의 가장 최신 버전을 다운로드하고자 (이것은 정확하게 원치 않는 것이다) 자동으로 go get ./…을 실행한다. install: true 속성은 실제로 Travis에게 해당 의존성들의 설정을 위해 아무것도 하지 말라고 지시하고,

09 지속적인 배포 | 397

이는 해당 의존성들이 이미 소스코드 저장소에 포함돼 있다면 정확히 가야할 길이다.

vendor/ 디렉터리를 버전 관리 안에 포함시키지 않기로 결정했다면 이 설치 단계는 Travis에 대해 Glide를 다운로드하고 이후 해당 프로젝트의 의존성들을 설치하고자 Glide를 사용하게 하는 지시 사항^{instructions}을 포함할 필요가 있다.

```
install:
    - go get -v github.com/Masterminds/glide
    - glide install
```

이후 script 속성은 Travis가 해당 프로젝트를 실제로 빌드하고자 실행해야 하는 명령어들을 담는다. 해당 애플리케이션을 빌드하는 가장 명확한 단계는 당연히 go build 명령어다. 물론 여기에 추가 단계들을 추가할 수 있다. 예를 들어 일반적인 에러들에 대한 소스코드 점검을 위해 go vet 명령어를 사용할 수 있다.

```
scripts:
    - go vet $(go list ./... | grep -v vendor)
    - cd eventservice && go build
    - cd bookingservice && go build
```

$(go list ./... | grep -v vendor) 명령어는 패키지 디렉터리에 있는 vendor/ 소스코드를 go vet이 분석하지 않도록 지시하는 데 사용하는 특별한 구절이다. 그렇지 않다면 go vet은 아마도 여러분이 수정하기 원치 않는(또는 심지어 할 수 없는) 해당 프로젝트의 의존성들에 있는 수많은 이슈에 대해 여하튼 불평을 늘어놓을 것이다.

.travis.yml 파일을 생성한 후에 이것을 버전 관리에 추가하고 원격 저장소에 밀어 넣는다.

```
$ git add .travis.yml
```

```
$ git commit -m "Configure Travis CI"
$ git push
```

이제 저장소에 .travis.yml 파일을 갖게 됐으니 이 저장소에 대해 Travis 빌드를 활성화할 수 있다. 이를 위해 깃허브 자격 증명을 사용해 https://travis-ci.org(또는 사용료 지불 방식을 사용할 계획이면 https://travis-ci.com)에 있는 Travis CI로 로그인한다. 로그인한 후에는 각 저장소에 대한 Travis 빌드들을 활성화하는 스위치와 병행해서 공개적으로 이용할 수 있는 깃허브 저장소들의 리스트를 (다음 화면에 있는 것과 동일하게) 보게 될 것이다.

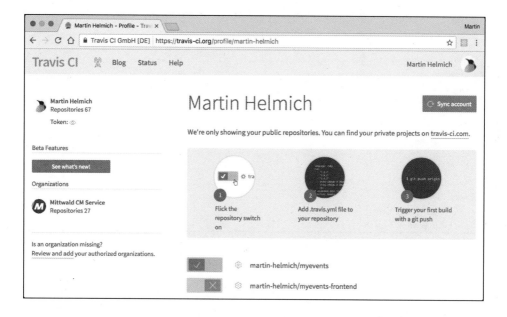

화면에서 **myevents**와 **myevents-frontend** 저장소 둘 다 활성화해보자(이 저장소 중 한 곳에 .travis.yml 파일이 없더라도 아직 그렇게 나쁜 상황은 아니다).

Travis 사용자 인터페이스에서 프로젝트를 활성화하고 나서 해당 저장소에 그다음 깃을 밀어 넣기는 Travis상의 빌드를 자동으로 촉발시킨다. 예를 들어 코드에 작은 변경을 가하거나 어디인가에 신규로 비어 있는 텍스트 파일을 추가해서 이것을 깃허브에 밀어 넣는 것만으로 테스트할 수가 있다. Travis 사용자 인터페이스에서 해당 프로젝트에 대해 신속히 팝업되는 새로운 빌드에 주목하게 될 것이다.

해당 빌드는 잠시 동안 실행될 것이다(스케줄된 이 빌드에서 실제 실행까지 잠시 동안의 시간이 소요될 수 있다). 이후 해당 빌드가 성공적으로 완료됐는지 또는 에러가 발생했는지(후자의 경우에 또한 이메일을 통해 알림을 받게 된다) 다음과 같이 보여준다.

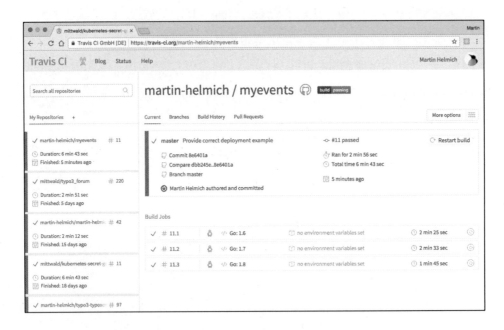

테스트를 하기 위한 지정된 여러 Go 버전이 있다면 각각의 커밋commit에 대한 (앞의 화면과 같은) 다수의 빌드 작업에 주목할 것이다. 세부 빌드 결과물을 받고자 그중 아무거나 클릭한다. 이는 어떤 이유로 해당 빌드가 실패해야 한다면 특히 유용하다(이는 go vet을 통과하지 않거나 또는 심지어 컴파일하지 않은 코드를 집어넣을 때조차도 실제로 가능성이 있다).

전반적으로 Travis는 깃허브와 아주 잘 통합된다. 깃허브 UI에서 각 커밋의 현재 빌드 상태를 볼 수 있으며 이들이 마스터 브랜치로 병합되기 이전에 pull 요청의 검증을 위해 Travis를 사용할 수도 있다.

지금까지는 저장소에 있는 해당 코드가 어떤 에러나 컴파일을 포함하지 않는 것(이는 일반적으로 지속적인 통합의 목표다)을 검증하고자 Travis를 사용했다. 하지만 아직 애플리케이션의 어떤 실질적인 배포를 구성해본 적은 없다. 이제 이것을 다음 단계에서 하게 될 것이다.

Travis 빌드 안에서 컨테이너 이미지들을 빌드하고 실행하고자 도커를 사용할 수 있다. 도커 지원을 활성화하고자 해당 .travis.yml 파일의 최상단에 다음 속성들을 추가한다.

```
sudo: required
services:
  - docker
```

```
language: go
go:
  - 1.9
```

다수의 서로 다른 Go 버전으로 도커 이미지들의 빌드를 실제로 원하지 않기에 Go 버전 1.6에서 1.8까지를 Travis 파일에서 제거하는 것은 아무런 문제가 안 된다.

이 프로젝트는 실제로 두 개의 배포 아티팩트[3](이벤트 서비스와 예약 서비스)로 구성돼 있기에 할 수 있는 또 다른 최적화가 있다. 동시에 이 두 서비스를 병렬로 빌드하고자 빌드 매트릭스[matrix]를 사용할 수 있다. 이를 위해 env 속성을 .travis.yml 파일에 추가하고 다음과 같이 script 속성을 조정한다.

```
sudo: required
services:
  - docker
language: go
go: 1.9
env:
  global:
    - CGO_ENABLED=0
  matrix:
    - SERVICE=eventservice
    - SERVICE=bookingservice
  install: true
script:
  - go vet $(go list ./... | grep -v vendor)
  - cd $SERVICE && go build
```

---

3. 아티팩트(artifact)는 자연적인 결과가 아닌 인위적으로 만들어진 인공 산물로 IT에서는 개발 과정에서 의도적으로 생성된 결과물들을 지칭한다. - 옮긴이

이 설정으로 Travis는 해당 코드 저장소에 포함된 두 서비스 각각의 변경에 대해 해당 빌드 작업들을 시작할 것이다.

이후 컴파일된 서비스에서 컨테이너 이미지를 빌드하고자 docker image build 명령어를 script 속성에 추가할 수 있다.

```
script:
    - go vet $(go list ./... | grep -v vendor)
    - cd $SERVICE && go build
    - docker image build -t myevents/$SERVICE:$TRAVIS_BRANCH $SERVICE
```

앞의 명령어는 myevents/eventservice 또는 myevents/bookingservice($SERVICE의 현재 값에 좌우된다) 이름으로 도커 이미지를 빌드한다. 이 도커 이미지는 해당 태그[tag]가 현재 브랜치(또는 깃 태그) 이름으로 빌드된다. 이는 새로운 밀어 넣기가 마스터 브랜치에 적용될 때 myevents/eventservice:master 이미지로 빌드되는 것을 의미한다. v1.2.3의 깃 태그가 밀어 넣어지면 myevents/eventservice:v1.2.3 이미지가 생성된다.

마지막으로 레지스트리[registry][4]에 새로운 도커 이미지를 밀어 넣을 필요가 있다. 이를 위해 .travis.yml 파일에 새로운 속성인 after_success를 추가한다.

```
after_success:
  - if [ -n "${TRAVIS_TAG}" ] ; then
      docker login -u="${DOCKER_USERNAME}" -p="${DOCKER_PASSWORD}";
      docker push myevents/$SERVICE:$TRAVIS_BRANCH;
    fi
```

---

4. 도커 이미지 레지스트리를 말한다. — 옮긴이

after_success에 지정된 이 명령어들은 scripts에 있는 모든 명령어가 성공적으로 완료된 후에 실행되고 이 경우에 $TRAVIS_TAG 환경 변수의 내용을 확인하게 된다. 결과적으로 깃 태그들로 빌드된 도커 이미지만이 실제로 원격 레지스트리에 밀어 넣어진다.

도커 허브 외에 다른 도커 이미지 레지스트리를 사용한다면 docker login 명령어에 해당 레지스트리 URL을 지정하는 것을 기억해야 한다. 예를 들면 레지스트리로 quay.io를 사용하면 해당 명령어는 다음과 같아야 한다.

```
docker login -u="${DOCKER_USERNAME}" -p="${DOCKER_PASSWORD}" quay.io
```

이 명령어가 동작하려면 환경 변수 $DOCKER_USERNAME과 $DOCKER_PASSWORD가 정의돼 있어야 한다. 이론상으로는 이들을 .travis.yml 파일의 env 섹션에 정의할 수 있다. 하지만 패스워드와 같이 민감한 데이터를 모든 사람이 볼 수 있는 공개적으로 이용 가능한 파일에 정의하는 것은 아주 어리석은 생각일 것이다. 대신 빌드용으로 이 변수들을 설정하려면 Travis 사용자 인터페이스를 사용해야 한다. 이를 위해 프로젝트 개요 페이지에 있는 More options 버튼을 클릭하면 나오는 프로젝트 Setting 페이지로 간다.

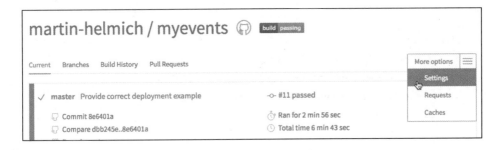

프로젝트 Settings에서 Environment Variables 라벨이 달린 섹션이 보일 것이다. 여기서 DOCKER_USER와 DOCKER_PASSWORD 변수를 지정해 도커 레지스트리 자격 증명을 설정한다.

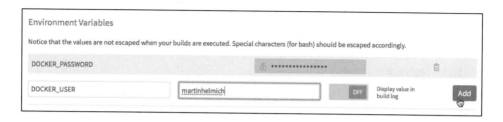

대안으로 이들을 버전 관리에 위치시키기 전에 암호화한 비밀[secret] 변수들을 .travis.yml 파일에 추가할 수 있다. 이를 위해서는 Travis 커맨드라인 클라이언트인 CLI가 필요하다. Travis CLI는 루비 패키지 관리자인 **gem**으로 설치할 수 있는 루비[Ruby] 도구다.

```
$ gem install travis
```

이후에 변수를 암호화하고 이를 자동으로 .travis.yml 파일에 추가하고자 Travis CLI 를 사용할 수 있다.

```
$ travis encrypt DOCKER_PASSWORD="my-super-secret-password" --add
```

이것은 새로운 변수를 다음과 유사하게 .travis.yml 파일에 추가한다.

```
...
env:
  global:
    - secure: <encrypted value>
```

Travis UI를 통해 시크릿 변수를 추가하는 것과 암호화해서 .travis.yml 파일에 추가 하는 방식 둘 다 Travis 빌드에 민감한 데이터를 다루기 위한 유효한 접근 방법이다. .travis.yml에 새로운 빌드 구성을 저장하고 이를 깃허브에 집어넣는다. 이제 새로운 도커 이미지를 빌드하고 발행^{publish}하고자 신규 **git** 태그를 집어넣을 수 있다.

```
$ git tag v1.0.0
$ git push --tags
```

이 시점에서 Travis CI는 두 백엔드 서비스에 대한 해당 코드를 가져와^{pull} 모든 Go 바이너리를 컴파일하고 빌드 구성에 설정된 도커 레지스트리에 도커 이미지 두개를 발행한다.

또한 프론트엔드 애플리케이션을 위한 비슷한 빌드 추가가 여전히 필요하다. 실제 도커 이미지를 빌드하는 것에 대한 단계들은 정확하게 동일하다. 하지만 **go build** 대신 웹팩 모듈 빌더^{Webpack module bundler}를 실행해야 한다. 다음은 전체 프론트엔드 빌드를 다뤄야 하는 .travis.yml 파일이다.

```
language: node_js
node_js:
  - 6
env:
  - SERVICE=frontend
install:
  - npm install -g webpack typescript
  - npm install
script:
  - webpack
after_success:
  - if [ -n "${TRAVIS_TAG}" ] ; then
      docker login -u="${DOCKER_USERNAME}" -p="${DOCKER_PASSWORD}";
      docker push myevents/${SERVICE}:${TRAVIS_BRANCH};
    fi
```

쿠버네티스에 배포

깃허브와 Travis를 사용하면서 이제 애플리케이션의 소스코드 변경으로 새로운 바이너리를 빌드하는 것에서부터 새로운 도커 이미지를 생성해서 이것을 컨테이너 레지스트리에 집어넣는 것까지 전체 작업 흐름^{workflow}을 자동화했다. 이는 아주 훌륭하지만 여전히 한 가지 결정적인 단계를 놓치고 있다. 그것은 바로 실 운영 환경에서 실행되는 새로운 컨테이너 이미지를 갖는 것이다.

이전 장들에서 이미 쿠버네티스로 작업했으며 컨테이너화된 애플리케이션들을 Minikube 환경 내로 배포했다. 이번 절에서는 공개적으로 접근할 수 있고 실제 가동 중인 쿠버네티스 환경이 이미 있다고 가정한다(예를 들면 AWS에서 kops로 생성된 클러스터나 애저 컨테이너 서비스를 사용).[5]

먼저 Travis CI는 해당 쿠버네티스 클러스터에 접근할 필요가 있다. 이를 위해 쿠버네티스 클러스터에 서비스 계정^{service account}을 생성할 수 있다. 이 서비스 계정은 이후 Travis 빌드에 시크릿 환경 변수로 설정할 수 있는 API 토큰을 받게 된다. 서비스 계정을 생성하고자 로컬 머신에서 다음의 명령어를 실행시킨다(해당 쿠버네티스 클러스터와 통신하기 위한 kubectl 설정은 이미 돼 있다고 가정한다).

```
$ kubectl create serviceaccount travis-ci
```

이 명령어는 **travis-ci**라는 신규 서비스 계정과 이 계정의 API 토큰을 담는 새로운 시크릿 객체를 생성한다. 이제 이 시크릿을 알아내고자 kubectl describe serviceaccount travis-ci 명령어를 실행한다.

---

5. 저자가 책을 쓸 무렵에는 AWS가 서비스로의 쿠버네티스(Kubernetes as a Service)를 제공하지 않았으나 지금은 아마존 EKS(Elastic Kubernetes Service), MS AKS(Azure Kubernetes Service), 쿠버네티스 원조인 Google GKE(Google Kubernetes Engine) 모두 서울 리전(region)에 관리형 서비스로 제공되고 있어 사용자의 선택 폭이 넓다. — 옮긴이

```
$ kubectl describe serviceaccount travis-ci
Name:             travis-ci
Namespace:        default
Labels:           <none>
Annotations:      <none>

Image pull secrets: <none>
Mountable secrets:  travis-ci-token-mtxrh
Tokens:             travis-ci-token-mtxrh
```

실제 API 토큰에 접근하고자 토큰token 시크릿 이름(이 경우에는 travis-ci-token-mtxrh)을 사용
한다.

```
$ kubectl get secret travis-ci-token-mtxrh -o=yaml
apiVersion: v1
kind: Secret
data:
  ca.crt: ...
  namespace: ZGVmYXVsdA==
  token: ...
# ...
```

이제 ca.crt와 token 속성 둘 다 필요하다. 이 값들 모두 BASE64 인코딩이 돼
있어 실제 값들에 접근하려면 base64 --decode를 통해 두개 값 모두 파이프 처리[6]
해야 한다.

```
$ echo "<token from above>" | base64 --decode
$ echo "<ca.crt from above>" | base64 --decode
```

---

6. 리눅스의 파이프 명령어로 | 기호를 사용해 첫 번째 명령어의 결과를 다른 명령어로 흘러가게 연결시킨다. ― 옮긴이

해당 API 서버의 URL과 함께 이 두 개의 값들은 Travis CI(또는 다른 CI/CD 도구들)가 쿠버네티스 클러스터에서 인증을 받는 데 사용될 수 있다.

실제로 Travis CI 빌드에 쿠버네티스 배포를 구성하고자 다음의 명령어들을 해당 빌드의 install 섹션에 추가하는 kubectl 설정으로 시작한다.

```
install:
  - curl -LO https://storage.googleapis.com/kubernetes-release/release/v1.6.1/bin/linux/amd64/kubectl && chmod +x kubectl
  - echo "${KUBE_CA_CERT}" > ./ca.crt
  - ./kubectl config set-credentials travis-ci --token="${KUBE_TOKEN}"
  - ./kubectl config set-cluster your-cluster --server=https://your-kubernetes-cluster --certificate-authority=ca.crt
  - ./kubectl config set-context your-cluster --cluster=your-cluster --user=travis-ci --namespace=default
  - ./kubectl config use-context your-cluster
```

이 단계들이 동작하려면 앞의 kubectl get secret 명령어에서 가져온 값으로 Travis CI 설정의 시크릿 환경 변수로 구성되는 $KUBE_CA_CERT와 $KUBE_TOKEN 환경 변수가 있어야 한다.

kubectl을 구성한 후에는 이제 프로젝트 둘 다 after_success 명령어 부분에 추가적인 단계를 더할 수 있다.

```
after_success:
  - if [ -n "${TRAVIS_TAG}" ] ; then
      docker login -u="${DOCKER_USERNAME}" -p="${DOCKER_PASSWORD}";
      docker push myevents/${SERVICE}:$TRAVIS_BRANCH;
      ./kubectl set image deployment/${SERVICE} api=myevents/${SERVICE}:${TRAVIS_BRANCH};
    fi
```

이 `kubectl set image` 명령어는 주어진 배포 객체(이 경우에는 eventservice와 bookingservice라는 배포를 갖고 있다고 가정한다)에 대해 사용돼야 하는 컨테이너 이미지를 변경한다. 쿠버네티스 배포 컨트롤러는 이후 새로운 컨테이너 이미지로 신규 Pod들을 생성하고 오래된 이미지로 실행되던 Pod들을 셧다운시키는 작업을 진행한다.

GitLab 사용

깃허브와 Travis는 오픈소스 프로젝트(및 해당 서비스들에 대해 비용 지불을 꺼리지 않는 비공개 프로젝트)에 대해 아주 훌륭한 조합이다. 하지만 일부 경우에 있어 외부 서비스 제공자에 의존하기보다 자신만의 환경(예를 들어 회사 내부 시스템, 즉 온프레미스)에서 소스코드 관리와 CI/CD 시스템을 관리하고자 할 수도 있다.

여기서 GitLab이 중요한 역할로 다가온다. GitLab은 자신만의 인프라 환경에서 관리할 수 있는 깃허브와 Travis를 하나로 합친 것(소스코드 관리와 CI를 의미)과 비슷한 서비스를 제공하는 소프트웨어다. 다음 절에서는 GitLab과 이것의 CI 기능을 사용해 앞절에서 빌드한 것과 유사하게 자신만의 GitLab 인스턴스를 설정해서 빌드와 배포 파이프라인을 만드는 방법을 보여줄 것이다.

GitLab은 오픈소스 커뮤니티 에디션CE, Community Edition과 몇 가지 추가적인 기능을 제공하는 비용 지불 방식의 엔터프라이즈 에디션EE, Enterprise Edition 둘 다 제공한다. 이 책의 목적에는 CE가 적절하다.

GitLab 설정

해당 벤더에서 제공하는 도커 이미지를 사용해 쉽게 자신만의 GitLab 인스턴스를 구성할 수 있다. GitLab CE 서버를 시작하고자 다음의 명령어를 실행한다.

```
$ docker container run --detach \
```

```
-e GITLAB_OMNIBUS_CONFIG="external_url 'http://192.168.2.125/';" \
--name gitlab \
-p 80:80 \
-p 22:22 1 \
gitlab/gitlab-ce:9.1.1-ce.0
```

해당 컨테이너 내부로 전달되는 GITLAB_OMNIBUS_CONFIG 환경 변수를 주목한다. 이 변수는 해당 컨테이너로 (루비로 작성된) 설정 코드를 주입하는 데 사용할 수 있다. 이 경우에는 GitLab 인스턴스의 공용public HTTP 주소를 설정하는 데 사용한다. 로컬 머신에서 GitLab을 시작할 때는 해당 머신의 공인 IP 주소를 사용하는 것이 대체적으로 가장 쉽다(리눅스나 맥OS에서는 이것을 찾고자 ifconfig 명령어를 사용한다).

실제 운영 환경 사용을 위해 서버에서 GitLab을 설정한다면(실험을 위한 로컬 머신 설정과 반대로) 구성 설정 용도와 이후 컨테이너에서 사용할 수 있는 저장소 데이터 용도의 데이터 볼륨 두 개의 생성이 필요할 수 있다. 이는 설치된 해당 GitLab을 나중에 새로운 버전으로 쉽게 업그레이드할 수 있게 해준다.

```
$ docker volume create gitlab-config
$ docker volume create gitlab-data
```

해당 볼륨들을 생성한 후에는 GitLab 인스턴스에 대해 컨테이너들이 실제 이 볼륨들을 사용할 수 있게 하고자 docker container run 명령어에서 -v gitlab-config:/etc/gitlab과 -v gitlab-data:/var/opt/gitlab 플래그를 사용한다.

새롭게 생성된 컨테이너에서 실행되는 GitLab 서버는 완전히 시작되는 데 대략 몇 분이 소요될 것이다. 이후 http://localhost에서 GitLab 인스턴스에 접근할 수 있다.

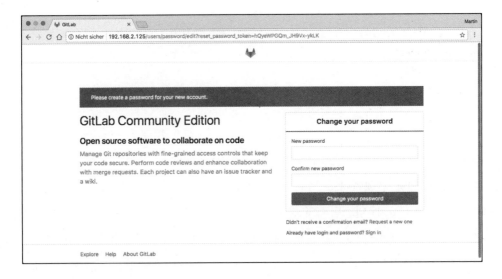

브라우저에서 처음으로 GitLab을 오픈하면 초기 사용자를 위한 새로운 패스워드 설정 프롬프트^{prompt}가 나타난다. 패스워드를 설정한 후에 root 사용자 이름과 바로 전에 설정한 패스워드로 로그인할 수 있다. GitLab의 실제 운영 인스턴스를 설정하고 있다면 다음 단계는 이제 root 사용자 대신 로그인할 수 있는 새로운 사용자 설정이 될 것이다. 데모 목적이기에 root로 계속 작업하는 것도 괜찮다.

최초로 로그인한 후에는 새로운 그룹과 프로젝트를 생성할 수 있는 시작 페이지를 보게 된다. GitLab 프로젝트는 (보통) 항상 깃 소스코드 저장소와 연관된다. MyEvents 애플리케이션용 CI/CD 파이프라인을 설정하고자 다음과 같이 myevents와 myevents-frontend라는 두 개의 새로운 프로젝트 생성을 진행한다.

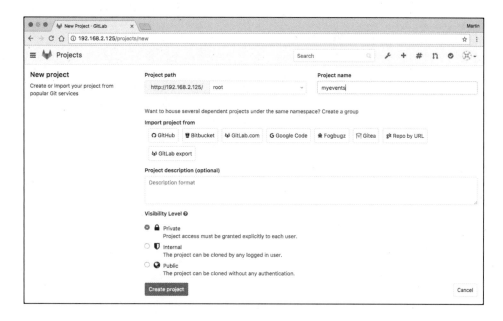

새로운 GitLab 인스턴스로 코드를 밀어 넣으려면 인증을 위한 SSH 공용키^{public key}를 제공해야 한다. 이를 위해 오른쪽 상단 모서리에 있는 사용자 아이콘을 클릭하고 Settings를 선택한 후 SSH Keys 탭으로 간다. 해당 입력 필드에 SSH 공용키를 붙여 넣고 저장한다.

다음으로 새로운 GitLab 저장소들을 원격^{remote}으로 기존 MyEvents 저장소들에 추가하고 해당 코드를 밀어 넣는다.

```
$ git remote add gitlab ssh://git@localhost/root/myevents.git
$ git push gitlab master:master
```

프론트엔드 애플리케이션에 대해 유사하게 진행한다. 이후에 GitLab 웹 UI에서 해당 파일들을 찾을 수 있게 된다.

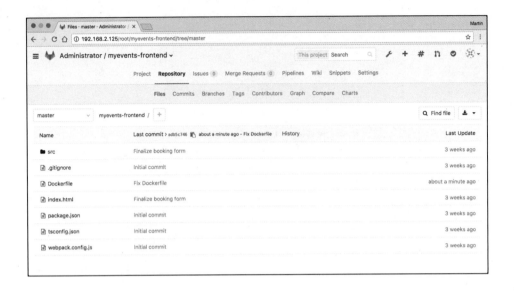

GitLab CI 설정

GitLab의 CI 기능을 사용하려면 한 가지 추가 구성 요소인 GitLab CI 러너[Runner]를 설정해야 한다. GitLab 자체는 애플리케이션 소스코드를 관리하고 언제 새로운 CI 빌드를 트리거할지 결정하는 책임이 있는 반면에 CI 러너는 실제로 이 작업들의 실행을 책임지는 구성 요소다. 해당 CI 러너에서 실제 GitLab 컨테이너를 분리시키는 것은 CI 인프라 분산을 가능하게 해주며 예를 들어 분리된 가상머신에 여러 개의 러너를 가질 수 있다.

또한 GitLab CI 러너는 도커 이미지를 사용해서 설정할 수 있다. CI 러너를 설정하고자 다음의 명령어를 실행한다.

```
$ docker container run --detach \
    --name gitlab-runner \
    --link gitlab:gitlab \
    -v /var/run/docker.sock:/var/run/docker.sock \
    gitlab/gitlab-runner:v1.11.4
```

GitLab CI 러너를 시작시킨 후 GitLab 메인 인스턴스에 등록시켜야 한다. 이를 위해서는 해당 러너들의 등록 토큰이 필요하다. 이 토큰은 GitLab UI의 Admin Area에서 찾을 수 있다. 오른쪽 상단 모서리에 있는 렌치 모양의 아이콘을 통해 이 Admin Area에 접근한 후 Runners를 선택한다. 이제 첫 번째 텍스트 문단에서 러너 등록 토큰을 볼 수 있을 것이다.

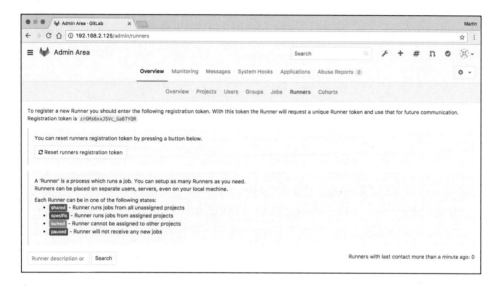

해당 러너를 등록하고자 다음의 명령어를 실행한다.

```
$ docker container exec \
    -it gitlab-runner \
    gitlab-runner register -n \
      --url http://gitlab \
      --registration-token <TOKEN> \
      --executor docker \
      --docker-image ubuntu:16.04 \
      --docker-volumes /var/run/docker.sock:/var/run/docker.sock \
      --description "Gitlab CI Runner"
```

이 명령어는 GitLab 메인 인스턴스에서 이전에 시작된 GitLab CI 러너를 등록한다. --url 플래그는 GitLab 메인 인스턴스로 접근되는 URL을 설정한다(이것은 보통 해당 러너가 GitLab 메인 인스턴스와 동일한 컨테이너 네트워크에 있으면 http://gitlab이 될 수 있다. 대안으로 여기에 해당 호스트 머신의 공인 IP 주소를 사용할 수 있고 이 책의 경우를 예로 들면 http://192.168.2.125가 된다). 다음으로 --registration-token 플래그에 대한 등록 토큰을 복사해서 붙여 넣는다. --executor 플래그는 자신만의 격리된 도커 컨테이너에서 각 빌드 작업을 실행시키고자 GitLab CI 러너를 설정한다. --docker-image 플래그는 빌드 환경에 기본적으로 사용해야 하는 도커 이미지를 설정한다. --docker-volumes 플래그는 해당 빌드들 내부에서만 도커 엔진을 사용할 수 있음을 보장한다(이는 이 빌드들 내에서 자신만의 도커 이미지들을 빌드할 것이므로 특히 중요하다).

NOTE

> GitLab 러너로 /var/run/docker.sock 소켓을 마운트하는 것은 해당 호스트에서 실행 중인 도커 엔진을 CI 시스템의 사용자들에게 노출(외부 오픈)시킨다. 이는 이 사용자들을 신뢰하지 않는다면 보안적인 위험을 만드는 것이다. 대안으로 컨테이너 내에서 자체적으로 실행되는 새로운 도커 엔진 (Docker-in-Docker)을 설정할 수 있다. 자세한 설정 가이드는 https://docs.gitlab.com/ce/ci/docker/using_docker_build.html#use-docker-in-docker-executor에 있는 GitLab 문서를 참조한다.

이 docker exec 명령어는 다음 화면에 있는 것과 유사한 결과를 만들어야 한다.

이 러너가 성공적으로 등록된 후에는 GitLab 관리자 UI에서 찾을 수 있다.

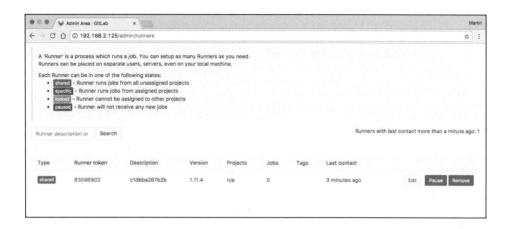

이제 동작하는 CI 러너가 있기에 실제 CI 작업 구성을 시작할 수 있다. Travis CI와 유사하게 GitLab CI 작업들은 소스코드 저장소 내에 위치한 설정 파일로 구성된다. 이미 알고 있는 .travis.yml과 비슷하게 이 파일의 이름은 .gitlab-ci.yml이다. 이름은 유사하지만 이들의 양식format은 조금 다르다.

각 GitLab CI 구성은 다수의 스테이지Stages로 구성된다(기본적으로는 빌드, 테스트, 배포로 구성되며 완전한 맞춤형으로 구성할 수 있다). 각 스테이지는 임의의 개수인 작업Jobs으로 구성될 수 있다. 모든 스테이지가 함께 모여 파이프라인Pipeline을 구성하고 파이프라인의 각 작업은 자체 격리된 도커 컨테이너에서 실행된다.

MyEvents 백엔드 서비스로 시작해보자. 새 파일인 .gitlab-ci.yml을 해당 프로젝트의 루트 디렉터리에 위치시킨다.

```
build:eventservice:
  image: golang:1.9.2
  stage: build
  before_script:
    - mkdir -p $GOPATH/src/todo.com
    - ln -nfs $PWD $GOPATH/src/todo.com/myevents
    - cd $GOPATH/src/todo.com/myevents/eventservice
```

```
    script:
        - CGO_ENABLED=0 go build
    artifacts:
      paths:
          - ./eventservice/eventservice
```

따라서 이 코드 한 토막이 실제로 무엇을 하는 걸까? 먼저 이것은 GitLab CI 러너에게 golang:1.9.2 이미지에 기반을 둔 도커 컨테이너 이내에서만 이 빌드를 시작하라고 지시한다. 이는 해당 빌드 환경에서 가장 최근의 Go SDK에 접근한다는 것을 보장한다.[7] before_script에 있는 명령어 3개는 $GOPATH 관련 설정을 하고 script 섹션에 있는 한 개의 명령어는 실제 컴파일 단계가 된다.

NOTE

> 이 빌드 구성은 해당 프로젝트가 버전 관리에서 모든 관련 의존성이 벤더링된다고 가정함에 주목한다. 해당 프로젝트에 glide.yaml 파일만 있다면 실제 go build를 실행하기 전에 Glide 설정을 하고 glide install을 실행하는 것도 필요할 것이다.

마지막으로 아티팩트^{artifacts} 속성은 go build에 의해 생성된 eventservice 실행 파일이 빌드 아티팩트로 보관돼야 함을 정의한다. 이는 사용자들이 나중에 이 빌드 아티팩트를 다운로드할 수 있게 해주며, 또한 이 아티팩트는 동일 파이프라인의 추후 작업에서도 이용할 수 있게 된다.

이제 소스코드 저장소에 .gitlab-ci.yml 파일을 추가하고 GitLab 서버에 밀어 넣는다.

```
$ git add .gitlab-ci.yml
$ git commit -m "Configure GitLab CI"
$ git push gitlab
```

---

7. 번역 시점에서는 GO SDK 1.17.x 버전까지 나와 있다. – 옮긴이

이 설정 파일을 밀어 넣었다면 GitLab 웹 UI의 해당 프로젝트 페이지로 방향을 돌려 Pipelines 탭으로 간다. 여기서 해당 프로젝트에서 시작된 모든 빌드 파이프라인의 개요와 성공 여부도 볼 수 있다.

지금은 이 파이프라인이 작업^{job} 한 개(build:eventservice)를 가진 단일 스테이지(build)로 구성돼 있고 이는 Pipelines 개요의 Stages 열^{column}에서 볼 수 있다. 해당 build: eventservice 작업의 정확한 결과^{output}를 검사하고자 파이프라인 상태 아이콘을 클릭한 후 build:eventservice 작업을 클릭한다.

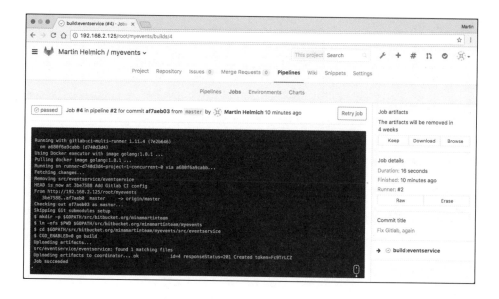

다음으로 예약^{booking} 서비스에 대한 빌드도 포함시키고자 .gitlab-ci.yml 설정 파일
내용을 확장할 수 있다.

```
build:eventservice: # ...

build:bookingservice:
  image: golang:1.9.2
  stage: build
  before_script:
    - mkdir -p $GOPATH/src/todo.com
    - ln -nfs $PWD $GOPATH/src/todo.com/myevents
    - cd $GOPATH/src/todo.com/myevents/bookingservice
  script:
    - CGO_ENABLED=0 go build
  artifacts:
    paths:
      - ./bookingservice/bookingservice
```

코드를 다시 푸시하면 이제 해당 프로젝트에 대해 시작된 그다음 **파이프라인**이 병렬
로 동시에 실행되는 두 개의 작업으로 구성됨에 주목하게 된다.

다음으로 실제 도커 이미지를 빌드하는 두 개의 작업을 추가할 수 있다. 이 작업들
은 도커 이미지를 생성하려면 Go 바이너리(실행 파일)가 필요하기에 이미 구성된 빌드
단계들 이후에 실행돼야 하고 이것 때문에 빌드 스테이지에서 실행할 수 있는 도커
빌드 스테이지들을 구성할 수 없다(하나의 스테이지 안에 있는 모든 작업은 적어도 잠재적으로는 병렬로 동시에

실행돼 서로 서로에게 의존적일 수 없다). 이런 이유로 이 프로젝트에 대한 빌드 단계를 재구성하며 시작할 것이다. 또한 이것은 .gitlab-ci.yml 파일에서 각 프로젝트 기반 단위로 수행된다.

```
stages:
  - build
  - dockerbuild
  - publish
  - deploy

build:eventservice: # ...
```

다음으로 실제 빌드 작업에서 이 새로운 스테이지들을 사용할 수 있다.

```
dockerbuild:eventservice:
  image: docker:17.04.0-ce
  stage: dockerbuild
  dependencies:
    - build:eventservice
  script:
    - docker container build -t myevents/eventservice:$CI_COMMIT_REF_NAME
eventservice
  only:
    - tags
```

dependencies 속성에서는 이 단계가 build:eventservice 작업이 먼저 완료돼야 한다고 선언한다. 또한 이것은 이 작업 내에서만 이용할 수 있는 해당(요구되는) 작업의 빌드 아티팩트를 만든다. script는 현재 깃 브랜치나 태그의 이름을 담고($CI_COMMIT_ REF_NAME) 있는 docker container build 명령어만으로 구성된다. only 속성은 도커 이미지가 새로운 깃 태그가 푸시될 때만 빌드된다는 것을 보장한다.

예약 서비스 컨테이너 이미지를 빌드하고자 해당되는 빌드 작업을 추가한다.

```
dockerbuild:bookingservice:
    image: docker:17.04.0-ce
    stage: dockerbuild
    dependencies:
        - build:bookingservice
    script:
        - docker container build -t myevents/bookingservice:$CI_COMMIT_REF_NAME
bookingservice
    only:
        - tags
```

수정된 .gitlab-ci.yml 파일을 버전 관리에 추가하고 새로운 빌드 파이프라인을 테스트하고자 신규 깃 태그도 생성한다.

```
$ git add .gitlab-ci.yml
$ git commit -m"Configure Docker builds"
$ git push gitlab

$ git tag v1.0.1
$ git push gitlab --tags
```

Pipeline 개요에서 이제 4개의 빌드 작업들이 보일 것이다.

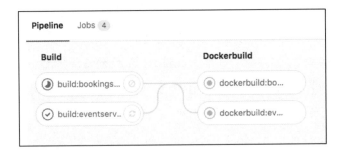

해당 도커 이미지들을 빌드하고 나면 이제 생성된 (로컬) 레지스트리들을 (원격) 도커 레지스트리로 발행publishing하는 다섯 번째 빌드 단계를 추가할 수 있다.

```
publish:
    image: docker:17.04.0-ce
    stage: publish
    dependencies:
        - dockerbuild:eventservice
        - dockerbuild:bookingservice
    before_script:
        - docker login -u ${DOCKER_USERNAME} -p ${DOCKER_PASSWORD}
    script:
        - docker push myevents/eventservice:${CI_COMMIT_REF_NAME}
        - docker push myevents/bookingservice:${CI_COMMIT_REF_NAME}
    only:
        - tags
```

이전의 Travis CI 빌드와 유사하게 이 빌드 작업은 $DOCKER_USERNAME과 $DOCKER_
PASSWORD 환경 변수를 필요로 한다. 운 좋게도 GitLab CI는 Travis CI의 시크릿
환경 변수와 비슷한 기능을 제공한다. 이를 위해 GitLab 웹 UI에서 해당 프로젝트의
Settings 탭을 오픈하고 나서 CI/CD Pipelines 탭을 선택하고 Secret Variables 섹션에
대해 검색한다.

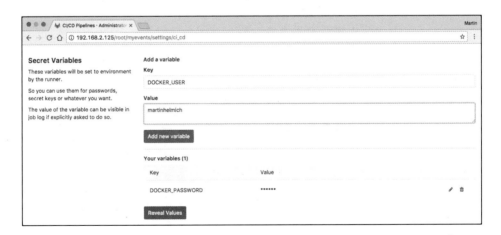

선택한 컨테이너 레지스트리 용도의 자격 증명을 구성하고자 이 기능을 사용한다(도커
허브 외의 레지스트리를 사용하고 있다면 그에 따라 앞의 빌드 작업에서 docker login 명령어를 조정해야 하는 것을 기억한다).

마지막으로 쿠버네티스 클러스터에 해당 애플리케이션을 실제 배포하기 위한 최종
빌드 단계를 추가해보자.

```
deploy:
  image: alpine:3.5
  stage: deploy
  environment: production
  before_script:
    - apk add --update openssl
    - wget -O /usr/local/bin/kubectl
https://storage.googleapis.com/kubernetes-release/release/v1.6.1/bin/linux/
amd64/kubectl && chmod +x /usr/local/bin/kubectl
    - echo "${KUBE_CA_CERT}" > ./ca.crt
    - kubectl config set-credentials gitlab-ci --token="${KUBE_TOKEN}"
    - kubectl config set-cluster your-cluster --
server=https://your-kubernetes-cluster.example --certificate-
authority=ca.crt
    - kubectl config set-context your-cluster --cluster=your-cluster --
user=gitlab-ci --namespace=default
    - kubectl config use-context your-cluster
  script:
    - kubectl set image deployment/eventservice
api=myevents/eventservice:${CI_COMMIT_REF_NAME}
    - kubectl set image deployment/bookingservice
api=myevents/eventservice:${CI_COMMIT_REF_NAME}
  only:
    - tags
```

이 빌드 단계는 alpine:3.5 기반 이미지(아주 작은 이미지 크기를 가진 최소화된 리눅스 배포판)를 사용
하고 이것을 먼저 다운로드해서 kubectl 바이너리를 구성하게 된다. 이 단계들은

앞 절에서 구성한 Travis CI 배포와 유사하고 GitLab UI에서 시크릿 변수로 구성되는 $KUBE_CA_CERT와 $KUBE_TOKEN 환경 변수가 요구된다.

이 예제에서는 **gitlab-ci**라는 쿠버네티스 서비스 계정을 사용하고 있는 점에 주목한다(이전에는 travis-ci라는 계정을 생성했다). 그럼 이 예제를 돌릴 때 이미 앞 절에서 사용한 적이 있는 명령어를 사용해 추가적인 서비스 계정을 생성한다.

이 시점에서 GitLab 기반의 빌드와 배포 파이프라인은 완료된다. 유려한(매끈하고 아름다운) 이 파이프라인을 마지막으로 살펴보고자 GitLab UI에 있는 파이프라인 뷰^{Pipelines view}를 한 번 더 보자.

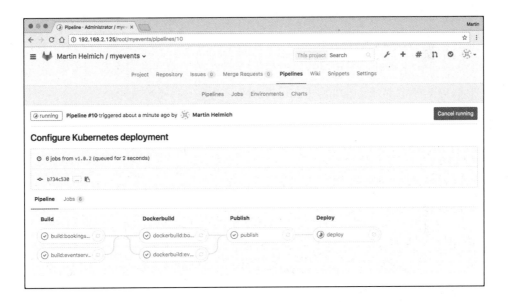

GitLab의 파이프라인 기능은 복잡한 빌드와 배포 파이프라인을 위한 거의 완벽한 솔루션이다. 다른 CI/CD 도구들이 하나의 환경을 가진 단일 빌드 작업으로 제약하는 데 반해 GitLab 파이프라인은 빌드의 각 단계에 대해 격리된 환경을 사용할 수 있고 심지어 이들을 동시에 병렬로 실행할 수도 있다.

⁝⁖ 요약

9장에서는 애플리케이션 빌드와 배포 작업 흐름을 어떻게 쉽게 자동화하는지 알아봤다. 자동화된 배포 작업 흐름을 만드는 것은 수시로 배포되는 수많은 다른 구성 요소가 있는 마이크로서비스 아키텍처에서 특히 중요하다. 자동화 없이는 복잡한 분산 애플리케이션 배포하기가 따분함(단순 반복)을 증가시켜 해당 조직의 업무 생산성을 저하시킬 것이다.

이제 애플리케이션 배포 문제가 해결돼(요약하면 컨테이너 + 지속적인 배포) 다른 문제에 대해 관심을 가져보자. 이 애플리케이션이 배포된 곳에서 실행되고 있다는 것이 실제 의도된 대로 잘 동작하고 있다는 것을 의미하는 것은 아니다. 이는 실제 운영 환경에서 실행되는 애플리케이션들을 모니터링해야 하는 이유가 된다. 모니터링으로 실행 환경상의 해당 애플리케이션 행위를 추적하고 에러들을 신속히 감지할 수 있기에 10장에서는 애플리케이션 모니터링에 초점을 둘 것이다.

10

애플리케이션 모니터링

이전 장들에서 Go 프로그래밍 언어로 마이크로서비스 애플리케이션을 만드는 방법과 이것을 다양한 환경에 (지속적으로) 배포하는 방법을 알아봤다.

하지만 해야 할 일이 끝난 것은 아니다. 운영 환경에서 실행되고 있는 애플리케이션이 있다면 계속 가동 중인지, 개발자가 의도한 대로 동작을 하는지 확인이 필요하고 이것이 바로 모니터링의 목적이 된다.

10장에서는 클라우드 기반의 분산 애플리케이션 모니터링 용도로 빠르게 인기를 얻고 있는 오픈소스 모니터링 소프트웨어 프로메테우스Prometheus를 소개한다. 이것은 흔히 프로메테우스에 의해 수집되는 지표 데이터를 시각화하는 프론트엔드 그라파나Grafana와 함께 사용된다. 둘 다 아파치 라이선스에서 사용/배포가 가능한 애플리케이션이다. 앞으로 프로메테우스와 그라파나를 어떻게 설정하는지와 이들을 해당 애플리케이션에 통합하는 방법을 알아본다.

10장에서 다루는 내용은 다음과 같다.

* 프로메테우스 설치와 사용

- 그라파나 설치

- 애플리케이션에서 프로메테우스로 측정지표^{metrics} 내보내기

⚏ 프로메테우스와 그라파나 설정

애플리케이션에 프로메테우스와 그라파나를 사용하기에 앞서 프로메테우스가 기본
적으로 어떻게 동작하는지 살펴보자.

프로메테우스의 기본

다른 모니터링 솔루션들과 달리 프로메테우스는 규칙적인 간격으로 클라이언트에
서 데이터(프로메테우스 전문 용어로 측정지표^{metrics})를 가져오는 작업을 한다. 이 과정은 스크래
핑^{scraping}으로 불린다. 프로메테우스로 모니터링되는 클라이언트들은 규칙적인 간
격으로(기본적으로 1분) 프로메테우스에 의해 스크래핑될 수 있는 HTTP 엔드포인트를
구현해야 한다. 이 측정지표 엔드포인트들은 이후 미리 정해진 포맷^{format}의 애플리
케이션에 특화된 지표를 반환할 수 있다.

예를 들어 애플리케이션이 /metrics에서 GET 요청에 응답하고 다음과 같은 바디를
반환하는 HTTP 엔드포인트를 제공할 수 있다.

```
memory_consumption_bytes 6168432
http_requests_count{path="/events",method="get"} 241
http_requests_count{path="/events",method="post"} 5
http_requests_count{path="/events/:id",method="get"} 125
```

이 문서는 두 개의 지표 memory_consumption_bytes와 http_requests_count를 외
부로 노출^{expose}한다. 각 지표는 값(예를 들어 현재 메모리 사용량은 6,168,432 바이트)과 연관된다.

프로메테우스는 이 지표들을 고정 간격으로 해당 애플리케이션에서 스크래핑하기 때문에 해당 지표의 시계열[1]을 만들고자 이 시점 값들을 사용할 수 있다.

또한 프로메테우스 지표들은 라벨[label]을 가질 수 있다. 앞의 예제에서 `http_request_count` 지표는 실제로 `path`와 `method` 라벨의 서로 다른 조합으로 세 가지 다른 값들을 갖고 있는 점에 주목해보자. 맞춤형 질의 언어인 PromQL을 사용해 프로메테우스에서 데이터를 질의하고자 이 라벨들을 나중에 사용할 수 있을 것이다.

애플리케이션들에 의해 프로메테우스로 내보내지는 지표들은 상당히 복잡할 수 있다. 예를 들어 클라이언트는 라벨과 다른 지표 이름을 사용해 데이터가 서로 다른 버킷들에 집계되는 히스토그램[2]을 내보낼 수도 있다.

```
http_request_duration_seconds_bucket{le="0.1"} 6835
http_request_duration_seconds_bucket{le="0.5"} 79447
http_request_duration_seconds_bucket{le="1"} 80700
http_request_duration_seconds_bucket{le="+Inf"} 80953
http_request_duration_seconds_sum 46135
http_request_duration_seconds_count 80953
```

이 앞의 지표들은 해당 애플리케이션의 HTTP 응답 시간들의 히스토그램을 기술한다. 이 경우에 6,835개의 요청은 0.1초보다 적은 응답 시간으로 처리됐다. 0.5초보다 적은 응답 시간을 가진 79,447개의 요청(이것은 이전의 6,835개의 요청들을 포함한다)과 기타 등등이 있다. 마지막 두 개의 지표는 처리된 HTTP 요청들의 총합계와 이 요청들의 처리에 소요된 시간의 합을 내보낸다. 이 두 가지 값을 사용해 평균 요청 소요 시간average request duration을 계산할 수 있게 된다.

스스로 이런 복잡한 히스토그램 지표들을 만들 필요는 없을 것이기에 걱정할 필요

---

1. 시계열(time series)은 시간의 경과에 따라 변동하는 값을 일정한 기준으로 기록해 정리한 것을 말하며, 향후 통계적 분석에 사용된다. - 옮긴이
2. 히스토그램(histogram)은 도수 분포를 직사각형 형태의 기둥으로 나타낸 그래프를 말한다. - 옮긴이

는 없다. 이는 프로메테우스 클라이언트 라이브러리를 위한 것이다. 여하튼 먼저 프로메테우스 인스턴스를 실제 설정하면서 시작해보자.

프로메테우스 초기 구성 파일 생성

애플리케이션에 프로메테우스와 그라파나를 사용하기 전에 먼저 설정할 필요가 있다. 운 좋게도 도커 허브에서 해당 애플리케이션 도커 이미지 둘 다 찾을 수 있다. 자신만의 프로메테우스 컨테이너를 시작하기 전에 설정 파일을 생성한 후 이것을 해당 컨테이너 내부로 주입할 수 있어야 한다.

로컬 머신 어딘가에 새로운 디렉터리를 생성해 신규 prometheus.yml 파일을 그 안에 위치시키며 시작하자.

```
global:
  scrape_interval: 15s

scrape_configs:
  - job_name: prometheus
    static_configs:
      - targets: ["localhost:9090"]
```

이 설정은 15초(기본은 1분)의 전역^{global}으로 스크래핑 간격을 정의하고 프로메테우스 자신이 최초로 스크래핑 대상으로 이미 설정된다(이상한가? 아니다. 프로메테우스가 프로메테우스 지표들을 내보낸 이후에 이들을 프로메테우스로 모니터링할 수 있다).

나중에는 설정 항목들을 **scrape_configs**에 좀 더 추가하게 되고 당분간은 이걸로 충분할 것이다.

도커로 프로메테우스 실행

해당 설정 파일을 생성한 후에는 시작하기 직전의 도커 컨테이너들에 이 설정 파일을 주입하고자 볼륨 마운트$^{volume\ mount}$를 사용할 수 있다.

이 예제에서는 로컬 머신에 도커 컨테이너로 실행되는 MyEvents 애플리케이션이 있고 해당 컨테이너들이 myevents라는 컨테이너 네트워크(수동으로 컨테이너를 생성하거나 도커 컴포즈[3]를 통하든지 실제로 문제되지는 않는다)에 연결된다고 가정한다.

이런 이유로 애플리케이션 둘 다 시작시키는 것은 아주 쉽다. 해당 모니터링 구성 요소들을 위한 분리된 컨테이너 네트워크를 정의하며 시작해보자.

```
$ docker network create monitoring
```

다음으로 프로메테우스 서버가 자신의 데이터를 저장할 수 있는 신규 볼륨을 생성한다.

```
$ docker volume create prometheus-data
```

이제 프로메테우스 컨테이너를 생성하고자 새로 생성된 네트워크와 볼륨 두 개 모두를 사용할 수 있다.

```
$ docker container run \
    --name prometheus \
    --network monitoring \
    --network myevents \
    -v $PWD/prometheus.yml:/etc/prometheus/prometheus.yml
```

---

3. 도커 컴포즈는 단일 호스트(로컬 또는 가상머신) 환경에서 여러 컨테이너를 생성 후 배포할 때 사용할 수 있는 도커에서 제공하는 유용한 도구다. – 옮긴이

```
-v prometheus-data:/prometheus
-p 9090:9090
prom/prometheus:v1.6.1
```

앞의 예제에서 prometheus 컨테이너를 myevents와 monitoring 네트워크 둘 다에 연결시키고 있는 점에 주목한다. 이는 나중에 프로메테우스 서버가 지표들을 스크래핑하고자 해당 네트워크(myevents)를 경유해서 MyEvents 서비스에 접근할 필요가 있기 때문이다.

프로메테우스 컨테이너를 시작한 후에 http://localhost:9090으로 웹 브라우저에 접속하면 프로메테우스 웹 UI를 열 수 있게 된다.

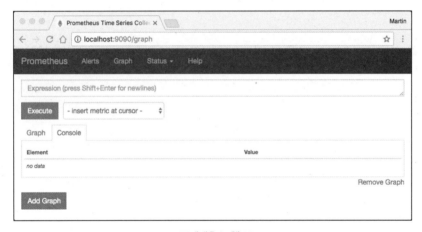

프로메테우스 웹 UI

해당 설정 파일에서 첫 번째 스크래핑 대상으로 이미 프로메테우스 서버 자신을 설정했다. Status 메뉴 아이템을 선택한 후 Targets 아이템을 선택하면 구성된 모든 스크래핑 대상의 개요를 볼 수 있다.

프로메테우스 웹 UI의 대상 아이템

앞의 화면에서 볼 수 있듯이 프로메테우스는 해당 스크래핑 대상의 현재 상태(이 경우에는 UP)와 언제 마지막으로 스크래핑했는지를 보고한다.

이제 프로메테우스는 이미 자기 자신에 대해 수집한 지표들을 검사하고자 Graph 메뉴 아이템을 사용할 수 있다. 여기에서 **go_memstats_alloc_bytes**를 Expression 입력 필드에 넣고 Excute를 클릭한다. 이후 Graph 탭으로 전환한다. 프로메테우스는 이제 지난 1시간에 걸친 자신의 메모리 사용량을 출력한다. 여기서 해당 그래프 위의 제어 항목들을 사용해 관찰 주기를 변경할 수 있다. 기본적으로 프로메테우스는 2주 동안 자신의 시계열 데이터를 보관한다.

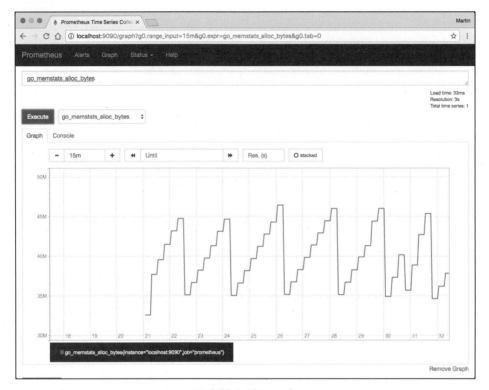

프로메테우스 웹 UI 그래프

또한 프로메테우스는 좀 더 복잡한 표현식^{expressions}을 지원한다. 예를 들어 **process_cpu_seconds_total** 지표를 한번 생각해보자. 이것을 그래프로 표시할 때 단순히 증가만 하는 것에 주목하게 될 것이다. 이는 지정된 지표가 해당 프로그램이 전 생애에 걸쳐 사용한 모든 CPU 시간(초)들의 합을 기술하기 때문이다(이는 정의된 대로 항상 증가해야 한다). 하지만 모니터링 목적에서는 프로세스의 현재 CPU 사용량을 아는 것에 흔히 더 관심이 간다. 이를 위해 PromQL은 시계열의 초 단위 평균 증가를 계산하는 **rate()** 메서드를 제공한다. 다음 표현식을 사용해 이것을 한번 사용해보자.

```
rate(process_cpu_seconds_total[1m])
```

434

해당 그래프 뷰에서 이제 초 단위의 1분 평균 CPU 사용(시간)을 보게 된다(이는 물론 지금까지 사용된 모든 CPU 시간(초)의 전체 합계보다 더 잘 이해가 가는 지표다).

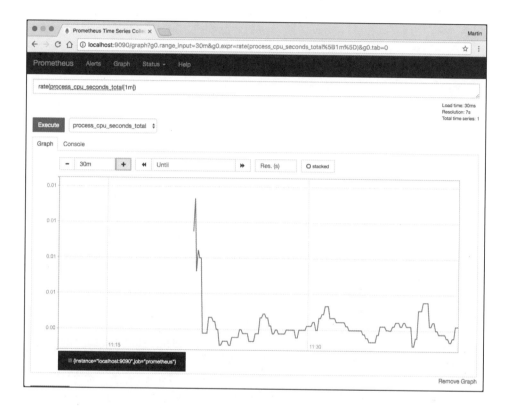

이 프로메테우스 웹 UI는 신속한 분석과 계획되지 않은 애드혹(즉흥적) 질의ad-hoc queries에 좋다. 하지만 프로메테우스는 추후 사용을 위한 질의 저장이나 동일한 페이지에서 하나 이상의 그래프 표현을 지원하지 않는다. 여기에서 그라파나가 중요한 역할을 하게 된다.

도커에서 그라파나 실행

그라파나를 실행하는 것은 프로메테우스를 실행하는 것과 동일하게 쉽다. 지속 persistent 스토리지를 위한 볼륨을 설정하며 시작해보자.

```
$ docker volume create grafana-data
```

이후 실제 컨테이너를 시작하고 이를 monitoring 네트워크에 연결한다(myevents 네트워크가 아니다. 그라파나는 프로메테우스 서버와 통신하는 것은 필요하지만 백엔드 서비스들에 직접적으로 통신할 필요성은 없다).

```
$ docker container run \
    -v grafana-data \
    -p 3000:3000 \
    --name grafana \
    --network monitoring \
    grafana/grafana:4.2.0
```

그다음에 웹 브라우저에서 http://localhost:3000으로 그라파나에 접속할 수 있다. 기본 자격 증명은 사용자 이름이 admin이고 패스워드도 admin이다.

그라파나 홈 페이지

처음 접속하면 그라파나 인스턴스용 데이터 소스를 구성하라는 메시지를 받게 된다. Add data source 버튼을 클릭하고 다음 페이지에서 프로메테우스 서버 접속을 설정한다. 여기서 Type으로 Prometheus를 선택하고 URL로 http://prometheus:9090을 입력한다. Access mode로는 Proxy를 선택한다.

데이터 소스를 추가한 후에 계속해서 대시보드를 생성한다(왼쪽 상단 모서리에 있는 버튼을 선택하고 Dashboards와 New를 선택한다). 이후 개별 버튼을 클릭해서 대시보드에 새로운 그래프를 추가한다. 해당 그래프 패널을 추가한 후에 Panel Title을 클릭해서 Edit를 선택해 해당 패널을 편집한다.

패널

이후 Metrics 탭에서 Query input 항목에 CPU 사용량 질의를 입력한다. 해당 패널을 좀 더 맞춤형으로 하고자 그래프 범례를 더 잘 이해할 수 있게 {{ job }}을 범례로 입력하고 Y축 포맷(Axes 탭에서 왼쪽 Y 섹션의 Unit 항목)을 Percent (0.0–1.0)로 변경할 수도 있다.

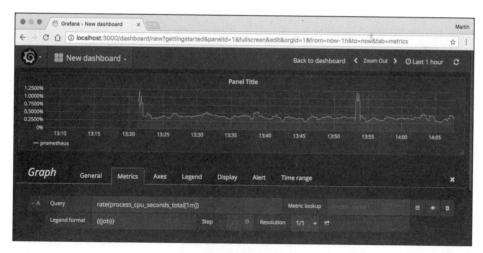

그라파나 신규 대시보드

해당 편집 패널을 닫고 Save 버튼을 클릭하거나 Ctrl+S를 눌러 대시보드를 저장한다. 이 대시보드는 이제 저장됐다. 이것을 추후 특정 시점에 갱신된 지표들로 다시보거나 다른 사용자들과 공유할 수 있다.

또한 다른 지표들(기본적으로 프로메테우스는 실험해볼 수 있는 많은 자체 지표를 미리 내보낸다)을 시각화하는 해당 대시보드에 패널들을 더 추가해서 테스트 실험을 해볼 수도 있다. 프로메테우스 질의 언어^{Query Language}에 대한 세부 사항을 참고하려면 https://prometheus.io/docs/querying/basics/ URL에 접속해서 해당 공식 문서들을 살펴볼 수 있다.

이제 동작하고 있는 프로메테우스와 설정해서 실행되는 그라파나가 있기에 해당 애플리케이션에서 프로메테우스로 어떻게 지표들을 가져오는지 살펴볼 수 있다.

∷ 지표 내보내기

이미 보여준 대로 애플리케이션에서 지표를 내보내는 것은 적어도 원론적으로는 쉽다. 해당 애플리케이션이 해야 할 일은 프로메테우스에 저장될 수 있게 임의의 지표를 반환하는 HTTP 엔드포인트를 제공하는 것이 전부다. 실제로는 더 많은 어려움이 있고 이는 특히 Go 런타임의 상태(예를 들어 CPU와 메모리 사용량, 고루틴 개수 등등)에 대해 신경쓰려고 할 때 갖게 된다. 이런 이유로 가능한 모든 Go 런타임 지표를 처리하는 프로메테우스 Go 클라이언트 라이브러리를 사용하는 것이 일반적으로 좋은 방법이다.

사실 프로메테우스 자체가 Go로 작성됐고 또한 Go 런타임에 관한 지표들(예를 들어 이전에 작업한 적이 있는 go_memstats_alloc_bytes 또는 process_cpu_seconds_total 지표들)을 내보내고자 자기 자신의 클라이언트 라이브러리를 사용한다.

Go 애플리케이션에서 프로메테우스 클라이언트 사용

다음과 같이 **go get**을 사용해 프로메테우스 클라이언트 라이브러리를 가져올 수 있다.

```
$ go get -u github.com/prometheus/client_golang
```

또한 해당 애플리케이션이 의존성 관리 도구(9장에서 소개한 Glide와 같은)를 사용하는 경우에는 아마 이 신규 의존성을 glide.yaml 파일에 선언하고 애플리케이션의 vendor/ 디렉터리에 안정적인 출시 버전^{stable release}을 추가하고 싶을 것이다. 한 번에 이 모든 것을 하려면 해당 애플리케이션 디렉터리 내에서 단순히 go get 대신 **glide get**을 실행한다.

```
$ glide get github.com/prometheus/client_golang
$ glide update
```

여기서는 보안상의 이유로 이벤트 서비스와 예약 서비스의 REST API와는 다른 TCP 포트로 지표들의 API를 노출시킬 것이다. 그렇지 않으면 지표 API를 바깥세상으로 의도치 않게 (실수로) 노출시키는 것이 너무나 쉬워질 수 있다.

이제 이벤트 서비스로 시작해보자. 지표 API들을 설정하는 것은 많은 코드를 요구하지 않기에 이것을 main.go 파일에 직접 작성할 것이다. **rest.ServeAPI** 메서드가 호출되기 이전에 다음의 코드를 메인 함수에 추가한다.

```
import "net/http"
import "github.com/prometheus/client_golang/prometheus/promhttp"
// ...

func main() {
```

```
// ...

go func() {
  fmt.Println("Serving metrics API")

  h := http.NewServeMux()
  h.Handle("/metrics", promhttp.Handler())

  http.ListenAndServe(":9100", h)
}()

fmt.Println("Serving API")
// ...
}
```

이제 해당 애플리케이션을 컴파일하고 실행시킨다. 웹 브라우저에서 http://localhost:9100/metrics 주소를 열고자 시도하면 새로운 엔드포인트에 의해 반환되는 수많은 지표가 보이게 된다.

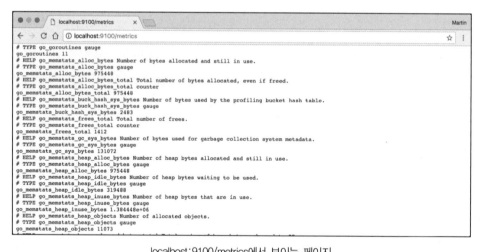

localhost:9100/metrics에서 보이는 페이지

이제 예약 서비스를 동일하게 조정한다. 또한 두 서비스 모두 Dockerfile에 EXPOSE 9100 문장을 추가하고 업데이트된 도커 이미지와 -p 9100:9100 플래그(또는 포트 충돌을

방지하고자 -p 9101:9100)로 모든 컨테이너를 재생성하는 것을 기억하자.

프로메테우스 스크래핑 대상 구성

이제 프로메테우스 지표들을 노출해서 가동 및 실행 중인 두 개의 서비스가 있기에 이 서비스들을 스크래핑하는 프로메테우스를 구성할 수 있다. 이를 위해 이전에 생성한 prometheus.yml 파일을 수정한다. 다음 섹션들을 **scrape_configs** 속성에 추가한다.

```
global:
  scrape_interval: 15s

scrape_configs:
  - job_name: prometheus
    static_configs:
      - targets: ["localhost:9090"]
  - job_name: eventservice
    static_configs:
      - targets: ["events:9090"]
  - job_name: bookingservice
    static_configs:
      - targets: ["bookings:9090"]
```

새로운 스크래핑 대상들을 추가한 후에는 **docker container restart prometheus**를 실행해 프로메테우스 컨테이너를 재시작한다. 이후 프로메테우스 웹 UI에서 두 개의 새로운 스크래핑 대상이 나타나게 된다.

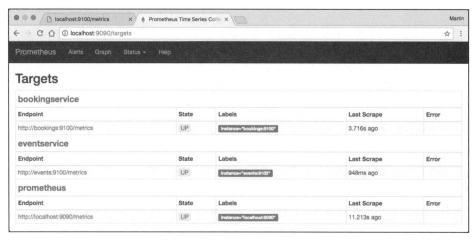

프로메테우스 웹 UI 대상

지금부터 가장 중요한 부분을 살펴본다. 이전에 몇 개의 섹션을 생성한 그라파나 대시보드를 기억하는가? 이제 프로메테우스에 의해 스크래핑된 두 개의 신규 서비스를 추가했으므로 이것의 또 다른 면을 살펴보자.

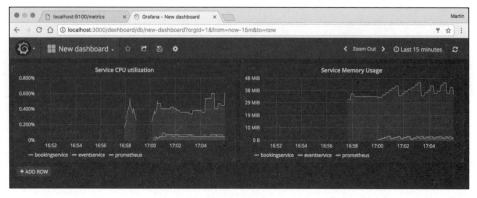

그라파나

보이는 대로 그라파나와 프로메테우스는 새로운 서비스들에서 지표들을 즉시 가져온다. 이는 지금까지 작업해온 process_cpu_seconds_total과 go_memstats_alloc_bytes 지표들이 실제로 모두 프로메테우스 Go 클라이언트 라이브러리를 사용하는 3개의 서비스 전부에 의해 노출되기 때문이다. 하지만 프로메테우스는 추가적인 작업 라벨을 스크래핑되는 각 지표에 추가한다. 이는 프로메테우스와 그라파나가 서로 다른 스크래핑 대상들에서 오는 동일 지표들을 구분하고 그에 맞게 이들을 나타낼 수 있게 해준다.

맞춤형 지표 내보내기

물론 자신만의 지표들을 내보내고자 프로메테우스 클라이언트 라이브러리를 사용할 수 있다. 이들은 Go 런타임의 일부 측면을 반영하는 기술적 지표들(CPU 사용률과 메모리 할당과 같은)뿐만 아니라 비즈니스 지표들도 될 수 있다. 한 가지 가능한 예는 행사 event마다 다른 라벨을 가진 예약된 티켓의 수량이 될 수 있다.

예를 들어 todo.com/myevents/bookingservice/rest 패키지 내에서 새로운 프로메테우스 지표들을 선언하고 등록하는 신규 파일(metrics.go라고 하자)을 추가할 수 있다.

```
package rest

import "github.com/prometheus/client_golang/prometheus"

var bookingCount = prometheus.NewCounterVec(
  prometheus.CounterOpts{
    Name:       "bookings_count",
    Namespace:  "myevents",
    Help:       "Amount of booked tickets",
  },
  []string{"eventID", "eventName"},
)

func init() {
  prometheus.MustRegister(bookingCount)
}
```

이 프로메테우스 클라이언트 라이브러리는 패키지, 즉 자동으로 초기화되는 전역 레지스트리(global registry)에 생성된 모든 지표 객체를 추적한다. prometheus.MustRegister

함수를 호출해서 이 레지스트리에 새 지표들을 추가할 수 있다. 등록된 모든 지표는 프로메테우스 서버가 /metrics 엔드포인트를 스크래핑할 때 자동으로 노출될 것이다.

사용된 NewCounterVec 함수는 모두 myevents_bookings_count라는 이름을 갖지만 eventID와 eventName의 두 개 라벨로(실제로는 이들은 기능적으로 의존적이고 둘 다 꼭 필요하지는 않을 것이다. 그러나 라벨로 해당 이벤트 이름을 갖는 것은 그라파나에서 이 지표를 시각화할 때 도움이 된다) 구별되는 지표들의 모음을 생성한다. 스크래핑되면 이 지표들은 다음과 유사하다.

```
myevents_bookings_count{eventID="507...",eventName="Foo"} 251
myevents_bookings_count{eventID="508...",eventName="Bar} 51
```

이 프로메테우스 클라이언트 라이브러리는 다른 타입의 지표들을 알고 있다. 앞의 코드에서 사용된 카운터^{Counter}는 더 간단한 것들 중 하나다. 이전 절들 중 하나에서 복잡한 히스토그램이 수많은 다른 지표로 어떻게 표현됐는지 살펴봤다. 이는 프로메테우스 클라이언트 라이브러리로도 가능하다. 실제 실행할 때 이번에는 또 다른 지표인 히스토그램을 추가해보자.

```
var seatsPerBooking = prometheus.NewHistogram(
    prometheus.HistogramOpts{
        Name: "seats_per_booking",
        Namespace: "myevents",
        Help: "Amount of seats per booking",
        Buckets: []float64{1,2,3,4}
    }
)

func init() {
    prometheus.MustRegister(bookingCount)
    prometheus.MustRegister(seatsPerBooking)
}
```

스크래핑될 때 이 히스토그램은 일곱 개의 개별 지표로 내보내진다. 실제로 다섯 개의 히스토그램 버킷(좌석 한 개 이하에서 좌석 네 개 이하까지 및 무한으로 많은 좌석 이하의 예약 개수) 및 전체 좌석의 총합과 전체 관람의 총합(count)에 대해 각각 하나의 지표를 갖게 된다.

```
myevents_seats_per_booking_bucket{le="1"} 1
myevents_seats_per_booking_bucket{le="2"} 8
myevents_seats_per_booking_bucket{le="3"} 18
myevents_seats_per_booking_bucket{le="4"} 20
myevents_seats_per_booking_bucket{le="+Inf"} 22
myevents_seats_per_booking_sum 72
myevents_seats_per_booking_count 22
```

물론 프로메테우스 서버에 의해 스크래핑될 때 이 지표들에 대해 내보내야 하는 값들을 프로메테우스 라이브러리에 전달해줘야 한다. 두 가지 지표 모두(예약의 총합 및 예약당 좌석의 총합) 새로운 예약이 생길 때에만 변경이 가능하기에 /events/{id}/bookings 경로에서 POST 요청들을 처리하는 REST 핸들러handler 함수에 이 코드를 추가할 수 있다.

booking_create.go 파일에서 원original 요청이 처리된 이후(예를 들어 EventBooked 이벤트가 이벤트 배출자emitter에서 배출된 이후) 어딘가에 다음의 코드를 추가한다.

```
h.eventEmitter.emit(&msg)

bookingCount.
  WithLabelValues(eventID, event.Name).
  Add(float64(request.Seats))
seatsPerBooking.
  Observe(float64(bookingRequest.Seats))

h.database.AddBookingForUser(
  // ...
```

첫 번째 문장은 예약된 좌석들의 총계(request.Seats)를 카운터 지표에 추가한다. 해당 CounterVec 선언에 event란 이름의 라벨 하나를 정의했기에 각각의 라벨 값으로 WithLabelValues 메서드 호출이 필요하다(해당 지표 선언이 두 개의 라벨로 구성됐다면 두 개의 매개변수를 WithLabelValues에 전달해야 한다).

두 번째 문장은 새로운 observation(관람)을 히스토그램에 추가한다. 이는 자동으로 올바른 버킷bucket을 찾아 이것을 하나 증가시킨다(예를 들어 세 개의 좌석이 동일한 예약으로 추가된다면 myevents_seats_per_booking_bucket{le="3"} 지표는 하나씩 증가될 것이다).

자, 이제 이 애플리케이션을 시작해서 프로메테우스가 규칙적인 간격으로 지표들을 스크래핑하는지 확인해본다. 시간 여유를 갖고 몇 가지 사례의 기록records을 해당 애플리케이션에 추가한다. 또한 예약 서비스에 몇 가지 이벤트 예약을 추가한다. 이들 모두를 한번에(동시에) 생성하지 않는 것을 명심하자. 이후 그라파나 대시보드에 새로운 그래프를 생성하는 myevents_bookings_count 지표를 사용할 수 있다.

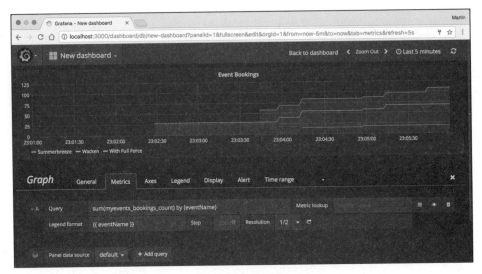

그라파나 그래프

기본적으로 프로메테우스는 스크래핑한 인스턴스당 하나의 시계열을 생성한다. 이는 예약 서비스로 다수의 인스턴스가 있을 때 다수의 시계열을 갖게 되고 각각은 다른 작업^{job} 라벨을 가진다는 것을 의미한다.

```
myevents_bookings_count{eventName="Foo",job="bookingservice-0"} 1
myevents_bookings_count{eventName="Foo",job="bookingservice-1"} 3
myevents_bookings_count{eventName="Bar",job="bookingservice-0"} 2
myevents_bookings_count{eventName="Bar",job="bookingservice-1"} 1
```

사업적인 지표(예를 들어 판매된 티켓들의 수)를 나타낼 때에는 실제로 어느 인스턴스에 개별 특정 예약이 됐는지보다 전체 인스턴스에 걸쳐 합산된 시계열을 선호할 것이다. 이를 위해서는 대시보드를 만들 때 PromQL 함수 sum()을 사용할 수 있다.

```
sum(myevents_bookings_count) by (eventName)
```

⠏ 프로메테우스를 쿠버네티스에서 실행

지금까지는 프로메테우스의 prometheus.yml 설정 파일에 스크래핑 대상 전체를 수동으로 추가하며 구성했다. 이는 테스트용으로 잘 맞지만 더 큰 운영 환경을 설정할 때에는 금방 싫증나게 된다(그리고 자동 확장^{autoscaing}과 같은 기능을 도입하는 즉시 완전히 무의미해진다).

애플리케이션이 쿠버네티스 클러스터 내에서 실행되면 프로메테우스는 이를 위한 완전한 해결책을 제공한다. 실제로 prometheus.yml 설정 파일을 사용해 쿠버네티스 API에서 스크래핑 대상들을 자동으로 적재해 프로메테우스를 구성할 수 있다. 예를 들어 예약 서비스에 대해 정의된 배포가 있다면 프로메테우스는 이 배포에 의해 관리되는 모든 Pod를 자동으로 찾고 이들 모두를 스크래핑할 수 있다. 배포가 스케일업(kubectl scale deployment 명령어로 pod 개수를 증가시킴)이 되면 추가되는 인스턴스(Pod)들이 자동으로 프로메테우스에 추가된다.

다음 예제들에 대해서는 로컬 머신에서 실행 중인 Minikube VM이나 클라우드 환경

어딘가의 쿠버네티스 클러스터를 갖고 있다고 가정한다. 먼저 프로메테우스 서버 배포로 시작하자. 프로메테우스 설정 파일을 관리하고자 이전에는 사용한 적이 없는 쿠버네티스 자원인 ConfigMap을 사용할 것이다. ConfigMap은 단지 기본적으로 쿠버네티스에 저장할 수 있는 임의의 키-값 맵^{map}이다. Pod(또는 Deployment나 StatefulSet)를 생성할 때 이 값들을 해당 컨테이너에 파일로 마운트할 수 있고 이는 구성 파일 관리로 ConfigMap이 가장 적합한 이유가 된다.

```
apiVersion: v1
kind: ConfigMap
name: prometheus-config
data:
  prometheus.yml: |
    global:
      scrape_config: 15s

    scrape_configs:
    - job_name: prometheus
      static_configs:
      - targets: ["localhost:9090"]
```

다른 여느 자원과 거의 유사하게 이것을 .yaml 파일로 저장하고 이 파일에 kubectl apply -f를 호출해 ConfigMap을 생성할 수 있다. 또한 .yaml 파일을 수정했을 때 ConfigMap을 업데이트하고자 동일한 명령어를 사용할 수 있다.

생성된 ConfigMap으로 실제 프로메테우스 서버를 배포해보자. 프로메테우스는 상태 기반^{Stateful} 애플리케이션이기에 StatefulSet으로 이것을 배포한다.[4]

---

4. 6장에 언급한 것처럼 쿠버네티스 버전이 계속 올라감에 따라 기존 StatefulSet의 apiVersion인 apps/v1beta1은 쿠버네티스 1.16.x 버전부터 apps/v1으로 변경돼 자신의 클러스터 버전에 따라 수정이 필요하고 본문 yaml 파일의 annotations에 설정된 volume.alpha.kubernetes.io/storage-class: standard는 v 1.6 이전에 사용된 옛날 방식으로 현재는 더 이상 사용되지 않는다. 대신 spec 섹션 아래에 storageClassName: standard 항목을 추가해서 동일한 처리를 한다. - 옮긴이

```yaml
apiVersion: apps/v1beta1
kind: StatefulSet
metadata:
  name: prometheus
spec:
  serviceName: prometheus
  replicas: 1
  template:
    metadata:
      labels:
        app: prometheus
    spec:
      containers:
      - name: prometheus
        image: prom/prometheus:v1.6.1
        ports:
        - containerPort: 9090
          name: http
        volumeMounts:
        - name: data
          mountPath: /prometheus
        - name: config
          mountPath: /etc/prometheus
      volumes:
      - name: config
        configMap:
          name: prometheus-config
  volumeClaimTemplates:
  - metadata:
      name: data
      annotations:
        volume.alpha.kubernetes.io/storage-class: standard
    spec:
      accessModes: ["ReadWriteOnce"]
      resources:
```

```
      requests:
          storage: 5Gi
```

또한 연관된 **Service**를 생성한다.

```
apiVersion: v1
kind: Service
metadata:
  name: prometheus
spec:
  clusterIP: None
  selector:
      app: prometheus
  ports:
  - port: 9090
      name: http
```

이제 쿠버네티스 클러스터 내부에서 실행되는 프로메테우스 서버를 갖게 됐다. 하지만 이 순간 이 서버는 자신의 지표 엔드포인트만 스크래핑하고 해당 클러스터에서 실행되는 다른 Pod들에 대해서는 아직 아니다.

Pod들에 대한 자동 스크래핑을 활성화하고자 해당 **ConfigMap**에서 prometheus. yml 파일의 **scrape_configs** 섹션에 다음 내용을 추가한다.

```
scrape_configs:
  # ...
  - job_name: kubernetes-pods
    kubernetes_sd_configs:
    - role: pod
  relabel_configs:
  - source_labels: [__meta_kubernetes_pod_annotation_prometheus_io_scrape]
```

```
      action: keep
      regex: true
    - source_labels: [__meta_kubernetes_pod_annotation_prometheus_io_path]
      action: replace
      target_label: __metrics_path__
      regex: (.+)
    - source_labels: [__address__,
__meta_kubernetes_pod_annotation_prometheus_io_port]
      action: replace
      regex: ([^:]+)(?::\d+)?;(\d+)
      replacement: $1:$2
      target_label: __address__
    - action: labelmap
      regex: __meta_kubernetes_pod_label_(.+)
    - source_labels: [__meta_kubernetes_namespace]
      action: replace
      target_label: kubernetes_namespace
    - source_labels: [__meta_kubernetes_pod_name]
      action: replace
      target_label: kubernetes_pod_name
```

그렇다. 이는 꽤 많은 설정이지만 당황할 필요는 없다. 이 구성들의 대부분은 알고 있는 쿠버네티스 pod들의 속성(사용자들에 의해 정의된 Pod 이름과 라벨 같은)을 이 Pod들에서 스크래핑한 모든 지표에 첨부[attached]될 프로메테우스 라벨들로 매핑[mapping]하기 위함이다.

ConfigMap을 업데이트한 이후에 업데이트된 구성이 활성화되고자 해당 프로메테우스 Pod를 삭제해야 할 수도 있다. 걱정하지 말자. 해당 Pod를 삭제하더라도 StatefulSet 컨트롤러는 거의 즉시 새로운 것을 다시 생성해줄 것이다.

```
$ kubectl delete pod -l app=prometheus
```

또한 이 구성은 프로메테우스가 prometheus.io/scrape라는 이름의 어노테이션(주석)

을 가진 클러스터에서 찾은 Pod들 전부를 스크래핑하도록 정의한다. 이 주석은 예를 들어 배포에서 Pod 템플릿을 정의할 때 설정할 수 있다. 또한 이제는 다음과 같이 이벤트 서비스 배포를 조정할 수도 있다(노출되는 포트들의 목록에 TCP 포트 9100을 추가해야 하는 것을 기억하자).

```
apiVersion: apps/v1beta1
kind: Deployment
metadata:
  name: eventservice
spec:
  replicas: 2
  template:
    metadata:
      labels:
        myevents/app: events
        myevents/tier: api
      annotations:
        prometheus.io/scrape: true
        prometheus.io/port: 9100
    spec:
      containers:
      - name: api
        image: myevents/eventservice
        imagePullPolicy: Never
        ports:
        - containerPort: 8181
          name: http
        - containerPort: 9100
          name: metrics
        # ...
```

배포를 업데이트한 후에는 쿠버네티스가 자동으로 해당 이벤트 서비스의 Pod들에 대한 재생성을 시작하게 된다. prometheus.io/scrape 어노테이션을 가진 신규

Pod들이 생성되는 즉시 프로메테우스는 자동으로 이들을 선택해서 지표들을 스크래핑한다. 이들이 다시 삭제되면(예를 들어 배포를 업데이트하거나 규모를 줄인 후에는) 프로메테우스는 이 Pod들에서 수집된 지표들은 계속 유지하지만 스크래핑은 중지한다.

프로메테우스가 어노테이션들에 근거해서 자동으로 새로운 대상들을 선택하게 하므로 프로메테우스 서버 관리가 아주 쉬워진다. 초기 설정 후에 다시 구성 파일 편집은 아마 필요치 않을 것이다.

⠿ 요약

10장에서는 기술적 관점(RAM과 CPU 사용량 같은 시스템 지표들을 주시함)의 애플리케이션 건강[health] 상태와 맞춤형(이 경우는 예약된 티켓들의 합계와 같은 애플리케이션에 특화된 지표) 둘 다 추적 관찰할 수 있는 모니터링 스택[stack]을 구성할 때 프로메테우스와 그라파나를 어떻게 사용하는지 알아봤다.

이 책을 진행하면서 아키텍처와 실제 프로그래밍에서 시작해서 컨테이너 이미지 만들기, 다양한 클라우드 환경에 이들을 지속적으로 배포하기, 해당 애플리케이션 모니터링하기까지 일반적인 Go 클라우드 애플리케이션의 거의 모든 생애 주기를 다뤘다.

11장에서는 지금까지 무엇을 달성했는지 자세히 뒤돌아보고 여기서 더 어디로 나아갈 수 있는지 짚어본다.

11

마이그레이션

클라우드 네이티브 프로그래밍과 Go 언어의 세계를 탐구하고자 오랜 여정을 통해 11장까지 도달한 것을 환영한다. 11장에서는 모놀리식^{monolithic} 아키텍처에서 마이크로서비스 아키텍처로 애플리케이션을 마이그레이션^{Migration}하는 몇 가지 실용적인 기법을 다룬다. 이미 2장에서 모놀리식과 마이크로서비스 아키텍처를 다뤘다. 하지만 이번 장에서는 별도로 읽을 수 있는 점을 고려해 모놀리식과 마이크로서비스 아키텍처의 실용적인 정의들을 다뤄보려고 한다.

11장에서 다루는 내용은 다음과 같다.

- 모놀리식 애플리케이션과 마이크로서비스 아키텍처에 대한 검토^{review}

- 모놀리식 애플리케이션에서 마이크로서비스로 마이그레이션할 때 필요한 기법

- 고급 마이크로서비스 디자인 패턴

- 마이크로서비스 아키텍처에서의 데이터 일관성^{consistency}

⠿ 모놀리식 애플리케이션이란?

모놀리식 애플리케이션은 단순히 몇 가지 독립적인 업무를 동시에 맡아 처리하는 단일 바디의 소프트웨어다. 예를 들어 온라인 스토어 애플리케이션을 살펴보자. 모놀리식 아키텍처에서는 온라인 스토어가 성공적으로 운영되고자 필요한 고객, 주문, 데이터베이스 연결, 웹 사이트, 재고, 기타 모든 업무가 한 몸통의 소프트웨어에 의해 처리된다.

한 덩어리의 소프트웨어가 모든 일을 하는 것은 몇 가지 시나리오의 경우에 소프트웨어 디자인으로 비효율적인 접근처럼 보일수도 있다. 하지만 모놀리식 애플리케이션이 항상 나쁜 것은 아니라는 점을 언급하는 것은 중요하다. 단일 소프트웨어 서비스가 모든 작업을 하는 것이 괜찮은 생각인 몇 가지 시나리오가 있다. 이는 테스트 사용자들이 시도해볼 수 있도록 어떤 것을 빠르게 만들고자 하는 최소 기능 제품 MVP, Minimum Viable Product들을 포함한다. 또한 오래전부터 내려오는 보드 게임을 취미로 즐기는 사람들을 위한 온라인 스토어와 같이 많은 데이터 적재load나 트래픽이 예상되지 않는 곳에서의 사용 사례들이 포함된다.

⠿ 마이크로서비스란?

마이크로서비스 아키텍처는 모놀리식 애플리케이션과 비교할 때 소프트웨어 개발에 있어 다른 접근 방식을 취한다. 마이크로서비스 아키텍처에서 업무들은 다수의 더 작은 소프트웨어 서비스 간으로 분산되며 이것들이 마이크로서비스가 된다. 또한 잘 설계된 마이크로서비스들은 다른 마이크로서비스들이 이들과 통신할 때 사용할 수 있는 깔끔한 API들을 갖고 있다. 공통의 목표를 달성하고자 개별 소프트웨어 서비스들이 함께 작업하는 것은 새로운 것이 아니다. 이는 과거에 **서비스 지향 아키텍처**SOA, Service-Oriented Architectures로 존재했다. 하지만 현대적인 마이크로서비스 아키텍처는 소프트웨어 서비스들이 상대적으로 작고 독립적이며 완전히 다 갖춘 것을 고집함으로써 좀 더 나아간 아이디어를 가진다.

온라인 스토어 예제로 다시 돌아가 보자. 마이크로서비스 아키텍처의 경우에 고객을 담당하는 마이크로서비스, 재고를 처리하는 마이크로서비스 등등을 갖게 된다.

일반적인 마이크로서비스는 로깅^{loggin}, 구성 설정^{configuration}, 다른 마이크로서비스들과 통신하기 위한 API 및 지속성을 처리할 수 있도록 내부에 다수의 핵심 계층을 담고 있다. 또한 해당 서비스가 수행해야 할 주 업무를 처리하는 마이크로서비스의 핵심 코드가 있다.

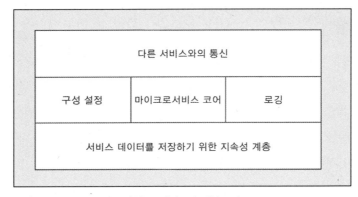

마이크로서비스의 내부 모습

마이크로서비스 아키텍처는 확장성과 유연성에 비춰보면 모놀리식 애플리케이션 대비 주요 장점들이 있다. 마이크로서비스들은 규모의 무한정 확장성과 하나 이상의 프로그래밍 언어를 사용할 수 있는 강점의 활용 및 장애 발생에 우아하게(최소 범위 내에서) 대응할 수 있게 해준다.

⸬ 모놀리식 애플리케이션을 마이크로서비스로 마이그레이션

자, 이제 모놀리식 애플리케이션 있고 사업이 점점 커지고 있으며 고객들이 더 많은 기능을 요구해서 유연성과 확장성 둘 다 가진 아키텍처로 마이그레이션이 필요하다고 하자. 마이크로서비스들을 사용해야 할 시간이 본인과 해당 조직에 온 것이다. 마이그레이션할 때 염두에 둬야 하는 가장 핵심이 되는 경험 법칙은 모놀리식 애플리케이션에서 마이크로서비스로 성공적인 마이그레이션을 수행하고자 따라야 하는 황금 조합의 단계는 없다는 것이다. 따라야 할 단계들은 각 상황과 조직 간에 다르다. 그렇기는 해도 이번 장에서 다룰 수 있는 몇 가지 아주 도움이 되는 개념과 생각이 있고 이것은 해당 마이그레이션을 어떻게 할지 근거 기반의 결정을 내리는 데 도움을 줄 것이다.

사람과 기술

모놀리식 애플리케이션에서 마이크로서비스로 마이그레이션할 때 가장 간과하는 부분 중 하나는 사람 요소다. 일반적으로 기술과 아키텍처에 대해 생각을 하지만 코드를 작성하고 프로젝트 관리 및 애플리케이션 재설계를 하는 팀은 어떠한가? 모놀리식 애플리케이션에서 마이크로서비스로의 움직임은 한 조직 내부에서 제대로 준비돼야 하는 인식 체계의 대전환^{Paradigm shift}인 것이다.

마이크로서비스로의 이동을 결정한 직후에 고려해야 할 첫 번째는 개발 프로세스에 연관된 팀들의 구조다. 일반적으로 다음은 모놀리식 애플리케이션에서 업무를 하는 팀의 구성이다.

- 단일 프로그래밍 언어만으로 만들어진 애플리케이션의 아주 특정 부분에 작업하는 것이 익숙한 개발자
- 모놀리식 애플리케이션과 해당 데이터베이스를 운영하는 몇 개의 서버를 업데이트하는 것이 전부인 배포에 익숙한 IT 인프라 팀
- 전체 소프트웨어 서비스 A부터 Z까지가 아니라 애플리케이션의 한 부분을 담당하는 팀장

이전에 언급한 대로 마이크로서비스 마이그레이션은 인식 체계의 대전환을 말한다.

이는 마이크로서비스 아키텍처로 마이그레이션할 때 해당 조직은 새로운 사고방식으로의 변화가 필요하다는 것을 의미한다. 다음 사항들을 고려하자.

- 개발자들은 더 작은 팀들로 나눠져야 하고 각 팀은 하나 또는 그 이상의 마이크로서비스를 맡아야 한다. 개발자들은 다수의 소프트웨어 모듈이나 클래스가 아닌 완전한 소프트웨어 서비스를 책임지는 데 부담을 느끼지 않아야 한다. 물론 조직이 상당히 커서 해당 마이크로서비스 내에 특정 모듈들을 책임지는 개발자들을 여전히 가질 수는 있다. 하지만 해당 개발자들이 자신의 제품을 완전한 마이크로서비스로 생각하도록 훈련이 된다면 이는 더 잘 설계된 마이크로서비스를 만들어내기에 충분한 가치(효과)가 있다. 또한 개발자들은 해당 업무를 위해 올바른 프로그래밍 언어를 사용하는 데 주저하지 말아야 한다. 예를 들면 자바는 데이터 처리와 전체 데이터 흐름 관리^{pipelining}에 중요하고 Go는 빠르고 신뢰할 수 있는 마이크로서비스를 만드는 데 아주 좋으며, C#은 윈도우 서비스용으로 좋은 점 등이 있다.

- IT 인프라 팀들은 수평 확장^{horizontal scaling}, 중복^{redundancy}, 확장 가능한 클라우드 플랫폼 및 수많은 서버 간에 분산된 대량의 서비스 배포에 연관된 준비 과정을 배워야 한다.

- 팀장들은 A부터 Z까지 완전한 소프트웨어 서비스에 대한 책임을 맡게 된다. 이들은 해당 서비스를 어떻게 확장할지, 데이터베이스를 다른 서비스들과 공유하거나 아니면 자신의 데이터베이스를 가질지, 해당 서비스가 다른 서비스와 어떻게 통신할지와 같은 세부 구현에 대해 깊이 생각해야 한다.

모놀리식 애플리케이션을 여러 조각으로 자르기

마이그레이션에서 사람 관점으로 논의를 했으니 이제 기술적 세부 사항으로 들어가보자. 거의 모든 사람이 동의하는 한 가지 황금 규칙은 기존의 모놀리식 애플리케이션에 있는 모든 코드를 무시하고 모든 것을 완전히 새롭게 밑바닥부터 작성하는 것은 좋은 생각이 아니라는 점이다. 대신 모놀리식 애플리케이션을 마이크로서비스로 마이그레이션하는 최고의 접근 방식은 시간에 걸쳐 모놀리식 애플리케이션을 조각조각 자르는 것이다. 각자 떨어져 나온 조각들이 마이크로서비스가 된다. 모든 신규 마이크로서비스는 다른 신규 마이크로서비스들과는 물론이고 기존 모놀리식 애플리케이션과 통신할 수 있도록 보장돼야 한다. 이 접근 방식이 잘 진행되면 모놀리식 애플리케이션은 마이크로서비스가 되기까지 시간에 걸쳐 계속해서 덩치가 줄어들 것이다.

시간에 걸친 모놀리식 애플리케이션 자르기

이것은 단순한 것 같다. 하지만 현실에서는 일반적으로 그렇게 간단하지 않다. 자, 이제 이 조각 단위 접근 방식을 좀 더 실현 가능하게 만들기 위한 몇 가지 실행 전략들을 다뤄보자.

어떻게 코드를 깨뜨릴까?

의문을 제기할 필요가 있는 한 가지 핵심적인 질문은 "모놀리식 애플리케이션 코드를 어떻게 정확히 깨뜨려야 하는가?"이다. 다음은 명심해야 하는 몇 가지 중요한 포인트다.

- 애플리케이션이 잘 작성됐다면 서로 다른 클래스들이나 소프트웨어 모듈들 간에 매끈하고 분명하게 분리돼 있을 것이다. 이는 해당 코드를 완전히 자르는 업무를 더 쉽게 만들어준다.

- 다른 한편으로 코드가 명확히 분리되지 않으면 새로운 마이크로서비스로 코드 조각들을 옮기는 시작 이전에 기존 코드에 일부 리팩토링refactoring[1]할 필요가 있다.

- 새로운 마이크로서비스로 신규 기능을 분리시키려는 시도 없이는 해당 모놀리식 애플리케이션에 새로운 코드나 기능들을 추가하지 않는 것이 일반적으로 선호된다.

글루 코드

새로운 마이크로서비스가 해당 기능을 깨뜨리지 않고 원래의 애플리케이션에 잘 맞게 하려면 원래의 애플리케이션과 정보를 주고받을 수 있어야 한다. 이것이 되게 하려면 새로 만들어진 것을 기존에 연결시키는 일부 글루 코드glue code의 작성이

---

1. 리팩토링은 외부에 보이는 동작의 변화 없이 코드의 내부 구조를 효율적으로 개선하는 것이다. – 옮긴이

필요할 수도 있다. 이 글루(접합) 코드는 일반적으로 원래 애플리케이션과 마이크로서비스 간에 통신 채널로 동작하는 몇 가지 API 인터페이스를 포함한다. 또한 이 글루 코드는 신규 마이크로서비스가 기존 애플리케이션과 같이 작업하고자 필요한 모든 코드를 포함하게 된다.

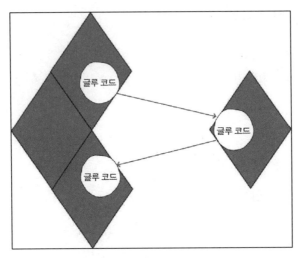

글루 코드

글루 코드는 해당 애플리케이션에 따라 임시적이 되거나 영구적이 될 수도 있다. 때때로 글루 코드는 잘 동작하고자 일부 데이터 모델링 해석^{translation}을 하거나 오래된 데이터베이스와 통신이 필요할 수도 있다.

해당 애플리케이션이 웹 애플리케이션이면 글루 코드는 새롭게 분리된 마이크로서비스를 보여주는 계층과 연결시킬 수 있는 임시 웹 HTTP API를 포함할 수 있다.

🔅 마이크로서비스 디자인 패턴

이번 절에서는 견고하고 효과적인 (클라우드에 준비된) 마이크로서비스를 만드는 데 도움이 되는 몇 가지 중요한 디자인 패턴과 아키텍처 차원의 접근법을 알아본다. 자,

462

이제 시작해보자.

이타적 아키텍처

이타적 아키텍처^{sacrificial architecture}는 일반적으로 가치에 비해 주목받지 못하는 중요한 디자인 접근 방식이다. 이는 2014년에 마틴 파울러^{Martin Folwer}가 언급했으며 https://martinfowler.com/bliki/SacrificialArchitecture.html에서 살펴볼 수 있다.

이타적 아키텍처의 핵심 아이디어는 미래에 쉽게 대체될 수 있는 방식으로 소프트웨어를 작성해야 한다는 것이다. 앞의 문장을 좀 더 잘 이해하려면 예제 시나리오를 생각해보자. 몇 년 전에 개발자들에 의해 맞춤형 데이터 직렬화 포맷을 활용한 컴퓨터 네트워크 애플리케이션을 개발해왔었다고 하자. 오늘날에는 더 많은 데이터 적재와 사용자 요청들을 처리할 수 있는 더 현대화된 프로그래밍 언어로 해당 애플리케이션의 재작성이 필요하다. 이 업무는 해당 애플리케이션이 기존) 애플리케이션 개발자만이 이해할 수 있는 맞춤형 직렬화와 통신 프로토콜에 의존하기 때문에 분명 재미가 있거나 쉽지는 않을 것이다.

이제 프로토콜 버퍼^{Protocol Buffers}[2]와 같은 좀 더 표준화된 직렬화 포맷을 사용했다면 어떻게 될까? 프로토콜 버퍼가 광범위한 프로그래밍 언어와 프레임워크에 의해 지원되기 때문에 애플리케이션 재작성이나 업데이트하는 업무가 훨씬 쉽고 효율적이 될 것이다. 맞춤형^(자체적으로 형태를 수정한) 대신 표준 직렬화 포맷으로 애플리케이션을 만드는 것이 바로 이타적 아키텍처와 관련된 것이다.

이타적 아키텍처를 염두에 두고 소프트웨어를 설계하면 해당 애플리케이션의 업그레이드, 리팩토링이나 지속적인 개선 업무들은 훨씬 더 간단하고 쉬워진다. 모놀리식 애플리케이션이 이타적 아키텍처를 염두에 두고 설계된다면 해당 애플리케이션을 조각들로 분리해 마이크로서비스로 만드는 것은 쉬워진다.

---

2. 프로토콜 버퍼는 구글에서 개발해 오픈소스로 공개한 직렬화 데이터 구조로 다양한 언어를 지원한다. 특히 직렬화 속도가 빠르며 직렬화된 파일 크기가 작아 상호 통신 프로그램을 개발할 때 아주 유용하다. - 옮긴이

이타적 아키텍처를 염두에 두고 글루 코드를 작성한다면 장래에 글루 코드를 점진적으로 개선하거나 완전히 제거하고 다른 것으로 대체하는 것이 훨씬 더 쉬워진다. 이타적 아키텍처를 염두에 두고 새로운 마이크로서비스를 구축하면 마이크로서비스의 성장과 진화를 빠르게 고통 없이 효율적으로 될 수 있게 하는 능력을 갖추게 된다.

4계층 연계 플랫폼

4계층 연계 플랫폼^{four-tier engagement platform}은 애플리케이션 전체를 대상으로 하는 아키텍처 차원의 접근 방식이다. 이것은 https://go.forrester.com/blogs/13-11-20-mobile_needs_a_four_tier_engagement_platform/에서 포레스터 리서치^{Forrester research}에 의해 기술됐다. 이 아키텍처는 모바일과 웹 세계를 목표로 하는 현대적인 애플리케이션들에게 아주 잘 어울린다.

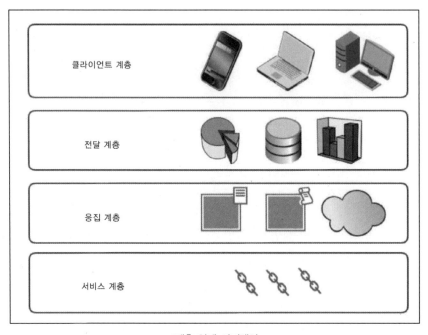

4계층 연계 아키텍처

이 아키텍처를 이루는 주된 아이디어는 전체 애플리케이션이 4개의 주 계층으로 나뉘져야 된다는 것이다.

- **클라이언트 계층**^{clienrt layer}: 이 계층은 사용자 경험에 대해 책임진다. 이는 사용자의 맥락 환경^{context environment}에 근거해서 사용자 경험을 맞추게 된다. 맥락 환경은 그중에서도 사용자 기기 타입, 사용자의 위치, 날짜와 시간을 포함한다. 예를 들면 여러분의 제품 사용자가 스마트 시계를 사용하고 있다면 해당 클라이언트는 스마트 시계에 적합한 내용물^{content}을 만들어내야 한다. 그들이 태블릿을 사용하고 있다면 태블릿에 최적화된 사용자 인터페이스가 해당 사용자를 맞이한다. 사용자가 중국에서 데이터를 보고 있다면 클라이언트 계층은 중국어로 해당 정보를 보여줘야 한다. 사용자가 캐나다에서 데이터를 보고 있다면 해당 정보는 영어로 보여져야 한다.

- **전달 계층**^{delivery layer}: 전달 계층은 클라이언트 계층에 의해 요청된 대로 사용자들에게 최적화된 데이터를 전달하는 책임을 진다. 이는 이미지 압축이나 대역폭 축소 처리와 같이 즉시 할 수 있는 최적화를 통해 달성된다. 이 계층은 사용자 활동을 추적할 수 있는 모니터링 도구들을 이용할 수 있고 이후 더 나은 고객 경험을 전달하고자 이 정보를 사용할 수 있는 알고리듬들을 활용한다. 또한 이 계층은 고객들에게 더 나은 성능을 보장하고자 캐싱^{caching} 알고리듬과 기법들이 사용되는 곳이기도 하다.

- **응집 계층**^{aggregation layer}: 이 계층은 안정적이고 균일한 데이터 모델들을 형성하고자 다른 소스들에서 나온 데이터가 하나로 모아지는 곳으로, 이후 앞 계층들에 건네질 수 있다. 이 계층에 의해 처리되는 업무들은 다음과 같은 항목들을 포함한다.

  - 앞 계층들에 서비스 발견 능력^{discoverability}과 데이터 접근을 제공하며 계층 간 API 허브로 활동한다.

  - 사내 마이크로서비스와 같은 내부 서비스와 AWS 클라우드 서비스와 같은

외부 서비스에서 나오는 결과물들을 통합한다.

- 다른 소스 타입에서 나오는 데이터를 병합한다. 예를 들면 하나의 소스에서 base64 인코딩된 메시지를 읽고 다른 소스에서 JSON 인코딩된 메시지를 읽은 후에 단일화된 데이터 모델을 형성하고자 이들 모두를 함께 연결시킨다.

- 데이터를 사용자에게 전달하기 적합한 포맷으로 인코딩한다.

- 해당 데이터에 역할 기반 접근role-based access을 지정한다.

- **서비스 계층**service layer: 이 계층은 외부와 내부 서비스들로 구성된다. 가공되지 않은raw 데이터와 기능을 해당 계층들에 제공한다. 이 계층들은 배포 가능한 내부 및 외부 서비스들의 집합이다. 서비스 계층은 MySQL이나 다이나모DB와 같은 데이터베이스들과 통신하는 곳이다. 또한 여기는 AWS S3나 Twilio[3]와 같은 서드파티 서비스를 사용하는 곳이다. 이 계층은 플러그 형태pluggable로 설계돼야 하는데, 이는 하고 싶은 대로 쉽게 서비스들을 추가하거나 제거할 수 있어야 한다는 의미다.

앞의 아키텍처 패턴으로 현대적인 애플리케이션을 설계한다면 끝없는 유연성과 확장성을 얻게 될 것이다. 예를 들어 다른 계층들의 코드를 많이 바꿀 필요 없이 클라이언트 계층의 새로운 사용자 기기 타입들만 대상으로 할 수 있다. 서비스 계층 상위 계층들의 코드를 많이 바꿀 필요 없이 해당 서비스 계층에 마이크로서비스나 클라우드 서비스를 추가하거나 제거할 수 있다. 다른 계층들의 코드들을 많이 바꿀 필요 없이 Thrift[4] 또는 프로토콜 버퍼와 같은 새로운 인코딩 포맷들을 응집 계층에 지원할 수 있다. 이 4계층 연계 플랫폼은 현재 넷플릭스와 우버 같은 회사들에 의해 활용되고 있다.

---

3. Twilio는 캘리포니아 샌프란시스코에 본사를 둔 서비스로의 클라우드 커뮤니케이션 플랫폼(CPaaS) 선두 회사로 기존 통신망이 아닌 클라우드를 사용해 다양한 기업용 통신 서비스(문자 메시지, 이메일, 음성 및 비디오 등)를 웹 서비스 API로 제공한다. – 옮긴이

4. 아파치 드리프트(Thrift)로 페이스북에서 다양한 언어를 지원하도록 개발된 데이터 직렬화 라이브러리 기능을 가진 RPC 프레임워크다. – 옮긴이

도메인 주도 설계에서 경계 맥락

도메인 주도 설계^{DDD, Domain-Driven Design}는 내부적으로 마이크로서비스를 설계할 때 사용할 수 있는 인기 있는 디자인 패턴이다. 도메인 주도 설계는 일반적으로 시간이 지남에 따라 기하급수적으로 성장할 것 같은 복잡한 애플리케이션들을 대상으로 한다. 모놀리식 애플리케이션이 이미 DDD를 통해 설계됐다면 마이크로서비스 아키텍처로 마이그레이션은 간단하고 쉬울 것이다. 그렇지 않고 새로운 마이크로서비스가 특정 범위와 복잡성을 갖고 성장할 것으로 예상하고 있다면 DDD를 고려하는 것이 좋은 발상이 될 수 있다.

도메인 주도 설계는 거대한 주제다. 위키피디아의 글은 https://en.wikipedia.org/wiki/Domain-driven_design에서 살펴볼 수 있다. 하지만 이번 절의 목적에 맞게 실용적인 DDD의 이해를 얻는 데 도움이 될 수 있는 몇 가지 간단한 개념들을 다룰 것이다. 그 이후에는 이 설계 접근 방식이 복잡한 마이크로서비스 아키텍처에 좋은 이유를 알게 될 것이다.

도메인 주도 설계의 기본 생각은 "복잡한 애플리케이션은 도메인 내에서만 기능을 하게 고려돼야 한다."이다. 도메인은 단순히 지식이나 활동의 영역으로 정의된다. 우리 소프트웨어 애플리케이션의 도메인은 해당 소프트웨어의 목적에 관련된 모든 것으로 서술될 수 있다. 따라서 예를 들어 소프트웨어 애플리케이션의 주목적이 사회적 이벤트 기획을 용이하게 하는 것이면 사회적 이벤트 기획이 해당 도메인이 된다.

도메인은 맥락들^{contexts}을 담는다. 각 맥락은 해당 도메인의 논리적인 조각을 나타내고 여기서 사람들은 동일한 언어로 얘기한다. 맥락 내에서 사용되는 언어는 언어가 속한 해당 맥락에 근거해서만 이해될 수 있다.

저자의 경험으로는 예제없이 맥락이 무엇인지 이해하는 것은 어렵다. 따라서 간단한 예를 들어보자. 사회적 이벤트 애플리케이션의 배경이 되는 조직이 영업부서, 마케팅부서, 지원부서가 있는 큰 조직이라고 가정하자. 이는 이 조직의 도메인 주도 설계가 세 가지 주된 맥락인 영업 맥락, 마케팅 맥락, 지원 맥락을 포함할 필요가 있다는 것을 의미한다.

영업 대표들에 의해 사용되는 일부 언어는 오직 영업 대표들과 관련이 있을 것이다. 예를 들면 영업 깔때기(고객 유입 경로), 영업 기회, 영업 파이프라인(영업 기회를 실제 계약으로 전환하는 일련의 단계들)의 개념들은 영업 활동에 있어 아주 중요하나, 지원부서 차원에서는 관련이 없을 것이다. 이는 영업 맥락이 영업 깔때기의 개념을 포함할 수 있지만 지원 맥락에서는 이런 언어나 개념을 그다지 찾을 수 없는 이유가 된다.

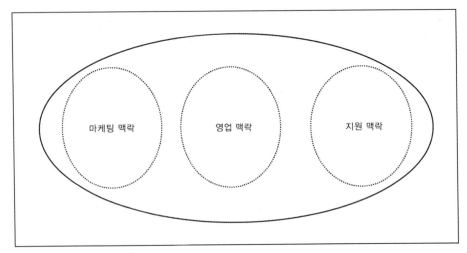

도메인

또한 도메인은 모델들을 담는다. 각 모델은 해당 도메인에서 독립적인 개념을 기술하는 추상적 관념abstraction이다. 모델들은 결국 소프트웨어 모듈이나 객체로 변신(전환)하게 된다. 모델들은 일반적으로 맥락 내부에 존재한다. 예를 들어 영업 맥락에서는 영업(판매) 계약, 영업 깔때기, 영업 기회, 영업 파이프라인, 무엇보다 고객을 나타낼 수 있는 모델들이 필요한 반면 지원 맥락에서는 티켓ticket(등록된 지원 요청 건), 고객, 결함을 나타내는 모델들이 필요하다. 다음은 영업 맥락과 지원 맥락 내부의 몇 가지 모델들을 보여주는 간단한 다이어그램이다.

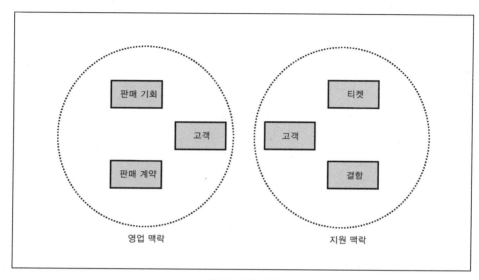

영업과 지원 맥락

서로 다른 맥락들은 동일한 언어나 개념을 공유할 수 있지만 이것의 다른 면에 초점을 맞춘다. 거대한 조직의 예에서 영업 대표에 의해 사용되는 단어는 지원 담당자에게는 항상 동일한 단어를 의미하지 않을 수도 있다. 예를 들면 영업 대상으로 고객이란 단어는 해당 조직에서 제품을 구매할 거 같지만 아직 하지는 않은 고객을 나타낸다. 반면 지원부서 대상의 고객은 이미 제품을 구매했고 지원 계약을 했으며 해당 제품의 어떤 이슈로 인해 힘들어 하고 있는 고객일 것이다. 따라서 두 맥락 모두 고객이란 개념을 공유하지만 그 개념을 볼 때 서로 다른 것들에 관해 신경을 쓴다.

동일한 언어가 서로 다른 맥락에서 다른 것을 의미할 수도 있다는 사실이 경계 맥락이라는 DDD 세계의 핵심 발상 중 하나를 도입하게 된다. 경계 맥락은 개념을 공유하지만 이후 그 개념에 맞는 자체 모델들을 구현하는 맥락이다. 예를 들어 고객이란 개념은 영업 맥락의 모델로 표현되고 이는 해당 영업부서가 돌봐야 하는 고객 형태를 나타낸다. 또한 고객이란 개념은 지원 맥락에 맞는 형태로 모델이 된다. 두 개의 모델이 있지만 이들은 여전히 서로 연결된 상태다. 결국 가장 중요한 것은 둘 다 사회적 이벤트 기획 회사의 고객을 나타낸다는 것이다. 다음 다이어그램은 그것을 보여준다.

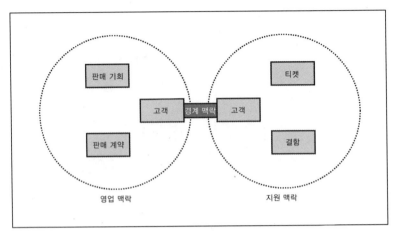

영업과 지원의 경계 맥락

맥락과 경계 맥락은 도메인 주도 설계 세계와 마이크로서비스 세계가 서로 만나기 시작하는 곳이다. 이것은 맥락이 쉽게 마이크로서비스로 치환/상호 연결될 수 있기에 복잡한 현대적 마이크로서비스에 있어 핵심 설계 요소가 된다. 경계 맥락의 정의를 시도한다면 실제로 마이크로서비스가 어떻게 해야 되는지 뿐만 아니라 전체적인 애플리케이션 형성을 위해 마이크로서비스들 간에 어떤 정보가 공유돼야 하는지 정의하고 있는 자신을 보게 될 것이다. 경계 맥락에 대한 간단한 정의는 더 큰 애플리케이션의 일부분으로 자체 독립적인 논리 블록이 된다. 이 동일한 정의는 잘 설계된 마이크로서비스를 기술할 때 두말할 나위 없이 적용될 수 있다. 때때로 경계 맥락은 하나 이상의 서비스로 나눠질 수 있지만 일반적으로 그것은 해당 애플리케이션의 복잡도 정도에 따라 달라진다.

여기 사례는 결국 영업 업무(작업)를 처리하는 마이크로서비스와 지원 업무(작업)를 처리하는 마이크로서비스로 마무리된다.

여러분의 모놀리식 애플리케이션이 이미 DDD 원칙을 염두에 두고 설계됐다면 마이크로서비스 아키텍처로의 마이그레이션은 더 쉬워진다. 이는 경계 맥락을 형성하는 코드에서 자체 독립적인(필요한 것을 다 갖춘) 마이크로서비스로 마이그레이션하는 것이 이치에 맞기 때문이다.

반면에 해당 모놀리식 애플리케이션이 이 방식으로 설계되지 않았고 복잡한데다 계속 성장한다면 DDD 원칙은 미래의 마이크로서비스를 구축할 때 활용될 수 있다.

데이터 일관성

애플리케이션을 지탱하는 데이터베이스는 마이크로서비스 아키텍처로 마이그레이션할 때 반드시 극도의 주의와 관심을 갖고 다뤄야 하는 생명과도 같은 영역이다. 모놀리식 애플리케이션 세상에서는 다음과 같이 비대한 데이터 처리 계층을 통해 해당 모놀리식 애플리케이션에 접속하는 소수의 데이터베이스(하나 또는 두 개 정도)를 다루게 된다.

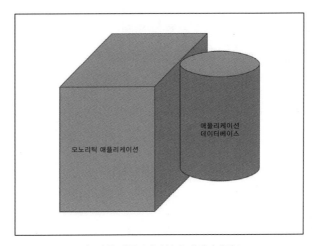

모놀리식 애플리케이션과 데이터베이스

하지만 마이크로서비스와 분산 클라우드 아키텍처의 경우에는 완전히 다른 일들이 될 수 있다. 이는 이 아키텍처가 분산된 마이크로서비스들이 필요로 하는 것을 제공하고자 광범위한 데이터 모델과 데이터베이스 엔진을 포함할 것이기 때문이다. 마이크로서비스는 자신만의 데이터베이스를 갖고 다른 애플리케이션과 데이터베이스를 공유하거나 동시에 다수의 데이터베이스를 이용할 수 있다. 현대적인 마이크로서비스 아키텍처에서의 데이터 일관성과 모델링은 이들이 통제 범위를 넘어서기 전에 좋은 애플리케이션 설계로 씨름을 해서 해결해야 하는 정말 어려운 도전 과제다.

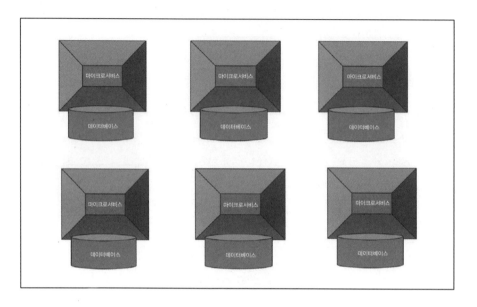

다음 절에서는 데이터 모델을 모놀리식 애플리케이션 패러다임(인식 체계)에서 마이크로서비스 형태로 깨뜨릴 때breaking 명심해야 하는 몇 가지 전략을 알아본다.

데이터 일관성을 위한 이벤트 주도 아키텍처

마이크로서비스 아키텍처에서 데이터 일관성을 보호하고자 활용할 수 있는 핵심 설계 패턴은 이벤트 주도 설계다. 데이터 일관성을 마이크로서비스에서 유지하기 어려운 이유는 각 마이크로서비스는 일반적으로 전체 애플리케이션에서 일부 데이터를 책임지기 때문이다. 애플리케이션의 마이크로서비스들에 의해 처리되는 데이터 스토어(저장) 총계는 해당 애플리케이션의 전체 상태를 표현한다. 그렇기 때문에 이것은 어떤 마이크로서비스가 자신의 데이터베이스에 업데이트할 때 이 데이터 변경에 의해 영향을 받는 다른 마이크로서비스들은 이에 관해 알아야 하고 그 결과 이들이(다른 마이크로서비스들) 적절한 조치를 취하고 자신만의 상태들을 업데이트할 수 있다는 것을 의미한다.

자, 이번 장의 경계 맥락 절의 영업과 지원 마이크로서비스 예를 가져와보자. 새로운 고객이 제품을 구매하는 이벤트에서 영업 마이크로서비스는 새로운 고객 상태를 단지 잠재적 고객이 아닌 실제 비용을 지불하는 고객으로 반영하고자 자신의 (영업) 데이터베이스에 업데이트해야 한다. 또한 이 이벤트는 지원 마이크로서비스와 상호 통신될 필요가 있고 그 결과 고객으로 대우를 받거나 필요시 기술 지원을 받아야 하는 신규 비용 지불 고객이 있다는 사실을 반영한 지원 마이크로서비스가 자신의 데이터베이스에 업데이트할 수 있게 되는 것이다.

마이크로서비스들 간의 이런 종류의 이벤트 통신은 마이크로서비스 세계에서 이벤트 주도 설계가 무엇에 관한 것인지 알려준다. 해당 마이크로서비스 간의 메시지 큐나 메시지 브로커는 마이크로서비스들 사이의 이벤트 메시지 통신에 활용될 수 있다. 메시지 브로커는 4장에서 자세히 다뤘다. 어떤 이벤트가 발생할 때마다 알림을 받을 필요가 있는 마이크로서비스들은 이런 이벤트들을 구독^{subscribe}해야 한다.

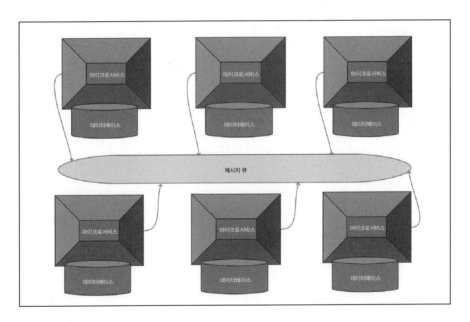

예를 들면 지원 서비스는 해당 제품을 구매하는 고객을 나타내는 메시지 큐상의 이벤트 토픽^{topic}을 구독해야 한다. 영업 마이크로서비스는 이후 고객이 제품을 구매

할 때마다 이 이벤트를 촉발시킨다. 지원 서비스가 이 이벤트에 구독돼 있으므로 바로 새로운 고객 정보를 포함하는 해당 이벤트 알림을 받게 된다. 여기에서 지원 서비스는 해당 지원 조직이 그 고객에게 도움이 필요할 때마다 준비된 상태임을 보증하거나 새로운 고객 대상으로 환영 이메일을 발송하는 자체 로직을 수행할 수 있게 된다.

이제 이 모든 것이 좋아보이지만 지원 마이크로서비스가 새로운 고객 이벤트를 받을 수 있기 전에 장애가 난다면 어떻게 될까? 이는 지원 서비스가 새로운 고객에 관해 결국 알지 못하게 되고, 따라서 새로운 고객과 관련된 정보를 지원 데이터베이스에 추가하는 어떤 로직도 적용하지 못하게 된다. 이건 그 고객이 추후에 도움을 받고자 전화할 때 지원 팀은 본인들의 시스템에서 정작 해당 고객이 보이지 않기에 돕지 않을 것이라는 말인가? 분명히 이런 일이 발생하지 않기를 원한다. 하나의 접근 방법으로 서로 다른 마이크로서비스들 간에 공유되는 고객 데이터 저장용 중앙 집중 데이터베이스가 있을 수 있지만 각 마이크로서비스가 자신의 전체 상태에 대해 완전히 책임을 지는 유연한 설계를 원한다면? 여기서 바로 이벤트 소싱과 CQRS 의 개념이 등장한다.

이벤트 소싱

이벤트 소싱의 배경이 되는 기본 발상은 해당 상태를 읽고자 로컬 데이터베이스에 전적으로 의존하는 대신 그 상태를 형성하는 이벤트들의 기록된 흐름^{stream}을 이용해야 한다는 것이다. 이것이 제대로 동작되려면 현재와 과거의 모든 이벤트를 저장해서 나중에 조회할 수 있어야 한다.

이 이론적인 정의를 견고히 하려면 사례가 필요하다. 자, 지원 서비스가 새로운 고객 이벤트를 받을 수 있기 전에 장애가 나서 불능이 됐다고 하자. 지원 서비스가 이벤트 소싱을 사용하지 않는다면 이 서비스가 재시작될 때 자신의 데이터베이스에 고객 정보를 찾지 못할 것이고 해당 고객에 관해 결코 알지 못하게 된다. 하지만 이벤트 소싱을 사용한다면 자신의 로컬 데이터베이스를 찾아보는 것 대신 모든 다른 마이크로서비스와 공유된 이벤트 스토어(저장소)를 찾아볼 것이다. 이 이벤트 스토어는 마이크로서비스들 간에 지금까지 촉발된 어떠한 이벤트든 기록된다. 이 이벤트 스토어에서 지원 서비스는 최근에 촉발된(발생된) 새로운 고객 이벤트를 다시 볼 수 있고 이 고객이 현재 지원 마이크로서비스의 로컬 데이터베이스에 존재하지 않음을 알게 된다. 지원 서비스는 이후 이 정보를 가져가서 정상적인 상황과 동일하게 처리할 수 있다.

다시 말하지만 이 설계가 잘 동작되게 하는 핵심 비결trick은 신규나 과거 상관없이 어떤 이벤트도 결코 버리지 않는 것에 있다. 이는 이들을 이벤트 스토어에 저장함으로써 구현된다. 다음 다이어그램은 이것을 보여준다.

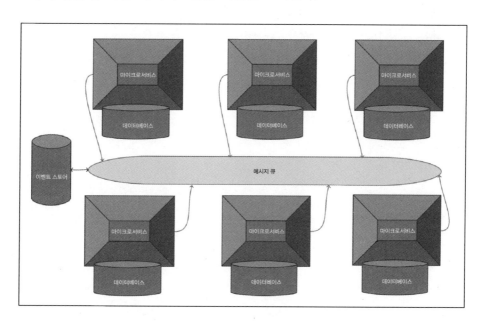

이벤트 스토어를 구현하는 방법은 여러 가지가 있다. 이것은 SQL 데이터베이스, NoSQL 데이터베이스 또는 이벤트가 영구적으로 저장되게 지원하는 메시지 큐가 될 수도 있다.

카프카Kafka[5]는 이벤트 소싱 용도로도 좋은 엔진으로 알려진 메시지 큐의 예다.

이벤트 소싱과 씨름하는 여러 접근 방식이 있다. 이번 절에서 다룬 시나리오는 이벤트 스토어를 스냅샷snapshot과 함께 사용하는 접근 방식이었다. 이 경우에 스냅샷은 지원 마이크로서비스의 로컬 데이터베이스(이벤트 반영 대상)였고 이것은 또한 스냅샷 상태(새로운 고객 이벤트)를 계속 유지하려 노력했다. 하지만 궁극적인 상태(새로운 고객 이벤트)는 여전히 이벤트 스토어에 있는 것으로 돼 있었다.

이벤트 소싱을 구현하는 방식 중에는 스냅샷이 사용되지 않고 전체 상태는 항상 이벤트 스토어에서 얻어야 하는 다른 접근 방식들도 있다.

이벤트 소싱의 단점은 복잡성을 갖고 기하급수적으로 성장할 수 있다는 것이다. 이는 어떤 환경에서 해당 시스템의 현재 상태를 만들고자 엄청난 양의 이벤트들을 다시 봐야 할 필요가 있고 이것은 많은 처리와 복잡도를 요구하기 때문이다. 서로 다른 재생replay 이벤트들로부터 데이터를 합치는 데이터 모델 형성을 위해 실행해야 하는 질의들queries은 쉽게 고통을 안겨줄 수 있다.

이벤트 소싱의 복잡성을 제어하기 위한 인기 있는 접근 방법이 바로 CQRS다.

CQRS

명령 조회 책임 분리CQRS, Command Query Responsibility Segregation의 배경이 되는 기본 발상은 명령commands(이것은 추가, 업데이트 또는 삭제와 같은 데이터 변경과 관련 있는 모든 작업을 의미한다)이 조회queries(이것은 데이터를 읽는 것과 관련 있는 모든 작업을 말한다)로부터 분리돼야 한다는 것이다. 마이크로서비스 아키텍처에서 이것은 어떤 서비스들이 명령어들(변경 작업)에 대해 책임이 있는 반면 다른 것들은 조회하는 것에 책임이 있다는 것을 말한다.

CQRS의 핵심 장점은 관심을 갖는 부분의 분리다. 이는 읽기 관심사와 쓰기 관심사

---

5. 현재 MSA 구현을 위한 이벤트 소싱의 사실상 표준 솔루션은 카프카(Kafka)다. - 옮긴이

를 분리하고 이들이 독립적으로 규모 확장이 되게 하기 위함이다. 예를 들면 데이터를 이용 가능하게 하고자 해당 데이터의 서로 다른 뷰view 모델들을 갖고 있는 복잡한 애플리케이션으로 업무를 한다고 하자. 효과적인 데이터 검색과 해당 정보 조회를 할 수 있게 모든 고객 데이터를 일래스틱 서치Elastic Search 클러스터에 저장하려고 한다. 이와 동시에 해당 데이터의 그래프 뷰를 원하기 때문에 모든 고객 데이터를 그래프graph 데이터베이스[6]에도 저장하고자 한다.

이 경우에는 새로운 고객 이벤트가 이벤트 소싱을 통해 받아질 때마다 해당 이벤트 스트림(메시지 큐)에서 고객 이벤트를 조회하고 이후 일래스틱 서치와 그래프 데이터베이스 업데이트를 담당하는 마이크로서비스들을 생성할 것이다. 이 서비스들은 CQRS의 조회 부분이 된다. 다른 한편으로 필요할 때마다 새로운 이벤트 촉발(발생)을 담당하는 다른 마이크로서비스들도 가질 것이다. 이 서비스들은 결국 CQRS의 명령command 부분이 된다.

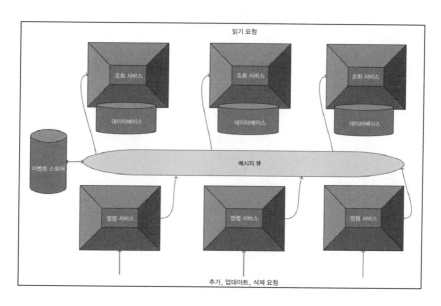

---

6. 그래프 구조를 사용해 데이터를 표현하고 저장하는 No SQL 데이터베이스의 한 종류로, 각 데이터 항목들 간의 복잡한 상호 연관 관계 표현에 특히 강점이 있다. - 옮긴이

이 읽기와 쓰기 마이크로서비스들은 이후 해당 애플리케이션을 구성하고자 나머지 서비스들과 함께 동작할 수 있다.

⠿ 요약

11장에서는 모놀리식 애플리케이션에서 마이크로서비스 애플리케이션으로의 마이그레이션에 대해 실질적인 측면들로 좀 더 깊이 있게 들어가 봤다. 모놀리식 애플리케이션을 마이크로서비스 애플리케이션으로 교체하는 데 도움이 되고 활용할 수 있는 몇 가지 고급 디자인 패턴과 아키텍처를 자세히 살펴봤다. 이번 장으로 이 책의 여정은 마무리됐다.

12장에서는 이 책 안에 담긴 지식을 습득한 후에 탐험을 나설 수 있는 몇 가지 기술과 주제를 살펴본다.

12

Go가 나아갈 방향

Go 언어로 클라우드 네이티브 프로그래밍을 배우는 긴 여정의 마지막 장에 도착한 것을 환영한다. 지금쯤이면 그중에서도 운영 환경 수준의 마이크로서비스 구축, 복잡한 분산 아키텍처 설계, 핵심 아마존 웹 서비스의 능력 활용, 컨테이너로 소프트웨어에 파워 부여에 관해 충분한 지식을 습득했을 것이다.

하지만 클라우드 네이티브 프로그래밍이란 주제는 아주 깊고 거대하다. 이는 여전히 이 영역에서 지식과 기술을 높이고자 배울 수 있는 주제들이 있다는 것을 의미한다. 이 장의 목적은 이 책을 마치면서 나아가야 할 방향을 밝혀주는 것으로 이 책에 담긴 지식을 습득한 이후에 추구해야 하는 큰 목표지만 이 책에는 담겨 지지 않은 주제들의 일부 실용적인 개요를 제공하는 것이다.

12장에서 다루는 내용은 다음과 같다.

* 추가적인 마이크로서비스 통신 패턴과 프로토콜 버퍼와 GRPC 같은 프로토콜

* 클라우드 제공자들에 의해 제공되는 유용한 기능

* 다른 클라우드 제공자(애저, GCP, OpenStack)

- 서버리스 컴퓨팅

⫸ 마이크로서비스 통신

이 책에서는 마이크로서비스들 간의 상호 통신을 두 가지 접근 방식으로 다뤘다.

- 첫 번째 접근 방식은 RESTful API를 통하는 것으로 웹 HTTP 계층이 마이크로 서비스 안에 내장되며, 이것은 해당 마이크로서비스가 어떤 웹 클라이언트(또 다른 마이크로서비스나 웹 브라우저)와도 효과적으로 통신하게 해준다. 이 접근 방식의 한 가지 장점은 마이크로서비스들에게 필요시 바깥세상과 통신할 수 있는 힘을 부여한다는 것이다. 이는 이제 HTTP가 바깥의 모든 소프트웨어 기술 체계에 의해 지원되는 범우주적인 공통 프로토콜이기 때문이다. 하지만 이 접근 방식의 단점은 HTTP가 여러 계층을 갖고 있어 무거운 프로토콜이 될 수 있고 요구 사항이 내부 마이크로서비스들 간에 빠르고 효율적인 통신일 때는 최고의 선택이 아닐 수 있다는 사실 때문이다.

- 두 번째 접근 방식은 메시지 큐를 통하는 것으로 RabbitMQ나 카프카와 같은 메시지 브로커 소프트웨어가 마이크로서비스들 간에 메시지 교환을 용이하게 한다. 메시지 브로커는 보내는 마이크로서비스에서 메시지들을 수신해 해당 메시지들을 큐(대기열) 처리하고 이후 이전에 이 메시지들에 관심을 나타낸 마이 크로서비스들에 전달한다. 이 접근 방식의 한 가지 주요 장점은 11장에서 설명한 것처럼 대규모 분산 마이크로서비스 아키텍처에서 데이터 일관성을 견고하게 할 수 있다는 사실이다. 이 접근 방식은 이벤트 소싱과 CQRS와 같은 이벤트 주도 분산 아키텍처를 가능하게 한다. 하지만 확장 요구들이 어떤 범위 안에서 상대적으로 간단하다면 이 접근 방식은 필요 이상으로 너무 복잡할 수도 있다. 이는 이것이 모든 해당 설정과 백엔드가 메시지 브로커 소프트웨어와 함께 유지 운영되도록 요구하기 때문이다. 이 (간단한) 경우에는 마이크로서비스와 마이

크로서비스 간 직접 통신이 필요한 전부가 될 수도 있다.

아직까지 주목하지 않았을 수도 있지만 이 접근 방식 둘 다 한 가지 분명한 단점은 직접적이고 효율적인 마이크로서비스 대 마이크로서비스 통신을 제공하지 않는다는 사실이다. 마이크로서비스 간 직접 통신 용도로 사용할 수 있는 두 가지 인기 있는 선택 사항으로는 프로토콜 버퍼와 GRPC가 있다.

프로토콜 버퍼

공식 문서에서 프로토콜 버퍼는 언어 중립적, 직렬화 구조 데이터용 플랫폼 중립 메커니즘(내부 동작 원리)으로 정의된다. 프로토콜 버퍼가 무엇인지에 대한 명확한 그림을 그리는 데 도움이 되는 예제를 살펴보자.

애플리케이션에 두 개의 마이크로서비스가 있다고 가정한다. 첫 번째 마이크로서비스(서비스 1)는 새로운 고객에 관한 정보를 수집하고 이것을 두 번째 마이크로서비스(서비스 2)에 전달하고자 한다. 이 데이터는 고객 이름, 나이, 직업, 전화번호와 같은 구조화된 정보를 담기 때문에 구조화된 데이터로 간주된다. 이 데이터를 보내는 한 가지 방법은 서비스 1에서 서비스 2로 HTTP를 통해 JSON 문서(데이터 양식)로 보내는 것이다. 하지만 이 데이터를 좀 더 빠르고 더 작은 형태로 보내길 원한다면? 여기서 프로토콜 버퍼가 등장한다. 서비스 1 내부에서 프로토콜 버퍼는 고객 객체를 취하고 나서 이것을 아주 작은 형태로 직렬화한다. 여기에서 인코딩된 작은 조각의 데이터를 취해 TCP나 UDP와 같은 효율적인 통신 프로토콜을 통해 서비스 2로 보낸다.

앞의 예제에서 해당 서비스의 내부로 프로토콜 버퍼를 기술했다는 점에 주목하자. 이는 프로토콜 버퍼가 해당 코드로 임포트import하고 인클루드include될 수 있는 소프트웨어 라이브러리이기 때문에 맞는 말이다. 프로그래밍 언어의 폭넓은 선택을 위해 프로토콜 버퍼 패키지들(Go, 자바, C#, 루비, 파이썬 등)이 있다.

프로토콜 버퍼의 동작 방식은 다음과 같다.

1. proto 파일로 알려진 특별한 파일에 해당 데이터를 정의한다.

2. 이 proto 파일을 선택한 프로그래밍 언어로 작성된 코드 파일로 컴파일하고자 프로토콜 버퍼 컴파일러로 알려진 소프트웨어를 사용한다.

3. 해당 소프트웨어를 빌드하고자 선택된 언어의 프로토콜 버퍼 소프트웨어 패키지로 결합돼 생성된 코드 파일들을 사용한다.

이는 간단히 요약한 프로토콜 버퍼다. 프로토콜 버퍼의 좀 더 깊은 이해를 얻고자 https://developers.google.com/protocol-buffers/에서 이 기술의 시작을 도와주는 좋은 문서들을 볼 수 있다.

현재 프로토콜 버퍼를 위해 일반적으로 사용되는 두 개의 버전은 프로토콜 버퍼 2와 프로토콜 버퍼 3이다. 현재 온라인에서 이용할 수 있는 많은 학습 자료는 최신 버전인 프로토콜 버퍼 3을 지원한다. 프로토콜 버퍼 버전 2를 지원하는 자료를 찾고 있다면 저자의 웹 사이트인 http://www.minaandrawos.com/2014/05/27/practical-guide-protocol-buffers-protobuf-go-golang/의 기고문에서 확인할 수 있다.

GRPC

프로토콜 버퍼 기술에서 빠진 한 가지 핵심 기능은 통신 쪽이다. 프로토콜 버퍼는 다른 마이크로서비스들과 공유할 수 있는 아주 작은 형태로 데이터를 인코딩하고 직렬화하는 것에 탁월하다. 하지만 프로토콜 버퍼의 개념은 초기에 직렬화만 고려됐고 실제로 데이터를 다른 곳에 보내는 것은 고려되지 않은 채 탄생했다. 이로 인해 개발자들은 서비스들 간에 인코딩된 데이터 교환을 위해 각자 자신만의 TCP 또는 UDP 애플리케이션 계층을 구현하곤 했다. 하지만 효율적인 통신 계층에 관해 고민할 시간과 노력을 낼 수 없다면 어떻게 할까? 여기에서 바로 GRPC가 등장한다.

GRPC는 단순히 프로토콜 버퍼 상단에 RPC 계층이 합체된 것으로 기술될 수 있다. 원격 프로시저 호출^{RPC, Remote Procedure Call} 계층은 TCP와 같은 효율적인 통신 프로토콜을 통해 마이크로서비스들과 같은 서로 다른 소프트웨어 부분들이 상호 통신할 수 있게 해주는 소프트웨어 계층이다. GRPC로 마이크로서비스는 프로토콜 버퍼 버전 3을 통해 구조화된 데이터를 직렬화할 수 있고 이후 통신 계층 구현에 관해 고민할 필요 없이 데이터를 다른 마이크로서비스들과 통신할 수 있게 된다.

해당 애플리케이션 아키텍처가 마이크로서비스들 간에 효율적이고 빠른 상호 통신을 필요로 하고 이와 동시에 메시지 큐나 웹 API를 사용할 수 없다면 다음번 애플리케이션 용도로 GRPC를 고려해볼 수 있다.

GRPC를 시작하려면 https://grpc.io로 가면 된다. 프로토콜 버퍼와 비슷하게 GRPC는 광범위한 프로그래밍 언어들에 의해 지원된다.

⫶ AWS 추가 사항

이 책에서는 아마존 클라우드에서 문제없이 돌아가는 Go 마이크로서비스를 어떻게 작성하는지에 초점을 맞춰 AWS 기초를 실용적으로 탐구한 두 개의 장을 제공했다. 하지만 AWS를 다루려면 단지 몇 개의 장이 아닌 하나의 완전한 책이 돼야 할 만큼 아주 깊이 있는 주제가 된다. 이번 절에서는 이 책에서 다룰 기회가 없었던 몇 가지 유용한 AWS 기술의 간략한 개요를 제공한다. 배우려는 AWS의 그다음 단계들의 도입부로 다음 절을 사용할 수 있다.

다이나모DB 스트림

8장에서는 인기 있는 AWS 다이나모DB 서비스를 다뤘다. 다이나모DB가 무엇인지, 데이터를 어떻게 모델링하는지, 다이나모DB의 강력함을 제대로 누릴 수 있는 Go 애플리케이션의 작성 방법을 배웠다.

이 책에서 다룰 기회가 없었던 다이나모DB의 강력한 기능 한 가지는 다이나모DB

스트림streams이다. 다이나모DB 스트림은 다이나모DB의 아이템items에 발생한 변경 사항을 변경이 발생함과 동시에 잡아낼 수 있다. 실제로 이는 데이터베이스에 발생하는 데이터 변경에 실시간으로 반응할 수 있다는 것을 의미한다. 늘 그렇듯이 해당 의미를 견고하게 하는 예제를 살펴보자.

대규모 멀티플레이어multiplayer 게임을 구동시키는 클라우드 네이티브 분산 마이크로 서비스 애플리케이션을 만들고 있다고 가정하자. 해당 애플리케이션의 데이터베이스 백엔드로 다이나모DB를 사용하고 마이크로서비스 중 하나가 새로운 플레이어를 이 데이터베이스에 추가한다고 하자. 애플리케이션에서 다이나모DB 스트림을 활용하고 있다면 관심 있는 다른 마이크로서비스들이 이 새로운 플레이어가 추가된 직후에 바로 잡아낼 수 있을 것이다. 이는 다른 마이크로서비스들이 이 새로운 정보에 맞춰 행위를 할 수 있게 해준다. 예를 들면 다른 마이크로서비스 중 하나가 게임 맵에 플레이어들을 위치시키는 책임이 있다면 해당 마이크로서비스는 새 플레이어가 추가된 직후에 해당 플레이어를 게임 맵상의 시작 위치에 갖다 놓을 것이다.

다이나모DB 스트림이 작동하는 방식은 간단하다. 이는 다이나모DB 테이블 아이템에 발생하는 변경들을 순차적으로 잡아낸다. 이 정보는 24시간까지 보관되는 로그에 저장된다. 이후 다른 애플리케이션들은 이 로그에 접근해서 데이터 변경들을 잡아내게 된다.

다시 말해 아이템이 생성, 삭제되거나 업데이트되면 다이나모DB 스트림은 해당 아이템의 기본키와 발생된 데이터 수정 사항을 저장한다.

다이나모DB 스트림은 모니터링이 필요한 테이블들에 활성화돼야 한다. 또한 어떤 이유로든 해당 테이블들에 더 이상 모니터링 필요가 없어지면 기존 테이블들에서 다이나모DB 스트림을 비활성화할 수 있다. 다이나모DB 스트림은 다이나모DB 테이블들에 병렬로 동작하며 이는 기본적으로 사용에 있어 성능상의 문제는 없다는 것을 의미한다.

다이나모DB 스트림을 시작하려면 http://docs.aws.amazon.com/amazondynamodb/

latest/developerguide/Streams.html을 살펴보자.

Go 프로그래밍 언어에서 다이나모DB 스트림을 지원하는 방법은 https://docs. aws.amazon.com/sdk-for-go/api/service/dynamodbstreams/를 참고한다.

AWS에서의 오토스케일링

AWS는 밑바닥부터 끝까지 대규모의 분산된 마이크로서비스 애플리케이션들이 활용할 수 있도록 설계돼 있어 거대한 애플리케이션의 개발자가 클라우드에서 가능한 최소한의 수작업만으로 해당 애플리케이션들이 자동 확장autoscale되게 해주는 자체 내장 기능을 제공한다.

AWS 세계에서 오토스케일링autoscaling이란 단어는 다음과 같은 세 가지 중요한 능력을 의미한다.

- 관리자의 개입 없이 비정상 애플리케이션이나 상태가 나쁜 EC2 인스턴스들을 자동으로 교체하는 능력

- 운영자의 개입 없이 마이크로서비스 애플리케이션에 증가되는 부하를 처리하고자 새로운 EC2 인스턴스들을 자동으로 생성하는 능력. 이후 해당 애플리케이션 부하가 감소할 때 EC2 인스턴스들을 (자동으로) 셧다운shut down시키는 능력

- 해당 애플리케이션 부하가 증가할 때 애플리케이션을 위한 클라우드 서비스 자원들을 자동으로 증가시키는 능력. 여기서의 AWS 클라우드 자원들은 단지 EC2만이 아닌 그 이상을 말한다. 필요에 따라 자동으로 자원의 증가나 감소가 가능한 클라우드 서비스의 한 가지 사례는 다이나모DB의 읽기와 쓰기 처리량throughput이다.

이 오토스케일링의 폭넓은 정의를 충족시키고자 AWS 오토스케일링 서비스는 세 가지 주요한 기능을 제공한다.

- **EC2 인스턴스들에 대한 집단^{Fleet} 관리:** 이 기능은 실행 중인 EC2 인스턴스들의 정상 여부^{health}를 모니터링할 수 있게 하며, 수동 개입 없이 자동으로 상태가 나쁜 인스턴스들을 교체하고 다수의 존^{zone}으로 구성될 때 여러 존에 퍼져 있는 EC2 인스턴스들의 균형을 자동으로 맞춘다.

- **동적 규모 조정^{scaling}:** 이 기능은 애플리케이션상의 부하 총량에 관여하는 추적 정책을 먼저 구성할 수 있게 한다. 예를 들어 CPU 활용률을 모니터링하거나 유입되는 요청들의 개수를 잡아낸다. 이후 동적 규모 조정 기능은 구성된 대상 한계^{target limits}에 근거해서 자동으로 EC2 인스턴스를 추가하거나 제거한다.

- **애플리케이션 오토스케일링:** 이 기능은 애플리케이션 필요에 근거해서 EC2 이상의 AWS 서비스 자원들을 동적으로 규모 조정할 수 있게 해준다.

AWS 오토스케일링 서비스를 시작하려면 https://aws.amazon.com/autoscaling/을 참고하자.

아마존 관계형 데이터베이스 서비스

8장에서 AWS 세계의 데이터베이스를 다뤘을 때는 다이나모DB만 다뤘다. 다이나모 DB는 AWS에서 아마존에 의해 제공되는 관리형 NoSQL 데이터베이스 서비스다. 데이터베이스 엔진에 상당한 기술적 전문 지식을 갖고 있다면 아마 당연한 질문을 할 것이다. 관계형 데이터베이스는 어떻게 되죠? 이를 위한 관리형 AWS 서비스도 있어야 되는 거 아닌가요?

이 두 가지 질문의 답은 물론 Yes로 아마존 관계형 데이터베이스 서비스^{RDS, Relational Database Service}가 그것이다. AWS RDS는 개발자들이 쉽게 관계형 데이터베이스를 클라우드상에 구성, 배포, 실행, 확장할 수 있게 해준다.

아마존 RDS는 많은 개발자가 사용하고 정말 좋아하는 잘 알려진 데이터베이스 엔진들의 모음을 지원한다. 이는 PostgreSQL, MySQL, 마리아DB^{MariaDB}, 오라클^{Oracle},

마이크로소프트 SQL 서버를 포함한다. RDS에 추가해서 아마존은 기존 데이터베이스를 아마존 RDS로 쉽게 마이그레이션하거나 복제하게 해주는 데이터베이스 마이그레이션 서비스를 제공한다.

AWS RDS를 시작하려면 https://aws.amazon.com/rds/를 참고하고, RDS와 상호연동할 수 있는 Go 애플리케이션을 만들려면 https://docs.aws.amazon.com/sdk-for-go/api/service/rds/를 참고하자.

⠿ 기타 클라우드 제공자

지금까지는 클라우드 제공자로 AWS에 초점을 맞췄다. 물론 유사한 서비스를 제공하는 다른 제공자들이 있고 그중에는 마이크로소프트 애저 클라우드Azure Cloud와 구글 클라우드 플랫폼Cloud Platform이 가장 큰 서비스 제공자다. 이 외에도 흔히 오픈소스 플랫폼인 오픈스택OpenStack 기반의 서비스형 인프라IaaS 솔루션을 제공하는 다른 제공자들도 많다.

모든 클라우드 제공자는 유사한 개념을 사용하기에 그중 한 가지에 경험이 있다면 십중팔구 다른 것에 대한 방법을 스스로 찾을 수 있을 것이다. 이런 이유로 이 책 내에서 각각을 깊이 있게 다루지 않기로 결정했고 AWS에 집중했다. 대신 이 절에서 다른 제공자들에 대한 짧은 관점과 어떻게 다른지 설명한다.[1]

---

1. 이 책을 번역하는 시점에서 한국의 IT 환경도 기존 사내 인프라 환경(On-Premise) 중심에서 클라우드 환경이 우선시되는 대변화가 진행 중이다. 비즈니스 민첩성(Agile)이 곧 기업의 생존과 직결되는 핵심 경쟁력으로 클라우드와 현대화된 애플리케이션의 힘을 제대로 활용하지 못하는 전통적인 오프라인 중심 대기업들이 이 힘을 100% 활용하는 온라인 중심 디지털 네이티브 기업들에 의해 지속적으로 시장을 잃어가고 있어 이들이 디지털 전환에 사활을 거는 이유가 되고 있다. 이 책을 읽는 독자가 회사에서 또는 개인적으로 앞으로의 IT 전략과 방향 설정을 고민할 때 도움이 되도록 멀티클라우드 및 하이브리드 클라우드 관련 정보를 각 클라우드 제공자 절에 추가했다. – 옮긴이

마이크로소프트 애저

https://azure.microsoft.com/en-us/free/에서 애저 클라우드에 가입할 수 있다. AWS처럼 애저는 자신의 서비스들을 실행시킬 수 있는 다수의 리전^{regions}과 가용한 존^{zones}을 제공한다. 또한 이름은 다르지만 대부분의 애저 핵심 서비스들은 AWS와 유사하게 동작한다.

- VM을 관리하는 서비스(AWS 용어로 EC2)는 그냥 **가상머신**$^{virtual\ machines}$으로 불린다. 가상머신을 생성할 때 이미지(리눅스와 윈도우 둘 다 지원) 선택과 SSH 공개키 제공 및 머신 크기 선택이 필요하다. 다른 핵심 개념들은 유사한 이름을 가진다. **네트워크 보안 그룹**$^{Network\ Security\ Groups}$을 사용해 네트워크 접근 규칙을 구성할 수 있고 **애저 로드 밸런서**$^{Azure\ Load\ Balancers}$(AWS에서 이름은 일래스틱 로드 밸런서$^{Elastic\ Load\ Balancer}$)를 사용해 트래픽 부하 분산 처리를 하고 **VM Scale Sets**를 사용해 자동 확장 기능을 관리한다.

- 관계형 데이터베이스는(AWS에서 관계형 데이터베이스 서비스로 관리되는) 애저 SQL 데이터베이스에 의해 관리된다. 하지만 이 책을 집필하는 시점에서는 마이크로소프트 SQL 데이터베이스만 지원된다. MySQL과 PostgreSQL 데이터베이스에 대한 지원은 미리 보기 서비스로만 이용할 수 있다.[2]

- 다이나모DB와 유사한 NoSQL 데이터베이스는 애저 **코스모스**^{Cosmos} DB의 형태로 이용할 수 있다.

- **심플 큐 서비스**$^{Simple\ Queue\ Service}$와 유사한 메시지 큐는 **큐 스토리지**$^{Queue\ Storage}$ 서비스로 제공된다.

- 여러 서비스에 의해 제공되는 API에 대한 접근은 **애플리케이션 게이트웨이**$^{Application\ Gateway}$를 사용해 할 수 있다.

---

2. 번역하는 시점에서 애저는 PostgreSQL, MySQL, 마리아DB를 관계형 데이터베이스 서비스로 지원하고 오라클은 VM 형태로 배포할 수 있다. - 옮긴이

Go 애플리케이션 내부에서 애저 서비스들을 사용하려면 Go를 위한 애저 SDK를 사용하면 되고 https://github.com/Azure/azure-sdk-for-go에서 이용할 수 있다. 이것은 그냥 **go get** 명령어를 사용해 설치할 수 있다.[3]

```
$ go get -u github.com/Azure/azure-sdk-for-go/...
```

NOTE

> Go를 위한 애저 SDK는 현재 여전히 대규모 개발에 있어 신중하게 사용해야 한다. SDK에 어떤 예상치 못한 변경으로 놀라지 않으려면 해당 vendor/ 디렉터리(9장에서 배운) 내로 이 라이브러리의 버전을 넣는 Glide와 같은 의존성 관리 도구를 사용한다.[4]

구글 클라우드 플랫폼

구글 클라우드 플랫폼[GCP](현재는 구글 클라우드로 이름 변경)은 구글에 의해 제공되는 IaaS이다. https://console.cloud.google.com/freetrial에서 가입할 수 있다. 애저 클라우드와 동일하게 이름만 다를 뿐 많은 핵심 기능이 유사하다.

- 구글 컴퓨트 엔진[Google Compute Engine]을 사용해 가상머신을 관리할 수 있다. 늘 그렇듯이 각 인스턴스는 이미지와 머신 타입 및 SSH 공개키들을 선택해서 생성된다. 보안 그룹(AWS의 보안 그룹[Security Groups]) 대신 **방화벽 규칙**[Firewall Rules]이 있고 오토스케일링 그룹은 **매니지드 인스턴스 그룹**[Managed Instance Groups]으로 불린다.

---

3. AWS는 클라우드 컴퓨팅이란 개념을 실제 서비스로 구현해 최초로 상업적인 성공을 한 아마존의 자회사로 전 세계 클라우드 컴퓨팅 시장을 선도하는 기업이다. IaaS를 기반으로 다양한 서비스를 제공해 기존의 전통적인 애플리케이션을 클라우드 네이티브 방식으로 변경 없이도 거의 그대로 마이그레이션시킬 수 있는(Lift & Shift) 퍼블릭 클라우드이기도 하다. 하지만 이제는 멀티클라우드 시대로 타 퍼블릭 클라우드가 가진 고유한 장점도 고객이 함께 누릴 수 있는 세상이기에 고객의 기존 IT 시스템이 마이크로소프트 기술 제품에 친화적이라면 애저가 멀티클라우드를 위한 좋은 선택이 될 수 있다. — 옮긴이

4. Glide는 더 이상 활동하지 않는 오픈소스 커뮤니티로 공식적인 Go modules 의존성 관리 도구를 사용하면 된다. — 옮긴이

- 관계형 데이터베이스는 클라우드 SQL 서비스에 의해 제공된다. GCP는 MySQL과 PostgreSQL 인스턴스 둘 다 지원한다.[5]

- NoSQL 데이터베이스 용도로는 클라우드 데이터스토어^{Cloud Datastore} 서비스를 사용할 수 있다.[6]

- 클라우드 Pub/Sub 서비스는 복잡한 발행/구독 아키텍처를 구현할 수 있는 기능을 제공한다(실제로 AWS가 SQS로 제공하는 기능을 대체).[7]

둘 다 구글에서 나왔기에 GCP와 Go가 서로 상호 지원이 잘될 것은 말할 필요도 없다. 하던 대로 **go get** 명령어를 통해 Go SDK를 설치할 수 있다.[8]

```
$ go get -u cloud.google.com/go
```

오픈스택

오픈소스 클라우드 관리 소프트웨어인 오픈스택^{OpenStack}(https://www.openstack.org)으로 자사 제품들을 만드는 많은 클라우드 제공자가 있다. 오픈스택은 매우 모듈화된 소프트웨어로, 이것으로 만들어진 클라우드[9]는 해당 설정에 따라 매우 달라질 수

---

5. 번역 시점에는 마이크로소프트 SQL 서버 데이터베이스도 동일하게 지원한다. – 옮긴이

6. 추가적인 NoSQL로 모바일 iOS, 안드로이드, 웹 앱에서 기본 SDK를 통해 직접 사용할 수 있는 클라우드 파이어스토어 (Cloud Firestore)와 IoT 등 기기에서 나오는 실시간 시계열 로그성 데이터를 매우 낮은 지연 시간으로 페타바이트까지 처리할 수 있는 고성능 클라우드 빅테이블(Cloud Bigtable) 서비스가 있다. – 옮긴이

7. 저자가 집필할 당시에는 GCP에 없었던 API 게이트웨이 서비스가 현재 Apigee(애피지로 발음)란 이름으로 제공된다. AWS, 애저의 API 관리 서비스(클라우드 서비스 내부에 통합된 방식)와 다르게 GCP 외부에서 서비스 연동 방식으로도 제공돼 AWS와 애저에 구현된 백엔드 서비스를 GCP에 있는 백엔드 서비스와 함께 엮어서 API 관리가 가능한 장점이 있다. – 옮긴이

8. 구글 클라우드는 특히 애플리케이션 현대화(클라우드 네이티브)를 할 때 필수 개발 플랫폼이 된 오픈소스 기술인 쿠버네 티스를 이미 내부적으로 10년 이상 자체적인 글로벌 서비스에 적용해 검증을 마친 구글 쿠버네티스 엔진 서비스를 제공하고 있다. 또한 빅데이터 저장과 분석에 탁월한 능력을 보유한 BigQuery 서비스와 구글이 주도하는 딥러닝 라이 브러리인 텐서플로(Tensorflow)의 관리형 AI 서비스도 차별점이다. – 옮긴이

9. 프라이빗 클라우드(Private Cloud)라고 한다. – 옮긴이

있어서 이들에 관해 보편적으로 타당한 글을 작성하는 것은 어렵다. 일반적으로 오픈스택을 설치하면 다음 서비스들로 구성될 수도 있다.

- Nova는 가상머신 인스턴스와 네트워킹을 관리하는 Neutron을 관리한다. 관리 콘솔에서 Instances와 Networks 라벨 아래에서 이것이 보인다.

- Zun과 Kuryr는 컨테이너를 관리한다. 이들은 상대적으로 이른 구성 요소(모듈)들이기에 보통 관리형 쿠버네티스 클러스터를 찾는 것이 더 일반적이다.

- Trove는 MySQL이나 몽고DB와 같은 관계형과 비관계형 데이터베이스 양쪽에 대한 데이터베이스 서비스를 제공한다.

- Zaqar는 SQS와 유사한 메시징 서비스를 제공한다.

Go 애플리케이션에서 오픈스택 기능에 접근하기 원한다면 선택할 수 있는 여러 라이브러리가 있다. 먼저 아직 운영 환경에 사용은 권장되지 않지만 공식적인 클라이언트 라이브러리는 github.com/openstack/golang-client다. 이 책을 집필하는 시점에서 오픈스택의 가장 성숙된 Go 클라이언트 라이브러리는 github.com/gophercloud/gophercloud 라이브러리다.[10]

---

10. 오픈스택은 프라이빗 클라우드를 지탱하는 핵심 오픈소스 클라우드 플랫폼이며 상당수 기업에 도입돼 내부적으로 구축/운영되고 있다. 오픈스택을 도입하려는 기업이 오픈소스 형태로 직접 구축/운영하려면 기업 내부에 효율적이며 강력한 데브옵스(DevOps) 팀이 별도로 존재해야 하며, 그렇지 않다면 외부의 관리형 오픈스택 솔루션을 도입해서 기술 지원을 받는 형태로 운영할 수 있다. 대표적인 관리형 솔루션은 레드햇(Red Hat)의 오픈스택을 들 수 있으며, VMware도 오픈스택 API의 지원을 통해 자사 제품과의 호환성을 지원한다. 단점으로는 아직까지도 인프라 핵심 구성 요소 Nova(VM), Neutron(VM 네트워크), Swift(S3 기능), Cinder(EBS 기능), Keystone(인증), Glance(VM 이미지 관리), Horizon(대시보드)를 제외한 나머지 요소들의 기술 성숙도가 상대적으로 낮아 VM 중심으로만 운영 환경에 활용할 수 있다는 점이다. 프라이빗 클라우드 환경에서 관리형 쿠버네티스 클러스터가 필요하면 대표 솔루션인 오픈시프트(OpenShift)를 고려해볼 수 있다. 레드햇의 오픈시프트는 완전 관리형 쿠버네티스 솔루션으로 기업 내부 환경에 설치돼(물리 서버, VMware 또는 오픈스택 환경) 운영/관리되며, 하이브리드 클라우드(Hybrid Cloud)를 지원해 AWS, 애저, GCP상의 관리형 서비스도 함께 제공한다. - 옮긴이

⠿ 클라우드에서 컨테이너 실행

6장에서는 현대 컨테이너 기술을 사용해 Go 애플리케이션을 어떻게 배포하는지 면밀하게 살펴봤다. 이 컨테이너들을 클라우드 환경에 배포하는 것은 다른 여러 방법으로 할 수 있다.

컨테이너화된 애플리케이션을 배포할 수 있는 한 가지 방법은 쿠버네티스와 같은 오케스트레이션(종합적 조율 관리) 엔진을 사용하는 것이다. 이는 마이크로소프트 애저 클라우드나 구글 클라우드 플랫폼을 사용하고 있을 때 특히 쉽다. 두 제공자 모두 이름은 다르지만 관리형 서비스로 쿠버네티스를 제공한다. 애저 컨테이너 서비스[AKS, Azure Container Service] 또는 구글 컨테이너 엔진[GKE, Google Container Engine]을 찾아보자.[11]

AWS는 관리형 쿠버네티스 서비스를 제공하지 않지만 EC2 컨테이너 서비스[ECS, EC2 Container Service]라는 유사한 서비스를 제공한다. ECS는 AWS에서만 독점적으로 이용할 수 있는 서비스이기에 다른 AWS 핵심 서비스들과 아주 밀접하게 통합돼 있어 이것이 장점과 단점 둘 다 될 수 있다.[12] 물론 VM, 네트워킹 및 스토리지 형태로 제공되는 빌딩 블록[building blocks]을 사용해 AWS상에 자신만의 쿠버네티스 클러스터를 구성 설정할 수 있다. 이렇게 하는 것은 믿을 수 없을 정도로 복잡한 작업이지만 절망하지는 말자. AWS상에 쿠버네티스 클러스터를 자동으로 구성 설정해주는 서드 파티 도구들을 사용하면 된다. 이 도구들 중 하나가 kops다.

kops는 https://github.com/kubernetes/kops에서 다운로드할 수 있다. 이후에 해당 프로젝트 문서 https://kops.sigs.k8s.io/getting_started/aws/에 있는 AWS용 설치 가이드를 따라하면 된다.

---

11. 둘 다 이름에서 기존 Container를 Kubernetes로 변경했다. - 옮긴이

12. 결국 AWS도 대세에 굴복해 관리형 쿠버네티스 서비스인 일래스틱 쿠버네티스 서비스(EKS, Elastic Kubernetes Service)를 2019년 서울 리전에 출시했고, 이 책에 언급되지 않은 그 외의 모든 기타 퍼블릭 클라우드에서 관리형 쿠버네티스 서비스를 현재 제공하고 있다. - 옮긴이

⁝⁝ 서버리스 아키텍처

전통적인 서비스형 인프라^{Infrastructure-as-a-Service}를 사용하면 수많은 VM과 함께 각각의 인프라(스토리지와 네트워킹 같은)가 함께 제공된다. 일반적으로 이 VM들 내부에서 실행되는 모든 것을 스스로 운영해야 한다. 이는 대체로 컴파일된 애플리케이션뿐만 아니라 완전히 갖춰진 리눅스(또는 윈도우) 시스템의 각 시스템 서비스를 담당하는 커널(운영체제의 핵심부)을 포함하는 운영체제 자체를 의미한다. 또한 해당 인프라의 용량 계획^{capacity planning}에 대해 책임을 진다(이는 애플리케이션의 자원 요구량을 추정하고 해당 오토스케일링 그룹들에 대해 합리적인 한계(경계)를 정하는 것을 의미한다).

이 모든 것은 고객들의 실제 업무, 즉 비즈니스를 이끄는 소프트웨어를 만들고 배포하는 것을 힘들게 하는 운영 오버헤드^{Operational Overhead}를 의미한다. 이 오버헤드를 줄이고자 IaaS 적용 대신 서비스형 플랫폼^{Platform-as-a-Service}을 적용할 수 있다. PaaS를 적용해서 운영하는 한 가지 일반적인 형태는 컨테이너 기술을 사용하는 것으로, 개발자가 단순히 컨테이너 이미지를 제공하면 클라우드 제공자가 해당 애플리케이션을 실행(및 선택적 확장)시키고 기저를 이루는 인프라 관리를 알아서 처리하게 된다. 일반적인 컨테이너 기반의 PaaS 제공은 AWS의 EC2 컨테이너 서비스나 애저 쿠버네티스 서비스 또는 구글 쿠버네티스 엔진과 같이 어떠한 쿠버네티스 클러스터든 포함한다. 컨테이너 기반이 아닌 PaaS 제공은 AWS 일래스틱 빈스톡^{Elastic Beanstalk}이나 구글 앱 엔진^{App Engine}이 될 수 있을 거 같다.[13]

---

13. 구글 앱 엔진도 내부적으로는 컨테이너 기반으로 동작한다. – 옮긴이

또 다른 접근 방식으로 최근에 **서버리스 컴퓨팅**^{Serverless Computing}이 뜨고 있으며 이것은 PaaS 제공보다 한층 더 운영 오버헤드를 없애고자 전력을 다한다. 물론 이 이름은 서버리스 아키텍처에서 돌아가는 애플리케이션들이 여전히 서버가 필요하다는 점에서 심각한 오해의 소지가 있다. 핵심이 되는 차이점은 이 서버들의 존재가 개발자 뒤에 완전히 숨겨져 있다는 것이다. 개발자는 단지 실행될 애플리케이션만을 제공하고 해당 제공자는 이 애플리케이션을 위한 인프라를 공급해서 해당 앱 배포 및 실행을 알아서 처리한다. 이 접근 방식은 마이크로서비스 아키텍처에 아주 효과적이며, 웹 서비스, 메시지 큐 또는 다른 수단을 사용해서 서로 통신하는 작은 코드 조각들을 배포하는 것이 믿을 수 없을 정도로 쉬워질 수 있기 때문이다. 좀 과하게 말하면 이것은 (작은 코드 조각) 서비스들로 배포되는 단일 함수들이 되며 결국 서버리스 컴퓨팅을 대체하는 용어인 서비스형 함수^{FaaS, Functions-as-a-Service}가 되는 것이다.

많은 클라우드 제공자가 자신의 서비스 일부로 FaaS 기능을 제공하며 가장 유명하고 잘 알려진 예는 AWS 람다^{Lambda}다. 이 책을 집필하는 시점에서 AWS 람다는 프로그래밍 언어로서 Go를 공식적으로 지원하지 않고 있어(지원되는 언어는 자바스크립트, 파이썬, 자바, C#) Go 함수들을 실행시키는 것은 https://github.com/eawsy/aws-lambda-go 와 같이 서드파티 래퍼^{wrapper}를 사용해서만 가능하다.[14]

다른 클라우드 제공자들도 유사한 서비스를 제공한다. 애저는 Azure Functions를 제공하고(자바스크립트, C#, F#, PHP, Bash, Batch, PowerShell을 지원), GCP는 베타 상태의 제품으로 Cloud Functions를 제공한다(자바스크립트만 지원).[15] 쿠버네티스 클러스터를 운영 중에 있다면 자신만의 FaaS 플랫폼(심지어 Go도 지원하는) 운영을 위해 Fission 프레임워크(https://github.com/fission/fission)를 사용할 수 있다. 하지만 Fission은 이른 알파 개발 단계에 있는 제품으로 실 운영 환경 사용은 아직 권장되지 않는다.[16]

---

14. 번역 시점에서 AWS 람다는 루비, Go 언어를 공식적으로 추가 지원해서 서드파티 래퍼는 필요 없다. - 옮긴이
15. 현재 Cloud Functions는 베타가 아닌 정식 서비스로 자바스크립트 외에 파이썬과 Go를 공식적으로 지원한다. - 옮긴이
16. Fission 오픈소스 프로젝트는 현재 계속 활동하고 있으며 번역 시점에는 버전 1.15.x가 출시돼 있다. - 옮긴이

아마 인지했겠지만 Go 언어에 대한 지원은 인기 있는 FaaS 제공 서비스들에 아직 널리 퍼지지는 않았다. 하지만 프로그래밍 언어로의 Go와 서버리스 아키텍처 둘 모두의 인기를 볼 때 충분히 희망적이다.[17]

⋮⋮ 요약

이것으로 이 책의 마지막에 도착했다. 지금이면 장애에 대한 내성과 분산되고 확장성이 있는 세련된 마이크로서비스 클라우드 네이티브 애플리케이션을 만드는 충분한 지식을 가졌을 것으로 생각된다. 12장에서는 새롭게 습득한 지식으로 다음 레벨에 도달하려면 어디로 가야 할지에 대한 방향 설정을 도와주고자 했다. 이 배움의 여정을 가이드할 수 있는 기회를 가졌음에 감사하며 앞으로의 미래 여정에 조금이나마 도움이 될 수 있기를 간절히 바란다.

---

17. Go는 마이크로서비스 아키텍처(MSA)에 가장 잘 어울리는 언어로, 핵심 FaaS 제공자들이 이미 지원을 하고 있다. 실제로 쿠버네티스상에 MSA를 구현할 때 가장 고민되는 부분 중 하나는 각 마이크로서비스 간 상호 통신 관리를 하는 방법이다. 수많은 마이크로서비스 간에 서로 얽혀서 그물망 같이 상호 통신할 때 어느 한 서비스 Z에 장애가 발생했다고 하자. 장애가 발생한 Z 서비스에 다른 마이크로서비스 Y가 요청하면 응답 없는 상태가 계속돼 Y가 지속적으로 요청을 하게 되고 이로 인해 Y의 자원이 소진돼 Y 또한 장애 상황에 빠지게 된다. 여기에 이 마이크로서비스 Y를 호출하는 다른 마이크로서비스 X도 동일한 장애에 빠지게 되는 전체 장애 전파 현상이 발생한다. 이런 경우 요청을 하는 마이크로서비스 Y 내에 회로 차단기(circuit breaker)와 같은 기본적인 내부 기능이 필요할 것이다. 또한 외부에서 트래픽이 특정 마이크로서비스 A로 들어갈 때 해당 서비스의 출시 버전에 따라 기존 버전(v1.0) 90%, 신규 출시 버전(v2.0) 10% 이렇게 나눠 전달해서 초기 서비스 출시 영향도를 최소화하며 서서히 트래픽을 늘려가며 오픈할 필요가 있다. Canary 배포라고 하는 방식을 구글에서 사용하고 있고 이 경우 해당 마이크로서비스에 대한 트래픽 제어 기능도 기본적으로 필요할 것이다. 이런 기능들은 개발자들이 마이크로서비스에 일일이 코딩으로 처리하는 것이 아니라 네트워크 플랫폼 차원에서 풀어야 하며 이 해결책을 구글이 IBM과 함께 Istio라는 이름으로 내놓게 된다. Istio는 MSA의 그물망과 같은 통신(Service Mesh)을 책임지는 쿠버네티스의 확장 네트워크 패키지로 쿠버네티스에 추가 설치해서 적용한다. 따라서 옮긴이는 이 책을 마치고 쿠버네티스 환경에서의 개발이 익숙해지면 Istio를 공부하는 것을 강력히 추천한다. 이 책의 마지막에 언급된 서버리스는 순수 코드 기반으로 인기 있는 AWS 람다 등이 FaaS의 편리함과 간편함으로 높은 생산성을 제공해주지만 대규모의 복잡한 애플리케이션 환경에서 애플리케이션 실행 환경의 유연함이 요구될 때에는 개발자가 직접 맞춤형으로 빌드하는 컨테이너 이미지 기반의 서버리스가 필요하다. 이는 쿠버네티스 + Istio 조합 위에 Knative라는 서버리스 확장 패키지를 추가로 설치하면 구현된다. - 옮긴이

| 찾아보기 |

MySQL 데이터베이스   80

N

nack   150
Name 키워드   378
namespace   218
nil   300
node   229
Node.js 프로그래밍   34
NodePort   275
NoSQL   67
Nova   491

O

OpenShift   491
OpenSSL   104
OpenStack   490
Operational Overhead   493

P

PaaS   33
package-private   140
Pagination   302
Partition 키   367
partitioning   168
Path()   63
persistence layer   45, 64
persistence 계층   38
Persistent volumes   262
placeholder   197

Platform as a Service   33
Platform-as-a-Service   493
Pod   251
point-in-time 복구   157
polling   342
POST   57
private key   99
Process bookings   48
Processes   36
profiles   293
Prometheus   45
promise   197
PromQL   429
public-key cryptography   96
PUT   57
PuTTY   317
PuTTYgen   318

Q

Quay   247
Queues   124

R

refactoring   461
region   285
Remote Procedure Call   482
render   181
request body   57
REST   53
REST 웹 서비스   38
RESTful 클라이언트   54
RKT   39

role 289
routes 91
RPC 482
runtime 28

S

S3 282
SaaS 34
SaaS 애플리케이션 42
sacrificial architecture 463
Scalability 30
scalar 365
scale out 30
scale up 30
scraping 428
scratch 이미지 237
search criteria 87
secondary index 368
Secret 271
Security Groups 324
self-signing 102
serialization 74
serialization 포맷 137
Serverless Computing 494
service account 407
Service Clients 298
Service-Oriented Architectures 38, 456
session handler 76
Sessions 297
signature 63
SIGTERM 신호 36
Simple Queue Service 282
Simple Storage Service 282
single point of failure 120

single-responsibility principle 193
slice 169
SOA 38, 456
SOAP 38
Software as a Service 34
SQS 282
stage 362
StatefulSet 265
Statelessness 31
struct 타입 83
symmetric 96
Symmetric cryptography 96

T

tables 364
Tensorflow 490
thread-safe 131
Thrift 466
tight coupling 41
TLS 95
TLS 툴킷 104
topic-based 119
Transport Layer Security 95
Travis CI 396
Trove 491
type assertion 304
TypeScript 176

U

unmarshalled 171

GO로 구현하는 클라우드 네이티브 애플리케이션

클라우드와 MSA 기반의 고성능 웹앱 개발하기

발 행 | 2022년 4월 22일

지은이 | 미나 안드라오스 · 마틴 헬미크
옮긴이 | 박 병 주

펴낸이 | 권 성 준
편집장 | 황 영 주
편 집 | 이 지 은
          김 다 예
디자인 | 윤 서 빈

에이콘출판주식회사
서울특별시 양천구 국회대로 287 (목동)
전화 02-2653-7600, 팩스 02-2653-0433
www.acornpub.co.kr / editor@acornpub.co.kr

한국어판 ⓒ 에이콘출판주식회사, 2022, Printed in Korea.
ISBN 979-11-6175-626-4
http://www.acornpub.co.kr/book/cloud-native-golang

책값은 뒤표지에 있습니다.